21世纪会计系列规划教材

通用型

会计学

（学科共同课适用）

Accounting

巫绪芬　曹中红　编著

东北财经大学出版社
Dongbei University of Finance & Economics Press

大连

图书在版编目（CIP）数据

会计学／巫绪芬，曹中红编著．—大连：东北财经大学出版社，2014.6
（21世纪会计系列规划教材·通用型）
ISBN 978-7-5654-1528-9

Ⅰ．会…　Ⅱ．①巫…　②曹…　Ⅲ．会计学-高等学校-教材
Ⅳ．F230

中国版本图书馆CIP数据核字（2014）第100364号

东北财经大学出版社出版
（大连市黑石礁尖山街217号　邮政编码　116025）
教学支持：（0411）84710309
营 销 部：（0411）84710711
总 编 室：（0411）84710523
网　　址：http：//www.dufep.cn
读者信箱：dufep @ dufe.edu.cn

大连美跃彩色印刷有限公司印刷　　东北财经大学出版社发行

幅面尺寸：170mm×240mm　字数：506千字　印张：25 1/4　插页：1
2014年6月第1版　　2014年6月第1次印刷

责任编辑：李智慧　王　莹　　责任校对：刘　洋　王　娟
封面设计：冀贵收　　版式设计：钟福建

ISBN 978-7-5654-1528-9
定价：40.00元

前　言

走上三尺讲台，主讲会计学课程已 20 余年，使用参考过很多前辈和同行编写的教材。在积累了一定的教学经验的同时也开始思考，为什么我们都知道教师的责任应该重在授人以渔，但实际的教学效果却遗憾地成为授人以鱼？很多学生专业核心课程学习存在两大误区：将财务会计学成教条的会计分录，将财务管理学成一堆计算公式。

随着财务会计的国际趋同，财务会计特别是中级财务会计的学习难度大大增加，对于作为入门课程的基础会计学习提出了更高的要求。反观我们现有的基础会计类教材，是几十年来内容变化最少的，其内容体系几乎都是“会计基本理论+会计核算技术”，既不符合专业学生学习需求，也不能满足对非专业学生的教学需要。过于注重手工操作技术的入门教学，既禁锢了专业学生对会计信息服务决策的思想培养，又使学生难以适应以会计目标为导向的中级财务会计学习；对于非专业学生来说，更是脱离“信息使用者而非信息提供者”的学习定位。

从 2009 年开始萌生了自己编写一部《会计学》教材的想法，希望改革现有基础会计课程体系，将教材的目标定位于：使会计信息使用者充分了解会计报告，掌握认知会计报告所必需的基本会计知识。当然，改革现有体系说起来容易，付诸实践却是举步维艰。值得欣慰的是，在 2013 年，我们用近一年的时间完成了几年来构建的以财务报表为核心的会计学教材的编写工作。

与现有的教材相比，本教材的特色主要体现在以下几个方面：

1. 改变教材定位：由“会计信息供给”向“会计信息需求”转变。

教材的目标定位于使会计信息使用者对财务报告有充分的了解，帮助信息使用者掌握认知财务报告所必需的基本会计知识。着眼于会计信息使用者，彻底改变现有教材定位于会计信息供给者的“错位”。

本教材从学生本能定位（会计信息使用者）出发，以降低学生初始入门的难度。将学生定位为一位决策者，会极大调动学生学习会计知识的热情。以财务报告的认知为教材目标定位，可以帮助学生建立对“会计”的较高层次认识，进而帮助会计专业学生建立在“会计目标”的正确导向下，学习整个信息的完整生成过程。

2. 改变教材架构：由“从账到表”向“由表到账”转变。

本教材以会计目标为导向搭建教材架构。将教材构建的重心放在会计信息使用者（学生）利用会计信息进行决策的能力培养上。教材框架为在对会计信息系统框架——财务会计信息和管理会计信息——做概括介绍的基础上，主要从外部信息需求（投资人、债权人等）角度，重点介绍财务会计信息系统。

整体架构以会计目标为导向，以信息需求的三张报表为主线，以财务会计概念框架为基础，包括在会计信息系统中的会计要素之间的相互关系、专业术语，以及在特定环境下如何应用会计原则、概念、规则和标准等。

3. 改变教材内容体系：由“会计要素”为主线向“财务报表”为主线转变。

本教材核心内容体系以财务报表为中心，弱化会计技术。内容主要包括三个部分：其一，整体认知三张财务报表；其二，企业经营活动引起资金双向变化对财务报表的影响；其三，进一步了解财务报表其他项目。在整体内容安排上强化报表的决策支持作用。

另外，本教材为了真正实现语言生动活泼、通俗易懂，避免堆砌使用大量专业术语使初学者产生恐惧心理，极大调动学生学习会计知识热情，采用大量生动的案例，内容编排形式多样。同时，教材中大量生动、难易程度适中的案例也更加有利于案例教学的开展。

本教材既可以作为会计专业入门课程教学使用，也适合非专业会计学课程和MBA 会计学课程教学使用。

由于作者水平有限，本教材的错漏不可避免，希望能够得到同仁的批评和指正，更希望本教材能够抛砖引玉，有更多的同仁投身于会计人才培养课程体系的创新改革。

在教材的编写过程中，我们参阅了诸多文献资料，在此也向文献资料的作者致以衷心的感谢！

巫绪芬

2014 年 3 月 6 日于合肥

目 录

导论
——会计是如何帮助决策的

案例0-1　受托责任观①

很久以前，在欧洲西部一个小城里住着一位封建领主。领主的名字叫巴恩，他住在一座小山上的城堡里，主宰着城堡周围他的领地上的农民的幸福。每年春天，当积雪刚刚开始融化时，巴恩就开始打算怎样准备来年的事情。

又一年春天来临了，这时的巴恩正在考虑如何为正处于生长季节的小麦做准备。“我认为我的180亩土地，每亩能出产73千克麦子，可以为冬季打下足够的粮食，”他若有所思地说，“可是谁愿来种地呢？应该让伊万和弗雷来种这些地。”于是伊万和弗雷应召来到了巴恩老爷的城堡。

“伊万，你负责种120亩土地，弗雷负责剩下的60亩，”巴恩接着说，“我给伊万290千克麦种和18千克肥料（18千克肥料值29千克麦子）。弗雷会领到145千克麦种和9千克肥料。再给你们每人一头牛拉犁，但你们需要自己去犁匠那里买犁。顺便说一下，这牛只有3岁大，还从未耕过地，为你们服务10年大概还不成问题。用心照管它们，因为一头牛值580千克麦子，秋天把牛、犁和收成一块儿交给我。”

伊万和弗雷拜别领主之后，带着巴恩提供的东西离开了城堡。

夏天一晃眼过去了。秋收过后，伊万和弗雷回到领主那里归还领主春天借给他们使用的东西，伊万说：“尊贵的老爷，我把这头几乎没使唤过的牛、还有这个破得不能再修的犁和3 238千克麦子交给您。但不幸的是，为了这个犁，春天时我欠犁匠的44千克麦子现在也没还清。并且正如您所预计的那样，我用完了春天时您给我的所有麦种和肥料。还有，您已经从我的收成里拿走290千克麦子自己用了。”

弗雷接着说：“尊贵的老爷，我把这头不常使唤的牛、这个犁和1 525千克麦子交给您，我已经从收成中拿出44千克麦子把买犁的钱付给了犁匠。我也用光了春天时您给我的所有麦种和肥料。还有，就在几天前，您刚刚从我的收成里拿走了436千克麦子。我认为这犁至少还可以供您用两季。”

“你们做得很好！”巴恩说。赐福过后，两个农民离开了城堡。在他们离开后，巴恩开始反复掂量发生的事情。“是的，”他说，“他们干得都不错，但我怎么能知

---

① 资料来源：罗伯特·N. 安索尼，詹姆斯·S. 里斯，朱利·H. 赫特斯坦. 会计学［M］. 9版. 骆珣，等，译. 北京：北京大学出版社，2000：15.

道谁干得更好些呢？”

问题：

1. 为每个农场编制生长季节开始日和结束日的资产负债表，以及整个季节的利润表（不要担心你还没有对资产负债表和利润表获得充分的了解，尽可能地根据你的直觉去做）。

2. 哪一个农民干得更好些？

案例0-2　决策有用观①

2013年秋，范蠡受聘为正大化工公司的工程师。在与厂里的专家进行的一次例行讨论中，范蠡了解到公司已研制出一种废料回收利用的技术，该技术的工艺步骤是先把废料研磨成粉末，然后加工成塑料汽水瓶。因为政府已禁止正大化工公司在户外堆放回收的饮料瓶，正大化工公司急需有一家公司能回收废料并将其研磨成粉末，定期将塑料粉末运送到化工公司。范蠡认为这是一次期待已久的自主创业机会。

范蠡创建一个名为“新希望”的塑料瓶粉碎工厂。2013年12月，“新希望”工厂购买一辆旧卡车（75 000元）、一个拖斗车（31 000元）来运输瓶子和两台旧粉碎机（76 000元），同时还购买运行和维护机器所需的一些备品备件及回收的饮料瓶，计18 000元。这样总共花掉了范蠡积攒的200 000元。

范蠡找到一个非常适合改造为工厂的仓库，价值282 000元。范蠡的哥哥和妹妹也非常看好此项目，每人向该项目投资了100 000元。这样范蠡就有了足够的钱支付仓库的首期款项，银行也同意以抵押贷款的形式为范蠡提供资金200 000元。在批准贷款时，银行工作人员建议范蠡从一开业就要做好正确的会计记录。他说这些记录不仅有助于处理好企业未来的银行业务，而且对所得税申报和企业的日常管理也很有帮助。他们建议范蠡从一开始就要找一个好的会计人员帮助他处理会计事务，从而使公司尽早步入正轨。

范蠡的邻居——齐默是当地一家公司的会计。当他们谈及这项新业务时，范蠡说：“我不知道如何做好会计记录。”齐默建议说：“首先要列出企业所有的购置项目及发生的所有负债。你还应该建立一套完整的账簿体系来记录发生的所有交易。”齐默同时也答应为范蠡寻找一位对这种新开业公司富有经验的会计人员，他可以受聘作为范蠡的顾问，这样公司一旦开展正常业务，就可以由他负责为公司建立一套会计体系。

现在范蠡觉得公司开展业务已经有了坚实的基础，于是公司正式开业了，并与当地两家制瓶公司签订了合同，同时还雇用了两名粉碎工、一名卡车司机和一名拖

① 资料来源：罗伯特·N. 安索尼，詹姆斯·S. 里斯，朱利·H. 赫特斯坦. 会计学［M］.9版. 骆珣，等，译. 北京：北京大学出版社，2000：14.

斗车司机。从 2014 年 1 月 1 日开始，这家新公司一直在向那家成为老主顾的化工公司送货。

问题：

1. 为什么范蠡需要一些必要的记录？他需要的是哪些记录？

2. 按照齐默的建议，并做出一些你认为有用的假定，你可以整理出范蠡的公司资产和负债清单吗？范蠡应怎样评定公司的资产价值？

3. 范蠡现在已经开始销售产品了，那么他确认“利润或亏损”时需要哪些信息？对范蠡的公司来说，进行利润或亏损的分析有什么重要意义？范蠡应每隔多长时间做一次分析？

4. 如果由范蠡负责管理公司业务的话，他需要哪些信息（报告）来评价公司业绩？

第一章　会计的含义与目标

【导入案例】

在导论的案例讨论中，大家都得到了哪些重要结论？

巴恩将土地交给伊万和弗雷耕种并提供麦种、肥料和耕牛，是无偿的吗？他提出了什么要求？他的要求合理吗？如果你是伊万和弗雷，你愿意替巴恩耕种土地吗？如果下一年伊万和弗雷还愿意继续帮巴恩耕种土地，而巴恩只需要他们中的一位，你认为巴恩会选谁？

相信每个人都有一个和范蠡一样的梦想：给自己打工。范蠡无疑是幸运的，他很快地发现了实现自己梦想的机会，并已经在实现理想的征途上了。他启程前做了哪些准备？范蠡的哥哥和妹妹为什么愿意给他出钱？他们提供的钱和银行借给范蠡的钱有区别吗？范蠡的哥哥和妹妹在提供钱时对范蠡有要求吗？银行工作人员为什么要求范蠡一开始就要做好会计记录？你也有和范蠡一样的梦想吗？如果你是范蠡，你需要聘请一名会计吗？你需要他为你做什么？

【学习目标】

在本章中，你将学到：

（1）会计的含义。

（2）会计信息是由哪些内容构成的。

（3）财务会计信息的含义和具体内容。

（4）财务会计信息是如何为不同的决策者服务的。

第一节　会计的含义与内容

世界上有很多工作都是通过某些组织进行的，组织就是为了实现一个或多个预定目标而由多人共同协作的群体。组织大致可区分为营利性组织与非营利组织两类。前者以获利为主要目标，后者则有其他一些目标，如政府管理、提高社会服务、提供教育等。一个组织在工作时需要投入资金以便获取人力、物力、各种服务、办公场所和设备等资源。同时，在组织中工作的人们为了高效地工作，也需要掌握资源的数量、偿付资源的手段及资源利用效果等信息（信息类型如图 1-1 所示）。另外，在组织之外的其他实体也需要获取类似信息以便对这个组织的运行状况进行判断。会计就是提供此类信息的一个系统。

一、会计的含义

（一）会计信息

会计信息是一种定量信息，它与其他类型定量信息的主要区别在于它通常采用货币计量。雇员的年龄、工作年限等数据是定量信息，但它们通常不被认为是会计

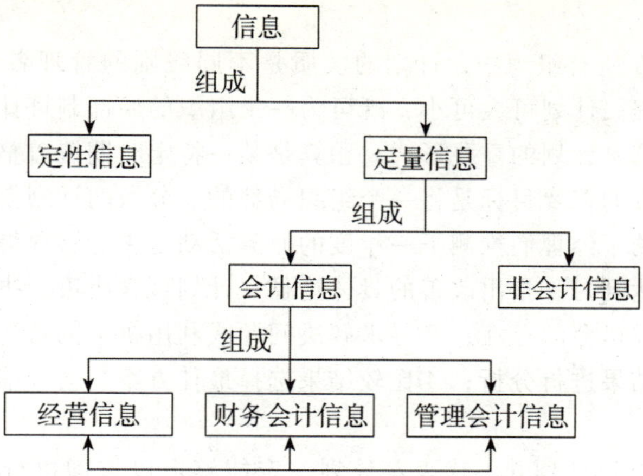

图 1-1　信息类型

信息。然而界限并不是绝对的，为了帮助报表使用者加深理解，财务报告中也经常包括一些非货币信息。

对于信息需求者来讲，要了解其所占用资源的数量和偿付方式以及这些资源的利用效果，一般需掌握以下三类信息：营运信息；财务会计信息；管理会计信息。

1. 营运信息

一个组织在处理日常业务活动时必然要面对大量营运信息。营运信息是会计信息的重要组成部分，为管理会计和财务会计提供相关的基础数据资料。例如，支付给雇员的薪金、产品的市场供求状况、产品的成本和售价、库存产品的数量、原材料领用消耗状况、客户的信用状况和付款能力等。同时，公司也需要了解自身所欠其他公司的货款数额以及偿还能力。

2. 财务会计信息

财务会计信息既服务于管理者又服务于组织之外的一些实体，包括股东（非营利组织中的受托人）、银行和其他债权人、政府机构、投资顾问及普通公众。外部实体很难要求某个组织必须按其需要的格式提供专门的信息，大多数情况下，外部实体必须接受由组织选择提供的信息。

如果不掌握这些信息编制的基本规则，他们很难理解这些信息的含义，也不可能要求组织之外的人们对其所感兴趣的每个组织都分别掌握一套新的编制规则，而且在涉及对两个组织的信息进行比较时，除非它们在编制信息时遵循了相同的基本规则，否则就不存在比较的基础。这些基本规定正是财务会计（也称财务报告）所要讨论的主题。

3. 管理会计信息

公司的管理者无暇顾及公司营运信息的细节，但是他们需要依据这些信息加工形成的概括信息，并结合其他一些信息行使其管理职能。这种专门为管理者加工的会计信息称为管理会计信息。这类信息通常应用于计划、执行、控制三种管理职能。

（1）计划。在所有组织中，计划的实质是不同级别的管理者对未来的业务活动做出决定的过程。计划可大可小，既可为一个组织的局部制订计划，也可为其整体制订计划。预算是计划的重要形式。预算是某一特定时期覆盖整个组织业务活动的计划过程。预算的首要目标是将一个组织局部的、分散的计划衔接起来，使之协调一致。预算有助于经理们推测下一年度的业务活动是否能够取得满意的结果，并能在预期目标未达到时，指出改善的具体途径。计划包含决策。决策主要有以下步骤：①发现问题或机会的存在；②寻求解决问题或利用机会的备选方案；③对这些备选方案的预期结果进行分析；④比较结果选择最佳方案。会计信息在决策的分析过程中至关重要。

（2）执行。制订计划并不代表着计划一定能够得以贯彻执行。在全年预算编制以后，每位经理必须采取措施提供人力和其他各种资源以确保计划得以贯彻执行。每位经理必须编制比总预算更详细的执行计划，即预先编制以周甚至日为基础的专门执行计划。这些专门计划的执行需要各部门经理进行监督。尽管许多业务活动是日常例行的，但经理们也常常必须面对那些预算中没有预计到的事项。的确，随时调整前期计划以适应新情况是总经理要承担的重要职责。如果组织的某个部分出现了意外的情况，有关部门的经理必须尽快做出反应，使这些部分相互协调。

（3）控制。企业管理者采取一系列措施确保员工的行为符合标准的过程就是控制。会计信息正是借助于传递、指导、干预和评价等手段在控制过程发挥作用的。

总的来说，会计信息的使用者主要有两类：其一，利用会计信息制定重大决策、公司战略及长期计划的内部高层管理人员，以及利用会计信息制订短期计划和控制日常经营活动的内部中低层管理人员；其二，利用会计信息做出各项决策的外部人员，如投资者、债权人、政府机构等。内部人员（管理者）和外部人员都需要会计信息，但两者使用的目的不同，因此，他们需要的会计信息的类型也不一样（见表 1-1）。

（二）会计的定义

在有关会计的各种定义中，美国会计学会给出的定义堪称最佳，因为它强调了会计有助于决策的功能。它认为，会计是确认、计量与传达使信息使用者能够做出合理判断和决策的经济信息系统。

二、财务会计信息框架

市场经济面临的最大问题就是不确定性因素大大增加。要想在竞争中取胜，决策的正确性就显得至关重要。正确的决策来自准确的信息支持。随着经济的发展，作为最主要的信息系统之一的会计信息系统将变得更加重要。

（一）财务会计信息的需求

财务会计信息的使用者和需求者涉及与企业有利害关系的内外部集团和个人，

表 1-1 **管理会计信息与财务会计信息的区别**

	管理会计信息	财务会计信息
主要使用者	企业内部的各级管理人员	包括外部人员（如投资者、政府机构），也包括企业内部的管理人员
选择的自由度	除了考虑改进管理决策所涉及的成本效益问题外，没有任何限制	严格遵循公认会计标准
行为影响	侧重于考虑衡量和报告将如何影响管理人员的日常决策	尽管建立在财务报告结果基础上的经理报酬会对其决策行为产生影响，但是，财务会计更侧重于影响外部信息的决策
关注的时点	重在未来，既关注历史资料又运用预算指标	强调过去，对过去进行评价
时间跨度	灵活性，从若干小时到 10 ~ 15 年不等	固定性，常为 1 年或 1 个季度
报告内容	详细报告，涉及企业、产品、部门及地区等的某一具体方面	总括报告，主要涉及整个企业的状况
活动范围	领域没有明确的限定，更多地涉及经济学、决策科学和行为科学	领域划分明确，较少涉及其他相关学科

这些有利害关系的集团和个人主要包括投资人、潜在投资人、债权人、企业管理者、企业员工、政府监管机构、企业供应商、客户、证券交易所、财政金融部门、中介服务机构、社会公众等。总体而言，财务信息的需求者对财务信息都有不同程度的需求。

1. 投资人

在经营权与所有权分离的情况下，企业所有者需要利用会计信息了解企业的经营状况、评估投资报酬、判断投资风险，并做出决策。例如：

（1）是否应该对企业进行投资？

（2）是否应该转让所有者在企业中的投资（如出售股份）？

（3）企业管理者的经营业绩如何？

（4）企业的财务状况及经营成果怎样？

（5）企业的盈利分配政策（如股利政策）是否合理？

2. 债权人

贷给企业资金者，即成为企业的债权人。债权人主要关心企业是否能够按期还本付息，而决策前更需要评估企业的到期偿债能力，这种评估是以会计信息为基础的、对企业未来经营情况进行的预测。具体包括：

（1）企业的资金是否充裕？是否足以偿还其债务？

（2）企业的获利情况怎样？

（3）是否应该贷给企业更多的资金？

（4）是否应该继续保持对企业的债权（如是否转让公司的债权）？

3. 政府部门

有关政府部门（如税务机关）要通过会计信息了解企业所承担义务的履行情况。例如：

（1）企业缴纳所得税和其他税金的情况如何？

（2）企业是否遵守有关的法律规定？

（3）企业是否有舞弊行为？

（4）企业向各级政府的法定机构提供的各种报告是否正确？

对我国的国有企业来说，企业还有义务向有关政府管理部门提供进行宏观调控所需要的会计信息。

4. 企业员工

企业员工主要关心下列问题：

（1）企业是否按正确的方向从事经营？能否为其员工提供稳定而持久的工作岗位？

（2）企业管理者是否有舞弊行为？

（3）企业的分配政策是否合理？

（4）企业的福利待遇有何变动？

5. 企业的顾客

企业的顾客虽然不参与企业资源的配置，但在许多方面与企业存在着利益关系。他们主要关心下列问题：

（1）企业的经营活动是否稳健？是否能与客户形成稳定的供应链？

（2）企业的产品定价是否合理？是否应该从该企业增加产品购买量？

（3）企业的经营行为和政策是否和顾客的目的相矛盾？

6. 企业管理者

企业管理者是企业内部主要的会计信息使用者。企业会计要采用一定的程序和方法，将企业的大量经济数据转化为有用的会计信息，以便为企业管理决策提供依据。企业经理利用会计信息为企业制定经营目标，评价为实现目标而付出的行为是否合理，并在必要时采取改进措施。以会计信息为基础的决策包括购建何种固定资产、保持多少存货、向银行借入多少资金等，企业在筹资决策、投资决策、生产决策、销售决策以及人事决策等方面都需要会计信息。企业会计人员不再是单纯的记账、算账，而是能辅助管理者及时地将数据转化为信息，由信息提升到知识，再由知识付诸行动。

此外，个人在理财活动、日常生活决策、评价工作前景是否乐观方面也经常需要会计信息。企业的管理层除了要了解本企业的会计信息，还要关注与己有关的其他企业的会计信息，如供应商的会计信息、客户的会计信息及竞争对手的会计信息，以便及时做出改善企业经营环境的决策。

（二）财务会计信息的供给

企业以什么形式向会计信息的需求者提供会计信息呢？是财务报告（包括财务报表、财务报表附注和财务情况说明书）。财务报告体系如图 1–2 所示。

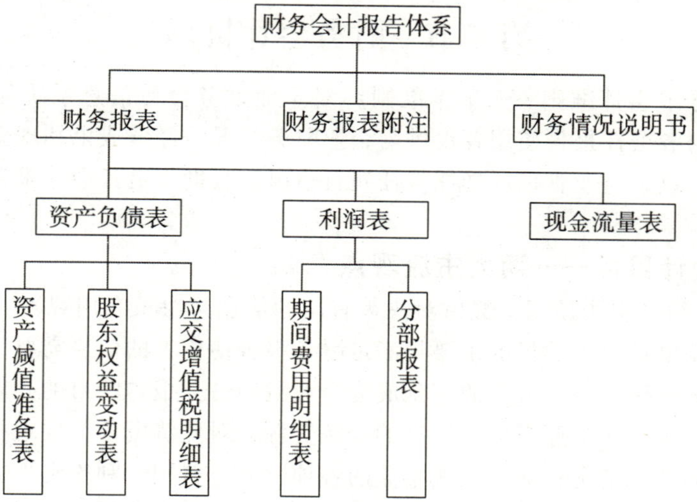

图 1–2　财务报告体系图

1. 财务报表

与企业存在利害关系的利益集团关心自己的利益是否得到维护，就需要企业提供有关企业财务状况与经营成果的报告。财务报表就是反映企业的财务状况、经营成果与现金流量等信息的报告文件，主要包括资产负债表、利润表和现金流量表。资产负债表是反映企业在某一特定日期全部资产、负债和所有者权益情况的报表。利润表又称收益表、损益表，是反映企业在一定会计期间的经营成果的报表。现金流量表反映企业一定会计期间内经营活动、投资活动和筹资活动等现金流入、流出状况的报表。

2. 财务报表附注

财务报表附注是企业财务报告不可缺少的组成部分，是对财务报表本身无法或难以充分表述的内容和项目所作的补充说明与详细解释。内容主要包括：（1）企业的基本情况；（2）财务报表的编制基础；（3）遵循企业会计准则的声明；（4）重要会计政策和会计估计；（5）会计政策和会计估计变更以及差错更正的说明；（6）重要报表项目的说明；（7）其他需要说明的重要事项。

3. 财务情况说明书

财务情况说明书是对企业一定会计期间内财务状况进行分析总结的书面报告，是企业财务报告的重要组成部分。财务情况说明书全面提供企业和其他单位生产经营、业务活动情况，分析总结经营业绩和存在问题及不足，是企业财务会计报告使用者特别是单位负责人和国家宏观管理部门了解和考核各单位生产经营和业务活动开展情况的重要资料。内容主要包括：（1）企业生产经营状况；（2）利润实现和利润分配情况；（3）资金增减和资金周转情况；（4）税金缴纳情况；（5）各种财产物资变动情况；（6）其他需要说明的事项。

第二节　财务会计目标

我国《企业会计准则——基本准则》对企业财务会计信息系统目标作了明确的规定：向财务会计报告使用者提供与企业财务状况、经营成果和现金流量等有关的会计信息，反映企业管理层受托责任履行情况，有助于财务会计报告使用者做出经济决策。

一、财务会计目标——两大主流观点

（一）向财务报告使用者提供对决策有用的信息（决策有用观）

企业编制财务报告的目的主要是满足财务报告使用者的信息需要，因此，向财务报告使用者提供对决策有用的信息成为企业编制财务报告的目的。比如，财务报告应当如实反映企业所拥有或者控制的经济资源、对经济资源的要求权和经济资源及其要求权的变化情况；如实反映企业的各项收入、费用、利得和损失的金额及其变动情况；如实反映企业各项经营活动、投资活动和筹资活动等所形成的现金流入和现金流出的情况等，以有助于现在的或者潜在的投资者、债权人以及其他使用者正确、合理地评价企业的资产质量、偿债能力、盈利能力和营运效率等。如果企业在财务报告中提供的会计信息与使用者的决策无关，没有使用价值，那么财务报告就失去了其编制的意义。

（二）反映企业管理层受托责任的履行情况（受托责任观）

在现代公司制下，企业所有权和经营权相分离，企业管理层是受委托人之托经营管理企业及其各项资产的，负有受托责任，即企业管理层所经营管理的各项资产基本上为投资者投入的资本（或留存收益作为再投资）或者向债权人借入的资金所形成的，企业管理层有责任妥善保管并合理、有效地使用这些资产。因此，财务报告应当反映企业管理层受托责任的履行情况，以有助于评价企业的经营管理责任以及资源使用的有效性。

二、财务会计信息质量特征

财务报告最主要的目的就是为使用者的投资和贷款等决策提供有用的信息，而信息则必须在可靠、相关、可比的情况下才具有实用价值。要使会计信息满足使用者（主要是外部使用者）的要求、具有实用价值、实现财务报告的目标、保证会

计信息的质量，必须明确会计信息的质量要求。会计信息的质量要求是财务报告所提供的信息应达到的基本标准和要求，具体包括可靠性、相关性、可理解性、可比性、实质重于形式、重要性、谨慎性和及时性等。

（一）可靠性

可靠性又称客观性、真实性或中立性。可靠性要求会计记录必须以实际发生的经济业务的合法凭证为依据，正确运用会计原则和方法，如实反映企业的财务状况和经营成果，做到内容真实、数据准确、资料可靠。也就是说，企业不得虚构、歪曲和隐瞒经济业务事项，它是杜绝会计信息失真的基本前提。具体包括以下三方面的属性：

（1）真实性。真实性是指会计计量的结果是否与它所反映的经济对象或经济事项相一致。但应当注意的是，由于现实经济中存在着大量的不确定性问题，会计信息不可能绝对不失真。在会计的计量中，几乎离不开会计人员的判断和估计，更离不开多少带有条件性的分类、汇总和分配，如在资产成本的分配中，对资产残值以及使用年限的估计都明显带有主观判断色彩等。严格地说，会计计量的结果在很大程度上是近似的，而不是精确的，而且由于相关性的影响，绝对精确的计量未必都有必要，因为绝对精确的计量所需支付的成本很高。因此，真实性并不要求也不应当要求绝对精确，而是要求如实反映。

（2）可验证性。所谓可验证，一般是指有可靠的凭证可据以复查其数据的来源和转化为信息的计算过程，如购货发票就可以证明采购商品的价值。每一项会计记录都要有合法的凭证为依据，不允许弄虚作假，要求做到账证、账账、账表和账实之间相互一致。

（3）中立性。可靠的信息资料还必须是中立的，也就是不带偏向性的。如果财务报表的编制是通过有意识地选取和列报某些资料来影响决策者的决策行为和判断结果，则这时的会计信息就不是中立的。

（二）相关性

相关性又称有用性。资料要成为有用的信息，就必须与使用者的决策需要相关联。信息的价值在于其与决策相关，有助于决策。相关的会计信息有助于会计信息使用者评价过去的决策，证实或修正某些预测，从而具有反馈价值；有助于会计信息使用者做出预测，做出决策，从而具有预测价值。在会计核算工作中坚持相关性，就要求在收集、加工、处理和提供会计信息的过程中，充分考虑会计信息使用者的信息需求。对于特定用途的会计信息，不一定都能通过财务会计报告来提供，也可以采用其他形式提供。

如果会计信息没有满足会计信息使用者的需要，对会计信息使用者的决策没有任何作用，就不具有相关性。当然，相关性不是要求会计提供的会计信息完全满足所有会计信息使用者的需要，事实上，再全面的会计报表也不可能满足所有方面的需要。只要企业的会计报表能提供通用的会计信息，会计信息使用者通过对会计报表的通用信息进行加工，能够得到其所需要的会计信息，就符合了会计相关性的要求。

相关性包括以下两个方面的属性：

第一，会计信息必须具有预测价值。例如，预测企业未来的财务状况和经营业绩是否面临财务危机，是否会破产；预测证券价格的变动，股利、工资的发放水平；预测企业在承诺到期时履行承诺的能力等。

第二，会计信息必须具有反馈价值。会计信息必须能够反映企业及其下属业务部门的上期经营成果，根据会计信息的反馈可以提出改进企业经营管理的措施。

（三）可理解性

可理解性也称明晰性。要求企业的会计记录和所提供的会计报表，应当清晰明了，便于理解和使用。清晰明了有助于对报表的理解，这是衡量报表质量和报表是否有利于决策者使用的一个标准。会计记录和会计报表只有清晰明了，才能使使用者易于理解、易于利用、便于决策。如果生成的会计信息不能清晰明了地反映企业的财务状况、经营成果和现金流量，就会影响会计信息的功用。这个质量特征对信息使用者和信息提供者都有要求。一方面，会计上假定信息使用者具有一定的工商经济活动和会计方面的知识，并且愿意下工夫去研究资料；另一方面，信息提供者应力求使会计信息通俗易懂，避免故意用晦涩难懂的专门术语为难信息使用者。在会计核算工作中坚持明晰性，会计记录应当准确、清晰，填制会计凭证、登记会计账簿必须做到依据合法、账户对应关系清楚、文字摘要完整；在编制财务报表时，项目勾稽关系清楚、项目完整、数字准确。

（四）可比性

可比性要求企业提供的会计信息应当具有可比性。具体包括下列要求：(1) 同一企业对于不同时期发生的相同或者相似的交易或事项，应当采用一致的会计政策，不得随意变更。(2) 不同企业发生的相同或者相似的交易或事项，应当采用规定的会计政策，确保会计信息口径一致、相互可比，即对于相同或者相似的交易或事项，不同企业应当采用一致的会计政策，以使不同企业按照一致的确认、计量和报告基础提供有关会计信息。

企业发生的交易或事项具有复杂性和多样性，对于某些交易或事项可以有多种会计核算方法。例如，存货的领用和发出可以采用先进先出法、加权平均法、移动平均法、个别计价法等确定其实际成本；固定资产折旧可以采用平均年限法、工作量法、年数总和法、双倍余额递减法等。保证会计信息可比性的前提是企业在各个会计期间应尽可能地采用相同的会计核算方法。如果企业在不同的会计期间采用不同的会计核算方法，将不利于会计信息使用者对会计信息的理解，不利于会计信息作用的发挥。可比性制约和防止企业会计主体通过变更会计处理方法和程序，在会计核算中弄虚作假、粉饰会计报表的行为。

但应该注意的是：第一，对可比性的要求，不应当混同于单纯的统一性，从而成为改进会计程序和方法的障碍。如果企业当前采用的会计程序、会计处理方法等不符合相关性和可靠性的质量特征，不适应经济环境变化的需要，企业就有必要对其进行改进。第二，可比性还包括这样一个重要含义，即应当把企业采取的会计程序、方法、原则等会计政策，及其必要的变更和变更的影响结果告诉信息使用者。具体包括：（1）变更的具体内容。（2）变更的理由。（3）变更的累积影响数，即按照变更后的会计核算方法对以前各期追溯计算的变更年度期初留存收益应有的金额与现有的金额之间的差额。如果不能合理地确定变更的累积影响数，应当说明不能确定的理由，以使信息使用者能够鉴别同一企业在不同期间以及不同企业对相同的交易和其他事项所采用的会计政策之间的差别。

（五）实质重于形式

实质重于形式要求企业按照交易或事项的经济实质进行会计确认、计量和报告，不应仅以交易或事项的法律形式为依据。如果企业仅以交易或事项的法律形式为依据进行会计确认、计量和报告，就容易导致会计信息失真，无法如实反映经济现实和实际情况。为了真实反映企业的财务状况和经营成果，就不能仅仅根据交易或事项的外在表现形式来进行核算，而应反映其经济实质。

例如，以融资租赁方式租入的资产，虽然从法律形式来讲承租企业并不拥有其所有权，但是由于租赁合同中规定的租赁期相当长（接近于该资产的使用寿命）、租赁期结束时承租企业有优先购买该资产的选择权、在租赁期内承租企业有权支配资产并从中受益，故从其经济实质来看，企业能够控制其创造的未来经济利益。所以，会计核算上将以融资租赁方式租入的资产视为承租企业的资产并计提折旧。

（六）重要性

重要性要求企业提供的会计信息能够反映与企业财务状况、经营成果和现金流量有关的所有重要交易或事项。

企业的会计核算应当遵循重要性的要求，在会计核算过程中应当区分交易或事项的重要程度，采用不同的核算方式。所谓重要，是指会计信息能实质性地影响信息使用者的决策。对资产、负债、损益等有较大影响进而影响财务会计报告使用者据以做出合理判断的重要会计事项，必须按照规定的会计方法和程序进行处理，并在财务会计报告中予以充分、准确的披露；对于次要的会计事项，在不影响会计信息真实性和不至于误导财务会计报告使用者做出正确判断的前提下，可适当简化处理。强调会计核算的重要性，在很大程度上是出于对会计信息的效用与加工会计信息的成本这两个方面的考虑。如果把企业纷繁复杂的经济活动事无巨细地详细记录与报告，不但会增加会计信息的加工成本，而且会使会计信息使用者无法有所侧重或有针对性地选择所需的会计信息，反而不利于做出正确的经济决策。在评价某些项目的重要性时，很大程度上取决于会计人员的职业判断。一般来说，应当从质和量两个方面综合分析：从性质方面来说，当某一事项有可能对决策产生一定影响时，就属于重要项目；从数量方面来说，当某一项目的数量达到一定规模时，可能对决策产生影响，就属于重要项目。

某些项目的重要性是由法律、行政管理规章、董事会决议或其他法令决定的；另一些项目的重要性则取决于惯例、习惯或当前的社会倾向，其重要程度甚至在相似的组织中也可能不同。确定相对重要性的通常和唯一的价值判断方法是以该项目的相对大小和一般特征以及管理层对股东、雇员及公众所承担的责任为基础的，而且某些在今天认为是重要的因素在明天可能更重要或不太重要。作为公司管理层的表达工具的财务报表只有在很好地开展重要性问题的价值判断的情况下才能被明智地编制。非重要项目应与其他同类项目合并；重要项目可以要求不同程度的揭示，如分别列示、表下注释或用括号注明。某些会计人员根据单凭经验的略计规则确立计量重要性的标准，如把金额为总资产的5%或5%以上的或者为净收入的10%或10%以上的任何项目或任何一类项目作为单独一项列入财务报表。但这种规则仍未解决以下问题：有些较小的项目，对其揭示可能是重要的，而无论其金额大小，例如企业的股利分配政策等；有些现在较不重要的项目，随着时间的推移可能发展为重要项目，或者现在的或有或未知事件在将来发生时，也可能成为重要项目。有关报表、事实或项目的特征，对其揭示或对其表达的方法可能影响到使用者的判断。财务报表充分揭示的方式可以包括：描述性的标题；扼要的括弧内的说明；合乎逻辑的排列和格式；简明但完备的注释等。

（七）谨慎性

谨慎性要求企业对交易或事项进行会计确认、计量和报告时，应当保持应有的谨慎，不应高估资产或收益、低估负债或费用。

但是，谨慎性的应用并不允许企业设置秘密准备。如果企业故意低估资产或收益，或者故意高估负债或费用，将不符合会计信息的可靠性和相关性要求，损害会计信息质量，扭曲企业实际的财务状况和经营成果，从而对使用者的决策产生误导，这是会计准则所不允许的。

企业的经营活动充满着风险和不确定性。在会计核算工作中坚持谨慎性，要求企业在面临不确定因素的情况下做出职业判断时，应当保持必要的谨慎，充分估计到各种风险和损失，既不高估资产或收益，也不低估负债或费用。在进行会计处理的过程中，当对某一经济业务有几种会计处理方法可供挑选时，应当选用对所有者权益产生有利影响最少的那种方法。凡可能发生的损失或负债，应充分予以估计，而可能的（预期的）收入或利得，一般不予以估计，或必须十分谨慎地加以估计。通常把谨慎性概括为“预计可能的损失，而不预计可能的收入”，从而使会计报表揭示的信息不会引起人们由于根据不足而导致过于乐观，通过对经营风险加以合理的估计，起到防范风险的预警作用，有利于企业做出正确的经营决策，提高企业在市场上的竞争力，保护所有者和债权人的利益。

理解谨慎性应注意以下要点：

第一，谨慎性要求会计人员对某些经济业务或会计事项存在不同的会计处理方法和程序可供选择时，在不影响合理选择的前提下，尽可能选用一种不虚增利润和夸大所有者权益的会计处理方法和程序进行会计处理，合理核算可能发生的损失和费用。

第二，谨慎性又称稳健性，或称会计核算的保守主义，是针对经济活动中的不确定因素，要求人们在会计处理上保持谨慎小心的态度，充分估计到可能发生的风险和损失，尽量少计或不计可能发生的收益。

第三，在存货、有价证券等资产的市价低于成本时，按成本与可变现净值孰低计量，相应地减记资产的账面价值，并将减记金额计入当期损益，体现了谨慎性对历史成本的修正。

第四，谨慎性并不意味着可以任意提取各种准备，否则，就属于对谨慎性的滥用，将被视为重大会计差错，需要进行相应的会计调整。

（八）及时性

及时性要求企业对于已经发生的交易或事项，应当及时进行确认、计量和报告，不得提前或者延后。会计核算如果不及时，就很难准确地反映企业在一定时点上的财务状况以及一定期间的经营成果和现金流量。

及时性要求会计人员及时收集会计信息，在经济业务发生后，及时收集整理各种原始凭证，及时对会计信息进行加工处理并编制财务报表，并及时将报表信息传递给有关方面的使用者。信息的生命在于时效，对于同一信息而言，今天的价值一定大于明天。失去时效的会计信息会严重影响使用者的决策行为，降低其使用价值。有些企业甚至通过提前或延后确认收入、费用来人为地调节利润，造成会计信息失真，这明显违反了及时性要求，应该严厉禁止。

会计信息质量要求是对企业财务报告中所提供的会计信息质量的基本要求，是财务报告中所提供的会计信息对投资者、债权人等使用者决策应具备的基本特征。根据基本准则规定，它包括可靠性、相关性、可理解性、可比性、实质重于形式、重要性、谨慎性和及时性等。其中，可靠性、相关性、可理解性和可比性是会计信息的首要质量要求，是企业财务报告中所提供的会计信息应具备的基本质量特征；实质重于形式、重要性、谨慎性和及时性是会计信息的次级质量要求，是对可靠性、相关性、可理解性和可比性等首要质量要求的补充和完善，尤其是在对某些特殊交易或事项进行处理时，需要根据这些质量要求来把握其会计处理原则。另外，及时性还是会计信息相关性和可靠性的制约因素，企业需要在相关性和可靠性之间寻求一种平衡，以确定信息及时披露的时间。

三、会计与会计环境

会计是适应社会经济发展的需要而产生的，并随着经济的发展而发展，“经济越发展，会计越重要”。发展到了今天，就是美国著名经济学家、诺贝尔经济学奖获得者萨缪尔森所说的：“我们正处在一个科技时代，同时也是一个会计时代。”

（一）会计发展历程

会计系统的历史最早可以追溯至10000年前。在早期的文明程度较高的国家里，随着商业的发展会计系统很早就已产生，但更加精确缜密的会计系统是在商业成熟和交易变得更加复杂之后才确立起来的。

1. 早期会计

会计很早就出现在人类历史中。早在5 000年到10 000年前，大量的会计工具就被运用于古代人类生产活动中，如画着红点的石头、不同颜色打成结的绳子、古算盘等。人类学家甚至相信人类第一次试图写字就是为了记录资产，认为楔形文字产生的动力就来源于苏美尔人对会计记录的需要。

经济发展到15世纪，商业的范围更加广阔，财产的所有者要求有一个更加精确的系统来记录无数的经济交易。卢卡·帕乔利（Lucas Pacioli）顺应经济发展的需求，于1494年在威尼斯出版了其《算术、几何、比及比例概要》著作，在其中系统地记载了复式记账体系。复式记账体系的严密性和科学性极大地促进了会计体系的发展，成为近代会计发端的标志。

工业革命对财务会计的发展提出了更高的要求。制造业从手工作坊发展到动力驱动的工厂，这些大的制造工厂需要许多个人和银行的投资。广泛的外部投资者和商业组织形式的发展意味着所有权和经营权的分离，连续的财务报告和独立审计在向外部传递财务信息中承担了非常重要的作用。

会计在我国也有悠久的历史，我国从公元前22世纪末到公元前17世纪初在夏朝就开始设置会计。在西周时设“司会”官职，主管王朝财政经济收支的核算。当时首次出现“会计”二字构词连用，其基本含义是：既有日常的零星核算，又有岁终的总核算，通过日积月累到岁末的核算达到正确考核王朝财政经济收支的目的。

2. 现代会计

客观地说，“古代会计”、“近代会计”的提法是不够严谨的，较为准确的提法应该是“古代簿记”、“近代簿记”。由簿记时代向会计时代的转变发生在20世纪30年代末期，簿记学开始向现代会计学转变，人类社会进入了现代会计的发展时期。为保护那些不直接参与企业经营管理的所有者的利益，1934年美国根据《证券交易法》成立的证券交易委员会，要求上市公司在传统会计的基础上，遵循“公认会计原则”（generally accepted accounting principles，GAAP），对外（主要是投资人、债权人等）提供反映企业财务状况、经营成果的信息。在这一时期，随着社会生产力的进一步提高和科学技术的迅猛发展，作为一门适应性学科的会计也发生了相应的变化，主要表现为：（1）会计学基础理论的创立；（2）会计理论和方法逐渐分化成两个领域，即财务会计和管理会计；（3）审计基本理论的创立；（4）会计信息化。随着社会的发展和科学技术的进步，会计也必然会取得更加引人注目的发展。

（二）会计与会计环境关系

会计的产生与发展无不与会计环境相关。会计的发展紧紧伴随着会计环境的变迁，会计环境的变迁往往引起会计的变革。会计是人类生产活动发展到一定阶段，基于管理的需要而产生的。如果没有生产力的发展，没有管理的需要，就不可能产生会计。会计的每一次发展都是会计环境变化的结果。会计在会计环境中孕育成长，随着会计环境的变化而变化，随着会计环境的发展而发展。

会计与会计环境之间的关系并不是单向的。一方面，随着会计环境的发展，会计也日益发展和成熟；另一方面，某些新的会计方法也可以改变相应的会计环境，会计日益成为促进或阻碍会计环境（包括经济）发展的重要力量。会计作为一门社会科学，它的产生、发展和应用都会对人们的思想、行为和所处的环境产生影响，这也是会计得以存在的原因。由此可见，会计并不只是被动接受会计环境的影响，人类完全可以运用会计能动地推进社会的发展。

第三节　会计职业和会计职业道德

一、会计职业

在大多数组织中，由专门的会计人员组成的会计机构成为最大的参谋职能部门。现在，越来越多的人热衷于从事会计职业。随着经济的发展，会计工作领域越来越宽广，会计工作的内容也越来越丰富。根据会计职业服务的组织不同，可分为企业会计、公共及非营利组织会计、注册会计师、会计教育工作者等。

为保证会计工作的质量，依据财政部制定的《会计人员从业资格管理办法》，在国家机关、社会团体、企业、公司、事业单位和其他组织从事会计工作的人员，必须取得会计从业资格，持有会计从业资格证书；不具备会计从业资格的人员，不得参加会计专业技术资格考试、会计专业职务的聘任；各单位不得任用不具备会计从业资格的人员从事会计工作。根据规定，申请取得会计从业资格的人员，应当符合下列基本条件：①遵守会计和其他财经法律、法规；②具备良好的道德品质；③具备会计专业基础知识和技能。符合上述条件的，经考试合格，按属地原则由所在地财政部门发给会计从业资格证书。

会计从业资格考试科目为：财经法规与会计职业道德、会计基础、会计电算化（或者珠算）。会计从业资格考试科目实行无纸化考试，无纸化考试题库由财政部统一组织建设。会计从业资格各考试科目应当一次性通过。

根据《会计专业职务试行条例》的规定，会计专业职务分为高级会计师、会计师、助理会计师、会计员。高级会计师是高级职称，会计师是中级职称，助理会计师是初级职称。

注册会计师（certified public accountant，CPA），指在会计师事务所工作，面向整个社会提供会计和审计服务的会计师。中国注册会计师实行全国统一考试制度，始于 1991 年。现行考试制度将注册会计师考试划分为两个阶段：第一阶段，即专业阶段，主要测试考生是否具备注册会计师执业所需的专业知识，是否掌握基本技能和职业道德要求。考试科目包括会计、审计、财务成本管理、公司战略与风险管理、经济法、税法等6科。第二阶段，即综合阶段，主要测试考生是否具备在注册会计师执业环境中运用专业知识，保持职业价值观、职业态度与职业道德，有效解决实务问题的能力。考生在通过第一阶段的全部考试科目后，才能参加第二阶段的考试。两个阶段的考试，每年各举行1次。第一阶段的单科合格成绩5年有效。对在连续5年内取得第一阶段6个科目合格成绩的考生，发放专业阶段合格证。第二阶段考试科目应在取得专业阶段合格证后5年内完成。对取得第二阶段考试合格成绩的考生，发放全科合格证。

根据《中华人民共和国注册会计师法》规定，注册会计师考试全科成绩合格，并从事审计业务两年以上者，可以向省、自治区、直辖市注册会计师协会申请注册，成为执业注册会计师。

二、会计职业道德

职业道德是就职人员的职业品质、工作作风和工作纪律的统一。会计师的职业道德是指会计师在会计工作中应当遵循的与其特定职业活动相适应的行为规范。市场经济是法制经济，需要建立一系列法律法规来规范市场活动，但这种规范作为一种“硬约束”是难以完全包括其所有方面的，而且法律法规都要人来遵守，从“舞弊三角”规律可知，一个人是否舞弊是由自我理性、感受压力和舞弊的机会三个因素决定的。因此，建立市场经济的道德规范，加强会计师的职业道德建设，实现对市场行为的有效约束与调控是十分重要的。任何完整意义上的市场经济运行机制总是市场法则、法律法则和道德规范的三位一体。

（一）由三个案例想到的

1. 对销售收入的确认，涉及客观性问题

（1）案例资料。宝硕公司是一家国有大型企业。2006年12月，公司总经理针对公司效益下滑、面临亏损的情况，电话请示正在外地出差的董事长。董事长指示把财务会计报告做得漂亮一些。总经理把这项工作交给公司财务经理，要求按董事长的意见办。财务经理按公司领导的意图，对当年度的财务会计报告进行了技术处理，要求公司会计汤姆将应该在2007年第一季度确认销售收入的预收账款提前在2006年确认。财务经理告诉汤姆：“不要担心，2007年对公司来说会是一个好年景，预期收入会补上这个差额，股东们不会失去任何东西。”汤姆应该怎么办？

（2）案例分析。在本案例中，把预收款提前确认为销售收入，有两种人会从中获益：一是董事会成员和企业管理人员，因为他们的收入可能和公司的效益挂钩；二是股东，因为他们可能由于被粉饰的年报而在证券市场上获利。

可能由此受到损害的则是潜在的投资人和债权人。前者可能因为受到年报的误导而购买了新城公司的股票，后者则会因为收益和负债的错误划分而增加了风险。

汤姆有以下选择：第一，他可以不采取任何行动，既然已经向上司指出了这个问题，他完全有理由心安理得；第二，他可以再次向上司提交一份备忘录，表明不同意见；第三，备忘录还可以直接送给总裁和董事会；第四，他可以通知企业外部审计人员，本案例并没有说明注册会计师在这里所起的作用，但他们应该了解到这个事实；第五，他可以向证监会报告；第六，他可以通知新闻界；第七，如果不愿在这种环境下继续工作，他可以辞职。

本案例没有明确的答案，读者可以根据自己的经验、感受以及具体环境做出自己认为最好的选择。

2. 关联交易问题

不同的会计人员对同一企业的账项处理不同，两名会计师可能有两种账务处理结果。对于财务会计来说，公认会计原则的一整套规则就像一本权威的烹饪书。在这本书里，对于很多道菜（如费用和销售收入）都列出了一种以上的烹饪方法，如商品销售成本费用和折旧费用可以用不同的方法来记录，而这些方法都是可以接受的。实际上，对企业的多项费用，甚至对于各种销售收入，企业必须在不同的会计方法中选择确认记录的方法。对大多数企业来说，利润成果是选择会计方法的主控因素。选择不同的会计方法将对净利润产生怎样的影响，这是大多数企业经理关心的主要问题。上述情形就为关联交易提供了“生存的土壤”。

（1）案例资料。假设丙公司从甲公司购买一块土地，价值 1 200 万元，甲公司计入资本利得 700 万元。甲公司给乙公司提供贷款 2 000 万元，乙公司给丙公司提供贷款 3 000 万元，乙公司和丙公司在统一管理层的控制下。这一做法符合职业道德吗？

（2）案例分析。一会计师事务所对甲公司进行审计，审计师认为甲公司的土地销售是真实的，销售利得也是成立的。而另一从事不动产业务审计的注册会计师认为甲公司的做法是虚假的，丙公司购买土地的现金来自乙公司，而乙公司的现金又来自甲公司，因此销售并不成立，事实上，丙公司并没有花自己的现金购买土地，甲公司记录利得的做法是违反会计职业道德的。哪个正确呢？

这个问题并没有明确的答案，但这种情况下的职业道德值得怀疑。企业避免出现不遵守职业道德的行为是安全的。企业要形成自己的职业道德行为规范，并在实际工作中加以遵守。企业的会计人员经常会受到职业道德方面的挑战。

3. 企业管理人员与会计人员的关系

（1）案例资料。明达公司的董事会在向公众公布财务报表前举行会议，讨论过去一年的经营业绩。以下是讨论会中的一段对话：

公司总裁黎明：“今年我们的业绩不佳，收入下降而费用直线上升。如果不采取措施，将连续三年亏损。最近我将我的部分私人资产转到了公司名下，这可能有助于我们的形象改进。李玉林，你能将费用减少 500 000 元吗？这样我们也许可能得到那笔急需的贷款。”

公司总会计师李玉林：“总裁，你这么做太过分了。公认会计原则明令禁止此类做法。”

问题：①上述情形涉及的职业道德问题是什么？②企业管理人员职业道德水平的高低在多大程度上影响会计职业道德状况？

（2）本案例请读者自己分析。会计师的职业道德问题会发生在会计职业的每一个分支，涉及所有领域。在2001年的证券市场上，银广夏、麦科特、ST黎明等一系列上市公司会计造假案件曝光，像一枚枚重磅炸弹相继炸开；而在2002年年底，美国爆发的“安然事件”以及后来的世界通信公司、施乐公司的会计造假案，则引发了一场严重的会计危机。会计的信誉受到了严重损害，时任中国国务院总理的朱镕基同志在国家会计学院视察时提出“诚信为本、操守为重、坚持准则、不做假账”的校训。面临严重的信任危机，如何重塑会计的诚信，加强会计职业道德教育，已成为会计界人士亟待解决的问题。

（二）职业道德困境与解决

在多数情况下，做出职业道德选择是容易的，如偷窃企业现金是违法和不道德的行为。但在有些情况下，做出选择则要困难得多，职业道德判断意味着个人决策。在应用职业道德行为规范时，会计师可能会遇到如何确定不道德的行为以及如何解决道德困境的问题。当遇到关键性的道德问题时，会计师必须遵守权威机构制定的规则。如果这些规则不能解决问题，会计师可以考虑采用下列办法：（1）与直接上级讨论这些问题，如果他也卷入冲突的话，可以上报到更高的领导机构，包括总经理、审计委员会、董事会、股东会等。（2）与一位中立的、客观的建议人秘密讨论，进一步了解问题的严重性及对利益关系人的影响程度。（3）如果经过各种尝试，道德困境依然存在且问题严重，会计师只能选择提出辞职并向合适的领导提交一份详细的备忘录。

调查发现，经常遇到的职业道德困境包括：（1）客户和管理者提出的避税建议；（2）经营各方的利益冲突；（3）粉饰财务报表的要求。

下面是一个职业道德困境的案例：

胡佛电子公司的会计格梅发现，她的上司帕克在上年有几处账务处理错误。总体来看，这些错误高估净利润20%。格梅不清楚这些错误是故意的还是偶然的，正在考虑该怎么做。她知道帕克正在评定她的工作表现，并且最近她的工作处于得失的关键时刻。格梅应该怎么做呢？

这是一个很棘手的问题，因为在这种情况下很难确定哪种做法最好。一些人将此视为职业道德困境。做出困难的职业道德判断要求有一个决策框架。要想解决格梅的问题，可以尝试以下六个步骤：

（1）弄清实际情况。上面的情况描述已说得很清楚。

（2）确定职业道德问题。职业道德来自道德一词。道德在《韦伯斯特字典》上被定义为“决定何为善、何为恶以及道义责任和义务的戒律”。格梅的职业道德困境在于决定如何正确地处理她所发现的错误。

（3）提出可能的解决方法。三种合理的解决方法包括：把错误报告给帕克；把错误报告给企业所有者；悄悄地更正错误。格梅也可以不采取任何行动，但这不是一名称职的职业会计师的做法。

（4）确定所涉及的人。受这件事影响的个人包括格梅、帕克、企业所有者、格梅的同事和使用胡佛公司财务报表的局外人。

（5）评价可能的后果。①如果格梅把错误报告给帕克，帕克可能会惩罚她，也可能会因她的细致工作而奖励她。她所报告的错误会证明她的正直并可能导致改正错误。但是胡佛电子公司在通知报表使用者更正财务报表有关数据时，可能会觉得尴尬。②如果格梅将其报告给企业所有者（越过帕克），得以保全她的正直，但她同帕克的关系肯定会紧张，以后他们要共事可能会很困难。企业所有者可能会奖励格梅的工作，但如果所有者与帕克串通起来故意高估利润，那么格梅将会受到惩罚。如果错误被更正并通知局外人，胡佛公司会很尴尬，其他关注此事的会计人员也会受到其结果的影响。③如果格梅悄悄地改正了错误，她会避免面对帕克或所有者。他们不一定会发现错误及其更正。如果他们发现了，他们不一定会通知外界。他们可能会批评格梅没有将错误告诉他们，其他会计人员也不一定会知道此事。

（6）做出决策。最佳选择是不明确的。格梅必须权衡自己的良知和这件事给各相关者带来的可能后果。虽然这个框架并不能提供一个很容易做出的决策，但是它指明了相关因素。在本例中，把错误报告给帕克并使其错误得到纠正是上策，但这需要原则与工作艺术的较好结合，因为帕克是格梅的顶头上司，并且格梅必须保护自己的名誉并考虑到那些依据胡佛公司财务报表进行决策的局外人的利益。

（三）企业会计师的职业道德规范

依据《中华人民共和国会计法》（以下简称《会计法》）第三十九条规定："会计人员应当遵守职业道德，提高业务素质，对会计人员的教育和培训工作应当加强。"财政部于1996年6月发布的《会计基础工作规范》中规定，会计人员职业道德的内容主要包括以下六个方面：

（1）爱岗敬业。即会计人员应当热爱本职工作，努力钻研业务，使自己的知识和技能适应所从事工作的要求。爱岗敬业是做好一切工作的出发点。

（2）熟悉法规。会计工作不只是单纯的记账、算账、报账工作，会计工作时时、事事、处处涉及执法守规方面的问题。会计人员应当熟悉财经法律、法规和国家统一的会计准则，做到在处理各项经济业务时知法依法、知章循章，依法把关守口，同时还要进行法规的宣传，提高法制观念。

（3）依法办事。一方面，会计人员应当按照会计法律、法规和国家统一会计准则规定的程序和要求进行会计工作，保证所提供的会计信息合法、真实、准确、及时、完整。另一方面，会计人员必须树立职业形象和人格尊严，敢于抵制歪风邪气，同一切违法乱纪的行为作斗争。

（4）客观公正。会计信息的正确与否，不仅关系到微观决策，而且关系到宏观决策。做好会计工作，不仅要有过硬的技术本领，同时也需要实事求是的精神和客观公正的态度。否则，就会把知识和技能用错了地方，甚至参与弄虚作假或者通同作弊。

（5）搞好服务。会计工作是经济管理工作的一部分，把这部分工作做好对所在单位的经营管理至关重要。会计工作的这一特点决定了会计人员应当熟悉本单位的生产经营和业务管理情况，会计人员应当积极运用所掌握的会计信息和会计方法为改善单位的内部管理、提高经济效益服务。

（6）保守秘密。会计工作的性质决定了会计人员有机会了解本单位的财务状况和生产经营情况，有可能了解或者掌握重要商业机密。这些机密一旦泄露给竞争对手，会给本单位的经济利益造成重大的损害，这对被泄密的单位既不公正又很不利。泄露本单位的商业秘密是一种很不道德的违法行为。因此，作为会计人员，应当树立泄密失德的观点，对于自己知悉的内部机密，不管在何时何地，都要严守秘密，不得为一己私利而泄露机密。

在实际工作中，会计人员进行会计核算不得有下列行为：

（1）随意改变资产、负债、所有者权益的确认标准或者计量方法，虚列、多列、不列或者少列资产、负债、所有者权益；

（2）虚列或者隐瞒收入，推迟或者提前确认收入；

（3）随意改变费用、成本的确认标准或者计量方法，虚列、多列、不列或者少列费用、成本；

（4）随意调整利润的计算、分配方法，编造虚假利润或者隐瞒利润；

（5）违反国家统一的会计准则规定的其他行为。

（四）注册会计师的职业道德规范

注册会计师这一职业的历史虽然不长，但由于它的特殊性质，这一职业十分强调行业自律，不断完善职业道德规范，努力提高成员的职业道德水平。美国注册会计师协会的会员都采用《职业行为规范》作为其履行职业义务的指导。该规范的序言中指出："注册会计师承担超出法律和条例要求的自律的义务……和对荣誉行为坚定的承诺，甚至不惜牺牲个人利益。"规范中的关键术语有自律、荣誉行为、道德判断、公众利益、敬业精神、正直、技术与职业标准等。在调查各种专业人员职业道德的民意测验中，注册会计师一直排位很高。

注册会计师职业道德规范主要涉及以下几方面：

（1）对社会的责任：坚持独立性、客观性、公正性。

（2）对客户的责任：按时按质完成客户的委托业务；对客户提供的资料承担保密义务；不以审计结果决定收费的多少，如客户与会计师事务所约定，如果出具无保留意见的审计报告，支付审计费30万元，如果出具保留意见的审计报告，支付审计费15万元；不代行管理决策，审计人员只能出具审计报告或管理建议书，不能代替委托单位行使管理职能；发生矛盾时，不能私扣客户的记录；应以会计师事务所的名义承接业务，不得以个人名义承接业务。

（3）对同业的责任：不以不正当的手段与同行争揽业务；不做诋毁同业、内容虚假的广告；不收取也不支付回扣和佣金；严禁通过降低价格来争取客户；对后任会计师事务所予以配合。

会计作为市场经济活动中的一项重要职业，主要提供会计信息或鉴证服务，其服务质量直接影响着经营者、投资人和社会公众的利益，进而影响整个社会的经济秩序。市场经济的有序发展必须依赖于运行的游戏规则，但仅有法律制度是不够的，当巨大的经济利益与严肃的道德规范发生碰撞时，只有诚信教育才能使天平偏向道德规范。

本章小结

会计在经济管理工作中发挥着重要作用，帮助投资者和债权人做出合理的决策；考评企业管理层管理资源的责任和绩效；为国家提供宏观调控所需要的信息；为企业经营者提供经营管理所需要的各种信息。

对决策有用的会计信息在质量上必须达到一定的质量要求，即会计信息应具备可理解性、相关性、可靠性和可比性四大基本特征。

财务会计与管理会计是现代企业会计的两大分支；财务会计与管理会计相比有如下特征：财务会计以计量和传送信息为主要目标；财务会计以会计报告为工作核心；财务会计仍然以传统的会计模式作为数据处理和信息加工的基本方法；财务会计以公认会计原则为指导。

《会计法》规定："会计人员应当遵守职业道德，提高业务素质。"重塑会计诚信，加强会计职业道德教育，已成为会计界需要关注的重要问题。国有国魂，军有军魂，会计也理应拥有会计之魂。诚信就是会计之魂。

思考与练习

■ 思考题

1. 什么是会计？财务会计与管理会计有哪些区别？
2. 列举几个主要的财务信息需求者，说明其对财务会计信息的需求。
3. 说明财务信息的基本框架体系。
4. 简述有关财务会计目标的两大主流观点，并说明我国《企业会计准则》对财务会计目标是如何界定的？
5. 财务会计信息的质量特征有哪些？
6. 从会计的发展历程角度，说明会计与环境之间的互动关系。
7. 会计的职业有哪些？
8. 根据我国《会计法》规定，会计人员职业道德的内容包括哪些？

■ 练习题

一、单项选择题

1. 会计信息的内部使用者有(　　)。

A. 股东　　B. 首席执行官

C. 供应商　　D. 政府机关

2. 要求会计信息必须是客观的和可验证的信息质量要求是(　　)。

A. 可理解性　　B. 相关性

C. 可靠性　　D. 可比性

3. 下列各项中，体现谨慎性会计信息质量要求的是(　　)。

A. 无形资产摊销　　B. 应收账款计提坏账准备

C. 存货采用历史成本计价　　D. 当期销售收入与费用配比

4. 要求信息在对用户失效之前就提供给用户的会计信息质量要求是(　　)。

A. 可比性　　B. 可理解性

C. 及时性　　D. 重要性

5. 企业将融资租入固定资产视同自有固定资产核算，所体现的会计信息质量要求是(　　)。

A. 可靠性　　B. 及时性

C. 可比性　　D. 实质重于形式

6. 存货采用成本与市价孰低法进行期末计价，所体现出的会计信息质量要求是(　　)。

A. 重要性　　B. 谨慎性

C. 相关性　　D. 可比性

7. 为保证各个企业之间会计信息的可比性，只要是同样的经济业务，(　　)。

A. 企业就可以自由选择会计政策　　B. 就应当采用同样的会计方法和程序

C. 应采用相同的方法与不同的程序　　D. 应采用相同的程序与不同的方法

8. 企业的会计核算处理程序和会计处理方法前后各期应当保持一致，不得随意变更是体现(　　)的要求。

A. 可比性　　B. 相关性

C. 配比性　　D. 真实性

9. 企业按照交易或事项的经济实质进行会计处理，遵循的原则是(　　)。

A. 权责发生制　　B. 配比

C. 实质重于形式　　D. 可靠性

二、多项选择题

1. 一项财务信息是否具有相关性取决的因素包括(　　)。

A. 预测价值　　B. 反馈价值

C. 可核性　　D. 中立性

E. 真实性

2. 一项财务信息是否具有可靠性取决的因素包括（　　）。

A. 预测价值　　B. 反馈价值

C. 可核性　　D. 中立性

E. 真实性

3. 会计信息的外部使用者包括（　　）。

A. 债权人　　B. 顾客

C. 投资人　　D. 行业协会

E. 竞争者

4. 财务报告的主要使用者有（　　）。

A. 企业的管理者　　B. 企业的职工

C. 企业外部的利益相关者　　D. 政府管理机构

E. 车间主任

5. 财务报告的组成内容包括（　　）。

A. 财务报表　　B. 财务情况说明书

C. 成本报表　　D. 注册会计师审计报告

E. 财务报表附注

6. 财务报表主要包括（　　）。

A. 资产负债表　　B. 利润表

C. 成本报表　　D. 现金流量表

E. 所有者权益变动表

案例分析

案例 1-1　　彩虹公司①

2013 年 1 月，刚从蚌埠来的卡门决定在合肥的“步行街”开办一间小型的丝带商店。在这个月中，她整理了一个简单的计划，给一些自己觉得会对该项目感兴趣并投资的亲戚们看。她的两个堂兄同意以 6% 的年利率借给她 100 000 元。卡门自己将投资 10 000 元。

2013 年 3 月 1 日，在懂法律的叔叔的帮助下，卡门正式成立了公司，她将其命名为彩虹公司。

正常情况下，叔叔应该收取公司成立的法律事务费 6 000 元，但是，既然和卡门是亲戚，他就放弃了这笔费用。

新公司一成立，卡门就开立了银行户头，将堂兄们的 100 000 元借款和自己的

① 资料来源：罗伯特·N. 安东尼，大卫·F. 霍金斯．会计学：教程与案例［M］．12 版．王立彦，等，译．北京：机械工业出版社，2009：15.

10 000 元权益投资存了进去。同一天，她签订了租赁店面的合同，每月租金 6 000 元，月末付款。合同从 4 月 1 日开始，共持续 18 个月。合同要求预付 2 个月的租金，卡门用公司银行账户偿付。

在接下来的几周内，卡门积极地为商店 4 月 1 日的开张做准备。幸运的是，上一个租赁者留下了柜台和陈列家具，卡门可以无偿使用。并且，房东同意无偿重新粉刷店面，颜色由卡门选。卡门需要自己订购、接收及偿付商店开张时丝带及其装饰物的存货；在交押金后，由当地一家科技公司免费安装一台 POS 机；同当地电讯公司签订服务合同；制作并偿付 4 月 1 日关于商店开张消息的当地报纸广告版面费。并且，她购买了 1 台装有基本办公软件的二手笔记本电脑，以追踪公司交易和通信。

3 月 31 日，公司第二天开张之前，卡门重新检查了公司银行存款账户的活动。在借款和权益资金存入之后，发生了以下一些支付业务：

(1) 预付 2 个月的租金　12 000 元
(2) 开张时的商品存货　33 000 元
(3) POS 机的押金　2 500 元
(4) 商店办公用品　1 000 元
(5) 4 月 1 日的广告版面费　1 500 元
(6) 购买 1 台旧笔记本电脑　20 000 元

在收到现金交易记录后，卡门准备了一份彩虹公司资产及资本来源的清单（见表 1-2）。

表 1-2　　**2013 年 3 月 31 日彩虹公司资产及资本来源的清单**　　单位：元

<table>
<tr><th colspan="2">资产</th><th colspan="2">资本来源</th></tr>
<tr><td>现金</td><td>40 000</td><td rowspan="4">堂兄弟借款</td><td rowspan="4">100 000</td></tr>
<tr><td>存货</td><td>33 000</td></tr>
<tr><td>办公用品</td><td>1 000</td></tr>
<tr><td>预付租金</td><td>12 000</td></tr>
<tr><td>预付广告费</td><td>1 500</td><td rowspan="3">卡门投资</td><td rowspan="3">10 000</td></tr>
<tr><td>电脑及其软件</td><td>20 000</td></tr>
<tr><td>POS 机押金</td><td>2 500</td></tr>
<tr><td>合计</td><td>110 000</td><td>合计</td><td>110 000</td></tr>
</table>

卡门最终决定通过出售为婚礼和其他特殊场合设计的具有风俗文化特色的丝带开展业务。这个决定促使卡门在 5 月 1 日购买了一台价值 18 000 元的二手商用缝纫机。

之后，在 7 月 4 日家庭聚会上，卡门的一个堂兄提醒她曾经许诺给堂兄们看看

3月1日到6月30日4个月的财务报告。

第二天，卡门检查了她收集的4月1日至6月30日彩虹公司业务相关收支信息。

（1）客户已经为丝带及其附属物支付了74 000元，但是6月30日客户的一场大型婚礼的丝带业务未付款，客户仍欠她3 200元。

（2）已经偿付了兼职员工15 100元工资，但是仍欠该员工6月最后一周的工资900元。

（3）3个月的租金已经按照租赁合同在每个月月末支付了。

（4）价值29 000元的存货补货已经发货，并且在6月30日付款。卡门估计6月30日的商品存货价值41 000元。

（5）办公用品存货几乎都没有了，估计只有价值200元的办公用品尚未被使用。

卡门相信公司在最初3个月已经盈利，但是令她困惑的是，公司6月30日的银行账户余额是33 900元，低于4月1日40 000元的余额。

卡门也想知道自己应该在财务报告中怎样反映如下事实：

（1）堂兄们的借款没有利息。

（2）笔记本电脑及其相关软件和商用缝纫机的花费。她相信这些花费在6月30日后还会使公司长期受益。在她购买商用缝纫机时，卡门估计它可以从5月1日购买日起使用大约5年，然后它将会被置换。同样，3月31日，她预计笔记本电脑及其软件必须在两年内置换。卡门相信缝纫机和电脑及其软件在有效期末将没有剩余价值。

（3）她叔叔提供的免费法律服务和当地一家科技公司免费安装的POS机。

（4）在4个月的运营过程中，卡门没有给自己工资或股利。如果现金允许的话，她预计在7月的某个时间为自己4个月的工作支付一些补偿。在开办公司之前，卡门在当地一家杂货店当收银员，月工资13 000元。

案例分析与讨论：

1. 你会怎样报告彩虹公司截至6月30日这3个月的营运状况？这个公司盈利了吗（忽略所得税）？为什么彩虹公司的银行账户余额在这3个月中有所减少？

2. 你会怎样报告公司在2013年6月30日的财务状况？

3. 你认为卡门前3个月的经营是成功的吗？请解释。

案例1-2　　会计之魂[①]

王大姐和李大华是一前一后从财院毕业的老会计了，一直在一家大型国有企业做财会工作。这个财务处兵强马壮，十多个人分成了资金组、材料组、成本组和综合组。四十开外的王大姐面容清瘦，总给人一种朴实友善、和蔼可亲的感觉，年轻

① 资料来源：王君彩．会计学［M］．北京：高等教育出版社，2008：27.

的会计人经常能够得到她的业务指点与人生启示。而年近四十的李大华则不同，善察言观色、把握时机，酒桌功夫更胜一筹，被大家戏称为“李大滑”。

秋后的一天，财务处开会，平日里难得一见的厂长也大驾光临。大家心里有些忐忑不安，不知处里发生了什么大事。只听厂长首先宣布了一项决定——财务处副处长的职位一直空缺，现决定从处里提拔合适人选。大家一听，便有人看好资历最老、业务水平最高的王大姐，嚷嚷着谁要是当了副处长谁一定要请客。厂长咳嗽一声又说：“还有一件事，你们也晓得，就是我们厂新产品投入了批量生产，但最近原材料价格猛涨，厂里的流动资金周转出现困难，所以厂里准备以这个项目的名义向工商银行申请贷款700万元。我们和行长接洽了两次，但银行看了厂里的会计报表后，认为这个项目盈利能力不足，特别是目前还处于亏损状态，因此一直没有松口。大家都是财会方面的行家里手，要一起想想办法，把这个月的报表做漂亮点，帮厂里顺利争取到贷款，渡过难关。你们讨论吧。”厂长说完就匆匆走了。

厂长走后，同事们大眼瞪小眼，半天都不吱声，处长只好点将：“大李，你是成本组长，你先谈谈看。”李大华吐了口烟圈，慢条斯理地说：“厂里这次开发出的新产品技术含量并不高，我们做了个成本分析，原材料占单位成本的五成多；要降低成本、实现盈利，必须把材料成本压下来。”处长不耐烦地说：“你这不是废话吗？材料成本不但压不下来，现在还一个劲地往上涨呢。”李大华笑了笑说：“我也想到了这个问题，前几个月进的一批原材料比现价低了30%多，而我们一直实行加权平均法结算材料成本，我们算了一下，如果现在改为先进先出法，下个月利润表中的新产品不但不会亏损，而且还略有……”李大华话还没有说完，就被王大姐打断了：“你学过会计没有？”李大华眨了眨眼说：“当然学过，王大姐你这不是明知故问吗？”王大姐再也不笑眯眯了，一拍桌上的一摞报表说：“既然学过，亏你想得出，今天想贷款就搞先进先出法，明天想免税就搞加权平均法，玩魔术似的，会计可比性原则还要不要？”从来没看到过王大姐发脾气，众人吃惊地看着她。李大华嘟嘟囔囔地说：“厂里的困难就摆在面前，厂长的意思大家又不是不明白，这也是没有办法的事。”王大姐呷了口茶，又恢复了笑眯眯的样子：“会计应该是一是一、二是二啊，否则总有一天要‘露馅’的。前些年咱厂浮夸虚报产量引火烧身的教训已经够大了，不能好了伤疤忘了痛啊。其实我也靠厂里发的工资养家糊口，我又何尝不希望工厂越办越好呢？可喝酒有酒德，下棋有棋德，会计更应有会计的德，干我们这一行的最起码要做到客观、真实、守信。厂里是遇到了困难；再没有办法也比以前大家弄虚作假造成的后果好。”大家听了王大姐的话都沉默了。处长一支接一支地抽着烟，最后摆了摆手，宣布散会，下次再讨论。

由于王大姐的坚持，利润表中的新产品仍然是亏损，银行自然不同意发放贷款。后来，新产品也因为产销不对路而下了马，倒是李大华当上了副处长。不过，众人的心里却多了一份对王大姐的敬意。面对着升迁的诱惑和无形的压力，王大姐竟然挺直腰板，顽强地坚守着职业道德的底线。两年后，王大姐也“孔雀东南飞”，离开了厂里，往外边发展去了。

生活和工作还在不断延续，在这种延续中，其实沉淀了很多有价值的东西，身处日益喧嚣和浮躁的现实中，真正感受和领悟其中的情与理，方显“客观、真实、守信”的重要。国有国魂，军有军魂；会计也理应拥有会计之魂，诚信就是会计之魂。

案例分析与讨论：

根据上述案例，你认为王大姐与李大华作为企业的会计人员，应该如何处理这类问题？在会计工作中，经常会发生各种原则性与灵活性的矛盾，你认为应该如何协调？

第二章　资产负债表
——揭示企业竞争力的重要依据

【导入案例】

史密斯2013年6月以其个人存款35 000元，在某大学附近开办了一家专为大学生寻找宿舍的公司，她为其命名为“校园宿舍寻找者”，她是该公司的唯一所有者和经营者。7月是她开始营业的第一个月，在该月共发生了下列业务：

(1) 7月1日，史密斯在大学附近租赁一间办公室，租金每月400元，房租按月支付。

(2) 7月1日，史密斯赊购一套价值350元的办公用具和一台价值2 000元的电脑。办公用具预计使用2年，电脑预计使用5年。

(3) 7月5日，史密斯迎来第一批顾客，为顾客寻找公寓，收取现金1 900元。

(4) 7月15日，史密斯度假花费个人资金2 000元。

(5) 7月25日，史密斯支付办公室使用的水电费100元。

(6) 7月28日，史密斯迎来第二批顾客，服务收入2 280元，款项尚未收到。

(7) 7月29日，史密斯提款2 000元为自己发放月工资。

(8) 7月31日，按税法规定，“校园宿舍寻找者”应依法缴纳流转税费209元。

要求：分析以上各项业务，为“校园宿舍寻找者”编制7月份资产负债表。

【学习目标】

在本章中，你将学到：

(1) 什么是资产负债表。

(2) 资产负债表的结构与基本内容。

(3) 理解资产负债表的重要概念。

(4) 资产负债表是如何帮助决策的。

第一节　资产负债表概述

一、资产负债表的结构与基本内容

(一) 什么是资产负债表

资产负债表是反映企业在某一特定日期财务状况的报表，主要提供有关企业财务状况方面的信息。通过资产负债表，可以提供企业在某一特定日期资产的总额及其结构，表明企业拥有或控制的资源及其分布情况；可以提供企业在某一特定日期的负债总额及其结构，表明企业未来需要用多少资产或劳务清偿债务以及清偿时间；可以反映企业所有者在某一特定日期所拥有的权益，据以判断资本保值、增值的情况以及对负债的保障程度。

（二）资产负债表的结构与基本内容

资产负债表一般有表首、正表两部分。其中，表首概括说明报表名称、编制单位、编制日期、报表编号、货币名称、计量单位等。正表则列示了用以说明企业财务状况的各个项目。在我国，资产负债表采用账户式，左边列示资产，右边列示负债和所有者权益。资产负债表左右双方平衡，即资产总计等于负债和所有者权益总计。

在资产负债表中，资产按照其流动性分类分项列示，包括流动资产和非流动资产；负债按照其流动性分类分项列示，包括流动负债和非流动负债等；所有者权益按照实收资本（股本）、资本公积、盈余公积、未分配利润等项目分项列示。

一般资产负债表的基本格式和内容见表2-1①。

二、资产负债表的作用

资产负债表是企业最重要的财务报表之一，其主要作用如下：

1. 反映企业拥有或控制的经济资源及其分布情况

资产负债表左方提供了企业所拥有或控制的经济资源的总量，也就是资产总额的信息。一般地说，企业控制和运作的经济资源越多，其形成和产生新的经济利益和社会财富的能力也就越强，然而，同样的资源总量，配置结构不同，所产生的经济利益也就不同。因此，财务报告的使用者可以据以了解企业控制的经济资源总量有多少，并可以分析企业资源配置结构是否合理，有效地评估企业未来的发展。

2. 反映企业资金来源和构成情况

右方提供了企业资金来源，即权益总额及其构成。企业的资金全部来自投资者投入资本或者全部为向债权人借入资本的情况是很少见的，甚至可以说是根本不存在的。负债和所有者权益一般各占一定的比重，这就是通常所说的资本结构。由于负债需要按期偿还，所有者权益是永久性资本，二者比例不同，就反映出企业偿还长期债务的能力、债权人所冒的风险、企业财务安全程度的不同。

3. 反映企业财务实力、短期偿债能力和支付能力

负债既然要用资产或劳务偿还，资产与负债之间就应当有一个合理的比例关系。流动负债的偿还期限不超过一年，需要有相当规模的、变现能力在一年以内的流动资产作为保证。资产负债表提供了这方面的资料：左方的各类资产按变现能力由强到弱依次排列；右方的负债则按偿还期限由短到长依次排列。财务报表使用者可以把流动资产与流动负债相除计算出的实际比率与合理比率相对比，用以判断企业偿还短期债务的能力。

---

①　见《〈企业会计准则第30号——财务报表列报〉应用指南》第63页。

表 2-1

资产负债表

会企 01 表

编制单位： 年 月 日 单位：元

资产	行次	期末余额	年初余额	负债和所有者权益（或股东权益）	行次	期末余额	年初余额
流动资产：				流动负债：			
货币资金				短期借款			
交易性金融资产				交易性金融负债			
应收票据				应付票据			
应收账款				应付账款			
预付款项				预收款项			
应收利息				应付职工薪酬			
应收股利				应交税费			
其他应收款				应付利息			
存货				应付股利			
一年内到期的非流动资产				其他应付款			
其他流动资产				一年内到期的非流动负债			
流动资产合计				其他流动负债			
非流动资产：				流动负债合计			
可供出售金融资产				非流动负债：			
持有至到期投资				长期借款			
长期应收款				应付债券			
长期股权投资				长期应付款			
投资性房地产				专项应付款			
固定资产				预计负债			
在建工程				递延所得税负债			
工程物资				其他非流动负债			
固定资产清理				非流动负债合计			
生产性生物资产				负债合计			
油气资产				所有者权益（或股东权益）			
无形资产				实收资本（或股本）			
开发支出				资本公积			
商誉				减：库存股			
长期待摊费用				盈余公积			
递延所得税资产				未分配利润			
其他非流动资产				所有者权益（或股东权益）合计			
非流动资产合计							
资产总计				负债和所有者权益（或股东权益）总计			

4. 反映企业未来的财务趋势

报告使用者不但需要掌握企业现时的财务状况，也需要预测企业未来发展的趋势，为决策提供依据。资产负债表中的数字有“期末余额”和“年初余额”两栏，通过对比可以分析其变动情况，掌握变动规律，研究变动趋势。

5. 反映企业的财务弹性

财务弹性是指企业融通资金和使用资金的能力。企业财务弹性的大小，取决于其资产的构成和资本结构。保持合理的资产和资本结构，可以使企业既能以较低资本成本获得所需要的资金，又能改变现金流量的数额和时间分布，以便抓住有利的投资机会或应付突发事件。因此，财务报告的使用者根据它可以评价企业的财务弹性。

6. 反映企业的经营业绩

企业的经营业绩主要表现在获利能力上，而对企业获利能力的考察，可以单独依据利润表，但这只能观察销售或营业的获利能力。若要观察企业利用所控制的经济资源的获利能力以及投资者投入资本的增值能力，就要联系资产负债表。资产负债表与利润表的结合，为全面分析和评价企业的获利能力和营运能力提供了基本依据。

第二节　揭示企业财务状况的三大要素——资产、负债、所有者权益

一、资产

资产是指由企业过去的交易或者事项形成的、由企业拥有或控制的、预期会给企业带来经济利益的经济资源。

（一）资产特征

1. 资产必须是由企业拥有或控制的

资产作为一项资源，应当由企业拥有或者控制，具体是指企业享有某项资源的所有权，或者虽然不享有某项资源的所有权，但该资源能被企业控制，例如融资租入的固定资产。

■ **链接案例 0-1**

巴恩提供给伊万农场和弗雷农场的麦种、耕牛和肥料，以及伊万农场和弗雷农场购买的犁，都属于伊万农场和弗雷农场耕种所必需的资源，会计上称为“资产”，这些资产对于伊万农场和弗雷农场受托经营的农场来说，都是其拥有的资源。

请思考：巴恩提供给伊万和弗雷耕种的土地也属于耕种所必要的资源，但会计上没有将其列为“资产”，为什么？

2. 资产是由企业过去的交易或者事项形成的

资产应当由企业过去的交易或者事项所形成，过去的交易或者事项包括购买、生产、建造行为或者其他交易或事项。换句话说，只有过去的交易或者事项才能产

生资产，企业预期在未来发生的交易或者事项不形成资产。

■ **链接案例 0-1 和案例 0-2**

案例 0-1 伊万农场和弗雷农场耕种时消耗的麦种、肥料和购买的犁都是农场过去的交易取得的资产。

案例 0-2 新希望公司加工完成的塑料粉末（产成品）就是由企业过去事项形成的资产。

3. 资产预期会给企业带来经济利益

资产预期会给企业带来经济利益，是指资产直接或者间接导致现金和现金等价物流入企业的潜力。这种潜力可以来自企业日常的生产经营活动，也可以是非日常活动；资产预期带来的经济利益可以是现金或者现金等价物形式，也可以是能转化为现金或者现金等价物的形式，或者是可以减少现金或者现金等价物流出的形式。

■ **链接案例 0-1**

伊万农场和弗雷农场使用土地、麦种、耕牛和肥料等资源进行耕种后，到收获的季节就可以收获麦子（即经济利益）。

（二）资产的构成

根据《企业会计准则第 30 号——财务报表列报》的规定，当资产满足下列条件之一时，应当归类为流动资产：一是预计在一个正常营业周期中变现、出售或耗用；二是主要为交易目的而持有；三是预计在资产负债表日起一年内（含一年，下同）变现；四是在资产负债表日起一年内，交换其他资产或清偿负债的能力不受限制的现金或现金等价物。流动资产主要包括货币资金、交易性金融资产、应收票据、应收账款、预付款项、其他应收款、存货等。

非流动资产是流动资产以外的资产，主要包括长期股权投资、固定资产、在建工程、工程物资、无形资产、开发支出等。长期股权投资是指企业持有的对其子公司、合营企业及联营企业的权益性投资以及企业持有的对被投资单位不具有控制、共同控制或重大影响，并且在活跃市场中没有报价、公允价值不能可靠计量的权益性投资。固定资产是指符合下列特征的有形资产：一是为生产商品、提供劳务、出租或经营管理而持有的；二是使用寿命超过一个会计年度。无形资产是指企业拥有或者控制的没有实物形态的可辨认非货币性资产，如专利权、非专利技术、商标权、著作权、土地使用权、特许权等。

二、负债

负债是指企业过去的交易或者事项形成的、预期会导致经济利益流出企业的现时义务。

（一）负债特征

1. 负债是企业承担的现时义务

负债必须是企业承担的现时义务，这是负债的一个基本特征。其中，现时义务是指企业在现行条件下已承担的义务。

■ **链接案例 0-1**

伊万农场和弗雷农场从犁匠那里赊购的犁钱，就是伊万农场和弗雷农场在买犁后还钱前承担的现时义务。

2. 负债预期会导致经济利益流出企业

预期会导致经济利益流出企业也是负债的一个本质特征。只有企业在履行义务时会导致经济利益流出企业，才符合负债的定义；如果不会导致企业经济利益流出，就不符合负债的定义。在履行现时义务清偿负债时，导致经济利益流出企业的形式多种多样，可以用现金偿还，也可以用实物资产或提供劳务等形式偿还。

■ **链接案例 0-1**

伊万农场和弗雷农场将来需要用收获的麦子偿还犁匠的犁钱，即负债清偿时会导致经济利益流出。

3. 负债是由企业过去的交易或者事项形成的

负债应当由企业过去的交易或者事项所形成。换句话说，只有过去的交易或者事项才形成负债，企业将在未来发生的承诺、签订的合同等交易或者事项，不形成负债。

（二）负债的构成

根据《企业会计准则第 30 号——财务报表列报》的规定，负债满足下列条件之一时，应当归类为流动负债：一是预计在一个正常营业周期中清偿；二是主要为交易目的而持有；三是在资产负债表日起一年内到期应予以清偿；四是企业无权自主地将清偿推迟至资产负债表日后一年以上。流动负债主要包括短期借款、应付票据、应付账款、预收款项、应付职工薪酬、应交税费、应付利息、应付股利、其他应付款等。

非流动负债是指流动负债以外的负债，主要包括长期借款、应付债券和长期应付款等。

三、所有者权益

所有者权益是指企业资产扣除负债后由所有者享有的剩余权益。公司的所有者权益又称为股东权益。所有者权益是所有者对企业资产的剩余索取权，它是企业资产中扣除债权人权益后应由所有者享有的部分，既反映了所有者投入资本的保值增值情况，又体现了保护债权人权益的理念。

所有者权益的来源包括所有者投入的资本、直接计入所有者权益的利得和损失、留存收益等，通常由实收资本（或股本）、资本公积（含资本溢价或股本溢价、其他资本公积）、盈余公积和未分配利润构成。商业银行等金融企业在税后利润中提取的一般风险准备，也构成所有者权益。

所有者投入的资本是指所有者投入企业的资本部分，它既包括构成企业注册资本或者股本部分的金额，也包括投入资本超过注册资本或者股本部分的金额，即资本溢价或者股本溢价，这部分投入资本在我国企业会计准则体系中被计入资本公积，并在资产负债表中的资本公积项目下反映。

直接计入所有者权益的利得和损失，是指不应计入当期损益、会导致所有者权益发生增减变动的、与所有者投入资本或者向所有者分配利润无关的利得或者损失。其中，利得是指由企业非日常活动所形成的、会导致所有者权益增加的、与所有者投入资本无关的经济利益的流入，包括直接计入所有者权益的利得和直接计入当期利润的利得。损失是指由企业非日常活动所发生的、会导致所有者权益减少的、与向所有者分配利润无关的经济利益的流出，包括直接计入所有者权益的损失和直接计入当期利润的损失。直接计入所有者权益的利得和损失主要包括可供出售金融资产的公允价值变动额、现金流量套期中套期工具公允价值变动额（有效套期部分）等。

留存收益是企业历年实现的净利润留存于企业的部分，主要包括累计计提的盈余公积和累积的未分配利润。

■ **链接案例 0-1**

巴恩将自己拥有的麦种、耕牛和肥料提供给伊万农场和弗雷农场使用。就伊万和弗雷耕种的农场来说，巴恩属于资源的所有者（委托方），而伊万和弗雷属于受托经营者。巴恩将其拥有的、提供给伊万和弗雷使用的且需要回报的资源，从农场的角度，会计上称其为所有者权益（投入资本）；而农场的净收成也是所有者权益（留存收益）。

四、资产与权益之间的平衡关系

企业为了从事生产经营活动进而获取利润，必须拥有一定量的资产。企业所拥有的资产，均有其来源。谁提供资产，谁对企业的资产就具有求偿权，比如企业投资者有参与企业管理和分享企业利润的权利。在会计上称这种求偿权为权益。权益是资产的提供者对企业资产的要求权，企业对其资产的提供者承担着满足其要求权的经济责任。

资产与权益反映了同一经济资源的两个不同方面，即一方面是归会计主体所拥有或控制的各项资产，另一方面是经济资源提供者对资产的一系列要求的权益。资产表示企业拥有哪些经济资源，以及拥有多少；权益则表示资产的来源，即资产由谁提供。故资产与权益是同一事物的两个方面，二者之间存在着相互依存、相互制约的关系。没有资产就没有权益，同样没有权益也就没有资产，两者如影随形，不能彼此脱离而各自独立存在。从数量方面来观察，一个企业有多少资产，就必定有多少权益；反之，有多少权益，也就必然有多少资产。从任何一个时点来观察，一个企业的资产总额必然等于权益总额。两者之间的这种数量关系可表达如下：

资产 = 权益 (1)

资产的提供有两种：一是吸收投资者投入；二是举债。故相应地，权益包括两个方面：一个是债权人的权益，在会计上称之为负债；另一个是所有者的权益，在会计上称之为净资产，即所有者权益。这样，资产和权益的数量关系可以表示如下：

资产 = 负债 + 所有者权益 (2)

上述等式称为资产负债表会计等式。它反映了会计主体在某一时日资产与权益（负债和所有者权益）之间的平衡关系。

资产与权益之间的平衡关系是会计核算设置账户、复式记账、试算平衡、编制资产负债表的理论依据。

第三节　理解资产负债表的重要概念

财务会计信息是企业遵从公认的会计标准（企业会计准则）进行确认、计量并提供给内、外部信息需求者的信息系统。信息需求者要理解这些信息的含义，就必须掌握与这些信息编制基本规则相关的重要概念（依据 2006 年发布的《企业会计准则——基本准则》）。

一、会计主体

会计主体，是指编制财务报告的任何组织和单位。编制财务报告的组织和单位既可以是企业，也可以是政府、事业单位、机关团体、其他非营利组织等。

■ **链接本章导入案例**

■ 本章导入案例中的“校园宿舍寻找者”就是一个会计主体。案例 0-1 中的“伊万农场”、“弗雷农场”和案例 0-2 中的“新希望公司”也都是会计主体。

■ 会计主体是指编写财务报表的那个单位。一家企业可以是一个会计主体，一个企业集团可以是一个会计主体，一所学校、一个政府、一所医院、一个公益组织也都可以是会计主体。

■ 会计主体可以是法人，也可以是非法人。

《企业会计准则——基本准则》第一章第五条规定：“企业应当对其本身发生的交易或者事项进行会计确认、计量和报告”，反映企业本身所从事的各项生产经营活动。

二、货币计量

货币计量，是指财务会计以货币为主要的计量尺度来记录会计交易或事项。采用统一的货币计量尺度，才能把会计主体发生的经济活动综合汇总，并对不同时期的会计信息进行比较、分析和评价。

请思考：财务会计为什么选择货币为主要计量单位？

货币计量原则使财务报表只反映那些能够用货币表述的信息，对于那些难以用货币计量的非财务信息，可以在财务报告附注中补充披露。

■ **链接**

■ 货币计量主要是从财务报表角度，在会计记录中，除以货币为主要计量尺度外，还需要辅助使用实物量度、劳动量度等。

■ 假设一个公司拥有现金 50 000 元，原材料 6 000 千克，卡车 2 辆，办公楼 1 栋等，但是，这些数据无法直接相加以得到有关企业资产的一个有意义的总数。如果把这些资产项目都用货币来计量——现金 50 000 元、原材料 90 000 元、卡车 150 000 元、房屋 4 000 000 元，就可以进行加总了。

《企业会计准则——基本准则》第一章第八条规定：“企业会计应当以货币计量。”

三、持续经营

持续经营，是指在可以预见的将来，会计主体将会按当前的规模和状态继续经营下去，不会停业，也不会大规模削减业务。在持续经营前提下，会计确认、计量和报告应当以企业持续、正常的生产经营活动为前提。

■ **链接**

企业会计准则体系是以企业持续经营为前提加以制定和规范的，涵盖了从企业成立到清算（包括破产）的整个期间的交易或者事项的会计处理。一个企业如不能持续经营，就应当适用其他法律、法规，不再遵从《企业会计准则》进行会计处理。

《企业会计准则——基本准则》第一章第六条规定：“企业会计确认、计量和报告应当以持续经营为前提。”

四、成本概念

成本概念，是指资产在取得时的历史成本，即会计主体取得资产时使其达到预定可使用状态所花费的全部货币支出总额。

会计主体拥有的资产，包括非货币性资产与货币性资产。与持续经营假设密切相关的一个基本会计概念是历史成本概念，即资产通常以最初取得时支付的价格——历史成本来登记入账。对非货币性资产而言，资产取得后的价值变动通常不影响它的历史成本。与此相反，我们一般所说的资产“价值”通常是指该资产出售的现行价格。

■　**链接案例 0-2**

■ 范鑫公司所拥有的仓库，会计上就以购买时的价款 282 000 元（历史成本）作为一项资产入账。

■ 假设一年后仓库升值至 300 000 元，会计上依然以 282 000 元报告仓库的价值，是否合理？

请思考：投资者和其他财务报表使用者更关心资产的实际价值还是历史成本？

知识拓展 2-1　　**历史成本与公允价值**

与资产初始成本（历史成本）对应的一个概念是公允价值。

公允价值，是指财务报告日会计主体资产的现时价值，是一个与相关性质量特征密切相关的概念。

会计主体拥有或控制的资产，特别是非货币性资产，在大多数情况下，是以服务于生产经营使用为目的的，不是以出售变现为目的的，市场价值变动往往并不改变其使用价值；即使对于决策影响较大的资产公允价值变动的确认，在会计上也是十分谨慎的，原因在于公允价值的确定十分困难。

相比之下，成本概念为会计提供了一个相对客观的基础。当然，它也不是绝对客观的，因为在运用时也必须做出一定的判断，但是与试图估计现值的公允价值方法相比，成本概念要客观得多。实质上，会计报告的阅读者必须意识到报告是在成本概念的基础上编制的，他们必须在对会计报告信息进行分析的基础上，再结合非会计信息来得出他们自己对于当前价值的估计。

另外，“市场价值”或“当前价值”的概念在实际应用中是很困难的，因为它们要求会计人员及时跟踪记录每一项资产的市场价格。可见，成本概念是一个更可行的体系。

总之，坚持成本概念，即为在会计上放弃一定程度的相关性，以换取更大程度的客观性和可行性。

五、资金变化的双向性

就一个会计主体而言，在其开始从事经济活动之前，初始的资产负债表左边表现为以成本表述的各项资产价值，而右边表现为左边资产的来源（资金筹集方式——举债或吸收投资）。我们在上一节已经讨论过，从总量上，资产负债表左边（资产）与资产负债表右边（权益）一定是相等的关系。

如果我们把资产的货币表现称为“资金”的话，那么，随着组织活动的开展，资金的变化一定是双向的。

■ 链接本章导入案例

■ 在2013年7月1日“校园宿舍寻找者”开始营业前，其资产负债表（单位：元）为：

资产：		权益：	
货币资金	35 000	负债	0
		实收资本（史密斯）	35 000
总资产	35 000	总权益	35 000

■ 在“校园宿舍寻找者”开始营业后，2013年7月1日其资产负债表（单位：元）变化为：

资产：		权益：	
货币资金	34 600	负债：应付账款	2 350
办公用具	350	实收资本（史密斯）	35 000
电脑	2 000	未分配利润	−400
总资产	36 950	总权益	36 950

■ 2013年7月5日“校园宿舍寻找者”资产负债表（单位：元）变化为：

资产：		权益：	
货币资金	36 500	负债：应付账款	2 350
办公用具	350	实收资本（史密斯）	35 000
电脑	2 000	未分配利润	1 500
总资产	38 850	总权益	38 850

■ 2013年7月15日，史密斯度假花费其个人资金2 000元，属于其个人经济活动，与“校园宿舍寻找者”（会计主体）无关，所以不能在其会计报表中体现。

■ 2013年7月25日“校园宿舍寻找者”资产负债表（单位：元）变化为：

资产：		权益：	
货币资金	36 400	负债：应付账款	2 350
办公用具	350	实收资本（史密斯）	35 000
电脑	2 000	未分配利润	1 400
总资产	38 750	总权益	38 750

■2013 年 7 月 28 日“校园宿舍寻找者”资产负债表（单位：元）变化为：

资产：		权益：	
货币资金	36 400	负债：应付账款	2 350
应收账款	2 280	实收资本（史密斯）	35 000
办公用具	350	未分配利润	3 680
电脑	2 000		
总资产	41 030	总权益	41 030

■2013 年 7 月 29 日“校园宿舍寻找者”资产负债表（单位：元）变化为：

资产：		权益：	
货币资金	34 400	负债：应付账款	2 350
应收账款	2 280	实收资本（史密斯）	35 000
办公用具	350	未分配利润	1 680
电脑	2 000		
总资产	39 030	总权益	39 030

■2013 年 7 月 31 日“校园宿舍寻找者”资产负债表（单位：元）变化为：

资产：		权益：	
货币资金	34 400	负债：应付账款	2 350
应收账款	2 280	应交税费	209
办公用具	335*	实收资本（史密斯）	35 000
电脑	1 967*	未分配利润	1 423
总资产	38 982	总权益	38 982

* 办公用具与电脑价值减少是扣除了当期资产损耗计提的折旧：电脑折旧＝2 000÷（5×12）；办公用具折旧＝350÷（2×12）。

请思考：为什么史密斯为自己发放工资要在“校园宿舍寻找者”资产负债表中体现？

第四节 资产负债表阅读

通过阅读一个营利性组织的资产负债表并辅以财务分析方法，往往可以得到对其竞争力的大概判断。阅读资产负债表左边，可以了解其资产总额（拥有资源总量），以及流动资产与非流动资产比例（资产结构，即资源配置状况）；阅读资产负债表右边，可以了解其资金来源，以及负债与所有者权益比例（财务结构）、流动负债与非流动负债比例（债务结构）。将资产负债表左右结合起来阅读，可以了解企业长期资金来源对非流动资产的保障程度。辅以比较分析法、比率分析法等分析方法，可以获得更多关于企业竞争能力的判断。现以全球零售业龙头企业——沃尔玛①的资产负债表为例（已经过简化，参阅表 2-2），简略介绍资产负债表的阅读方法。

表 2-2 资产负债表

编制单位：沃尔玛 2006 年 12 月 31 日 金额单位：百万美元

资产	期末余额		年初余额		负债和所有者权益	期末余额		年初余额	
流动资产：					流动负债：				
货币资金	6 414	5%	5 488	5%	短期借款	3 754	3%	3 812	3%
应收账款	2 662	2%	1 715	1%	应付账款	25 373	18%	21 987	18%
存货	32 191	23%	29 762	25%	应付费用	13 465	10%	12 120	10%
其他流动资产	2 557	2%	1 889	2%	应交税费	1 340	1%	1 281	1%
流动资产合计	43 824	32%	38 854	32%	一年内到期的非流动负债	4 894	4%	3 982	3%
非流动资产：					流动负债合计	48 826	35%	43 182	36%
固定资产	79 290	57%	68 118	57%	非流动负债：				
商誉	12 188	9%	10 803	9%	长期借款	26 429	19%	20 087	17%
其他非流动资产	2 885	2%	2 379	2%	长期应付款	3 742	3%	3 171	3%
非流动资产合计	94 363	68%	81 300	68%	递延所得税负债	4 552	3%	2 978	2%
					其他非流动负债	1 467	1%	1 340	1%
					非流动负债合计	36 190	26%	27 576	23%
					负债合计	85 016	61%	70 758	59%
					所有者权益：				
					实收资本	417	0%	423	0%
					资本公积	3 649	3%	5 119	4%
					盈余公积	4 911	4%	4 385	4%
					未分配利润	44 194	32%	39 469	33%
					所有者权益合计	53 171	39%	49 396	41%
资产总计	138 187	100%	120 154	100%	负债和所有者权益总计	138 187	100%	120 154	100%

从沃尔玛的资产负债表左边可以看出：截至 2006 年资产负债表日（报告日）

① 资料来源：刘顺仁．财报就像一本故事书［M］．太原：山西出版集团·山西人民出版社，2007：62.

拥有资产总额约1 382亿美元，即其拥有创造未来价值的财务资源总量约为1 382亿美元。资产结构稳定：在流动资产中存货（准备出售的商品）占比73%，是沃尔玛最重要的流动资产；在非流动资产中占比最大的资产是企业的固定资产（土地、厂房、设备等），其反映了沃尔玛的生产能力，也代表了沃尔玛的生产规模。

从沃尔玛的资产负债表右边可以看出：截至2006年资产负债表日（报告日）其拥有的资产中61%来自于负债；在全部负债中流动负债占比60%，主要为应付供应商的货款和员工的薪酬；在全部的资金来源中来自投资人的初始投资额非常稀少，占比仅2%左右（资本及资本溢价）；沃尔玛的所有者权益主要为积年的经营积累，反映了沃尔玛非凡的为股东创造财富的能力。

沃尔玛流动资产中金额最大的是存货，流动负债中金额最大的是应付账款，这种现象反映了零售业以赊账方式进货后销售、赚取价差的商业模式，也显示出沃尔玛如果无法有效地销售存货、取得现金，庞大的流动负债将是个沉重的压力。另一方面，庞大的存货数量也会造成相当大的存货跌价风险。如何管理这些风险，便成为管理层与投资人分析沃尔玛资产负债表的重点。此外，沃尔玛的土地、厂房及设备的净值（扣去累计折旧）高达793亿美元，这部分非流动资产产生的管理问题也是很大的挑战。

财务报表数字的加总性太高，不能直接提供管理问题的答案，只能协助管理者及投资人发现问题、分析问题。事实上，沃尔玛资产负债表中任何一个会计数字的背后都有一系列复杂的管理问题；一些常见的财务比率往往吐露了更深刻的竞争力含义。

先将沃尔玛资产负债表中流动资产与流动负债结合起来看。长期以来，沃尔玛的流动比率（流动资产/流动负债）呈现显著的下降趋势：20世纪70年代，沃尔玛的流动比率曾经高达2.4，此后一路下降，到2006年仅为0.9左右。这并非代表沃尔玛的流动资产不足以偿付流动负债，有周转失灵的危险。沃尔玛是全世界最大的零售商，当消费者刷信用卡购买商品2～3天后，信用卡公司就必须支付沃尔玛现金。但是对供货商，沃尔玛维持一般商业交易最快30天付款的传统，利用“快快收钱，慢慢付款”的方法，创造手头的营运资金（流动资产与流动负债的差额）。利用传统的财务报表分析方法分析企业短期偿债能力时，往往要求企业的流动比率在2左右，然而，从竞争力的角度着眼，能以小于1的流动比率（营运资金为负数）来经营，恰恰显示了沃尔玛强大的资产管理能力。

沃尔玛的流动负债占整体负债的比率是随着经营规模的增长而快速增长的，从20世纪80年代约为20%快速拉升至60%左右，其显示沃尔玛在维持总负债比率（财务结构稳定）约60%的前提下，利用其“大者恒大”的议价优势及竞争力压缩供货商资金，使其在负债中可以使用较多没有资金成本的流动负债。

再将沃尔玛资产负债表中长期资产与长期资金来源（长期负债与所有者权益）结合起来看。沃尔玛长期资金需求的1/3来自债权人，2/3来自于企业自身经营积累，揭示出其非凡的自我发展、自我成长能力。

知识拓展 2-2 **财务分析方法**

常见的财务分析方法有比较分析法、比率分析法等。

比较分析法是指将被评价的指标在不同时间或空间的数据进行比较，以确定差异的方法。内容包括：本期与上期比较；本期与计划（目标）比较；本期与国内外先进企业水平比较等。比较分析法中最常用比较的形式有：横向比较分析和纵向比较分析。横向比较分析，是将被分析的财务报表的各项目与以前年度的财务报表中相同项目金额并列对比，并计算出增减变化的金额和百分比。纵向比较分析，又称结构分析，是将同一财务报表内部各项目之间进行比较，即将财务报表上的某一关键项目的金额作为100%，而将其余项目与之相比，以显示各项目的相对地位，分析各项目的比重是否合理。一般地，资产负债表以资产总额为100%；利润表以销货收入为100%。

比率分析法是指将企业某个时期财务报表中不同类型但具有一定关系的项目及数据进行对比，以计算出来的比率反映各项目之间的内在联系，据此评价企业的财务状况和经营成果的方法。项目可以取自同一张会计报表，也可取自两张不同的会计报表，然而不论如何选择，都要求各项目之间存在一定的逻辑关系，这样比率分析才具有一定的经济意义。

本章小结

资产负债表，是提供企业在某一特定日期财务状况信息的报表，一般采用账户式，左边列示资产，右边列示负债和所有者权益。资产方表明了企业所控制的预计能够产生未来收益且可以客观计量其购置成本的经济资源；权益方表明了负债和所有者权益，负债是主体所承担的义务，所有者权益是所有者投资于会计主体的资金额。在公司制企业中，所有者权益分为实收资本与留存收益两大类。

理解资产负债表需要掌握的重要概念主要包括：

会计主体，是指会计活动服务的特定组织，而不是与主体有关的人。

持续经营，是指会计主体在可以预见的将来将按预定目标持续不断经营下去，不会面临破产清算。

货币计量，是指会计只记录那些能够以货币表示的事件。

历史成本，是指企业取得资产使其达到预定可使用状态所耗费的全部货币支出。

信息使用者通过阅读资产负债表一般可以了解：企业拥有或控制的经济资源及其分布情况；企业资金来源和构成情况；企业财务实力、短期偿债能力和支付能力；企业的财务弹性；企业的经营绩效等。通过对资产负债表进行分析，还可以判断企业在行业中的竞争地位。

思考与练习

■ 思考题

1. 什么是资产负债表？
2. 说明资产负债表的结构和基本内容。
3. 简述资产负债表的作用。
4. 反映企业财务状况的要素有哪些？
5. 什么是资产？其主要特征是什么？
6. 根据我国《企业会计准则》说明资产的主要构成。
7. 什么是负债？其主要特征是什么？
8. 根据我国《企业会计准则》说明负债的主要构成。
9. 什么是所有者权益？其来源有哪些？
10. 什么是资产与权益之间的平衡关系？
11. 什么是会计主体？列举几个你身边的会计主体。
12. 什么是持续经营？如何理解持续经营会计前提？
13. 什么是历史成本？你还能说出几种成本概念？分别如何理解？
14. 如何理解资金变化的双向性？
15. 关注资产负债表哪些项目可以帮助你了解一个企业的偿债能力和信用状况？

■ 练习题

一、单项选择题

1. 明确会计主体，就是要将会计主体的经济活动与(　　)。

A. 会计主体所有者的经济活动区别开来

B. 会计主体所有者的经济活动联系起来

C. 会计主体所有者的经济活动统一起来

D. 会计主体所有者的经济活动一致起来

2. 会计工作为之服务的特定单位就是(　　)。

A. 会计主体　　B. 会计分期

C. 持续经营　　D. 货币计量

3. 由于财务报告只能包含那些可以以(　　)描述的事项，因此，它不能给出一家企业财务状况中全部重要事项信息。

A. 货币量　　B. 实物量

C. 劳动量　　D. 以上全部

4. 持续经营是指，除非有相反的证据证明，否则会计主体将会(　　)经营下去。

A. 无限期　　B. 有限期

C. 按营业执照有效期　　D. 按设定期限

5. 史密斯从“校园宿舍寻找者”提取了2 000元，而她是公司的唯一所有人。史密斯现在口袋里多了2 000元，她比以前(　　)。

A. 更加富有　　B. 更加贫穷

C. 既没有富也没有穷　　D. 以上全部错误

6. 史密斯从“校园宿舍寻找者”提取了2 000元，而她是公司的唯一所有人。“校园宿舍寻找者”现在的资产比以前(　　)。

A. 多了2 000元　　B. 少了2 000元

C. 既没有多也没有少　　D. 以上全部错误

7. 范鑫公司在2013年年底成立的时候以当时的公允价值162 000元购买了一座仓库，那么2014年12月31日，仓库的公允价值(　　)。

A. 是162 000元　　B. 超过162 000元

C. 少于162 000元　　D. 不清楚

8. 范鑫公司在2013年底成立的时候以当时的公允价值162 000元购买了一座仓库，那么2014年12月31日，会计上称162 000元为(　　)。

A. 历史成本　　B. 重置成本

C. 现时成本　　D. 公允价值

9. 会计师记录的每个会计事项都会在资产负债表中引起至少(　　)更改。

A. 一处　　B. 两处

C. 三处　　D. 四处

10. 会计中将短于(　　)转化为现金或被耗用的资产，称为流动资产。

A. 一年或一个营业周期　　B. 两年或一个营业周期

C. 半年或一个营业周期　　D. 一个季度或一个营业周期

11. 资产是企业拥有或控制的资源，该资源预期会给企业带来(　　)。

A. 经济利益　　B. 经济资源

C. 经济效果　　D. 经济效益

12. 所有者权益是企业的所有者享有的剩余权益，金额上应等于企业的(　　)。

A. 流动资产减去流动负债　　B. 全部收入减去全部成本

C. 全部资产减去全部负债　　D. 企业的注册资本

13. 负债和所有者权益统称(　　)。

A. 利润　　B. 债权人权益

C. 权益　　D. 长期负债

14. 资产负债表反映的是(　　)的财务状况的报表。

A. 一定时间内　　B. 某一特定日期

C. 一个月　　D. 一年

二、多项选择题

1. 反映企业特定时点财务状况的会计要素包括(　　)。

A. 收入　　B. 资产

C. 负债　　D. 所有者权益

E. 费用

2. 以下属于会计主体的有(　　)。

A. 奇瑞汽车公司　　B. 奇瑞集团公司

C. 奇瑞汽车大连分公司　　D. 奇瑞汽车大学

E. 奇瑞汽车合肥4S专卖店

3. 资产与权益之间存在的平衡关系是(　　)的理论依据。

A. 设置账户　　B. 复式记账

C. 试算平衡　　D. 编制资产负债表

E. 成本计算

4. 下列属于资产项目的有(　　)。

A. 应收账款　　B. 应付账款

C. 预付款项　　D. 预收款项

E. 其他应收款

5. 下列属于负债项目的有(　　)。

A. 应收账款　　B. 应付账款

C. 预付款项　　D. 预收款项

E. 其他应收款

6. 下列属于所有者权益项目的有(　　)。

A. 实收资本　　B. 股本

C. 资本公积　　D. 盈余公积

E. 未分配利润

7. 下列属于资产负债表能够提供的信息有(　　)。

A. 固定资产的新旧程度　　B. 企业资金的来源渠道及构成

C. 企业的经济资源及分布情况　　D. 企业经营成果及形成

E. 企业投资人在企业中享有的权益

8. 资产负债表中非流动资产应包括(　　)。

A. 固定资产　　B. 无形资产

C. 长期股权投资　　D. 应收账款

E. 存货

9. 下列各项中属于资产必须具备的基本特征的有(　　)。

A. 为企业拥有或控制　　B. 必须是有形的

C. 由过去的交易或事项形成　　D. 预期会给企业带来经济利益

E. 必须是可以用货币计量的

10. 下列有关负债的说法表述正确的有(　　)。

A. 负债可能是企业现时承担的义务，也可能是未来形成的义务

B. 负债预期会导致经济利益流出企业

C. 负债由企业过去的交易或事项形成

D. 负债按其流动性可分为流动负债和非流动负债

E. 负债的清偿一定要有确切的金额

三、填表题

1. 完成下列资产负债表（见表2-3）。

表2-3　　资产负债表

编制单位：A公司　　2013年12月31日　　单位：元

资产：		权益：	
货币资金	540 000	短期借款	200 000
应收账款	228 000	应付账款	180 000
存货	630 000	实收资本	1 200 000
固定资产	1 500 000	未分配利润	?
总资产	?	总权益	?

2. 导致一个企业所有者权益发生增加的途径主要有两个：一是来自投资者投入；二是来自企业营利性活动。说明表2-4所列示项目的企业营利性活动是否对所有者权益产生影响，并在相应表格中标记“√”。

表2-4　　发生的业务及其对所有者权益的影响

发生的业务		对所有者权益的影响	
		增加	没有影响
1	借钱		
2	购买原材料		
3	销售商品		
4	购买机器		
5	出售多余材料		

案例分析

案例2-1　　**丹妮公司**[①]

丹妮公司的会计辞职了，丹妮请她的朋友根据会计留下的账簿帮忙编制了公司

① 资料来源：罗伯特·N. 安东尼，大卫·F. 霍金斯. 会计学：教程与案例［M］. 12版. 王立彦，等，译. 北京：机械工业出版社，2009：33.

6月1日和6月30日的资产负债表（见表2-5）。公司6月份实现净利润19 635美元，丹妮向自己支付了11 700美元的现金股利，并以此款项偿还了她从公司的借款。

表2-5 资产负债表

编制单位：丹妮公司 单位：美元

资产	6月30日	6月1日	负债和所有者权益	6月30日	6月1日
流动资产：			流动负债：		
货币资金	66 660	34 983	短期借款	29 250	8 385
应收账款	26 505	21 798	应付账款	21 315	8 517
存货	26 520	29 835	应付职工薪酬	2 202	1 974
其他应收款（丹妮）	0	11 700	应交税费	7 224	5 700
其他流动资产	9 456	8 709	流动负债合计	59 991	24 576
流动资产合计	129 141	107 025	非流动负债：		
非流动资产：			长期借款	2 451	2 451
固定资产	547 482	526 656	非流动负债合计	2 451	2 451
其他非流动资产	5 265	4 857	负债合计	62 442	27 027
非流动资产合计	552 747	531 513	所有者权益：		
			股本	390 000	390 000
			资本公积	0	0
			盈余公积	22 945	22 151
			未分配利润	206 501	199 360
			所有者权益合计	619 446	611 511
资产总计	681 888	638 538	负债和所有者权益总计	681 888	638 538

案例分析与讨论：

1. 与6月初相比，简要评论丹妮公司6月30日的财务状况。

2. 为什么留存收益的增加低于6月的净利润？

3. 6月30日，你认为丹妮公司值619 446美元（股东权益余额）吗？请解释原因。

案例 2-2 五粮液①

在中国的白酒市场中，五粮液在其经营和品牌等方面都是行业龙头企业，该公司 2006 年 12 月 31 日的资产负债表（简化）见表 2-6。

表 2-6 **资产负债表**

编制单位：五粮液 2006 年 12 月 31 日 单位：千元

资产	期末余额		年初余额		负债和所有者权益	期末余额		年初余额	
流动资产：					流动负债：				
货币资金	1 971 068	21%	882 625	10%	应付账款	65 058	1%	35 959	0%
应收账款	567 966	6%	683 957	8%	预收款项	296 621	3%	564 445	6%
存货	1 449 461	15%	1 375 515	16%	应付费用	429 312	4%	391 149	4%
其他流动资产	124 275	1%	27 444	0%	应交税费	1 434 633	15%	1 229 519	14%
流动资产合计	4 112 770	43%	2 969 541	34%	流动负债合计	2 225 624	23%	2 221 072	25%
非流动资产：					非流动负债：				
固定资产	5 408 543	56%	5 770 320	65%	长期借款	2 500	0%	2 500	0%
无形资产	65 660	1%	67 246	1%	其他非流动负债	27 734	0%	20 075	0%
其他非流动资产	27 120	0%	3 427	0%	非流动负债合计	30 234	0%	22 575	0%
非流动资产合计	5 501 323	57%	5 840 993	66%	负债合计	2 255 858	23%	2 243 647	25%
					所有者权益：				
					股本	2 711 405	28%	2 711 405	31%
					资本公积	953 203	10%	953 203	11%
					盈余公积	1 421 686	15%	1 187 373	13%
					未分配利润	2 271 941	24%	1 714 906	19%
					所有者权益合计	7 358 235	77%	6 566 887	75%
资产总计	9 614 093	100%	8 810 534	100%	负债和所有者权益总计	9 614 093	100%	8 810 534	100%

案例分析与讨论：

试根据案例所给报表和该公司 2006 年披露的其他财务信息分析公司资产负债表，揭示其竞争力（可根据巨潮资讯网等财经网站查阅公司披露的财务报告和其他财务信息）。

① 资料来源：刘顺仁．财报就像一本故事书［M］．太原：山西出版集团·山西人民出版社，2007：86.

第三章　利润表
——衡量企业经营绩效的重要工具

【导入案例】

史密斯2013年6月以其个人存款35 000元，在某大学附近开办了一家专为大学生寻找宿舍的公司，她为其命名为“校园宿舍寻找者”，她是该公司的唯一所有者和经营者。7月是她开始营业的第一个月，在该月共发生了下列业务：

（1）7月1日，史密斯在大学附近租赁一间办公室，租金每月400元，房租按月支付。

（2）7月1日，史密斯赊购一套价值350元的办公用具和一台价值2 000元的电脑。办公用具预计使用2年，电脑预计使用5年。

（3）7月5日，史密斯迎来第一批顾客，为顾客寻找公寓，收取现金1 900元。

（4）7月25日，史密斯支付办公室使用的水电费100元。

（5）7月28日，史密斯迎来第二批顾客，服务收入2 280元，款项尚未收到。

（6）7月29日，史密斯提款2 000元为自己发放月工资。

（7）7月31日，按税法规定，“校园宿舍寻找者”应依法缴纳流转税费209元。

要求：分析以上各项业务，为“校园宿舍寻找者”编制7月份利润表。

【学习目标】

在本章中，你将学到：

（1）什么是利润表。

（2）利润表的结构与基本内容。

（3）理解利润表的重要概念。

（4）利润表是如何帮助决策的。

第一节　利润表概述

一、利润表的结构与基本内容

（一）什么是利润表

利润表属于动态报表，是反映企业在一定会计期间经营成果的报表，主要提供有关企业经营成果方面的信息。利润表可以反映企业一定会计期间的收入实现情况和资源耗费情况，可以反映企业一定会计期间生产经营活动的成果，据以判断资本保值、增值情况。

（二）利润表的结构与基本内容

利润表一般有表首、正表两部分。其中，表首概括地说明报表名称、编制单位、编制日期、报表编号、货币名称、计量单位等；正表反映形成经营成果的各个项目和计算过程。利润表正表的格式一般有两种：单步式利润表和多步式利润表。单步式利润表是将当期所有的收入列在一起，然后将所有的费用列在一起，两者相减得出当期净损益。多步式利润表是通过对当期的收入、费用、支出项目按性质加以归类，按利润形成的主要环节列示一些中间性利润指标，如营业利润、利润总额、净利润，分步计算当期净损益。在我国，利润表一般采用多步式。一般利润表的基本格式和内容见表3-1①。

表3-1 **利润表** 会企02表

编制单位： 年度 单位：元

项　目	行次	本年金额	上年金额
一、营业收入			
减：营业成本			
营业税金及附加			
销售费用			
管理费用			
财务费用			
资产减值损失			
加：公允价值变动收益（损失以“-”号填列）			
投资收益（损失以“-”号填列）			
其中：对联营企业和合营企业的投资收益			
二、营业利润（亏损以“-”号填列）			
加：营业外收入			
减：营业外支出			
其中：非流动资产处置损失			
三、利润总额（亏损总额以“-”号填列）			
减：所得税费用			
四、净利润（净亏损以“-”号填列）			
五、每股收益：			
（一）基本每股收益			
（二）稀释每股收益			

① 见《〈企业会计准则第30号——财务报表列报〉应用指南》第64页。

二、利润表的作用

利润是企业经营业绩的综合体现。利润表是企业财务报表体系中的主要报表之一，其作用主要表现在以下几个方面：

1. 可据以正确评价企业各方面的经营业绩

利润表反映了企业在一定期间内的各项收入和成本费用的发生情况及其最终的财务成果。通过对利润表的分析可以确定企业在这一会计期间是盈利还是亏损，有利于评价各部门和各环节的经营业绩。

2. 可据以及时、准确地发现企业经营管理中存在的问题

企业的损益是各项经济活动财务结果的集中表现，企业的各项经济行为无不与收益和费用相关，企业的利润是反映企业经营成果的综合性指标。因此，通过对利润表的分析，可发现企业在经营管理各方面存在的问题，促进企业全面改进经营管理，不断提高管理水平。

3. 可据以分析和预测企业发展趋势与收益能力

利润表提供企业营业利润、投资净收益和营业外收支等企业损益的明细情况，据此可以分析企业损益形成的原因，了解企业利润的构成。通过对利润表的分析，可以预测企业损益的变化趋势及企业未来的收益能力。

4. 可据以做出合理的经济决策

投资者要进行投资决策、债权人要进行信贷决策、经营者要进行经营决策、国家要进行宏观经济决策、员工要进行就业决策等，所有这些经济决策都离不开利润这一重要的依据或标准，而利润表无疑是提供这些依据的重要来源。

第二节 收入、费用、利润——揭示企业经营状况的三大要素

一、收入

收入是指企业在日常活动中形成的、会导致所有者权益增加的、与所有者投入资本无关的经济利益的总流入。

（一）收入的特征

（1）收入是企业在日常活动中形成的，而不是在偶发的交易或事项中形成的。

■ **链接案例 0-1**

弗雷租种的麦田埂上有棵大树。到收割麦子的时候，在大树边上捡到一只撞死的兔子。弗雷收获的麦子即为收入（日常经营活动取得），而兔子即为营业外收入（非日常经营的偶然所得）。

（2）收入可能表现为企业资产的增加，也可能表现为企业负债的减少，或者二者兼而有之。

■ **链接案例 0-1**

伊万和弗雷收获的麦子即为收入，也表现为总资产的增加；而弗雷用来偿还购犁钱的 44 千克麦子，即表现为负债的减少。

(3) 收入最终能导致企业所有者权益的增加。

■ **链接案例 0-1**

伊万和弗雷受托经营的农场所收获的麦子在扣除播种时消耗的麦种、肥料等资产后取得的净收成也归农场的所有者巴恩所有，所以收入最终会导致所有者权益增加。

(4) 收入只包括本企业经济利益的流入，而不包括为第三方或客户代收的款项。

例如，某旅行社收取的服务费中包含的代收门票费、食宿费和交通费以及替异地旅行社代收的服务费都不属于该旅行社收入，应从总的服务费中扣除。

(二) 收入的构成

收入主要包括主营业务收入、其他业务收入和投资收益等。

■ **链接案例 0-1**

■ 弗雷在播种麦子的田埂上还播种了蚕豆。弗雷收获的麦子即为主营业务收入，收获的蚕豆即为其他业务收入（麦子和蚕豆均属于弗雷日常经营活动取得的）。

■ 投资收益，是指企业将自有的资产作为债权或股权投入其他企业获得的经济利益（利息或股利）。

二、费用

费用是指企业在日常活动中发生的、会导致所有者权益减少的、与向所有者分配利润无关的经济利益的总流出。

(一) 费用的特征

(1) 费用是企业在日常活动中形成的。

■ **链接案例 0-1**

巴恩提供给伊万和弗雷的麦种、肥料等在耕种前表现为伊万农场和弗雷农场的资产和所有者权益同时增加；在耕种期间，伊万和弗雷将麦种、肥料等用掉后，这些被消耗掉的资产就转化成费用。

(2) 费用可能表现为资产的减少，也可能表现为负债的增加，或者二者兼而有之。

■ **链接案例 0-1**

耕种期间，伊万和弗雷消耗掉的麦种、肥料等资源既表现为费用增加，也表现为资产减少；假设在麦子施肥阶段，伊万和弗雷聘请了杰克来帮忙，应支付给杰克的人工费就既表现为费用增加，也表现为负债增加。

（3）费用能导致企业所有者权益减少，但与向所有者分配利润无关。

■ **链接案例 0-1**

■ 伊万和弗雷耕种期间，消耗掉的各种资源既可能表现为资产的减少，也可能表现为负债的增加，最终都会导致所有者权益的减少（资产-负债=所有者权益）。

■ 费用会导致所有者权益减少，利润分配也会导致所有者权益减少。

（二）费用的构成

费用主要包括营业成本、营业税金、期间费用、资产减值损失。

营业成本是指企业为取得营业收入而销售的产品或提供的劳务所发生的制造成本或劳务成本。

营业税金，也称销售税金，是指企业营业活动应当负担并根据销售收入确定的各种税费，如消费税、城市维护建设税和教育费附加等。

期间费用是指与产品生产或劳务项目无直接关系，不参与生产（劳务）成本计算而计入某一会计期间的费用，包括销售费用、管理费用和财务费用。销售费用是指企业在销售商品的过程中发生的各项费用，包括企业在销售商品的过程中发生的运输费、装卸费、包装费、保险费、展览费和广告费，以及为销售本企业的商品而专设的销售机构（含销售网点、售后服务网点等）的职工薪酬等经营费用。管理费用是指企业为组织和管理生产经营活动而发生的各项费用，包括企业的董事会和行政管理部门的职工工资、修理费、办公费和差旅费等公司经费，以及聘请中介机构费、咨询费（含顾问费）、业务招待费等费用。管理费用的受益对象是整个企业，而不是企业的某个部门。财务费用是指企业为筹集生产经营所需资金而发生的各项费用，包括应当作为期间费用的利息支出（减利息收入）、汇兑损失（减汇兑收益）以及相关的手续费等。

资产减值损失是指企业计提的坏账准备、存货跌价准备和固定资产减值准备等所形成的损失。

知识拓展 3-1 **费用与支出**

支出发生在会计主体购置商品或接受服务之时。支出可以表现为现金减少、负债增加（如应付账款）、另一项资产的变动（如汽车的以旧换新），或以上几种形式的结合。支出的直接结果不是增加资产就是增加费用。

在区分某些项目究竟属于当期费用还是支出时，需要考虑以下四种类型的交易：

（1）本年的支出同时也是本年的费用。

（2）前一年的支出本年变成费用。在本年年初的资产负债表上，它是一项资产。

（3）本年的支出在未来年份将变成费用。在本年年末的资产负债表上，它是一项资产。

（4）本年的费用将在未来某一年内支付。在本年年末的资产负债表上，它是一项负债。

三、利润

（一）利润的特征

利润是指企业在一定会计期间的经营成果，包括收入减去费用后的净额、直接计入当期利润的利得（营业外收入）和损失（营业外支出）等。利润的实现会相应地表现为资产的增加或负债的减少，其结果是所有者权益的增值。

（二）利润的构成

利润具体是指营业利润、利润总额和净利润。

营业利润是指营业收入减去营业成本、营业税金及附加、销售费用、管理费用、财务费用、资产减值损失，再加上投资净收益后的金额。

利润总额是指营业利润加上营业外收入，再减去营业外支出后的金额。

净利润是指利润总额减去所得税费用后的金额。

四、利润表与资产负债表之间的关系

企业收入的取得总是伴随着资产的增加或负债的减少，而费用的发生总是伴随着资产的减少或负债的增加，也就是说企业利润的形成过程必然导致企业所有者权益的增加或减少。资产与权益之间的平衡关系在企业会计期间内也就会演变为：

资产 = 负债+所有者权益+（收入-费用）

即：资产 = 负债+所有者权益 + 利润

■ **链接本章导入案例**

■2013 年 7 月 1 日“校园宿舍寻找者”开始营业前，其资产负债表（单位：元）为：

资产：		权益：	
货币资金	35 000	负债	0
		所有者权益（史密斯）	35 000
总资产	35 000	总权益	35 000

2013 年 7 月 1 日“校园宿舍寻找者”资产与权益之间的平衡关系表现为：

资产 35 000 = 负债 0 + 所有者权益 35 000

■“校园宿舍寻找者”开始营业后，2013 年 7 月利润表（单位：元）为：

项目	本期金额
一、营业收入	4 180
减：营业成本	2 400
营业税金及附加	209
管理费用	148*
二、营业利润（亏损以“-”号填列）	1 423
三、利润总额（亏损总额以“-”号填列）	1 423
减：所得税费用	0**
四、净利润（净亏损以“-”号填列）	1 423

* 管理费用 = 水电费 + 电脑折旧（2 000÷（5×12））+办公用具折旧（350÷（2×12））；

** 免税。

■2013 年 7 月 31 日“校园宿舍寻找者”经营一个月后，其资产负债表（单位：元）演变为：

资产：		权益：	
货币资金	34 400	应付账款	2 350
应收账款	2 280	应交税费	209
固定资产	2 302	所有者权益	36 423
总资产	38 982	总权益	38 982

2013 年 7 月 31 日“校园宿舍寻找者”资产与权益之间的平衡关系表现为：

资产 38 982 = 负债 2 559 + 上期所有者权益 35 000 + 利润 1 423

第三节　理解利润表的重要概念

一、会计期间

会计分期，是指把企业持续不断的生产经营过程划分为较短的相对等距的会计期间。会计分期的目的在于通过会计期间的划分，分期结算账目，按期编制财务报告，从而及时地向信息使用者提供反映财务状况和经营成果的会计信息，满足决策的需要。

从理论上来说，在企业持续经营的情况下，要反映企业的财务状况和经营成果只有等到企业所有的生产经营活动结束后，才能通过收入和费用的归集与比较进行准确的计算，但那时提供的会计信息已经失去了应有的作用，因此，必须人为地将这个过程划分为较短的会计期间。

会计分期是对会计工作时间范围的具体划分，主要是确定会计年度。中外各国所采用的会计年度一般都与本国的财政年度相同。我国以日历年度作为会计年度，即从每年的1月1日至12月31日为一个会计年度。

《企业会计准则——基本准则》第七条指出："企业应当划分会计期间，分期结算账目和编制财务会计报告。会计期间分为年度和中期。中期是指短于一个完整的会计年度的报告期间。"

二、配比概念

配比，是指企业取得收入应与为取得收入发生的费用、成本同期确认，以便准确计算当期的损益。

收入与费用配比包括两方面的配比问题：一是收入和费用在因果联系上的配比，即取得一定的收入时发生了一定的支出，而发生这些支出就是为了取得这些收入；二是收入和费用在时间意义上的配比，即一定会计期间的收入和费用的配比。

■ **链接本章导入案例**

■"校园宿舍寻找者"在7月份确认了4 180元的收入，那么为取得收入所发生的直接经营耗费——租金、工资费用、税费应同期（7月）配比确认，以及为取得收入所发生的间接经营耗费——水电费、折旧费（即本月消耗的固定资产价值，因为固定资产的使用寿命分别是2年和5年，其全部价值应该与2年和5年的总收入分期配比）也应同期配比确认。

三、会计基础

企业的资源流动会引起相应的现金流动，但由于存在会计分期，现金实际的收付期间和资源流动的发生期间往往不一致。这样，在确认资产、负债、收入、费用时，就可能出现两种交易记录的选择基础：收付实现制和权责发生制。记录企业交易最简单的做法是在发生现金收付时进行记录，这便是收付实现制会计。而另一种交易记录方法则是权责发生制会计，即按照交易的权利享有或责任承担作为收入或费用的发生时间，而不管其现金是否收付。也就是说，当赚取收入时，即使没有收到现金，仍要确认为当期收入；当发生费用时，即使尚未付出现金，也应确认为当期费用。

■ **链接本章导入案例**

2013 年 7 月“校园宿舍寻找者”基于“权责发生制”与“收付实现制”确认的财务成果（单位：元）如下：

项目	权责发生制	项目	收付实现制
一、营业收入	4 180	一、现金流入	1 900*
减：营业成本	2 400	减：付现营业成本	2 400
营业税金及附加	209	付现营业税费	0**
管理费用	148	付现期间费用	100***
二、营业利润	1 423	二、现金净流量	-600
三、利润总额	1 423		
减：所得税费用	0		
四、净利润	1 423		

* 总收入 4 180 元中收到现金的仅为 1 900 元；

** 209 元营业税金是本期应交未交的税费，因此没有支出现金；

*** 148 元其中的 48 元折旧费属于不付现的成本（其属于固定资产本期损耗转移价值，与其相关的现金流出体现在支付固定资产价款的当期）。

《企业会计准则——基本准则》第九条规定，企业应当以权责发生制为基础进行会计确认、计量和报告，即应依据权责关系，而不是现金的收付来确认收入和费用归属的期间。权责发生制建立在会计分期的基础上。行政单位的会计基础是收付实现制，即以现金的收付为依据确认收入费用。事业单位要区分两类活动：一类是事业单位的经营活动，以权责发生制作为会计基础；另一类是事业活动，以收付实现制作为会计基础。

第四节　评价企业经营绩效

对一个营利性组织某一会计期间的利润表进行分析，可以综合评价该组织的盈利水平和能力。通过阅读利润表，可以了解一个营利性组织一定期间内各项收入和成本费用的发生情况及其利润形成过程；通过对收入构成进行分析，可以了解企业当期取得的收入中，有多少来自经营活动，有多少来自投资活动；通过对成本、费用构成进行分析，可以了解企业当期发生的成本费用中，有多少属于直接性经营耗费，有多少属于间接性耗费，有多少属于损失，可以了解企业成本控制能力和经营管理水平；通过对收入与成本费用进行对比分析，可以了解企业当期营业收入对营业成本的保障程度，从而了解企业产品或劳务在市场中的竞争力；通过对不同期间利润表进行对比分析，可以了解企业利润的总体变化趋势和结构变化趋势，预测企业未来的盈利能力。

现以全球零售业龙头——沃尔玛[①]的利润表（简化，参阅表3-2）为例，简略介绍利润表的阅读方法。

表3-2　　利润表

编制单位：沃尔玛　　2006年度　　金额单位：百万美元

项目	本年数		上年数	
	金额	%	金额	%
一、主营业务收入	315 654	100	288 132	100
减：主营业务成本	240 391	76	219 793	76
销售及管理费用	56 733	18	51 248	18
财务费用	1 172	0.37	934	0.32
二、营业利润	17 358	5.5	16 157	5.6
加：营业外收入	0	0	0	0
减：营业外支出	0	0	0	0
三、利润总额	17 358	5.5	16 157	5.6
减：所得税费用	5 803	1.8	5 589	1.9
四、净利润	11 555	3.7	10 568	3.7

从沃尔玛的利润表可以看出：2006年度实现利润近116亿美元，较上年增长10亿美元，增长率近10%，销售净利率两年稳定保持在3.7%。沃尔玛的竞争力主要来自它持续增长的动力，而营收获利的增长动力来自新店的不断拓展，同时也能维持旧店营收获利的合理增长。随着快速拓展，沃尔玛的营收由1971年的4 400万美元增加到2006年的3 157亿美元，获利也从1971年的200万美元增加到2006年的116亿美元。长期稳定的营收及获利增长，是企业竞争力的最具体表现。

从利润表构成可以看出，沃尔玛的利润全部来自经营业务利润，2006年，沃尔玛的营业利润达174亿美元，占总营收的5.5%，反映了公司整体营运活动的利益。收入中（利润表附注）99%来自出售商品收入，十分专注主业。成本费用构成表明，沃尔玛的主营业务成本是最重要的成本项目，两年占总营收的比例保持在76%，反映沃尔玛全球采购市场中极强的议价能力；销售（如运输成本、广告费用等）及管理（如水电费、管理人员薪资）费用项目两年保持在总营收的18%，

① 资料来源：刘顺仁．财报就像一本故事书［M］．太原：山西出版集团·山西人民出版社，2007：62.

反映出沃尔玛非凡的成本控制力。

本章小结

利润表是反映企业一定会计期间经营成果及其形成过程的会计报表。通过利润表，可以了解企业一定会计期间的收入实现情况和资源耗费情况，可以了解企业一定会计期间生产经营活动的成果，据以判断资本保值、增值情况。

理解利润表需要掌握的重要概念主要包括：

会计分期，是指把企业持续不断的生产经营过程划分为较短的相对等距的会计期间。

配比原则，是指企业取得收入应与为取得收入发生的费用、成本同期确认，以便准确计算当期的损益。

会计基础，是指会计主体确认、计量会计要素所遵循的标准。由于存在会计分期，现金实际的收付期间和资源流动的发生期间往往不一致。这样，在确认资产、负债、收入、费用时，就可能出现两种交易记录的选择基础：收付实现制和权责发生制。《企业会计准则——基本准则》第九条规定，企业应当以权责发生制为基础进行会计确认、计量和报告。

信息使用者通过对利润表的阅读和分析，可以了解一个营利性组织一定期间内各项收入和成本费用的发生情况及其利润形成过程，综合评价企业经营绩效。

思考与练习

■ 思考题

1. 什么是利润表？
2. 简述利润表的结构和基本内容。
3. 利润表的作用主要有哪些？
4. 反映企业经营状况的要素有哪些？
5. 什么是收入？其主要特征是什么？
6. 根据我国《企业会计准则》说明收入的主要构成。
7. 什么是费用？其主要特征是什么？
8. 根据我国《企业会计准则》说明费用的主要构成。
9. 什么是利润？其来源有哪些？
10. 从资产与权益之间的平衡关系说明资产负债表与利润表有何内在关系。
11. 什么是会计分期？什么是会计期间？如何理解？
12. 什么是配比？其目的是什么？
13. 举例说明收付实现制与权责发生制的不同。如何理解我国会计准则关于会计基础的有关规定？

■ **练习题**

一、单项选择题

1. 我国利润表采用的格式是(　　)。

A. 报告式　　B. 账户式

C. 单步式　　D. 多步式

2. 会计分期这一前提是从(　　)引申出来的。

A. 会计主体　　B. 持续经营

C. 货币计量　　D. 权责发生制

3. 下列各项中，不属于企业收入要素范畴的是(　　)。

A. 主营业务收入　　B. 提供劳务取得的收入

C. 销售材料取得的收入　　D. 出售无形资产取得的收益

4. 反映经营成果的会计要素是(　　)。

A. 资产　　B. 费用

C. 负债　　D. 所有者权益

5. 下列各项中，不属于企业费用要素范畴的是(　　)。

A. 营业成本　　B. 营业税金

C. 期间费用　　D. 营业外支出

6. 某企业 2013 年发生的主营业务收入为 1 000 万元，主营业务成本为 600 万元，销售费用为 20 万元，管理费用为 50 万元，财务费用为 10 万元，投资收益为 40 万元，资产减值损失为 70 万元，公允价值变动损益为 80 万元（收益），营业外收入为 25 万元，营业外支出为 15 万。该企业 2013 年的利润总额为(　　)。

A. 380 万元　　B. 330 万元

C. 320 万元　　D. 390 万元

7. 下列各项中，不影响营业利润的项目是(　　)。

A. 财务费用　　B. 投资收益

C. 资产减值损失　　D. 营业外支出

二、多项选择题

1. 下列会计等式中正确的有(　　)。

A. 资产 = 权益

B. 资产 = 负债 + 所有者权益

C. 利润 = 收入 - 费用

D. 资产 = 负债 + 所有者权益 + 收入 - 费用

E. 资产 = 负债 + 所有者权益 + 利润

2. 在利润表中，计算营业利润时，下列(　　)项目应该作为营业收入的减项处理。

A. 主营业务成本　　B. 销售费用
C. 营业外支出　　D. 所得税费用
E. 财务费用

3. 下列项目中符合收入定义的是(　　)。
A. 劳务收入　　B. 捐赠收入
C. 处理固定资产净收益　　D. 罚款收入
E. 商品销售收入

4. 配比原则的含义包括(　　)。
A. 时间配比　　B. 产品配比
C. 因果配比　　D. 项目配比
E. 空间配比

5. 下列属于利润表特点的有(　　)。
A. 反映企业的财务状况　　B. 反映企业的经营成果
C. 属于动态报表　　D. 属于静态报表
E. 反映企业的经营业绩

6. 根据权责发生制原则，应计入本期收入和费用的有(　　)。
A. 本期实现的收入，并已收款
B. 本期实现的收入，尚未收款
C. 属于本期的费用，尚未支付
D. 属于以后各期的费用，但已支付
E. 属于本期的费用，并已支付

7. 收入的取得会引起(　　)。
A. 负债的增加　　B. 资产的增加
C. 负债的减少　　D. 资产的减少
E. 预收款的增加

三、填表题

根据下列经济业务内容，按权责发生制和收付实现制原则，分别计算企业 4 月的收入和费用，并填入表 3-3 中，并比较两种会计基础下的计算结果，分析产生差异的原因：

(1) 用银行存款支付本季度 4—6 月房租 3 000 元。

(2) 收到上月销售产品货款 6 000 元。

(3) 用银行存款支付上月水电费 1 500 元。

(4) 销售产品收到货款 7 500 元，存入银行。

(5) 销售产品货款为 90 000 元，货款没有收到。

(6) 本月应付短期借款利息 1 500 元，按银行规定应于 6 月底支付。

(7) 计提本月管理部门固定资产折旧费 6 000 元。

表 3-3　　权责发生制与收付实现制下的收入和费用

业务号	权责发生制		收付实现制	
	收入	费用	收入	费用
(1)				
(2)				
(3)				
(4)				
(5)				
(6)				
(7)				

案例分析

案例 3-1　　丹妮公司①

丹妮十分感谢老朋友为她编制资产负债表（详见案例 2-1），在审阅会计数字时，她说："有点让我吃惊的是，现金增加了 31 677 美元，而净利润却只有 19 635 美元，这是为什么？"

她的朋友回答："关于这个问题，你可以去查看 6 月份的利润表，有些数据可以部分地解释你的疑问。"

于是丹妮将会计留下的现金收入和支出记录（见表 3-4）交给她的朋友，并告诉她的朋友所有的应付账款都是用于购买存货的款项，6 月份的销售成本为 39 345 美元。请她再帮忙编制一张 6 月份的利润表（见表 3-5）。

表 3-4　　现金收支表　　单位：美元

现金收入		现金支出	
现金期初余额	34 983		
现金销售	44 420	购买设备	23 400
应收账款收回	21 798	购买其他资产	408
丹妮归还借公司款	11 700	偿还应付账款	8 517
银行借款	20 865	现金购买存货	14 715
		现金购买其他物料	1 671
		股利	11 700
		支付工资	5 660
		支付管理费用	900
		其他费用支出	135
本月现金收入合计	98 783	本月现金支出合计	67 106

① 资料来源：罗伯特·N. 安东尼，大卫·F. 霍金斯. 会计学：教程与案例［M］. 12 版. 王立彦，等，译. 北京：机械工业出版社，2009：54.

表 3-5　　利润表*

编制单位：丹妮公司　　××××年6月　　单位：美元

项目	本月数
一、营业收入	70 925
减：销售成本	39 345
工资费用	5 888
折旧费用	2 574
期间费用	1 959**
二、营业利润	21 159
三、利润总额	21 159
减：所得税费用	1 524
四、净利润	19 635

*为了更加清楚地反映收入、费用（利润）与资产、负债之间的关系，本案例对利润表的格式进行了修改。

**1 959=［（其他流动资产期初数 8 709 + 本期购进 1 671）-期末数 9 456］+900+135

案例分析与讨论：

1. 结合案例 2-1 所给的资产负债表和表 3-4 所给资料，试对丹妮公司 6 月份利润表中的每一个项目来源进行解释（该公司只缴所得税，无别的税赋）。

2. 请解释为什么现金余额的变动大于净利润的金额。

3. 请解释下列数据为什么不是 6 月份的销售成本：（1）14 715 美元；（2）36 030美元。分别在什么情况下这些数据会是6月份的销售成本。

案例 3-2　　凌云股份

凌云工业股份有限公司（股票代码：600480，简称凌云股份）于 2003 年 8 月 15 日在上海证券交易所挂牌上市，注册资本为 31 200 万元。公司现拥有 15 家控、参股子公司，年营业收入超过 10 亿元。

公司主要生产汽车零部件、PE 管道系统两大系列产品，是国内率先开发生产具有国际水准的汽车辊压件、PA-11 汽车压力管路总成的企业，在辊压、冲压以及汽车管路的相关制造技术方面居国内同行业领先地位。同时，公司不但是国内 PE 燃气管道产品的开拓者，也是国内同类企业的领先者，是国内最早能够提供 PE 燃气管道产品开发、生产、施工、维护一体化全程服务的企业。经过多年的不懈努力和发展，公司已成为具有国际水准的、技术领先的中国汽车零部件制造基地和中国 PE 管道系统龙头企业。该公司 2009 年度利润表（简化）见表3-6。

表 3-6　　**利润表**　　会企 02 表

编制单位：凌云股份　　2009 年度　　金额单位：万元

项目	本年数		上年数	
	金额	%	金额	%
一、营业收入	251 001	100	200 294	100
减：营业成本	186 287		153 083	
营业税金及附加	508		192	
销售费用	12 206		10 159	
管理费用	10 976		9 777	
财务费用	3 001		4 303	
资产减值损失	766		1 484	
加：公允价值变动损益（损失以“-”号填列）	-18		0	
投资收益（损失以“-”号填列）	715		195	
二、营业利润（亏损以“-”号填列）	37 954		21 491	
加：营业外收入	543		231	
减：营业外支出	260		233	
三、利润总额（亏损总额以“-”号填列）	38 237		21 489	
减：所得税费用	6 214		2 913	
四、净利润	32 023		18 576	

案例分析与讨论：

试根据案例所给报表和该公司 2009 年披露的其他财务信息分析公司利润表，评价企业经营绩效。

第四章　现金流量表
——评价企业财务活力与收益质量的重要工具

【导入案例】

1975 年 10 月，美国最大的商品流通企业之一 W. T. Grant 公司宣告破产的事件引起了人们的广泛注意。令人不解的是，Grant 公司在破产的前一年，即 1974 年，其营业净利润近 1 000 万美元，银行扩大贷款总额达 6 亿美元，而在 1973 年年末，公司股票价格仍按其收益 20 倍的价格出售。为什么净利润是正数的公司会在一年后宣告破产？为什么投资者会购买一个濒临破产公司的股票而银行也乐于为其发放贷款？问题就出在投资者和债权人未对该公司的现金流动状况作深入的了解和分析。如果分析一下该公司的现金流量表，就会发现早在破产前 5 年，即 1970 年，该公司的现金净流量就已出现负数。若了解这一情况，投资者就不会对一个现金严重短缺、毫无偿债能力的公司进行投资。这一事件使投资者认识到，简单地分析资产负债表、利润表已不能完全满足投资决策的需要。他们需要了解企业的现金流动状况，需要知道为什么盈利企业会走向破产，为什么亏损企业会发放股利，为什么经营净利润与经营现金净流量不相等。这类问题均可通过分析现金流量表得以解答。

【学习目标】

在本章中，你将学到：

(1) 什么是现金流量表。

(2) 现金流量表的结构与基本内容。

(3) 现金流量表与资产负债表、利润表之间的关系。

(4) 现金流量表是如何帮助决策的。

第一节　现金流量表概述

一、现金流量表的结构与基本内容

（一）什么是现金流量表

现金流量表是以现金及现金等价物为基础编制的财务状况变动表。它反映企业一定期间内现金流入和流出的信息，表明企业获得现金和现金等价物的能力，可以对企业的支付能力和偿债能力做出较为可靠的判断，并在了解企业当前的财务状况基础上，预测企业未来的现金流量趋势及发展情况。

（二）现金流量表的结构与基本内容

现金流量表一般有表首、正表两部分。其中，表首包括：报表名称、编制单位、编制日期、报表编号、货币名称、计量单位等。正表反映现金流量表的各个项目内容。正表有六项：一是经营活动产生的现金流量；二是投资活动产生的现金流量；三是筹资活动产生的现金流量；四是汇率变动对现金及现金等价物的影响；五是现金及现金等价物净增加额；六是期末现金及现金等价物余额。其具体格式见表4-1[①]。

表 4-1　　**现金流量表**　　会企 03 表

编制单位：　　____年____月　　单位：元

项目	本期金额	上期金额
一、经营活动产生的现金流量：		
销售商品、提供劳务收到的现金		
收到的税费返还		
收到其他与经营活动有关的现金		
经营活动现金流入小计		
购买商品、接受劳务支付的现金		
支付给职工以及为职工支付的现金		
支付的各项税费		
支付其他与经营活动有关的现金		
经营活动现金流出小计		
经营活动产生的现金流量净额		
二、投资活动产生的现金流量：		
收回投资收到的现金		
取得投资收益收到的现金		
处置固定资产、无形资产和其他长期资产收回的现金净额		
处置子公司及其他营业单位收到的现金净额		
收到其他与投资活动有关的现金		
投资活动现金流入小计		
购建固定资产、无形资产和其他长期资产支付的现金		
投资支付的现金		
取得子公司及其他营业单位支付的现金净额		
支付其他与投资活动有关的现金		
投资活动现金流出小计		
投资活动产生的现金流量净额		

① 见《〈企业会计准则第 31 号——现金流量表〉应用指南》第 120 页。

续表

项目	本期金额	上期金额
三、筹资活动产生的现金流量：		
吸收投资收到的现金		
取得借款收到的现金		
收到其他与筹资活动有关的现金		
筹资活动现金流入小计		
偿还债务支付的现金		
分配股利、利润或偿付利息支付的现金		
支付其他与筹资活动有关的现金		
筹资活动现金流出小计		
筹资活动产生的现金流量净额		
四、汇率变动对现金及现金等价物的影响		
五、现金及现金等价物净增加额		
加：期初现金及现金等价物余额		
六、期末现金及现金等价物余额		

二、现金流量表的作用

1. 帮助投资人、债权人及信息使用者评估企业创造未来净现金流量的能力

企业的投资人、债权人的投资和信贷动机最终都会落在对获取现金流量的追求上，因此为了做出正确的投资决策和信贷决策，他们必须依据财务报告提供的信息评估企业的现金收入来源、时间和不确定性，包括股利或利息的获得、证券变卖所得、贷款本金的清偿等。而现金流量表提供了企业现金流入与流出的信息。通过分析现金流量表，可以了解企业现金增减变化的原因以及筹资和投资政策，据以预测企业未来现金流量的时间、数额和不确定性。

2. 帮助信息使用者确定净利润与相关的现金收支产生差异的原因

从一个企业全部的经营期间来看，其全部净利润应当与企业的净现金流入一致，亦即净利润等于现金的净增加。但是，为了满足会计报表使用者及时了解企业财务状况和经营成果的需要，企业应分期结算账目，编制财务报告。财务报告中对损益的确认是遵循权责发生制的原则而非收付实现制的原则，这就不可避免地导致净利润与现金收支之间出现差异，亦即特定会计期间的净利润与特定期间的净现金流量并不相等。通过现金流量表，会计报表使用者可以正确分析差异产生的原因，揭示出现差异的规律性，从而进行决策。

3. 帮助信息使用者分析企业投资和理财活动对经营成果和财务状况的影响

现金流量表可以提供一定时期现金流入和流出的动态财务信息，表明企业在报

告期内由经营活动、投资活动和筹资活动获得多少现金，企业获得的这些现金是如何运用的，能够说明资产、负债、净资产的变动原因，对资产负债表和利润表起到补充说明的作用。从这个意义上来说，现金流是连接资产负债表和利润表的桥梁。现金流量表不仅要披露与现金收支有关的经营活动、投资活动和筹资活动，而且为提供更全面的信息，还要披露某些非现金的投资活动和非现金的理财活动，这些活动从本质上虽不影响企业净现金流量，但对企业整个财务状况可能会产生重大影响。因此，通过阅读和分析现金流量表，实际可以揭示企业全部财务状况的变动。

第二节　现金流量概念

一、什么是现金流量

（一）现金的概念

现金是指库存现金和可以随时用于支付的存款等。其具体内容包括以下几项：（1）库存现金，与会计核算中“库存现金”科目核算的内容一致。（2）银行存款，与会计核算中“银行存款”科目所包括的内容基本一致，所不同的是，如果存在金融企业的款项中不能随时用于支付的存款，则不能作为现金流量表中的现金。（3）其他货币资金。（4）现金等价物，是指企业持有的期限短、流动性强、易于转换为已知金额现金、价值变动风险很小的投资，其中，期限短（一般是指从购买之日起3个月内到期）、流动性强所强调的是现金等价物的变现能力，而易于转换为已知金额现金、价值变动风险很小则强调了现金等价物的支付能力的大小。

（二）现金流量的概念

现金流量是指一定时期企业现金流入和流出的数量。流入量与流出量之差，称作现金净流量。下列现金流入和现金流出不包括在现金流量内：非持续经营企业的现金流动；接受其他企业委托业务发生的不属于本企业所有的现金收支。

二、现金流量的分类

《企业会计准则第31号——现金流量表》规定，我国现金流量表应当分别经营活动、投资活动和筹资活动列报现金流量。现金流量分为三种类型：经营活动的现金流量；投资活动的现金流量；筹资活动的现金流量。

经营活动的现金流量是指由于企业的商品交易、劳务供应以及其他营业活动而发生的与当期损益计算有关的现金流入、现金流出及其净额。

投资活动的现金流量主要是指企业的购置与处置非流动资产的交易或其他事项而发生的现金流入、现金流出及其净额。

筹资活动的现金流量是指与投资者、债权人有关的筹资性交易及其他事项而产生的现金流入、现金流出及其净额。

三、现金流量表与资产负债表、利润表的关系

资产负债表、利润表、现金流量表都依赖于相同的基础性业务信息，从不同角

度对公司的经营活动进行描述，每一张报表包含着不同的、重要的信息，同时各个报表间又存在着密不可分的相互联系。

资产负债表报告的是某一时点上的企业财务状况，是静态的财务报表；而利润表、现金流量表反映的则是两个时点间的流量信息，通过对两个时点间的流量，解释两个时点间存量变化原因，是动态的财务报表。

资产负债表给出了公司期初、期末两个时点上各类资产、负债、所有者权益的存量。利润表从收入、费用的角度说明了赢利活动对财务状况变化的影响；现金流量表则通过经营活动、投资活动以及筹资活动的现金流动，说明了资产负债表中广义现金存量变化的原因。财务报表间的这种相互关系称为勾稽关系（如图 4-1 所示）。

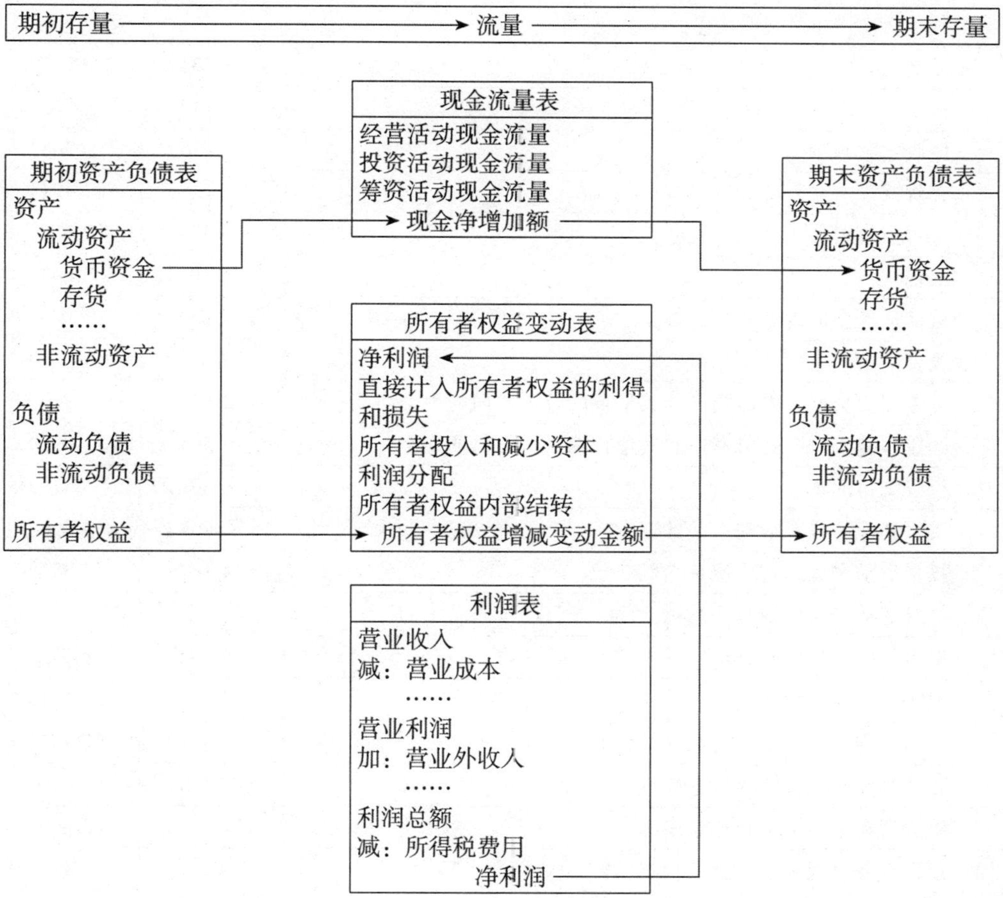

图 4-1　财务报表之间的勾稽关系图

第三节　现金流量表阅读

现金流量表是反映企业一定期间内现金流入和流出状况的财务报表。通过对现金流量表的阅读与分析，可以了解企业一定期间内现金流入和流出的原因、企业的偿债能力和支付股利的能力，以及企业未来获取现金的能力。现金流量表提供的现金流量结构信息，可以帮助决策者判断企业运用现金的能力。将企业本期经营活动获取利润与经营活动获取现金净流量对比分析，可以揭示企业利润的质量，进一步揭示企业竞争力。

现以全球零售业龙头——沃尔玛[①]的现金流量表（简化，参阅表4-2）为例，简略介绍现金流量表的阅读方法。

表4-2 **现金流量表**

编制单位：沃尔玛　　2006年度　　单位：百万美元

项目	本期金额	上期金额
一、经营活动产生的现金流量：		
净利润	11 231	10 267
+折旧	4 717	4 264
应收账款减少	（456）	（304）
存货减少	（1 733）	（2 494）
应付项目增加	3 383	2 670
其他	491	641
经营活动产生的现金流量净额	17 633	15 044
二、投资活动产生的现金流量：		
处置固定资产、无形资产和其他长期资产收回的现金净额	1 049	953
购建固定资产、无形资产和其他长期资产支付的现金	（14 563）	（12 893）
投资支付的现金	（601）	（315）
支付其他与投资活动有关的现金	（68）	（96）
投资活动产生的现金流量净额	（14 183）	（12 351）
三、筹资活动产生的现金流量：		
取得借款收到的现金	7 691	6 376
偿还债务支付的现金	（3 428）	（2 131）
分配股利、利润或偿付利息支付的现金	（2 511）	（2 214）
支付其他与筹资活动有关的现金	（4 174）	（4 640）
筹资活动产生的现金流量净额	（2 422）	（2 609）
四、汇率变动对现金及现金等价物的影响	（102）	205
五、现金及现金等价物净增加额	926	289
加：期初现金及现金等价物余额	5 488	5 199
六、期末现金及现金等价物余额	6 414	5 488

① 资料来源：刘顺仁．财报就像一本故事书［M］．太原：山西出版集团·山西人民出版社，2007：134.

沃尔玛的现金流量表显示，沃尔玛2006年的货币资金由期初的54.88亿美元增加到期末的64.14亿美元，增加了9亿多美元，其中经营活动的现金净流入为176亿美元，投资活动的现金净流出为142亿美元，主要用于购置固定资产（土地、厂房、设备），筹资活动的现金净流出为24亿美元，最主要的用途是回购本公司股票与支付现金股利。

一个营运正常的企业，获利及经营活动的现金流量都应该为正。当获利增长时，经营活动的现金流量也应当随之增长。如沃尔玛2005年的获利为106亿美元，2006年为116亿美元，增长了9%。相对地，2005年的经营活动现金净流入为150亿美元，2006年为176亿美元，增长了17%。其经营活动现金流量的增长速度远高于获利的增长速度，主要原因在于：（1）应收账款增长控制得当。从资产负债表和利润表可以看出，沃尔玛2006年的营收增长约为275亿美元，但应收账款却仅增加约9亿美元，表示大部分的销售成绩都已经反映在现金的流入里面。对于成长型企业来说，这是十分难得的情形。（2）存货增长控制得当。在营收增长率为17%的同时，存货增长率仅为8%。这是沃尔玛内部自行制定的绩效指标的要求。（3）应付账款大幅增长。应付账款增加了近34亿美元，应付账款增长率为15%。

经营活动现金流量的变化，反映了企业经营活动的形态，以及由此产生的竞争力；而投资及筹资活动现金流量的变化，则反映了经理人对公司前景的信心与看法。由投资活动现金可以推测公司的发展情况。高度增长且对未来乐观的公司，往往会将经营活动带来的现金再全数投资，甚至投资金额会超过经营活动现金的净流入，使公司必须以筹资方式应对，特别是以举债方式筹措资金。沃尔玛庞大的经营活动现金净流入，能够为企业提供更大的财务弹性。经营活动现金净流入，除满足当年全部投资活动现金需求外，还有多余的现金被用来回购自己公司的股票与发放现金股利。

本章小结

现金流量表是反映企业一定会计期间现金和现金等价物流入和流出的报表，是企业的主要报表之一。现金流量表中的现金概念是指广义现金，包括现金和现金等价物。现金流量表作为资产负债表和利润表的补充，从经营活动、投资活动和筹资活动角度揭示了企业现金流入和流出及流量净额，反映了企业经营活动、投资活动和筹资活动获取现金的能力。

通过对现金流量表的阅读与分析，可以了解企业一定期间内现金流入和流出的原因、企业的偿债能力和支付股利的能力，以及企业未来获取现金的能力。现金流量表提供的现金流量结构信息可以帮助决策者判断企业运用现金的能力。将企业本期经营活动获取利润与经营活动获取现金净流量对比分析，可以揭示企业利润的质量，进一步揭示企业竞争力。

思考与练习

■ 思考题

1. 什么是现金流量表？

2. 说明现金流量表的结构和基本内容。

3. 现金流量表的作用主要有哪些？

4. 什么是现金流量？现金流量表中的现金流量是如何分类的？

5. 说明现金流量表与资产负债表、利润表有何内在关系。

■ 练习题

一、单项选择题

1. 下列各项关于现金流量分类的表述中，正确的是(　　)。

A. 支付经营租赁设备租金作为经营活动现金流出

B. 收到联营企业分派的现金股利作为经营活动现金流入

C. 支付以前年度融资租赁设备款作为投资活动现金流出

D. 支付计入当期损益的研究开发费用作为投资活动现金流出

2. 下列经济事项中，能使企业经营活动的现金流量发生变化的是(　　)。

A. 交纳增值税　　B. 购买工程物资

C. 赊销商品　　D. 发放股票股利

3. 下列经济业务所产生的现金流量中，属于“投资活动产生的现金流量”的是(　　)。

A. 收到的现金股利　　B. 支付的各种税费

C. 吸收投资收到的现金　　D. 支付货款

4. 对于企业偿还的长期借款利息，在编制现金流量表时，应列报的项目是(　　)。

A. 偿还债务支付的现金

B. 分配股利、利润和偿付利息支付的现金

C. 支付其他与筹资活动有关的现金

D. 支付的各项税费

5. 下列各项中，不属于筹资活动产生的现金流量的是(　　)。

A. 吸收权益性投资收到的现金

B. 收回债券投资收到的现金

C. 分配现金股利

D. 借入资金收到的现金

6. 某企业2013年实际支付工资50万元，各种奖金5万元，其中经营人员工资40万元，奖金3万元；在建工程人员工资10万元，奖金2万元。则该企业2013年现金流量表中“支付给职工以及为职工支付的现金”项目的金额为(　　)万元。

A. 43　　B. 38

C. 50　　D. 55

二、多项选择题

1. 下列项目中，影响现金流量表中的“购买商品、接受劳务支付的现金”项目有(　　)。

A. 偿还应付账款　　B. 支付的进项税额

C. 预付购货款　　D. 购买材料支付货款

E. 支付管理部门耗用的水电费

2. 现金流量表中的“支付给职工以及为职工支付的现金”项目包括(　　)。

A. 支付给职工的工资和奖金　　B. 支付给退休人员的福利费

C. 支付给职工的津贴　　D. 支付给在建工程人员的工资

E. 为生产部门职工支付的商业保险

3. 在下列交易或事项中，影响投资活动产生的现金流量的有(　　)。

A. 以银行存款购买设备

B. 购买 3 个月内到期的短期债券

C. 购买股票

D. 取得债券利息和现金股利

E. 处置无形资产收到的现金

4. 下列现金流量中，属于投资活动产生的现金流量的有(　　)。

A. 取得投资收益收到的现金　　B. 出售固定资产收回的现金

C. 取得短期股票投资所支付的现金　　D. 分配股利所支付的现金

E. 收到返还的所得税所收到的现金

5. 在下列交易或事项中，影响筹资活动产生的现金流量的有(　　)。

A. 接受现金捐赠

B. 向投资者分派现金股利

C. 收到投资企业分来的现金股利

D. 发行股票时由证券商支付的股票印刷费用

E. 发行债券收到的现金

案例分析

西克公司①

表 4-3、表 4-4、表 4-5 分别是西克公司简化的现金流量表、利润及留存收益表、资产负债表的相关数据。

① 资料来源：简 · R. 威廉姆斯，苏珊 · F. 哈卡，等．会计学——企业决策的基础（财务会计分册）[M]．14 版．北京：机械工业出版社，2010：361.

表 4-3 **现金流量表**

编制单位：西克公司　2007 年度　单位：美元

项目	本期金额	上期金额
一、经营活动产生的现金流量：		
经营活动产生的现金流量净额	19 000	95 000
二、投资活动产生的现金流量：		
收回投资收到的现金	45 000	(35 000)
购建固定资产、无形资产和其他长期资产支付的现金	(63 000)	(28 000)
投资活动产生的现金流量净额	(18 000)	(63 000)
三、筹资活动产生的现金流量：		
吸收投资收到的现金	80 000	0
偿还债务支付的现金	(50 000)	0
分配股利、利润或偿付利息支付的现金	(33 000)	(29 000)
筹资活动产生的现金流量净额	(3 000)	(29 000)
四、现金及现金等价物净增加额	(2 000)	3 000
加：期初现金及现金等价物余额	40 000	37 000
五、期末现金及现金等价物余额	38 000	40 000

表 4-4 **利润及留存收益表***

编制单位：西克公司　2007 年度　单位：美元

项目	本期金额	上期金额
一、主营业务收入	900 000	750 000
减：主营业务成本	530 000	420 000
销售费用	117 000	75 000
管理费用	126 000	95 000
财务费用	24 000	30 000
二、营业利润（亏损以“-”号填列）	103 000	130 000
三、利润总额（亏损总额以“-”号填列）	103 000	130 000
减：所得税费用	28 000	40 000
四、净利润（净亏损以“-”号填列）	75 000	90 000
加：期初留存收益	176 000	124 000
减：应付股利	42 000	38 000
期末留存收益	218 000	176 000

* 留存收益表为简化的所有者权益变动表。

表 4-5　　　　　　　　　　**资产负债表**

编制单位：西克公司　　　　　2007 年 12 月 31 日　　　　　　单位：美元

项目	本期金额	上期金额
资产：		
流动资产	390 000	288 000
固定资产	500 000	467 000
其他资产	60 000	105 000
资产总计	950 000	860 000
负债：		
流动负债	112 000	94 000
长期借款	200 000	250 000
负债合计	312 000	344 000
所有者权益		
股本	350 000	300 000
资本公积	70 000	40 000
留存收益	218 000	176 000
所有者权益合计	638 000	516 000
权益总计	950 000	860 000

案例分析与讨论：

1. 仔细阅读现金流量表的各部分，回答下列问题：

（1）每一年的现金流量表中：现金来源主要有什么？现金主要被用于哪些用途？

（2）经营活动现金流量大于还是小于净收益？详细解释这两个数字不同的主要原因。

（3）公司从经营活动中能够获得足够的现金来支付必需的资本性支出（购置厂房、设备等）吗？

（4）经营活动现金流量能否既保证资本性支出又能支付股利？为什么？

（5）如不能保证支付，公司用来保证资本性支出和支付股利的现金来源是什么？

2. 试根据案例所给报表对西克公司进行综合评价。

第五章　账户与复式记账
——解读帕乔利的密码

【导入案例】

2003 年，美国悬疑小说家丹·布朗（Dan Brown）出版了《达·芬奇密码》一书，历经 3 年多时间，全球畅销 4 000 多万册。经由作者丰富的想象力，达·芬奇的不朽杰作《最后的晚餐》和《蒙娜丽莎的微笑》，居然不是纯粹的艺术创作。这些画作里隐含了密码，借此传递了可以动摇基督教信仰基础的大秘密。台湾大学会计系刘顺仁教授天才想象，在《最后的晚餐》画作中，丹·布朗指证那个隐藏的“M”，是“money”（金钱）。因为达·芬奇一直深受会计学之父卢卡·帕乔利（Luca Pacioli，1445—1515）的影响。根据历史记载，自 1496 年起，达·芬奇跟着意大利修道士帕乔利在米兰学了 3 年几何学，据说他还因为太过沉迷而耽误了艺术创作。在达·芬奇遗留的手稿中，他多次提到如何把学来的透视法及比例学运用在绘画创作中。为了答谢恩师，达·芬奇为帕乔利 1509 年的著作《神圣比例学》画了六十几幅精美的插图。

1494 年，帕乔利在威尼斯出版了会计学的鼻祖之作《算术、几何、比及比例概要》，系统地介绍了“威尼斯会计方法”，也就是所谓的“复式会计”（double entry bookkeeping）。正是帕乔利的这一贡献使得一切商业活动都可转换为以“money”为符号的表达。

帕乔利所提倡的会计方法，可以把复杂的经济活动及企业竞争的结果，转换成以货币为表达单位的会计数字（“帕乔利的密码”）。这些密码拥有极强大的压缩威力，即使再大型的公司，它们在市场竞争中所创造或亏损的财富，都能压缩汇总成薄薄的几张财务报表。这些财务报表透露的信息必须丰富、充足，否则投资人或银行不愿意提供公司资金；但是，这些财务报表又不能过分透明，否则竞争对手会轻而易举地学走公司的经营方法。因此，帕乔利的密码所隐含的信息往往不易被了解。

请问：繁杂的经济事项是如何转变成为以财务报表为载体的财务信息的呢?

【学习目标】

在本章中，你将学到：

（1）财务报表与账户、复式记账之间的关系。

（2）会计科目与账户及其关系。

（3）账户的基本结构及其分类。

（4）复式记账原理与借贷记账法。

任何一个营利性组织，不论其业务性质如何、规模大小，其取得的资金（资源）都不是闲置不动的，而是随着其经营活动的开展发生双向变动，那么会计师是如何适时为决策者提供财务信息的呢？

会计师对会计主体发生的经济业务（经营活动引起资金变化的交易或事项）引起的会计要素（包括反映资产、负债、所有者权益三个财务状况要素和收入、费用、利润三个经营状况要素）变化，遵循公认的会计准则进行会计确认、计量，运用设置账户、复式记账等专门方法和特定程序，对资金变化过程及结果进行记录，并适时以财务报表的形式提供财务信息。对信息使用者而言，只要解开帕乔利的密码，就能通过财务报表透视企业经营实质，揭示其竞争能力。

知识拓展 5-1　　**会计确认与计量**

会计确认是指决定将交易或事项中的某一项目作为一项会计要素加以记录和列入财务报告的过程，是财务会计的一项重要程序。确认主要解决某一个项目应否确认、如何确认和何时确认三个问题，它包括在会计记录中的初始确认和在财务报表中的最终确认。凡是确认必须具备一定的条件。

我国《企业会计准则——基本准则》中规定了会计要素的确认条件：

1. 初始确认条件

会计要素的确认条件主要包括：（1）符合要素的定义。有关经济业务确认为一项要素，首先必须符合该要素的定义。（2）有关的经济利益很可能流入或流出企业。这里的“很可能”表示经济利益流入或流出的可能性在50%以上。（3）有关的价值以及流入或流出的经济利益能够可靠地计量。如果不能可靠计量，确认就没有意义。

2. 在报表中列示的条件

经过确认、计量之后，会计要素应该在报表中列示。资产、负债、所有者权益在资产负债表中列示，而收入、费用、利润在利润表中列示。

根据准则规定，在报表中列示的条件是：符合要素定义和要素确认条件的项目，才能列示在报表中，仅仅符合要素定义而不符合要素确认条件的项目，不能在报表中列示。

会计计量是指将符合确认条件的会计要素登记入账并列入财务报告的金额。《企业会计准则——基本准则》规定：“企业在对会计要素进行计量时，一般应当采用历史成本，采用重置成本、可变现净值、现值、公允价值计量的，应当保证所确定的会计要素金额能够取得并可靠计量。”

计量属性	对资产的计量	对负债的计量
历史成本	按照购置时的金额	按照承担现时义务时的金额
重置成本	按照现在购买时的金额	按照现在偿还时的金额
可变现净值	按照现在销售时的金额	—
现值	按照将来的金额折现	
公允价值	在公平交易中，熟悉情况的交易双方自愿进行资产交换或者债务清偿的金额	

第一节 账户

一、账户与会计科目的概念

在前几章我们已了解了以财务报表为载体的财务信息的基本内容，也了解了构成财务报表内容的六大会计要素的特征和构成，但这六项要素划分过于粗略，既难以满足财务信息各方需求者决策信息的需求，也难以满足财务信息提供者对财务信息进行标准记录的要求。为了能够采用标准化的方式系统记录企业经营活动过程中发生的大量经济业务（或称会计事项），就必须使用一种叫做“账户”的工具。

所谓账户，就是会计主体为了序时、连续、系统地记录由于经济活动而引起的会计要素发生增减变动过程，而根据会计科目设置的，并适时提供各种财务信息的工具。设置账户是一种会计核算方法。

所谓会计科目，就是在将会计对象划分为会计要素的基础上，对会计要素的具体内容做进一步分类的项目名称。在我国，会计科目通常由国家统一规定（见表5-1）。

表5-1 常用会计科目表

顺序号	编号	名称	顺序号	编号	名称
		一、资产类	29	2221	应交税费
1	1001	库存现金	30	2231	应付利息
2	1002	银行存款	31	2232	应付股利
3	1101	交易性金融资产	32	2241	其他应付款
4	1121	应收票据	33	2501	长期借款
5	1122	应收账款	34	2502	应付债券
6	1123	预付账款	35	2701	长期应付款
7	1131	应收股利			三、所有者权益类
8	1221	其他应收款	36	4001	实收资本
9	1401	材料采购	37	4002	资本公积
10	1402	在途物资	38	4101	盈余公积
11	1403	原材料	39	4103	本年利润
12	1405	库存商品	40	4104	利润分配
13	1511	长期股权投资			四、成本类
14	1601	固定资产	41	5001	生产成本
15	1602	累计折旧	42	5101	制造费用
16	1604	在建工程	43	5201	劳务成本

续表

顺序号	编号	名称	顺序号	编号	名称
17	1606	固定资产清理			五、损益类
18	1701	无形资产	44	6001	主营业务收入
19	1702	累计摊销	45	6051	其他业务收入
20	1711	商誉	46	6111	投资收益
21	1801	长期待摊费用	47	6301	营业外收入
22	1901	待处理财产损溢	48	6401	主营业务成本
		二、负债类	49	6402	其他业务成本
23	2001	短期借款	50	6403	营业税金及附加
24	2101	交易性金融负债	51	6601	销售费用
25	2201	应付票据	52	6602	管理费用
26	2202	应付账款	53	6603	财务费用
27	2203	预收账款	54	6711	营业外支出
28	2211	应付职工薪酬	55	6801	所得税费用

会计科目与账户的关系如下：会计科目是账户的名称，同时也是各单位设置账户的一个重要依据。从理论上来讲，会计科目和账户在会计学中是两个不同的概念，它们之间既有联系又有区别。会计科目与账户的共同点在于：它们都分门别类地反映某项经济内容，即两者所反映的经济内容是相同的。账户是根据会计科目开设的，账户的名称就是会计科目。会计科目与账户的主要区别是：会计科目通常由国家统一规定，是各单位设置账户、处理账务所必须遵循的依据，而账户则由各会计主体自行设置，是会计核算的一个重要工具；会计科目只表明某项经济内容，而账户不仅表明相同的经济内容，而且还具有一定的结构格式，并通过其结构反映某项经济内容的增减变动情况，即会计科目仅仅是对会计要素具体内容进行分类的项目名称，而账户还具有一定的结构、格式。由于账户是根据会计科目设置的，并按照会计科目命名，也就是说，会计科目是账户的名称，两者的称谓及核算内容完全一致，因而在实际工作中，会计科目与账户常被作为同义语来理解，互相通用，不加区别。

知识拓展 5-2　　**总分类账户与明细分类账户**

总账科目，即一级科目，是对会计要素的具体内容进一步分类的项目名称，在我国由国家统一规定。在总账科目下，为了满足决策和管理的信息需求，提供更详细的信息资料而设置的科目称为明细分类科目。

总分类账户（总账），是企业根据国家统一发布的总账科目自行设置的，用来连续、分类记录经济业务发生引起会计要素增减变化及其结果的，提供总括信息的账户。总分类账户只使用货币计量，提供货币信息。

明细分类账户（明细账），是在某个总账账户下根据管理需求设置的，用来连续、分类记录经济业务发生引起会计要素增减变化及其结果的，提供详细信息的账户。明细分类账户不仅使用货币计量，还需要使用劳动量度、实物量度等多重计量方式，不止提供货币信息。

如“固定资产——电脑”中“固定资产”是总账账户，而“电脑”就是“固定资产”总账账户下的明细账户。

二、账户的基本结构

如前所述，账户是用来记录经济业务、反映会计要素的具体内容增减变动及其结果的工具，因此，随着会计主体会计事项的不断发生，会计要素的具体内容也必然随之发生变化，而且这种变化不管多么错综复杂，从数量上看不外乎增加和减少两种情况。所以，用来记录企业在某一会计期间内各种有关数据的账户，在结构上就应分为两方，即左方和右方。一方登记增加数，另一方则登记减少数。这就是账户的基本结构。这一基本结构不会因企业实际使用的账户具体格式不同而发生变化。我们通常用一条水平线和一条将水平线平分的垂直线来表示账户，称为T形账户（亦称“丁”字形账户），其格式如下：

左方	**账户名称**	右方

每个账户一般有四个金额要素，即期初余额、本期增加发生额、本期减少发生额和期末余额。账户如有期初余额，首先应当在记录增加额的那一方登记，会计事项发生后，要将增减内容记录在相应的栏内。一定期间内，记录到账户增加方的数额合计，称为增加发生额；记录到账户减少方的数额合计，称为减少发生额。正常情况下，账户四个数额之间的关系如下：

账户期末余额=账户期初余额+本期增加发生额-本期减少发生额

账户本期的期末余额转入下期，即为下期的期初余额。每个账户的本期发生额反映的是该类经济内容在本期内变动的情况，而期末余额则反映变动的结果。例如，某企业2013年3月初“库存现金”余额为500元，3月份发生以下3笔与“库存现金”有关的经济业务：（1）零星销售收取现金2 400元；（2）从公司银行账户提取1 000元；（3）零星采购支付现金1 500元。该企业“库存现金”账户如何记录这些账项（或称经济业务或会计事项）呢？可用T形账户表示如下：

借方	库存现金		贷方
期初余额	500		
本期增加发生额	（1）2 400	本期减少发生额	（3）1 500
	（2）1 000		
期末余额	2 400		

三、账户的基本分类

账户的左右两方究竟哪方记录增加、哪方记录减少，取决于所采用的记账方法和账户反映的经济内容。关于记账方法，我们在下一节再介绍。我们先来了解一下账户反映的经济内容。我们知道，每个账户代表着一定的经济内容，被用来记录经济业务发生所引起的相应财务信息发生的变化过程。

账户是对会计要素的再分类，因此，账户按反映的经济内容分为资产类、负债类、所有者权益类（资产负债表项目）；收入类、费用类和利润类（利润表项目）。会计上把账户按反映的经济内容分类称为账户的基本分类。另外，把账户按用途和结构分类也是一种常用的账户辅助分类方法。

1. 资产类账户

资产类账户，是用来反映和监督各种资产（包括各种财产、债权和其他权利）增减变动及其结果的账户。例如，“库存现金”、“银行存款”、“应收账款”、“在途物资”、“原材料”、“库存商品”、“固定资产”、“无形资产”、“长期股权投资”等账户为典型的资产类账户。

2. 负债类账户

负债类账户，是用来反映和监督各种负债增减变动及其结果的账户。例如，“短期借款”、“应付账款”、“应付职工薪酬”、“应交税费”、“应付股利”、“长期借款”、“应付债券”等账户为典型的负债类账户。

3. 所有者权益类账户

所有者权益类账户，是用来反映和监督所有者权益增减变动及其结果的账户。例如，“实收资本”（或“股本”）、“资本公积”、“盈余公积”等账户为典型的所有者权益类账户。

4. 收入类账户

收入类账户，是用来反映和监督企业生产经营过程中取得的各种营业收入的账户。例如，“主营业务收入”、“其他业务收入”、“投资收益”等账户为典型的收入类账户。由于收入有广义与狭义之分，所以广义的收入类账户还包括“营业外收入”账户。广义的收入是利润表（亦称损益表）的构成项目，因此，广义的收入类账户属于损益类账户。

5. 费用类账户

费用类账户，是用来反映和监督企业生产经营过程中所发生的各种耗费的账户。例如，“主营业务成本”、“营业税金及附加”、“管理费用”、“财务费用”、“销售费用”、“资产减值损失”等账户为典型的费用类账户。由于费用也有广义与狭义之分，所以广义的费用类账户还包括“生产成本”、“制造费用”、“营业外支出”和“所得税费用”等账户。广义的费用类账户中的生产成本和制造费用属于成本类费用，这类费用是通过形成主营业务成本的形式来记入利润表的，除此之外，其他广义的费用类账户均为利润表的构成项目，因此，“生产成本”、“制造费用”账户又称成本类账户，其他广义的费用类账户也均属于损益类账户。

6. 利润类账户

利润类账户，是用来反映和监督企业利润的实现和分配情况的账户。例如，“本年利润”和“利润分配”账户为典型的利润类账户。由于利润属于所有者权益，所以“本年利润”和“利润分配”账户也属于所有者权益类账户。

由此可见，企业按会计要素设置的上述六类账户也可整合为资产类、负债类、所有者权益类、成本类和损益类（包括收入类和费用类）五类账户。当然，账户不论如何分类，其基本结构也都是分为左右两方，一方登记增加，另一方登记减少。至于哪一方登记增加，哪一方登记减少，除了取决于所反映的经济内容外，还受具体的记账方法所制约。

知识拓展5-3　　**账户按用途和结构分类**

账户按用途和结构分类的账户体系是对按经济内容分类的账户体系的必要补充。

现以制造业企业为例，说明在借贷记账法下按用途和结构分类的账户体系。按用途和结构分类的账户体系，包括基本账户、调整账户、成本账户和损益计算账户四大类。基本账户具体又可分为盘存账户、投资权益账户、债权结算账户、债务结算账户和跨期摊配账户；调整账户根据调整方式不同，又可分为抵减调整账户和抵减附加调整账户；成本账户具体又可分为集合分配账户、成本计算账户和对比账户；损益计算账户具体又可分为收入计算账户、费用计算账户和财务成果计算账户。

盘存账户：主要包括库存现金、银行存款、原材料、库存商品、固定资产等；

投资权益账户：主要包括实收资本、资本公积、盈余公积、未分配利润；

债权结算账户：主要包括应收账款、其他应收款、长期应收款等；

债务结算账户：主要包括应付账款、应付职工薪酬、应交税费、短期借款、长期借款、应付债券、长期应付款等；

跨期摊配账户：主要包括长期待摊费用等；

抵减调整账户：主要包括坏账准备、累计折旧、累计摊销、存货跌价准备等；

抵减附加调整账户：主要包括材料成本差异；

集合分配账户：主要包括制造费用等；

成本计算账户：主要包括生产成本、在建工程等；

对比账户：主要包括材料采购等；

收入计算账户：主要包括主营业务收入、其他业务收入、投资收益、营业外收入等；

费用计算账户：主要包括主营业务成本、营业税金及附加、其他业务成本、销售费用、管理费用、财务费用、营业外支出、所得税费用等；

财务成果计算账户：主要包括本年利润等。

四、实账户与虚账户

企业在每个会计期间终了，为了结算经营成果、计算盈亏，需要把所有的损益类账户进行结转（会计上把这项工作称为结账过程），完成结账后，收入类和费用类账户的余额就变成“零”了，会计上把这类期末余额为“零”的账户称为虚账户（或临时性账户），而对于有期末余额的资产负债表账户称为实账户（或永久性账户）。

知识拓展 5-4　　　　　　　　**会计方法**

会计方法主要是用来反映和监督会计对象、完成会计任务的手段。通常，会计对经济活动的管理是通过会计核算方法、会计分析方法以及会计检查方法来进行的。

会计核算的方法是对各单位已经发生的经济活动进行连续、系统、完整的反映和监督所应用的方法，是由设置账户、复式记账、填制和审核凭证、登记账簿、成本计算、财产清查和编制财务会计报告等具体方法构成。

会计分析的方法主要是利用会计核算的资料，考核并说明各单位经济活动的效果，在分析过去的基础上，提出指导未来经济活动的计划、预算和备选方案，并对它们的报告结果进行分析和评价。

会计检查的方法，亦称审计，主要是根据会计核算检查各单位的经济活动是否合理合法，会计核算资料是否真实正确，根据会计核算资料编制的未来时期的计划与预算是否可行、有效等。

各种会计方法紧密联系，相互依存，相辅相成，形成了一个完整的会计方法体系。其中，会计核算方法是基础，会计分析方法是会计核算方法的继续和发展，会计检查方法是会计核算方法和会计分析方法的保证。

第二节　借贷记账法

一、记账方法和借贷记账法的起源

账户是用来记录经济业务、反映会计要素具体内容的增减变动及其结果的工具。但是，如何利用账户相互联系的记录反映经济活动的变化及其结果，这就涉及记账方法的问题。只有科学的记账方法才能将每一项经济业务的来龙去脉完整地记录到账户中，通过对账户记录的加工整理生成有关方面所需的财务信息。

（一）记账方法

所谓记账方法，是指在经济业务发生以后，运用特定的记账符号和记账规则，在有关的账户中加以记录的一种会计工作方法。会计的记账方法经历了由单式记账法到复式记账法的发展历程。

最初的记账方法是单式记账法，它是在经济业务发生后，对所涉及的会计要素的增减变动只在一个账户中加以记录，而且只记录“钱款”或“债权、债务”的数额增减。例如，用现金购买物资，一般只在现金账户记录因购买物资而减少的现金，并不相应地记录物资的增加。又如，以现金支付员工的工资，同样只记录因支付员工的工资而减少的现金，不记录费用的增加。可见，单式记账法对经济业务增减变化的记录并不完整，不能全面地、系统地反映经济业务的来龙去脉，也不便于利用平衡公式来检验账户记录的正确性。单式记账法是会计记账方法发展过程中的一段历史，现代企业会计中几乎已见不到它的踪影，只是在有些备查账的记录中才出现。

复式记账法是在单式记账法的基础上演化而来的。经过漫长的会计实践，复式记账法（借贷记账法）已发展成为一种科学的、完整的记账方法，几乎所有的会计主体都采用这种记账方法。

复式记账法是指在每一项经济业务发生后，都要以相等的金额同时在相互联系的两个或两个以上的账户中进行登记的一种记账方法。在记账过程中，强调反映资金运动的来龙去脉。例如，用现金购买材料，一方面记录现金的减少，另一方面记录材料的增加。若以现金支付员工的工资，则一方面记录现金的减少，另一方面记录费用的增加。

与单式记账法相比，复式记账法有下列基本特征：①对于每一项经济业务都要在相互联系的两个或两个以上的账户中加以记录，并据此了解经济业务发生的来龙去脉；②由于复式记账法要求以相等金额在两个或两个以上的账户同时记录，所以可以对账户记录的结果进行试算平衡，以检验账户记录是否正确；③复式记账法要求对每一项经济业务都要在相互联系的账户间进行记录，强调了账户间的对应关系，为建立完整的账户体系、分析经济业务提供了依据。所以，复式记账法的产生是会计发展史上的一个重要里程碑，也标志着科学的记账方法的形成。复式记账法之所以成为科学的记账方法而被广泛使用，是因为它是建立在资金运动理论和会计基本等式理论的基础上的。

按采用的记账符号不同，在我国会计实践中曾使用过的复式记账法有借贷记账法、增减记账法、收付记账法。1993 年开始实行的《企业会计准则》结束了多种复式记账方法混用的局面，而要求统一采用借贷记账法。因此，本教材只介绍借贷记账法。

（二）借贷记账法的起源

借贷记账法大约产生于 13、14 世纪的意大利。当时，意大利的商品经济比较发达，一些沿海城市的海上贸易已很繁荣。这些都促进了当时银行业（高利贷）的发展。最初，意大利佛罗伦萨的“借贷资本家”从贷主处借入款项，并记入贷主名下；将款项贷出时，记入借主名下。贷主名下所记内容表示的是“借贷资本家”的债务，借主名下所记内容表示的是“借贷资本家”的债权。这时“借”和“贷”分别表示“放贷业务”（债权）和“存款业务”（债务），并不是记账符号。在以后的几百年里，借贷记账法又经过热那亚阶段和威尼斯阶段，“借”和“贷”逐步脱离其原意，演化为单纯的记账符号，记录的也不再是货币资金的借贷业务，而是逐渐扩展到财产物资、经营损益和经营资本的增减变化，并广泛地应用于许多行业。1494 年，意大利数学家卢卡·帕乔利出版了《算术、几何、比及比例概要》，其中有关章节系统地介绍了借贷记账法，这标志着科学的复式记账法的形成。以后，借贷记账法传入欧洲大陆，形成大陆式会计；传入英国和美国，形成英美式会计。日本自“明治维新”后，从英国学习借贷记账法；20 世纪初期，借贷记账法由日本传入我国。

二、借贷记账法的基本特点

借贷记账法是以“借”和“贷”作为记账符号，以“有借必有贷，借贷必相等”为记账规则的一种复式记账法。

（一）记账符号

借贷记账法是以“借”和“贷”作为记账符号来记录经济业务增减变化的。但是，“借”和“贷”本身并不表示“增加”和“减少”，只是表明记账方向。前面我们说过，账户的基本结构可以分为左右两方面，一般将左边规定为“借方”，右边规定为“贷方”。对一个账户来说，如果规定左边“借方”记录增加额，则右边“贷方”只能记录减少额；如果规定左边“借方”记录减少额，则右边“贷方”只能记录增加额，左右两边只能记录方向相反的内容。账户究竟用“借方”表示增加，还是用“贷方”表示增加，主要是看账户的性质。不同性质的账户，记录的方法和内容是不同的。

1. 资产类账户

资产类账户的结构特点是：账户的借方登记资产的增加额，贷方登记资产的减少额。在一定会计期间借方记录的合计数称“本期增加发生额”，贷方记录的合计数称“本期减少发生额”，借贷方发生额相抵差额为余额。资产类账户期末余额一般在借方，本期期末余额转至下期就成为下期期初余额。用公式可以表示如下：

资产类账户期末借方余额=期初借方余额+本期借方发生额-本期贷方发生额

可用 T 形账户表示如下：

借方　　　　　　　　　　**资产类账户**　　　　　　　　　　贷方

期初余额	×××		
本期增加额	×××	本期减少额	×××
⋮		⋮	
本期发生额合计	×××	本期发生额合计	×××
期末余额	×××		

2. 负债类和所有者权益类账户

负债类和所有者权益类账户的结构特点相同：账户的借方登记负债和所有者权益的减少额，贷方登记负债和所有者权益的增加额。在一定会计期间，借方记录的合计数称“本期减少发生额”，贷方记录的合计数称“本期增加发生额”，借贷方发生额相抵差额为余额。负债类和所有者权益类账户的期末余额一般在贷方，本期期末余额转至下期就成为下期期初余额。用公式表示如下：

负债类和所有者权益类账户期末贷方余额=期初贷方余额+本期贷方发生额-本期借方发生额

可用T形账户表示如下：

借方　　　　**负债类和所有者权益类账户**　　　　贷方

		期初余额	×××
本期减少额	×××	本期增加额	×××
⋮		⋮	
本期发生额合计	×××	本期发生额合计	×××
		期末余额	×××

3. 费用类账户

费用类账户用来反映企业在生产经营过程中所发生的各项费用。账户的借方登记费用的增加额，贷方登记转出额（减少额），期末转账后一般无余额。可用T形账户表示如下：

借方　　　　**费用类账户**　　　　贷方

本期增加额	×××	本期转出额	×××
⋮		⋮	
本期发生额合计	×××	本期发生额合计	×××
期末余额	0		

4. 收入类账户

收入的取得意味着所有者权益的增加，所以收入类账户结构与所有者权益类账户相同：账户的贷方登记收入的增加额，借方登记转出额（减少额），期末转账后无余额。可用T形账户表示如下：

借方　　　　**收入类账户**　　　　贷方

本期增加额	×××	本期转出额	×××
⋮		⋮	
本期发生额合计	×××	本期发生额合计	×××
		期末余额	0

（二）记账规律

帕乔利倡导的借贷记账法是以会计基本等式——“资产=负债+所有者权益”为基础的。它指定资产类账户的增加应记入借方，相应地，资产类账户的减少应记入贷方。负债类与所有者权益类账户的记账方向与资产账户相反，负债类与所有者权益类账户的增加记入贷方，它们的减少记入借方。若用T形账户来表示，借贷记账法的记账规则是：

资产		=	负债		+	所有者权益	
借	贷		借	贷		借	贷
+	−		−	+		−	+

这一记账规则可以概括为简单的一句话：“有借必有贷，借贷必相等。”这一规则主要有两方面含义：第一，对于发生的任何一笔经济业务，借贷记账法都要求一方面在某个账户的借方进行记录，同时在另一个账户的贷方进行记录，即“有借必有贷”；第二，借贷记账法要求，对每一笔经济业务，账户的借方金额要等于账户的贷方金额，即“借贷必相等”。要注意的是，一笔经济业务所涉及的账户可能不止一个借方和一个贷方，有时是多个借方，有时是多个贷方，但是全部账户的借方金额合计一定要等于全部账户的贷方金额合计。

（三）试算平衡

“有借必有贷、借贷必相等”的记账规则，使得下面这条规律毫无例外地绝对成立：每一笔交易的借方金额（或者当有多个借方金额时，它们的总和）一定等于它的贷方金额（或者所有贷方金额的总和）。用公式表示为：

全部账户的本期借方发生额合计=全部账户的本期贷方发生额合计

因此，对一笔交易来说，借贷不相等的记录是不正确的。对所有账户来说，借方余额之和一定等于贷方余额之和，否则就表明登记账户时发生了错误。所以，会计上的借贷处理为检查交易事项登记是否准确提供了一种有用的方法。

试算平衡就是依据会计等式“资产=负债+所有者权益”的平衡关系，根据借贷记账法的记账规律，对本期各账户的记录结果进行汇总计算，以检验账户记录是否正确和完整的一种方法。

请思考：是否所有的账户记录错误都能通过试算平衡检查出来?

根据“资产=负债+所有者权益”的原理，所有账户的借方余额合计与所有账户的贷方余额合计也存在相等关系。按时间的不同，又分为期初余额平衡和期末余额平衡。用公式可表示为：

所有账户的借方期初余额合计=所有账户的贷方期初余额合计

所有账户的借方期末余额合计=所有账户的贷方期末余额合计

在实际工作中，很多单位通过编制试算平衡表来检验本期发生额和期初、期末余额记录是否正确。试算平衡表格式见表5-2。

表 5-2 **试算平衡表**

年 月 单位：元

账户名称	期初余额		本期发生额		期末余额	
	借方	贷方	借方	贷方	借方	贷方
合计						

编制试算平衡表是检验账簿记录是否正确的一种有效手段，也是期末结账的前期准备工作之一。如果试算不平衡，就可以肯定账户的记录有问题。可是，如果试算平衡，也不能确保账簿记录没有问题，因为在某些情况下，虽然借贷相等，但是仍有错误存在。例如：①漏记某项经济业务；②重记某项经济业务；③某项经济业务记录方向正确，但账户用错；④某项经济业务账户使用正确，但方向颠倒；⑤借方或贷方发生额中，偶然发生多记与少记互相抵消的情况等。

三、会计分录

在实际工作中，企业并不是在每笔交易（或事项）发生后编制新的财务报表，而是在会计记录中累积每笔单独交易的影响，每隔一定时期，再根据这些分类记录的数据进行加工，汇总编制财务报表。

所谓的会计分录就是会计师对每笔交易（或事项）引起会计要素变化的方向、金额进行初始信息加工的一种记录形式。根据每笔交易（或事项）引起会计要素增减变化的数量，会计分录一般包括简单分录和复合分录。每笔交易（或事项）只引起两个账户发生变化所编制的分录，称为“简单分录”（即一借一贷）；每笔交易（或事项）引起两个以上账户发生变化所编制的分录，称为“复合分录”（即一借多贷、多借一贷或多借多贷）。

如在第二章的导入案例中，会计师并非在每笔交易发生时都会编制一张新的财务报表，而是在每笔交易发生时进行初始记录，定期再根据这些记录的数据编制财务报表。

第三节 账户、复式记账与财务报表之间的关系

为了解开帕乔利的密码，下面我们以第二章和第三章的导入案例“校园宿舍寻找者”为例，详细给大家介绍一下账户、复式记账与财务报表之间的关系。

一、交易分析

要记录每笔交易，必须先对之进行分析，看看它是如何引起资金的双向变化

的。这种分析可以决定该笔交易应记入哪个账户的借方、哪个账户的贷方。会计交易分析的结果必须满足两个基本原则：（1）资产=负债+所有者权益；（2）借方金额=贷方金额。初学者往往会发现，有一半的会计分录，特别是现金的变动，相对明显；而另一半的分录，特别是留存收益，却不明显。我们建议先记录那些显而易见的账目（看是借项还是贷项），然后再分析那些不怎么容易的账目。

如“校园宿舍寻找者”的会计师在7月发生业务时都会编制如下分录：

■ 链接第三章导入案例

（1）7月1日，史密斯在大学附近租赁一间办公室，租金每月400元，房租按月支付。

借：主营业务成本 400

贷：库存现金 400

（2）7月1日，史密斯赊购一套价值350元的办公用具和一台价值2 000元的电脑。办公用具预计使用2年，电脑预计使用5年。

借：固定资产——办公用具 350

——电脑 2 000

贷：应付账款——××公司 2 350

（3）7月5日，史密斯迎来第一批顾客，为顾客寻找公寓，收取现金1 900元。

借：库存现金 1 900

贷：主营业务收入 1 900

（4）7月25日，史密斯支付办公室使用的水电费100元。

借：管理费用 100

贷：库存现金 100

（5）7月28日，史密斯迎来第二批顾客，收取服务费用2 280元，款项尚未收到。

借：应收账款——××× 2 280

贷：主营业务收入 2 280

（6）7月31日，史密斯提款2 000元为自己发放月工资。

借：主营业务成本 2 000

贷：库存现金 2 000

（7）7月31日，按税法规定，“校园宿舍寻找者”应依法缴纳流转税费209元。

借：营业税金及附加 209

贷：应交税费 209

二、调整分录

会计师在进行交易或事项处理时，大部分都是依据经济业务发生时取得的原始凭证进行的，但有一些事项也会对信息产生影响，却没有显而易见的凭证证明它们存在。这些事项的影响需要在会计期末，通过调整会计分录的方法予以记录。调整分录的目的是调整账户的余额，使它们能公允反映会计期末的财务状况。

调整分录的类型一般有两大类：一是基于会计基础的调整；二是基于信息质量要求的调整。

1. 会计基础调整

基于会计基础的期末调整事项，主要是针对权责发生制基础下需要调整的非现金账项，即调整那些收支期与归属期不一致的收入和费用，主要包括应计项目、递延项目和成本分配项目三种类型。

（1）应计项目的调整，是由于收入或费用的归属期先于其款项收支期所引起的，包括应计收入和应计费用两种。

（2）递延项目的调整，是由于收入或费用的收付先于其归属期所引起的，包括递延收入和递延费用。

（3）成本分配项目的调整，是指会计期末将与取得当期收入有关的资产耗费，按系统、合理方法摊配为当期费用。典型的成本分配项目主要有固定资产折旧、无形资产摊销等。

如“校园宿舍寻找者”的会计师除对有交易记录的业务进行处理之外，在7月底还需做以下调整分录：

■ 链接第三章导入案例

7月31日，对购入的电脑和办公用具等固定资产计提折旧。

（8）借：管理费用	48	
贷：累计折旧		48

2. 信息质量要求调整

正如前述，会计师编制财务报告的目的就是向财务报告使用者提供决策有用信息。由于会计师在对取得资产进行初始计量时通常以最初取得时支付的价格——历史成本入账，而决策者更加关心的是资产的实际价值而非历史成本。会计师为了满足决策者对决策信息的相关性要求，资产负债表日，在不影响信息可靠性的基础上，通常会对历史成本进行修正处理（再计量）。

按照我国现行的企业会计准则的规定，资产负债表日对基于历史成本原则产生的会计信息进行修正处理主要包括两种情况：一是根据公允价值对资产价值进行再计量；二是根据资产减值情况对资产价值进行再计量。

知识拓展 5-5　　**资产再计量的主要项目**

项目	修正前①	修正的金额②	列报金额③
交易性金融资产	初始计量的金额	公允价值变动损益*	③=①±②
应收账款	初始计量的金额	坏账准备	③=①-②
存货	初始计量的金额	存货跌价准备	③=①-②
可供出售金融资产	初始计量的金额	公允价值变动损益**	③=①±②
持有至到期投资	初始计量的金额	持有至到期投资减值准备	③=①-②
长期股权投资	初始计量的金额	长期股权投资减值准备	③=①-②
固定资产	初始计量的金额	固定资产减值准备	③=①-②
无形资产	初始计量的金额	无形资产减值准备	③=①-②
商誉	初始计量的金额	商誉减值准备	③=①-②

* 公允价值变动损益直接计入当期损益；

** 公允价值变动损益直接计入所有者权益。

三、分类整理

会计师在对经济业务进行初始计量和再计量时所编制的会计分录，往往只记录了一笔交易或事项对资金变化的影响。实际工作中，并不是在每笔交易（或事项）发生后就需要（也没有必要）编制新的财务报表，而是先在分类设置的账户中逐笔记录交易的影响数，再定期根据一笔一笔累积影响数据进行加工、汇总编制财务报表。

如"校园宿舍寻找者"的会计师在根据 7 月发生的每笔业务编制会计分录后，还需进一步登记账户，分类反映经营活动引起会计要素发生变化的过程和结果。下面以 T 形账户的形式对"校园宿舍寻找者"的逐笔交易记录进行分类整理。

■ **链接第三章导入案例**

借方　　**库存现金**　　贷方

期初余额	350 000		
(3)	1 900	(1)	400
		(4)	100
		(6)	2 000
本期发生额合计	1 900	本期发生额合计	2 500
期末余额	34 400		

借方　　**主营业务成本**　　贷方

(1)	400		
(6)	2 000		
本期发生额合计	2 400	本期发生额合计	0
期末余额	2 400*		

管理费用

借方			贷方
(4)	100		
(8)	48		
本期发生额合计	148	本期发生额合计	0
期末余额	148*		

应收账款

借方			贷方
(5)	2 280		
本期发生额合计	2 280	本期发生额合计	0
期末余额	2 280		

固定资产

借方			贷方
(2)	2 350		
本期发生额合计	2 350	本期发生额合计	0
期末余额	2 350		

应付账款

借方			贷方
		(2)	2 350
本期发生额合计	0	本期发生额合计	2 350
		期末余额	2 350

主营业务收入

借方			贷方
		(3)	1 900
		(5)	2 280
本期发生额合计	0	本期发生额合计	4 180
		期末余额	4 180*

营业税金及附加

借方			贷方
(7)	209		
本期发生额合计	209	本期发生额合计	0
期末余额	209*		

应交税费

借方			贷方
		(7)	209
本期发生额合计	0	本期发生额合计	209
		期末余额	209

累计折旧

借方			贷方
		(8)	48
本期发生额合计	0	本期发生额合计	48
		期末余额	48

* 损益账户一般结转后无余额，相关内容将在以后章节学习。

四、试算平衡

为了检查账户在一笔一笔交易记录过程中是否出现了差错，保证调整分录过账后会计记录的正确性，也为编制当期财务报表奠定基础，会计师在编制财务报表之前，往往会对账户记录进行试算平衡。

如“校园宿舍寻找者”的会计师在7月末编制报表前，需要对账户记录进行试算平衡。

■ **链接第三章导入案例**

试算平衡表*

年　月　　　　单位：元

账户名称	期初余额		本期发生额		期末余额	
	借方	贷方	借方	贷方	借方	贷方
库存现金	35 000		1 900	2 500	34 400	
应收账款			2 280		2 280	
固定资产			2 350		2 350	
累计折旧				48		48
应付账款				2 350		350
应交税费				209		209
实收资本		35 000				35 000
主营业务收入				4 180		41
主营业务成本			2 400		2 400	
营业税金及附加			209		209	
管理费用			148		148	
合计	35 000	35 000	9 287	9 287	41 787	41 787

*在实际工作中，会计师一般在交易记录完成后编制当期发生额试算平衡表，确定交易记录正确的基础上，编制期末调整分录并结算账户余额，再进行余额试算平衡，在确定所有账户记录正确的基础上，根据账户余额编制财务报表。

五、编制财务报表

“校园宿舍寻找者”的会计师在7月末试算平衡后，根据账户余额和发生额分别编制资产负债表、利润表。详见本书第二章和第三章。

以上的五个环节概括起来就是财务信息的生成过程，我们将在最后一章具体介绍。

本章小结

实际工作中，会计师并非在每笔交易或事项发生后（会计主体由于经营活动引起的资金变化）都编制新的财务报表，而是对经济业务引起的会计要素的变化，运用设置账户、复式记账等专门方法，遵循公认的会计准则先进行会计确认、计量，按照特定程序对资金变化过程及结果进行记录，并适时以财务报表的形式提供财务信息。

所谓账户，就是会计主体为了序时、连续、系统地记录由于经济活动而引起的会计要素增减变动过程，根据会计科目设置的，并适时提供各种财务信息的工具。设置账户是一种会计核算方法。所谓会计科目，就是在将会计对象划分为会计要素的基础上，对会计要素的具体内容做进一步分类的项目名称。

会计科目是账户的名称，同时也是各单位设置账户的一个重要依据。从理论上来讲，会计科目和账户在会计学中是两个不同的概念，它们之间既有联系又有区别。

借贷记账法是以“借”和“贷”作为记账符号、以“有借必有贷，借贷必相等”为记账规则的一种复式记账法。

会计分录是会计师对每笔交易（或事项）引起会计要素变化的方向、金额进行初始信息加工的一种记录形式。根据每笔交易（或事项）引起会计要素增减变动的数量，会计分录一般包括简单分录和复合分录。

调整分录是一些会对信息产生影响却没有显而易见的资料证明它们存在，需要在会计期末通过编制调整会计分录的方法予以记录的事项。调整分录一般有两大类：一是基于会计基础的调整；二是基于信息质量要求的调整。

试算平衡是会计师用以检查账簿记录是否正确的方法。

思考与练习

■ 思考题

1. 什么是账户？账户与会计科目有什么区别与联系？
2. 财务报表与账户、复式记账之间有何关系？
3. 什么是借贷记账法？借贷记账法下账户的基本结构是怎样的？
4. 借贷记账法的记账规则是什么？借贷记账法下如何进行试算平衡？
5. 什么是会计分录？

■ 练习题

一、单项选择题

1. 账户结构通常分为(　　)。

A. 左右两方　　B. 上下两部分

C. 发生额、余额两部分　　D. 前后两部分

2. 会计科目是(　　)。

A. 会计要素的名称　　B. 会计报表的项目名称

C. 账簿的名称　　D. 会计账户的名称

3. 按经济内容分类，“资本公积”账户属于(　　)账户。

A. 资本类　　B. 资产类　　C. 所有者权益类　　D. 负债类

4. 复式记账法要求对每项经济业务都以相等的金额在(　　)进行登记。

A. 一个账户　　B. 两个账户

C. 全部账户　　D. 两个或两个以上账户

5. 通过复式记账可以了解每一项经济业务的(　　)。

A. 合理性　　B. 合法性　　C. 来龙去脉　　D. 经济业务类型

6. 在借贷记账法下，账户的借方登记(　　)。

A. 资产的增加　　B. 资产的减少　　C. 负债的增加　　D. 收入的增加

7. 某一账户期初余额在借方，期末余额在贷方，表明(　　)。

A. 该账户的性质未变

B. 该账户已从期初的资产变为期末的负债

C. 该账户已从期初的负债变为期末的资产

D. 该账户既不属于资产类，也不属于负债类

8. 资产类账户的期末余额应在(　　)。

A. 账户的借方　　B. 账户的贷方

C. 有时在借方，有时在贷方　　D. 以上答案都对

9. 对于收入类账户，下列说法中正确的是(　　)。

A. 借方登记收入的减少数　　B. 借方登记收入的增加数

C. 如有余额在借方，属于资产　　D. 如有余额在贷方，属于负债

10. 标明某项经济业务应借、应贷账户名称及其金额的记录形式称为(　　)。

A. 记账凭证　　B. 记账方法　　C. 会计分录　　D. 会计方法

11. 下列账户中，(　　)属于虚账户。

A. 应付账款　　B. 固定资产　　C. 管理费用　　D. 短期借款

12. 在借贷记账法下，发生额试算平衡法试算平衡的依据是(　　)。

A. 会计等式　　B. 借贷记账规则

C. 业务变化类型　　D. 借贷账户结构

二、多项选择题

1. 账户的基本结构，一般应包括下列内容(　　)。

A. 账户名称　　B. 日期和摘要

C. 凭证种类和号数　　D. 增加、减少的金额及余额

2. 下列符合我国会计准则统一规定会计科目名称的是(　　)。

A. 库存现金　　B. 固定资产　　C. 存货　　D. 专利权

3. 按用途和结构分类，下列账户中属于盘存账户的有(　　)。

A. 原材料　　B. 库存商品　　C. 实收资本　　D. 生产成本

4. 按经济内容分类，下列账户属于损益类账户的是(　　)。

A. 主营业务收入　　B. 投资收益

C. 本年利润　　D. 其他业务收入

5. 会计账户按提供财务信息详细程度可分为(　　)。

A. 总分类账户　　B. 明细分类账户　　C. 资产类账户　　D. 调整类账户

6. 按用途和结构分类的账户有(　　)。

A. 结算类账户　　B. 成本计算类账户

C. 跨期摊配类账户　　D. 调整类账户

7. 下列账户中，属于调整账户的有(　　)。

A. 固定资产　　B. 累计折旧　　C. 利润分配　　D. 坏账准备

8. 下列属于债权结算账户的有(　　)。

A. 应收账款　　B. 应付账款　　C. 预付账款　　D. 其他应收款

9. 在借贷记账法下账户的借方登记(　　)。

A. 资产的增加　　B. 费用的增加

C. 收入的增加　　D. 所有者权益的增加

10. 在借贷记账法下，期末结账后一般有余额的账户有(　　)。

A. 资产类账户　　B. 负债类账户

C. 所有者权益类账户　　D. 收入类账户

11. 编制会计分录时，必须考虑(　　)。

A. 经济业务发生涉及的会计要素是增加还是减少

B. 在账簿中登记借方还是贷方

C. 登记在哪些账户的借方或贷方

D. 账户的余额是在贷方还是在借方

12. 复合会计分录有(　　)。

A. 一借多贷　　B. 一贷多借　　C. 多借多贷　　D. 一借一贷

13. 下列借贷记账法试算平衡公式正确的有(　　)。

A. 资产账户借方发生额合计=负债账户贷方发生额合计

B. 全部账户的本期借方发生额合计=全部账户的本期贷方发生额合计

C. 全部账户借方期末余额合计=全部账户贷方期末余额合计

D. 资产账户借方发生额合计=资产账户贷方发生额合计

14. 下列错误中，不能通过试算平衡发现的有(　　)。

A. 某项经济业务未登记入账

B. 只登记借方金额，未登记贷方金额

C. 应借应贷的账户中借贷方向相反

D. 借贷双方同时多记或少记了相等的金额

15. 借贷记账法的基本内容包括(　　)。

A. 记账符号　　B. 记账规则　　C. 账户结构　　D. 试算平衡

16. 会计分录必须具备的要素包括(　　)。

A. 记账方向　　B. 记账时间　　C. 账户名称　　D. 记账金额

17. 复式记账法的优点有(　　)。

A. 设置完整的账户体系，全面反映经济业务内容

B. 账户对应关系清楚，能清晰地反映经济业务的来龙去脉

C. 便于进行试算平衡，以检查账户记录是否正确

D. 比单式记账法简单而完整

18. 下列账户内部关系中，正确的有(　　)。

A. 资产类账户期末借方余额=借方期初余额+本期借方发生额-本期贷方发生额

B. 资产类账户期末借方余额=借方期初余额+本期贷方发生额-本期借方发生额

C. 负债类和所有者权益类账户期末贷方余额=贷方期初余额+本期贷方发生额-本期借方发生额

D. 负债类和所有者权益类账户期末贷方余额=贷方期初余额+本期借方发生额-本期贷方发生额

三、业务题

(一) 根据要求完成表格

1. (1) 资料：甲公司在2013年12月31日的资产、负债和所有者权益项目的余额见表5-3。

表5-3　**项目余额表**　单位：元

序号	项目	余额	序号	项目	余额
1	库存现金	3 500	7	机器设备	50 000
2	银行存款	69 700	8	实收资本	200 000
3	原材料	46 000	9	应付购货款	38 700
4	应收销货款	58 000	10	应付职工薪酬	65 000
5	厂房	200 000	11	向银行借入短期借款	90 000
6	预收销货款	6 000	12	应交税费	27 500

(2) 要求：

①分析上述项目属于资产、负债或所有者权益的哪一类，并将各项内容的具体账户名称和金额填入表5-4。

表 5-4 **账户分类** 单位：元

序号	资产类账户名称	金额	负债类账户名称	金额	所有者权益类账户名称	金额
1						
2						
3						
4						
5						
6						
7						
8						
9						
10						
11						
12						

②将上述各项内容按照类别填入表 5-5，并分别计算资产、负债和所有者权益的总额，检验其总额是否平衡。

表 5-5 **资产负债表** 单位：元

资产	金额	负债和所有者权益	金额
		负债：	
		所有者权益：	
资产总计		负债和所有者权益总计	

2.（1）资料：乙公司 2013 年 12 月部分账户资料见表 5-6。

表 5-6　　　　**账户资料表**　　　　单位：元

序号	账户名称	期初余额	本期借方发生额	本期贷方发生额	期末余额
1	应收账款		4 850	5 370	1 400
2	实收资本	35 000		3 800	32 500
3	应付职工薪酬	6 700	5 900		7 540
4	原材料	8 950	7 350		6 440
5	银行存款	16 800	2 670	8 470	
6	固定资产	28 400		12 000	31 500
7	应付账款	13 400		9 790	9 990
8	短期借款		50 000	45 000	38 000

（2）要求：

①根据借贷记账法各类账户的结构原理，完成表 5-6，在空格中填入适当金额。

②分别说明表 5-6 中各个账户期初、期末余额方向。

3. 分析会计账户的名称及其所归属的会计要素。

（1）资料：丙公司 2013 年 6 月 30 日有关财务内容见表 5-7。

表 5-7　　　　**有关财务内容**　　　　单位：元

财务内容	资产类账户名称	金额	负债及所有者权益类账户名称	金额
由出纳人员保管的款项 500 元				
存放在银行里的款项 140 000 元				
向银行借入 6 个月的款项 180 000 元				
仓库中存放的材料 80 000 元				
仓库中存放的已完工产品 60 000 元				
正在加工中在产品 75 000 元				
向银行借入 2 年期限的借款 720 000 元				
房屋及建筑物 2 400 000 元				
所有者投入的资本 2 360 000 元				
机器设备 750 000 元				
应收外单位的货款 125 000 元				
应付给外单位的材料款 120 000 元				

续表

财务内容	资产类账户名称	金额	负债及所有者权益类账户名称	金额
以前年度积累的未分配利润 20 000 元				
欠交的税金 60 000 元				
采购员预借的差旅费 4 500 元				
本月实现的利润 140 000 元				
运输部门运货用的卡车 80 000 元				
专利权一项 220 000 元				
客户预付的购货款 15 000 元				
应付给投资者的利润 200 000 元				
以前年度提取的盈余公积 120 000 元				
合计	—		—	

（2）要求：

①判断上述各财务事项所属的会计要素并将其账户名称和金额填入表 5-7。

②计算该公司的资产总额、负债总额和所有者权益总额。

（二）练习借贷记账法

1. 资料：丁公司 2013 年 7 月发生下列经济业务：

（1）以银行存款支付本月办公用房屋租金 2 000 元；

（2）向银行借入半年期限的借款 100 000 元，存入银行存款账户；

（3）收到国家投资 200 000 元存入银行存款账户；

（4）赊购设备一台 370 000 元；

（5）偿还上月所欠部分货款 58 000 元；

（6）从银行存款账户中提取现金 20 000 元，作为备用金；

（7）用银行存款购入材料一批 66 700 元，材料已入库；

（8）本月销售产品取得收入共计 294 560 元，销售款已存入银行；

（9）用银行存款支付本月水电费 2 300 元；

（10）支付短期银行借款利息 2 600 元：

（11）收到客户偿还上月所欠货款 54 000 元存入银行；

（12）以库存现金发放职工工资 96 750 元；

（13）计提本月行政办公用设备折旧费 500 元；

（14）签发支票支付本月电话费 700 元；

（15）以银行存款上缴所得税费用 5 000 元。

2. 要求：根据上列资料编制会计分录。

案例分析

PC商店①

PC商店是一个经销个人计算机和手持型计算器的零售商店，专门经销各种产品系列的国内品牌。商店于9月初开业，业主是芭芭拉，她是一位青年靓女，以前在一个全国性的专门经营商用计算机的公司从事直销工作。

芭芭拉知道会计记录必须准确、完整，因此，她最初的决策之一就是雇用会计师查理帮助她建立簿记系统。查理整理了商店开业前的财务业务，并进行了会计处理（见表5-8）。芭芭拉将9月发生的交易和事项的原始资料（见表5-9）也交给了查理，便于他适时进行会计处理。

表5-8 查理对PC商店根据9月前发生业务所做的会计分录*

(1) 借：库存现金	165 000		(5) 借：开办费**——广告费	1 320	
贷：实收资本		100 000	贷：库存现金		1 320
长期借款		65 000	(6) 借：开办费——工资费	935	
(2) 借：预付账款——9月租金	1 485		贷：库存现金		935
贷：库存现金		1 485	(7) 借：开办费——办公用具	1 100	
(3) 借：库存商品	137 500		贷：库存现金		1 100
贷：应付账款		137 500	(8) 借：开办费——管理费	275	
(4) 借：固定资产——办公用具	15 500		贷：库存现金		275
贷：库存现金		15 500			

*实际工作中，会计分录是写在会计凭证中（详见第十二章“会计循环与会计核算组织形式”）；

**开办费一般记入“长期待摊费用”。

表5-9 PC商店9月发生的业务

(1) 本月现销收入38 000元；
(2) 本月赊销收入14 850元；
(3) 收回赊销货款3 614元；
(4) 支付商品供应商的账款96 196元；
(5) 从供应商处赊购新商品49 940元；
(6) 芭芭拉确认的已售商品成本为38 140元；
(7) 支付雇员薪金688元；
(8) 结转9月应付职工工资费用688元；
(9) 预付10月租金1 485元；
(10) 支付一年的保险费（9月1日至次年8月31日）2 310元；
(11) 花费1 760元购买广告标牌，本月支付660元现金，余款于12月支付

① 资料来源：罗伯特·N. 安索尼，詹姆斯·S. 里斯，朱利·H. 赫特斯坦. 会计学［M］. 9版. 骆珣，等，译. 北京：北京大学出版社，2 000：100.

案例分析与讨论：

1. 对表5-8所列开业前事项进行解释，并根据查理所做的交易记录编制期初余额试算平衡表。

2. 设置T形账户，并登入期初余额。

3. 分析表5-9中PC商店9月所列的交易，编制会计分录，并登入T形账户。

4. 编制期末调整分录，并登入T形账户（提示：开业前发生的“开办费”一次计入当期“管理费用”；办公用具从本月开始计提折旧，预计使用年限为10年，不考虑残值；摊销本月应承担的保险费用、广告费）。

5. 结计各账户期末余额，并进行试算平衡。

6. 编制9月份的利润表和9月30日的资产负债表（注意“净利润”与“未分配利润”的关系）。

第六章　收入与货币性资产
——资金双向变化隐藏的秘密之一

【导入案例】

2012 年暑假，王红为了积累更多的经济学方面感性认识，也为了挣点零花钱，在社区服务社租了一个摊点并摆了一个冰柜卖冷饮，主要经营酸奶、雪碧、可乐、矿泉水和雪糕零售。

一个月经营下来，王红一共卖了 40 瓶酸奶，每瓶 1.5 元；20 瓶雪碧，每瓶 2.5 元；30 瓶可乐，每瓶 2.5 元；50 瓶矿泉水，每瓶 1 元；100 支雪糕，平均单价每支 1.5 元；总共收到现金 308 元，另外 77 元产品是王红的邻居和朋友赊账吃喝了，但他们都承诺会付款。

请问：

1. 王红经营的这个月销售收入一共是多少？什么时候在她的账簿里记录收入？收到的 308 元现金是什么性质的资产，另外 77 元是什么性质的资产？
2. 销售收入与货币资金是何关系？赚取的净利润等于货币资金的增加额吗？
3. 如果是你来经营，你喜欢别人赊账吗？为什么？为什么存在赊账销售？
4. 销售收入越大，表明赚取的利润越多吗？

【学习目标】

在本章中，你将学到：

（1）什么是收入，何时确认收入，如何确认收入。

（2）收入和货币性资产的会计处理。

（3）如何通过阅读会计报表中与收入相关的项目透视企业经营质量。

正如我们在前面章节所述，随着企业日常经营活动的开展，企业的资金一定会发生双向变化，其一就是收入的取得。事实上，企业生产经营的过程也就是各项收入的取得过程。而伴随着收入的取得，一定会引起企业资产的增加或负债的减少。本章将重点讲述会计师是如何确认与计量资金这一双向变化的秘密。

第一节　收入的确认

一、收入的定义

收入，是指企业在日常活动中形成的、会导致所有者权益增加的、与所有者投入资本无关的经济利益的总流入，包括销售商品收入、提供劳务收入和让渡资产使用权收入。

“日常活动”，是指企业为完成其经营目标所从事的经常性活动以及与之相关的活动。比如，制造业企业制造并销售产品、商品流通企业销售商品、保险公司签发保单、咨询公司提供咨询服务、软件企业为客户开发软件、安装公司提供安装服务、商业银行对外贷款、租赁公司出租资产等，均属于企业为完成其经营目标所从事的经常性活动，由此产生的经济利益的总流入构成收入。制造业企业转让无形资产使用权、出售不需用原材料等，属于与经常性活动相关的活动，由此产生的经济利益的总流入也构成收入。

请思考：企业销售闲置的固定资产所取得的收益是否属于企业的“收入”？

二、收入的确认与计量

（一）销售商品收入的确认与计量

1. 销售商品收入确认

根据收入准则规定，商品销售仅包括取得货币性资产方式的商品销售及正常情况下以商品抵偿债务的交易，而不包括非货币性资产交易、债务重组中的销售商品交易。商品主要包括企业为销售而生产或购进的商品，如制造业生产的产品、商品流通企业购进的商品，销售的诸如原材料、包装物等视同为商品。企业销售商品，必须同时满足以下五个条件，才能确认为收入：

（1）企业已将商品所有权上的主要风险和报酬转移给购货方。

商品所有权上的风险，主要指商品所有者承担该商品价值发生贬值、报废等造成损失的可能性，如商品发生减值、发生毁损的可能性。商品所有权上的报酬，主要指商品所有者预期可获得的商品中包括的未来经济利益，如商品价值的增值以及随着商品的使用而形成的经济利益等。商品所有权上的风险和报酬转移给购货方，是指风险和报酬均转移给购货方。若一项商品发生的任何损失均不需要供货方承担，带来的经济利益也不归供货方所有，则意味着该商品所有权上的风险和报酬已从供货方转出。

判断一项商品所有权上的主要风险和报酬是否已转移给购货方，需要关注该项交易的实质而不是形式。通常，所有权凭证的转移或实物的交付是需要考虑的重要因素。需要依据以下几种情况进行确定：

第一种情况：商品所有权凭证转移或实物交付后，商品所有权上的主要风险和报酬也随之转移，如大多数零售商品交易。

第二种情况：商品所有权凭证转移或实物交付后，商品所有权上的主要风险和报酬并未随之转移。具体表现为以下几种情形：

一是企业销售的商品在质量、品种、规格等方面不符合合同规定的要求，又未根据正常的保证条款予以弥补，因而仍负有责任。例如，甲公司销售一批商品给乙方，商品已经发出，买方已预付部分货款，多余款由甲公司开出一张商业承兑汇票，已随发票账单一并交付乙方。乙方当天收到商品后，发现商品质量没达到合同规定的要求，立即根据合同的有关条款与甲公司交涉，要求甲公司在价格上给予一定的减让，否则将可能退货。双方没有达成一致意见，甲公司仍未采取任何弥补措施。此项销售表明，尽管商品已经发出，发票账单已交付乙方，并已收到货款，但由于双方对商品质量的弥补问题未达成一致意见，乙方并未真正接受商品，商品有可能被退回，因此，该商品所有权上的主要风险和报酬并未转移给乙方，甲公司此时不能确认为收入，而应在按乙方要求进行弥补时予以确认。

二是企业尚未完成售出商品的安装或检验工作，且此项安装或检验任务是销售合同的重要组成部分。例如，甲公司销售一部电梯，电梯已发出，发票账单已交付买方，买方已预付部分货款，但根据合同规定，卖方负责安装，在卖方安装完工并经检验合格后，买方立即支付余款。假定电梯安装调试通常构成电梯销售合同的重要组成部分，在这种情况下，电梯发出并不表明商品所有权上的主要风险和报酬已转移给买方，甲公司仍需对电梯进行安装，在安装过程中可能会发生一些不确定的因素，并阻碍该项销售的实现，因此，企业应在电梯安装完毕并检验合格后才能确认相关的销售收入。

三是销售合同中规定了由于特定原因买方有权退货的条款，而企业又不能确定退货的可能性。例如，甲公司为推销一种新产品，规定凡购买该产品者均有一个月的试用期，不满意的一个月内给予退货。在这种情况下，甲公司虽已将商品售出，并已收到价款，但由于是新产品，无法估计退货的可能性，商品所有权上的风险和报酬实质上并未转移给买方。该企业在售出商品时不能确认收入，只有当买方正式接受商品时或退货期满时确认收入。

第三种情况：如果企业只保留商品所有权上的次要风险，则销售成立时相应的收入应予以确认。例如，甲公司销售一批电脑给乙公司，合同规定，甲公司将这批电脑运抵乙公司，并负责安装调试。甲公司已将电脑运抵乙公司，并已收取95%的货款，但安装调试尚未进行。在此种情况下，虽然甲公司并未完成安装调试工作，但这并不会成为影响此项销售实现的重要因素，甲公司只保留了次要风险，因为电脑已运抵乙公司，并收取大部分货款，表明电脑所有权上的主要风险和报酬转移给乙公司，若同时符合其他条件，甲公司应确认收入。

（2）企业既没有保留通常与所有权相联系的继续管理权，也没有对已售出的商品实施有效控制。

对已售出商品实施继续管理，有可能仍拥有商品的所有权，也可能与商品的所有权无关。如果商品售出后，企业仍保留与该商品的所有权相联系的继续管理权，则说明此项销售商品交易并没有完成，销售不能成立，不能确认收入。同样地，如果商品售出后，企业仍对售出的商品实施控制，同样表明此项销售没有完成，不能确认收入。例如，乙公司将一批商品销售给某中间商，但合同规定，乙公司有权要求中间商将售出的商品转移或退回。在这种情况下，乙公司虽然已将商品售出，但仍保留对商品的实际控制权，因此，不能确认收入。

（3）收入的金额能够可靠地计量。

收入能否可靠地计量，是确认收入的基本前提。企业在销售商品时，售价通常已经确定，但销售过程中由于某种不确定因素，也有可能出现售价变动的情况，则在新的售价未确定前不应确认收入。

（4）相关的经济利益很可能流入企业。

在销售商品的交易中，与交易相关的经济利益主要表现为销售商品的价款。销售商品的价款能否有把握收回，是收入确认的一个重要条件。企业在销售商品时，如估计价款收回的可能性不大，即使收入确认的其他条件均已满足，也不应当确认收入。

销售商品的价款能否收回，主要根据企业以前和买方交往的直接经验、从其他方面取得的信息或政府的有关政策等进行判断。例如，企业根据以前与买方交往的直接经验判断买方信誉较差，或在销售时得知买方在另一项交易中发生了巨额亏损，资金周转十分困难，或在出口商品时不能肯定进口企业所在国是否允许将款项汇出等。在这些情况下，企业应推迟确认收入，直至这些不确定因素消除。企业在判断价款收回的可能性时，应进行定性分析。当确定价款收回的可能性大于不能收回的可能性时，即认为价款能够收回。

在实务中，企业售出的商品符合合同或协议规定的要求，并已将发票账单交付买方，买方也承诺付款，即表明销售商品的价款能够收回。

（5）相关的已发生或将发生的成本能够可靠地计量。

根据收入和费用配比原则，与同一项销售有关的收入和成本应在同一会计期间予以确认。因此，如果成本不能可靠地计量，相关的收入也不能确认。如已收到价款，收到的价款应确认为一项负债。例如，甲公司接受某公司具有特殊要求的产品订货，并与其签订购销合同，按合同规定，预收对方 90% 的货款。在此种情况下，由于产品有特殊要求，企业未有现货，需要通过重新制造或委托第三方进行制造，企业虽已收到部分款项，但商品成本不能可靠地计量，因此，甲公司不能确认收入，预收的货款应作为预收账款等负债处理。

销售商品收入的确认比较复杂。企业在运用上述五项条件进行销售商品收入确认时，必须认真地分析每项交易的实质。只有交易全部符合这五项条件，才能确认收入。

2. 销售商品收入的计量

销售商品收入的计量是指销售商品收入入账金额的确定，一般应遵循以下原则：

（1）销售商品签订有合同或协议的，按合同或协议规定的金额确定收入的金额。

（2）合同或协议价款延期收取且具有融资性质时，企业应按应收合同或协议价款的公允价值确定收入金额；已收或应收的价款不公允的，企业应按公允的交易价格确定收入金额。其公允价值依据未来应收金额按照一定的贴现率进行折现后的现值予以确定。公允价值与未来应收金额之间的差额应该在合同或协议期间采用实际利率法进行摊销，计入当期损益。

（3）销售商品无合同或协议的，按购销双方都同意或都能接受的价格确定收入的金额。

（4）如果发生现金折扣或销售折让，应当按照扣除现金折扣或销售折让前的金额确认收入金额。现金折扣在实际发生时计入当期损益，销售折让在实际发生时冲减当期销售收入。

（5）如果发生商业折扣，应当按照扣除商业折扣后的金额确定收入金额。

（6）企业在销售商品过程中，代第三方或客户收取的一些款项，如企业代国家收取的增值税、代收利息等，应作为暂收款记入相应负债类账户，不作为企业的收入处理。

（二）提供劳务收入的确认与计量

1. 提供劳务收入的确认

提供劳务收入是指不以实物形式而以提供服务的形式满足他人某种特殊需要而取得的收入。劳务的种类主要包括旅游、运输、广告、咨询、培训、产品安装等。劳务收入确认主要包括以下两个方面的内容：

（1）劳务开始和完成均在同一年度的收入的确认。这种不跨年度的劳务收入，应在完成劳务合同规定的各种业务时确认收入，确认时参照销售商品收入的确认原则。

（2）劳务开始和完成在不同年度的收入的确认。这种跨年度的劳务收入的确认主要有以下两种情况：

第一种情况：提供劳务交易的结果在资产负债表日能够可靠估计。企业在资产负债表日提供劳务交易的结果能够可靠估计的，应当采用完工百分比法确认提供劳务收入。完工百分比法是指按照提供劳务交易的完工进度确认收入与费用的方法。根据企业会计准则的规定，提供劳务交易的结果能够可靠估计，是指同时满足下列四个条件：一是收入的金额能够可靠地计量。企业应当按照从接受劳务方已收或应收的合同或协议价款确定提供劳务收入总额，但已收或应收的合同或协议价款不公允的除外。企业应当在资产负债表日按照提供劳务收入总额乘以完工进度扣除以前会计期间累计已确认提供劳务收入后的金额，确认当期提供劳务收入。二是相关的经济利益很可能流入企业。只有当与交易相关的经济利益很可能流入企业时，企业才能确认收入。企业可以从接受劳务方的信誉、以往的经验以及双方就结算方式和期限达成的协议等方面进行判断。三是交易的完工进度能够可靠地确定。企业确定提供劳务交易的完工进度，可以选用下列方法：第一，已完工作的测量。这是一种比较专业的测量法，由专业测量师对已经完成的工作或工程进行测量，并按一定方法计算劳务的完成程度。第二，已经提供的劳务占应提供劳务总量的比例。这种方法主要以劳务量为标准确定劳务的完成程度。第三，已经发生的成本占估计总成本的比例。四是交易中已发生和将要发生的成本能够可靠地计量。

第二种情况：劳务交易结果在资产负债表日不能可靠估计。在资产负债表日，企业如果不能可靠地估计所提供劳务的交易结果，则企业不能按完工百分比法确认收入。这时企业应正确预计已经收回或将要收回的款项能弥补多少已经发生的成本，分别按以下情况进行处理：其一，已经发生的劳务成本预计能够得到全部补偿的，按照已经发生的劳务成本金额确认提供劳务收入，并按相同金额结转劳务成本。其二，已经发生的劳务成本预计不能得到全部补偿的，应当将已经发生的劳务成本计入当期损益，不确认提供劳务收入。

（3）同时销售商品和提供劳务。企业交易双方签订的合同有可能既包括销售商品，也包括提供劳务，如销售电梯的同时负责安装工作、销售软件的继续提供技术支持等。在这种情况下，企业应当按不同的情况分别进行会计处理：①企业与其他企业签订的合同或协议包括销售商品和提供劳务时，销售商品部分和提供劳务部分能够区分且能够单独计量的，应当将销售商品的部分作为销售商品处理，将提供劳务的部分作为提供劳务处理。②销售商品部分和提供劳务部分不能够区分，或虽能区分但不能够单独计量的，应当将销售商品部分和提供劳务部分全部作为销售商品处理。

2. 劳务收入和成本的计量

提供劳务收入的计量原则是：提供劳务的总收入应按企业与接受劳务方签订的合同或协议的金额予以确定，现金折扣应在实际发生时确认为当期费用。在采用完工百分比法确认收入和相关劳务成本时可按下列公式计算：

$$\text{本年确认的收入}=\text{劳务总收入}\times\text{本年末止劳务的完成程度}-\text{以前年度已确认的收入}$$

$$\text{本年确认的成本}=\text{劳务总成本}\times\text{本年末止劳务的完成程度}-\text{以前年度已确认的成本}$$

第二节　货币性资产

货币性资产，是指企业持有的货币资金和将以固定或可确定的金额收取的资产，即企业在销售商品、提供劳务等日常经营活动过程中获取的货币资金或取得的索取一定货款的权利。

资产负债表中货币性资产项目主要包括：货币资金、应收票据、应收账款等。

一、货币资金

（一）货币资金概述

货币资金指在企业生产经营过程中处于货币形态的经营资金，在我国企业会计工作中，根据货币资金的存放地点以及使用上是否受约定限制，一般将其分为现金、银行存款、其他货币资金等。需要说明的是，本章所讲的现金是狭义的概念，即企业的库存现金；一般经济活动中所言现金是广义的概念，也就是货币资金，即包括了企业的库存现金、银行存款和其他货币资金。企业的资产负债表上一般只列示“货币资金”项目，总括反映企业货币资金的基本情况，不再按货币资金的各个组成项目单独列示。

一方面，任何企业进行生产经营活动，都必须拥有一定数量的货币资金，以购买劳动资料、劳动对象以及支付各种费用和支出等；随着生产经营活动的开展，企业通过销售商品或提供劳务，重新获得货币资金并实现增值。因此，货币资金是企业资金周转的起点和终点，货币资金的收付业务贯穿于企业生产经营活动的全过程。另一方面，由于货币资金具有较强的流动性，因此，尽管货币资金的会计核算并不复杂，但是在对其进行核算的过程中加强管理与控制至关重要。

（二）库存现金

库存现金，是存放于企业的用于日常零星开支的人民币现金和外币现金。现金是货币资金的重要组成部分，是立即可以投入交换和流通的媒介，它可以随时用于购买商品、物资和其他资产，可用于偿付债务、支付费用。现金是企业全部资产当中支付能力最强即流动性最大的一种货币资金，也较容易滋生舞弊行为，因此企业必须对现金进行严格的管理和控制，以提高其使用效益，保护其安全。

企业应当按照中国人民银行制定的《现金管理暂行条例》和财政部有关货币资金的内部会计控制规范，办理有关现金收支业务，严格管理企业的现金。

1. 现金的使用范围

现金可用于支付下列项目：（1）职工工资、津贴；（2）个人劳务报酬；（3）根据国家规定颁发给个人的科学技术、文化艺术、体育等各种奖金；（4）各种劳保、福利费用以及国家规定的对个人的其他支出；（5）向个人收购农副产品和其他物资的价款；（6）出差人员必须随身携带的差旅费；（7）结算起点（1 000 元）以下的零星支出；（8）中国人民银行确定需要支付现金的其他支出。

企业之间的经济往来，除以上规定的情况可以使用现金外，其他所有款项的收付都必须通过银行进行转账结算。

2. 有关现金收支的规定

（1）应当由开户银行根据实际需要，核定开户企业 3 ~5 天的日常零星开支所需的库存现金限额。边远地区和交通不便地区的开户单位的库存现金限额，可以按多于 5 天但不得超过 15 天的日常零星开支的需要确定。（2）对于经核定的库存现金限额，企业必须严格遵守。需要增加或者减少库存现金限额的，应当向开户银行提出申请，由开户银行核定。（3）企业现金收入应当于当日送存开户银行。当日送存确有困难的，由开户银行确定送存时间。（4）企业支付现金，可以从本单位库存现金限额中支付或者从开户银行提取，不得从本单位的现金收入中直接支付（即坐支）。因特殊情况需要坐支现金的，应当事先报经开户银行审查批准，由开户银行核定坐支范围和限额。坐支单位应当定期向开户银行报送坐支金额和使用情况。（5）企业从开户银行提取现金，应当写明用途，由本单位财会部门负责人签字盖章，经开户银行审核后，予以支付现金。（6）因采购地点不固定、交通不便、生产或者市场急需、抢险救灾以及其他特殊情况必须使用现金的，企业应当向开户银行提出申请，由本单位财会部门负责人签字盖章，经开户银行审核后，予以支付现金。(7) 不准用不符合制度规定的凭证充抵库存现金，即不得以“白条”抵库，不准谎报用途套取现金，不准用企业的银行账户代其他单位或个人存取现金，不准公款私存，不准保留账外公款，不准设“小金库”。(8) 不得对现金结算给予比银行转账更优惠的条件；企业不得超出规定范围和限额使用现金，各企业之间不得互借现金。

(三) 银行存款

银行存款是企业存放在银行或其他金融机构的货币资金。根据国家有关规定，凡独立核算的单位都必须在企业所在地银行开立账户，进行存款、取款以及各种转账业务。

1. 银行账户的开立

根据《人民币银行结算账户管理办法》规定，存款人以单位名称开立的银行结算账户为单位银行结算账户，按用途分为基本存款账户、一般存款账户、专用存款账户、临时存款账户。

基本存款账户是企业因办理日常转账结算和现金收付需要开立的银行结算账户，是企业的主办账户，企业日常经营活动的资金收付、现金的支取以及员工工资、奖金的发放，应通过该账户办理。

一般存款账户是企业因借款或其他结算需要，在基本存款账户开户银行以外的银行营业机构开立的银行结算账户，用于办理企业借款转存、借款归还和其他结算的资金收付。该账户可以办理现金缴存，但不得办理现金支取。

专用存款账户是企业按照法律、行政法规和规章，对其特定用途资金（如基本建设资金、更新改造资金、证券交易结算资金、单位银行卡备用金、社会保障基金等）进行专项管理和使用而开立的银行结算账户，用于办理各项专用资金的收付。

临时存款账户是企业因临时需要并在规定期限内使用而开立的银行结算账户，如设立临时机构、异地临时经营活动、注册验资等。该账户用于办理临时机构以及企业临时经营活动发生的资金收付。

2. 银行结算方式

如上所述，企业日常大量的与其他单位或个人的经济业务往来都是通过银行结算的。为了规范支付结算行为，保障支付结算活动中当事人的合法权益，加速资金周转和商品流通，中国人民银行根据《中华人民共和国票据法》和《票据管理实施办法》制定了《支付结算办法》，规定了企业可以选择使用的票据结算工具和结算方式，即“四票”、“三式”，还有信用卡以及国际贸易中采用的信用证结算方式。

(1) 银行汇票

银行汇票是出票银行签发的，由其在见票时按照实际结算金额无条件支付给收款人或者持票人的票据。企业单位和个人各种款项结算，均可使用银行汇票。银行汇票的出票银行为该银行汇票的付款人。银行汇票可用于异地结算。

银行汇票一律记名，提示付款期限自出票日起1个月，逾期兑付银行不予受理。持票人超过期限不获付款的，须在票据权利时效内向出票银行做出说明，并提供本人身份证件或单位证明，持银行汇票和解讫通知向出票银行请求付款。

企业申请使用银行汇票，应向出票银行填写“银行汇票申请书”，填明收款人名称、汇票金额、申请人名称、申请日期并签章，签章为预留银行的签章。只有申请人和收款人均为个人时才能申请使用现金银行汇票；申请人或收款人为单位的，不得在“银行汇票申请书”上填写“现金”字样。

企业取得银行汇票后即可持银行汇票向收款单位办理结算。收款单位受理付款单位交付的银行汇票时，应在出票金额以内，根据实际需要的款项办理结算，并将实际结算金额和多余金额准确、清晰地填入银行汇票和解讫通知的有关栏内，未填明实际结算金额和多余金额或实际结算金额超过出票金额的，银行不予受理。银行汇票的实际结算金额低于出票金额的，其多余金额由出票银行退交申请企业。

收款单位可以将银行汇票背书转让给被背书人。银行汇票的背书转让以不超过出票金额的实际结算金额为准。未填写实际结算金额或实际结算金额超过出票金额的银行汇票不得背书转让。银行汇票丧失，失票人可以凭人民法院出具的其享有票据权利的证明，向出票银行请求付款或退款。

（2）商业汇票

商业汇票是出票人签发的，委托付款人在指定日期无条件支付确定金额给收款人或者持票人的票据。商业汇票既可用于同城结算也可用于异地结算。在银行开立存款账户的法人以及其他组织之间，必须具有真实的交易关系或债权债务关系，才能使用商业汇票。商业汇票按承兑人不同可分为商业承兑汇票和银行承兑汇票。

商业承兑汇票是按照交易双方约定，由付款人或收款人签发，由银行以外的付款人承兑的商业汇票。付款人承兑商业汇票时，应当在汇票正面记载“承兑”字样和承兑日期并签章。承兑不得附有条件，否则视为拒绝承兑。汇票到期时，持票人应在提示付款期限（自汇票到期日起10日）内通过开户银行委托收款或直接向付款人提示付款。如果付款人存款账户不足以支付票款，银行将填制付款人未付票款通知书，连同商业承兑汇票通过持票人开户银行退回持票人。

银行承兑汇票是按照交易双方约定，由在承兑银行开立存款账户的付款人签发的商业汇票。承兑银行按票面金额向出票人收取万分之五的手续费。银行承兑汇票的出票人应于汇票到期前将票款足额交存其开户银行。承兑银行应在汇票到期日或到期日后的见票当日支付票款。如果银行承兑汇票的出票人于汇票到期日未能足额交存票款，承兑银行除凭票向持票人无条件付款外，对出票人尚未支付的汇票金额按照每天万分之五计收利息。

商业汇票的付款期限由交易双方商定，但最长不得超过6个月。汇票到期，付款人或承兑银行存在合法抗辩事由拒绝支付的，应自接到付款通知或商业汇票的次日起 3 日内，做成拒绝付款证明，通过持票人开户银行转交持票人。

商业汇票可以背书转让。符合条件的商业汇票的持票人可持未到期的商业汇票连同贴现凭证向银行申请贴现。商业汇票的持票人向银行办理贴现必须具备下列条件：在银行开立存款账户的企业法人以及其他组织；与出票人或者直接前手之间具有真实的商品交易关系；提供与其直接前手之间的增值税发票和商品发运单据复印件。

（3）银行本票

银行本票是出票银行签发的，承诺自己在见票时无条件支付确定金额给收款人或者持票人的票据。单位或个人在同一票据交换区域需要支付各种款项，均可以使用银行本票。银行本票可以用于转账，注明“现金”字样的银行本票可以用于支取现金。但申请人或收款人为单位的，不得申请签发现金银行本票。银行本票的提示付款期限自出票日起最长不得超过 2 个月。银行本票分为定额银行本票和不定额银行本票两种。定额银行本票面额为 1 000 元、5 000 元、10 000 元、50 000 元。

企业申请使用银行本票时，应向银行填写“银行本票申请书”，填明收款人名称、申请人名称、支付金额、申请日期等事项并签章。收款人可以将银行本票背书转让给被背书人。

银行本票见票即付。持票人超过提示付款期限不获付款的，在票据权利时效内向出票银行做出说明，并提供本人身份证件或单位证明，可持银行本票向出票银行请求付款。银行本票丧失，失票人可以凭人民法院出具的其享有票据权利的证明，向出票银行请求付款或退款。

（4）支票

支票是出票人签发的，委托办理支票存款业务的银行在见票时无条件支付确定的金额给收款人或者持票人的票据。支票上印有“现金”字样的为现金支票，现金支票只能用于支取现金。支票上印有“转账”字样的为转账支票，转账支票只能用于转账。

单位或个人在同一票据交换区域的各种款项结算，均可以使用支票。支票的出票人，为在经中国人民银行当地分支行批准办理支票业务的银行机构开立可以使用支票的存款账户的单位和个人。支票的出票人签发支票的金额不得超过付款时在付款人处实有的存款金额。禁止签发空头支票。支票的提示付款期限自出票日起 10 日，但中国人民银行另有规定的除外。超过提示付款期限提示付款的，持票人开户银行不予受理，付款人不予付款。在付款期限内，出票人在付款人处的存款足以支付支票金额时，付款人应当在见票当日足额付款。

（5）汇兑

汇兑是汇款人委托银行将其款项支付给收款人的结算方式。单位和个人的各种款项的结算，均可使用汇兑结算方式。汇兑分为信汇、电汇两种。信汇是指汇款人委托银行通过邮寄方式将款项划转给收款人；电汇是指汇款人委托银行通过电报将款项划转给收款人，这两种方式由汇款人根据需要选择使用。

汇兑结算方式适用于异地之间的各种款项结算。这种结算方式划拨款项简便、灵活。

（6）托收承付

托收承付是根据购销合同由收款人发货后委托银行向异地付款人收取款项，由付款人向银行承认付款的结算方式。使用托收承付结算方式的收款单位和付款单位，必须是国有企业、供销合作社，以及经营管理较好并经开户银行审查同意的城乡集体所有制工业企业。办理托收承付结算的款项，必须是商品交易，以及因商品交易而产生的劳务供应的款项。代销、寄销、赊销商品的款项，不得办理托收承付结算。

收付双方使用托收承付结算必须签有符合《中华人民共和国经济合同法》的购销合同，并在合同上订明使用托收承付结算方式。托收承付结算每笔的金额起点为 10 000 元，新华书店系统每笔的金额起点为 1 000 元。收款人按照签订的合同发货后，将托收凭证并附商品发运证件或其他符合托收承付结算的有关证明和交易单证交付银行，办理托收。托收承付结算款项的划回方式分邮寄和电报两种，由收款人选用。

付款人（购货单位）收到托收凭证及其附件后，应在承付期内审查核对，安排资金。承付货款分为验单付款和验货付款两种，由收付双方商量选用，并在合同中明确规定。验单付款的承付期为 3 天；验货付款的承付期为 10 天或由收付双方在合同中明确规定并在托收凭证上注明验货付款期限。付款人在承付期限内，未向银行表示拒绝付款的，银行即视作承付，并在承付期满的次日将款项主动从付款人的账户内付出，按照收款人指定的划款方式，划给收款人。付款人不得在承付货款中扣抵其他款项或以前托收的货款。

对于下列情况，付款人在承付期内，可向银行提出全部或部分拒绝付款：①没有签订购销合同或购销合同未订明托收承付结算方式的款项；②未经双方事先达成协议，收款人提前交货或因逾期交货付款人不再需要该项货物的款项；③未按合同规定的到货地址发货的款项；④代销、寄销、赊销商品的款项；⑤验单付款，发现所列货物的品种、规格、数量、价格与合同规定不符，或货物已到，经查验货物与合同规定或发货清单不符的款项；⑥验货付款，经查验货物与合同规定或与发货清单不符的款项；⑦货款已支付或计算有错误的款项。付款人提出拒绝付款时，必须填写“拒绝付款理由书”并签章，注明拒绝付款理由交由银行受理。

付款人在承付期满如无足够资金支付，其不足部分即为逾期未付款项，其开户银行应当按照每天万分之五计算逾期付款赔偿金，定期扣付，划给收款人。

（7）委托收款

委托收款是收款人委托银行向付款人收取款项的结算方式。单位或个人凭已承兑的商业汇票、债券、存单等付款人债务证明办理款项的结算，均可以使用委托收款结算方式。委托收款在同城、异地均可使用，不受金额起点限制，其划款方式分邮寄和电报两种，由收款人选用。

付款人为单位的，应在收到银行转来的委托收款凭证和有关债务证明的当日书面通知银行付款。付款人未在接到通知的次日起 3 日内通知银行付款的，视同付款人同意付款，银行于第 4 日将款项划给收款人。付款人审查有关债务证明后，对收款人委托收取的款项需要拒绝付款的，可以办理拒绝付款。

在同城范围内，收款人收取公用事业费或根据国务院的规定，可以使用同城特约委托收款，但必须具有收付双方事先签订的经济合同，由付款人向开户银行授权，并经开户银行同意，报经中国人民银行当地分支行同意。

（8）信用卡

信用卡是指商业银行向个人和单位发行的，凭以向特约单位购物、消费和向银行存取现金，且具有消费信用的特制载体卡片。信用卡按使用对象分为单位卡和个人卡，按信誉等级分为金卡和普通卡。凡在中国境内金融机构开立基本存款账户的单位均可申领单位卡。单位卡可申领若干张，持卡人资格由申领单位法定代表人或其委托的代理人书面指定和注销。单位卡账户的资金一律从其基本存款账户转账存入，不得交存现金，不得将销货收入的款项存入其账户。严禁将单位的款项存入个人卡账户。单位卡一律不得支取现金，不得用于 10 万元以上的商品交易、劳务供应款项的结算。

（9）信用证

信用证是指开证银行依据申请人的申请开出的、凭符合信用证条款的单据支付的付款承诺。信用证结算方式是国际贸易结算的一种主要方式。经中国人民银行批准经营结算业务的商业银行总行以及经商业银行总行批准开办信用证结算业务的分支机构，也可以办理国内企业之间商品交易的信用证结算业务。

采用信用证结算方式时，收款单位收到信用证后，即备货装运，签发有关发票账单，连同运输单据和信用证送交银行，根据退还的信用证等有关凭证编制收款凭证；付款单位在接到开证行的通知时，根据付款的有关单据编制付款凭证。

（四）其他货币资金

从上述银行结算方式中我们看到，有些货币资金的用途与库存现金和银行存款不同，如银行汇票存款、银行本票存款、信用卡存款、信用证保证金等，另外还有一些货币资金的存款地点及用途也有别于库存现金和银行存款，如外埠存款、存出投资款等。这些货币资金在会计上统称为其他货币资金。

二、应收票据

（一）应收票据概述

应收票据是指企业持有的还没有到期、尚未兑现的商业汇票。商业汇票是一种由出票人签发的，委托付款人在指定日期无条件支付确定金额给收款人或持票人的票据。商业汇票的付款期限，最长不得超过 6 个月。符合条件的商业汇票的持票人，可以持未到期的商业汇票连同贴现凭证向银行申请贴现。

商业汇票按承兑人不同，分为商业承兑汇票和银行承兑汇票。商业承兑汇票是指由付款人签发并承兑，或由收款人签发交由付款人承兑的汇票。银行承兑汇票是指由在承兑银行开立存款账户的存款人（这里也是出票人）签发，由承兑银行承兑的票据。

商业汇票按是否计息可分为不带息商业汇票和带息商业汇票。不带息商业汇票是指商业汇票到期时，承兑人只按票据面值向收款人或被背书人支付款项的票据，即票据到期值等于票据面值。带息商业汇票是指商业汇票到期时，承兑人必须按票面金额加上应计利息向承兑人或被背书人支付票款的票据。

（二）应收票据的贴现

应收票据贴现是指持票人因急需资金，将未到期的商业汇票背书后转让给银行，银行受理后，扣除按银行的贴现率计算确定的贴现息后，将余额付给贴现企业的业务活动。

实得贴现净额＝票据到期值－贴现利息

贴现利息＝票据到期值×贴现天数×贴现日利率

票据到期值＝票据面值＋票据面值×票据期限×票面利率

【例 6-1】新希望公司 2014 年 1 月 15 日销售一批产品给正大化工公司，货已发出，新希望公司开具的增值税专用发票上注明的商品价款为 640 000 元，增值税销项税额为 108 800 元。当日收到正大化工公司签发的带息银行承兑汇票一张，该票据的期限为 3 个月，利率为 8%。该批产品销售符合会计准则规定的收入确认条件。2014 年 2 月 25 日，因急需资金，新希望公司将该票据向其开户行申请贴现，银行受理，贴现利率为 9%。

票据到期值＝748 800＋748 800×3×（8%÷12）＝763 776（元）

贴现利息＝763 776×（4＋31＋14）×（9%÷360）＝9 356.26（元）

实得贴现净额＝763 776－9 356.26＝754 419.74（元）

三、应收账款

应收账款是指企业在日常经营活动中，由于销售商品或提供劳务等而应向购货或接受劳务单位收取的款项，主要包括企业出售商品、材料、提供劳务等应向有关债务人收取的价款及代购货方垫付的运杂费等。应收账款应于收入实现时确认。

1. 初始计量

应收账款是因企业销售商品或提供劳务等产生的债权，应当按照实际发生额记账。其入账价值包括：销售货物或提供劳务的价款、增值税，以及代购货方垫付的包装费、运杂费等。在确认应收账款的入账价值时，应当考虑有关的折扣因素。

（1）商业折扣

商业折扣是指企业为促进销售而在商品标价上给予的扣除。例如，企业为鼓励买主购买更多商品而规定购买 10 件以上者给 10% 的折扣，或买主每买 10 件送 1

件；再如，企业为尽快出售一些残次、陈旧、冷背的商品而进行降价销售等。商业折扣一般在交易发生时即已确定，它仅仅是确定实际销售价格的一种手段，不需在买卖双方任何一方的账上反映，因此，在存在商业折扣的情况下，企业应收账款入账金额应按扣除商业折扣以后的实际售价确定。

（2）现金折扣

现金折扣是指债权人为鼓励债务人在规定的期限内付款而向债务人提供的债务扣除。现金折扣通常发生在以赊销方式销售商品及提供劳务的交易中。企业为了鼓励客户提前偿付货款，通常与债务人达成协议，债务人在不同期限内付款可享受不同比例的折扣。现金折扣一般用符号“折扣/付款期限”表示。例如，买方在10天内付款按售价给予2%的折扣，用符号“2/10”表示；在20天内付款按售价给予1%的折扣，用符号“ 1/20”表示；在30天内付款，则不给折扣，用符号“N/30”表示。

在存在现金折扣的情况下，应收账款入账价值的确定有两种方法：一种是总价法；另一种是净价法。

总价法是将未减去现金折扣前的金额作为应收账款的入账价值。现金折扣只有客户在折扣期内支付货款时，才予以确认。在这种方法下，销售方把给予客户的现金折扣视为融资的理财费用，会计上作为财务费用处理。总价法可以较好地反映企业销售的总过程，但可能会因客户享受现金折扣而高估应收账款和销售收入。例如，期末结账时，有些应收账款还没有超过折扣期限，如果有一部分客户享受现金折扣，则销货企业的应收账款和销售收入就会因入账时按总价确认而虚增。

净价法是将扣减最大现金折扣后的金额作为应收账款的入账价值。这种方法是把客户取得折扣视为正常现象，认为客户一般都会提前付款，而将由于客户超过折扣期限而多收入的金额，视为提供信贷获得的收入，于收到账款时入账，冲减财务费用。净价法可以避免总价法的不足，但在客户没有享受现金折扣而全额付款时，必须再查对原销售总额。期末结账时，对已超过期限尚未收到的应收账款，需按客户未享受的现金折扣进行调整，操作起来比较麻烦。

根据我国企业会计准则规定，企业应收账款的入账价值，应按总价法确定。

2. 再计量

企业因为赊销而产生了应收账款，当顾客不履行付款义务时，企业的债权就可能受到了损失。如新希望公司2014年全年实现赊销收入262 250元，如果公司确信所有的顾客最后都会足额支付，那么在本年的资产负债表中应收账款的金额为262 250元是合理的。但不幸的是，根据以往的经验，公司应收账款中总有8%的款项很可能收不回来，成为坏账。基于财务信息的相关性，在资产负债表日，对于很可能收不回来的坏账就应该立即确认为损失，本年资产负债表中实际列报的应收账款的金额应该为可收回金额241 270元。

根据我国企业会计准则规定，企业应该在每个资产负债表日对应收账款进行减值测试，即确定应收账款可收回的金额是否发生了减值。当企业应收账款可收回金额低于账面余额时，就应该确认减值损失（坏账损失）。

常用的坏账损失估计方法，主要有应收账款余额百分比法和账龄分析法。

（1）应收账款余额百分比法

应收账款余额百分比法，是指按应收账款的期末余额和坏账比率计算确定减值金额，据以计提坏账准备的一种方法。资产负债表日，企业可按下列公式计算确定当期应计提的坏账准备金额：

当期应计提的坏账准备金额 = 应收款项年末余额 × 坏账损失*估计比率 ± “坏账准备”账面余额

* 坏账损失估计比率根据企业历史实际发生的坏账损失额占应收账款总额的比率估计确定。

【例 6-2】新希望公司 2014 年赊销产品总额 2 000 万元；2015 年，收回应收账款 1 500 万元，又赊销产品总额 2 200 万元；2016 年，收回应收账款 2 000 万元，又赊销产品总额 1 200 万元，公司客户 A 陷入财务困境，新希望公司应收 A 公司账款中 50 万元无法如期收回；2017 年，收回应收账款 1 800 万元，又赊销产品总额 2 400万元，因为 A 公司财务状况好转，归还所欠本公司账款 30 万元。公司估计平均坏账损失比率为 4%。根据上述业务计算坏账准备计提金额见表 6-1。

表 6-1　**坏账准备金额计算表**　单位：元

年份	应收账款年末余额 ①	坏账损失额 ②＝①×4%	“坏账准备”余额 ③＝②	计提“坏账准备”金额
2014	20 000 000	800 000	800 000	800 000
2015	27 000 000	1 080 000	1 080 000	280 000
2016	18 500 000	740 000	740 000	160 000*
2017	24 800 000	992 000	992 000	-48 000**

* 160 000＝740 000-（1 080 000-500 000）；

** -48 000＝992 000-（740 000+300 000）。

（2）账龄分析法

账龄分析法，是指对应收账款按账龄的长短进行分组并分别确定坏账比率，据以计算确定减值金额、计提坏账准备的一种方法。账龄分析法的前提是账款被拖欠的时间越长，发生坏账的可能性就越大。尽管应收款项能否收回以及能收回多少，并不完全取决于欠账时间的长短，但就一般情况而言，这一前提还是可以成立的。

采用账龄分析法计算确定减值金额，首先要对应收账款按账龄的长短分组，然后分别确定各组应收账款的坏账比率，并分别计算各组应收账款的减值金额，最后将各组应收账款的减值金额进行加总，求得全部应收账款的减值金额。账龄分析法与应收账款余额百分比法在会计处理的方法上是相同的，但账龄分析法计算确定的减值金额比应收账款余额百分比法更精确、更合理。

【例 6-3】新希望公司 2016 年应收账款减值金额计算表见表 6-2。

表 6-2　　应收账款减值金额计算表　　金额单位：元

应收账款按账龄分组	应收账款余额	坏账比率（%）	减值金额
未超过信用期	5 000 000	0	0
超过信用期不足 3 个月	4 000 000	1	40 000
超过信用期 3 个月不足 6 个月	2 000 000	2	40 000
超过信用期 6 个月不足 12 个月	1 000 000	5	50 000
超过信用期 12 个月不足 24 个月	2 000 000	10	200 000
超过信用期 24 个月不足 36 个月	4 500 000	20	900 000
超过信用期 36 个月以上	0	50	0
合计	18 500 000	—	1 230 000

坏账损失的会计处理如下：

企业在资产负债表日，按坏账损失估计方法估计出该年应收账款减值金额时，应借记“资产减值损失”，贷记“坏账准备”。

确认坏账时，应借记“坏账准备”，贷记“应收账款”。

已确认的坏账又收回时，应借记“应收账款”，贷记“坏账准备”，同时，借记“银行存款”，贷记“应收账款”。

第三节　收入与货币性资产的会计处理

收入与货币性资产的会计处理，就是依据《企业会计准则第 14 号——收入》确认与计量收入。

一、设置的总账账户

根据《企业会计准则——应用指南》，企业确认与计量日常活动中取得收入需要设置的总账账户主要包括“营业收入”、“库存现金”、“银行存款”、“应收票据”、“应收账款”、“预收账款”、“应交税费”、“坏账准备”、“发出商品”、“长期应收款”、“未实现融资收益” 等。

1. “营业收入” 账户

性质是损益类，其贷方登记企业实现的收入，借方登记期末转入“本年利润”账户的本期实现营业收入净额，结转后该账户一般无余额。对于营业收入构成主次区分显著的企业，可以分设“主营业务收入”和“其他业务收入”，本教材不区分。

借方　　营业收入　　贷方

借方	贷方
结转“本年利润”	本期实现的营业收入
	年末无余额

2. “应收票据”账户

性质是资产类，用来核算企业因销售商品等而收到的商业汇票。借方登记取得的应收票据的面值，贷方登记到期收回票款或到期前向银行贴现的应收票据的票面余额，期末余额在借方，反映企业持有的商业汇票的票面金额。

借方　　应收票据　　贷方

期初余额	
取得的应收票据的面值	(1) 到期收回票款 (2) 到期前向银行贴现的应收票据的票面余额（符合终止确认条件）
期末余额：持有的商业汇票的票面金额	

3. “应收账款”账户

性质是资产类，用来核算企业因销售商品、提供劳务等经营活动应收取的款项增减变动及其结余情况。借方登记由于销售商品以及提供劳务等而发生的应收账款（即应收账款的增加），包括应收取的价款、税款和代垫款等，贷方登记已经收回的应收账款（即应收账款的减少）。期末余额如在借方，表示企业尚未收回的应收账款；如在贷方，表示企业预收的账款。

借方　　应收账款　　贷方

期初余额	
销售取得的应收账款	收回的账款、发生的坏账等应收账款减少
期末余额：预收的账款	

4. “预收账款”账户

性质是负债类，用来核算企业按照合同的规定预收购货单位订货款的增减变动及其结余情况。其贷方登记预收购货单位订货款的增加，借方登记销售实现时冲减的预收货款。期末余额如在贷方，表示企业预收款的结余额；如在借方，表示购货单位应补付给本企业的款项（应列入资产负债表“应收账款”项目）。

借方　　预收账款　　贷方

	期初余额
销售实现时冲减的预收款	预收购货单位订货款
期末余额：应收账款	期末余额：预收款的结余额

5. “应交税费”账户

性质是负债类，用来核算企业按税法规定应缴纳的各种税费的计算与实际缴纳情况。其贷方登记计算出的各种应交未交税费的增加，包括计算出的增值税、消费税、营业税、城市维护建设税、所得税、资源税、房产税、土地使用税、车船税、教育费附加、矿产资源补偿费等，借方登记实际缴纳的各种税费，包括支付的增值税进项税额。期末余额方向不固定，如在贷方，表示应交未交税费的结余额；如在借方，表示多交的税费或留抵的进项税额。

借方 **应交税费** 贷方

借方	贷方
	期初余额
实际缴纳的各种税费	计算出的各种应交未交税费的增加
期末余额：多交的税额或留抵的进项税额	期末余额：应交未交税费的结余额

6. “坏账准备” 账户

性质是资产类，作为“应收账款” 备抵调整账户，用来调整应收账款账面余额。其贷方登记计提的坏账准备额，借方登记发生的坏账。对于已确认并转销的应收款项以后又收回的，也可以按照实际收回的金额，贷记本科目。期末余额在贷方，表示坏账准备的结余额。

借方 **坏账准备** 贷方

借方	贷方
	期初余额
发生的坏账	（1）计提的坏账准备额
	（2）转回的坏账
	期末余额：坏账准备的结余额

7. “发出商品” 账户

性质是资产类，用来核算企业未满足收入确认条件但已发出商品的实际成本（或进价）。借方登记未满足收入确认条件的发出商品的实际成本，贷方登记发出商品满足收入确认条件时结转销售成本的发出商品的实际成本。期末余额在借方，表示企业发出商品的实际成本（或进价）。

借方 **发出商品** 贷方

借方	贷方
期初余额	
未满足收入确认条件的发出商品的实际成本	结转实现销售的发出商品的实际成本
期末余额：发出商品的实际成本	

8. “长期应收款” 账户

性质是资产类，用来核算企业的长期应收款项，包括融资租赁产生的应收款项、采用递延方式具有融资性质的销售商品和提供劳务等产生的应收款项等。借方登记采用递延方式分期收款销售商品或提供劳务等经营活动产生的，满足收入确认条件的，应收的合同或协议总价款，贷方登记分期实际收到的合同约定的账款。期末余额在借方，反映企业尚未收回的长期应收款。

借方	长期应收款 贷方
期初余额 满足收入确认条件的采用递延方式具有融资性质长期应收未收款	分期实际收到的合同约定的账款
期末余额：尚未收回的长期应收款	

9. “未实现融资收益”账户

性质是资产类，用来核算企业分期计入租赁收入或利息收入的未实现融资收益。借方登记采用实际利率法按期计算确定的利息收入，贷方登记确认的“长期应收款”与确认的“营业收入”之间的差额。期末余额在贷方，反映企业尚未确认的融资收益。

借方	未实现融资收益 贷方
采用实际利率法按期计算确定的利息收入	期初余额 确认的“长期应收款”与确认的“营业收入”之间的差额
	期末余额：尚未确认的融资收益

知识拓展6-1 **增值税**

增值税是对在中华人民共和国境内销售货物或者提供加工、修理修配等应税劳务以及进口货物的单位和个人的增值额征收的一种税。根据纳税人的经营规模和会计核算的健全程度不同，增值税的纳税人分为一般纳税人和小规模纳税人。

一般纳税人实行税款抵扣制度，按增值额计算征收应缴税额（目前在中华人民共和国境内销售货物基本税率为17%），即：

当期应交增值税额=当期销项税额−当期准予抵扣的进项税额

当期销项税额=不含税销售额×税率

当期准予抵扣的进项税额，是指纳税人当期购进货物或者应税劳务已承担的、经税务认证符合抵扣条件的增值税额。

小规模纳税人采取简易计征办法，不实行税款抵扣制度，按不含税销售额乘以征收率直接计算应缴税额，即：

当期应交增值税额=不含税销售额×征收率

二、一般销售的会计处理

企业发生的一般销售商品业务，在同时满足收入确认的五个条件时，按已收或应收的合同或协议价款和应收取的增值税销项税额，借记“银行存款”、“应收账款”、“应收票据”等账户，按确定的收入金额，贷记“营业收入”等账户，按应收取的增值税销项税额，贷记“应交税费——应交增值税（销项税额）”

账户。

■ 链接【例 6-1】

【例 6-4】新希望公司 2014 年 1 月 15 日销售 80 吨产品给正大化工公司，货已发出，新希望公司开具的增值税专用发票上注明的商品价款为 640 000元，增值税销项税额为 108 800 元。当日收到正大化工公司签发的带息银行承兑汇票一张，该票据的期限为 3 个月，利率 8%。该批产品销售符合会计准则规定的收入确认条件。2014 年 2 月 25 日，因急需资金，新希望公司将该票据向其开户行申请贴现，银行受理，贴现利率为 9%。

1 月 15 日销售实现时：

借：应收票据——银行承兑票据　　748 800

　贷：营业收入　　640 000

　　　应交税费——应交增值税（销项税额）　　108 800

2 月 25 日票据贴现时：

借：银行存款　　754 419.74

　贷：财务费用　　5 619.74

　　　应收票据——银行承兑　　748 800*

* 如该票据为商业承兑汇票，那么贴现时不符合金融资产终止确认条件。在票据贴现时，不能转销“应收票据”。

【例 6-5】新希望公司 2014 年 1 月 28 日赊销 50 吨产品给正大化工公司，货已发出，新希望公司开具的增值税专用发票上注明的商品价款为 400 000 元，增值税销项税额为 68 000 元。合同约定 2 月 10 日前付清货款。该批产品销售符合会计准则规定的收入确认条件。

借：应收账款——正大化工公司　　468 000

　贷：营业收入　　400 000

　　　应交税费——应交增值税（销项税额）　　68 000

如该批商品销售时不能符合收入确认条件，那么在商品发出时，按发出商品成本 201 000 元做如下处理：

借：发出商品——××产品　　201 000

　贷：库存商品——××产品　　201 000

【例 6-6】新希望公司 2014 年 1 月 28 日赊销 70 吨产品给 A 公司，货已发出，新希望公司开具的增值税专用发票上注明的商品价款为 560 000 元，增值税销项税额为 95 200 元。合同约定 2 月 28 日前付清货款。新希望公司为了鼓励正大公司尽早付款，给出信用条件：2/10，N/30。该批产品销售符合会计准则规定的收入确认条件。

1 月 28 日销售成立时：

借：应收账款——正大化工公司　　655 200

　贷：营业收入　　560 000

　　应交税费——应交增值税（销项税额）　　95 200

如正大化工公司2月6日付款：

借：银行存款　　644 000

　财务费用　　11 200

　贷：应收账款——正大化工公司　　655 200

如正大化工公司2月6日之后付款：

借：银行存款　　655 200

　贷：应收账款——正大化工公司　　655 200

【例6-7】新希望公司2014年4月5日与A公司签订购销合同，合同总价800 000元（不含增值税）。合同约定A公司应于4月10日前预付20%货款，新希望公司于5月8日前发出商品并开具增值税专用发票。

4月10日收到预收款：

借：银行存款　　160 000

　贷：预收账款——A公司　　160 000

5月8日销售成立时：

借：预收账款——A公司　　936 000

　贷：营业收入　　800 000

　　应交税费——应交增值税（销项税额）　　136 000

收回余款：

借：银行存款　　776 000

　贷：预收账款——A公司　　776 000

三、特殊销售的会计处理

（一）具有融资性质的分期收款销售

企业销售商品，有时会采取分期收款的方式，即商品已经交付，货款分期收回。如果延期收取的货款具有融资性质，其实质是企业向购货方提供信贷时，企业应当按照应收的合同或协议价款的公允价值确定收入金额。应收的合同或协议价款的公允价值，通常应当按照其未来现金流量现值或商品现销价格计算确定。

应收的合同或协议价款与其公允价值之间的差额，应当在合同或协议期间内，按照应收款项的摊余成本和实际利率计算确定的金额进行摊销，作为财务费用的抵减处理。其中，实际利率是指具有类似信用等级的企业发行类似工具的现时利率，或者将应收的合同或协议价款折现为商品现销价格时的折现率等。

知识拓展6-2　　**货币时间价值计算**

货币的时间价值和投资的风险价值，是现代财务管理的两个基础观念，因其非常重要且贯穿投资、融资和分配等财务管理的各个环节，因此也被称为理财的

“第一原则”。

货币时间价值是在不考虑风险因素和通货膨胀因素的前提下，货币随着时间的推移而发生的增值，也称为资金的时间价值。

一、复利的计算

复利是计算利息的一种方法。按照这种方法，每经过一个计息期，要将所生利息加入本金再计利息，逐期滚算，俗称“利滚利”。这里所说的计息期，是指相邻两次计息的时间间隔，如年、月、日等。除非特别指明，计息期为一年。

如某人 2012 年 1 月 1 日存入 3 年定期存款 10 000 元，年利率为 4%，2014 年 12 月 31 日到期可取出的金额为：

$10\,000\times(1+4\%)^3=11\,248.64$（元）

案例中 11 248.64 元即为复利终值，10 000 元即为现值。

1. 复利终值（本利和）的一般计算

$F=P\times(1+i)^n$

2. 复利现值的一般计算

$P=F/(1+i)^n$

其中：F 表示复利终值；P 表示复利现值；i 表示利率；n 表示期限。

二、普通年金

1. 年金（A）

年金是指等额、定期的系列收支。例如，分期付款赊购、分期偿还贷款、分期支付工程款、每年相同的销售收入等，都属于年金收付形式。若等额收付款时间为每期期末，称为普通年金。

2. 普通年金计算

（1）普通年金终值计算。普通年金终值是每次支付的复利终值之和。按数学归纳法，普通年金计算可简化为以下公式：

$$F=A\times\frac{(1+i)^n-1}{i}$$

（2）普通年金现值，是指为在每期期末取得相等金额的款项，现在需要投入的金额。普通年金现值的计算公式为：

$$P=A\times\frac{1-(1+i)^{-n}}{i}$$

【例 6-8】2009 年 1 月 1 日，M 公司采用分期收款方式向 N 公司销售一套大型设备，合同约定的销售价格为 2 000 万元，分 5 次于每年 12 月 31 日等额收取。该大型设备成本为 1 560 万元。在现销方式下，该大型设备的销售价格为 1 600 万元。假定 M 公司发出商品时，其有关的增值税纳税义务尚未发生；在合同约定的收款日期，发生有关的增值税纳税义务。

根据本例的资料，M 公司应当确认的销售商品收入金额为 1 600 万元。

根据下列公式：未来五年收款额的现值=现销方式下应收款项金额

可以得出：400×（P/A，r，5）=1 600（万元）

可在多次测试的基础上，用插值法计算折现率。

当 r=7%时，400×4.1002=1 640.08>1 600

当 r=8%时，400×3.9927=1 597.08<1 600

因此，7%<r<8%。用插值法计算如下：

$$\frac{1\ 640.08-1\ 600}{1\ 640.08-1\ 597.08}=\frac{7\%-r}{7\%-8\%}$$

r=7.93%

每期计入财务费用的金额见表 6-3。

表 6-3　**财务费用和已收本金计算表**　单位：万元

日期	未收本金 ①=上期①-上期④	财务费用 ②=①×7.93%	收现总额 ③	已收本金 ④=③-②
2009 年 1 月 1 日	1 600.00			
2009 年 12 月 31 日	1 600.00	126.88	400	273.12
2010 年 12 月 31 日	1 326.88	105.22	400	294.78
2011 年 12 月 31 日	1 032.10	81.85	400	318.15
2012 年 12 月 31 日	713.95	56.62	400	343.38
2013 年 12 月 31 日	370.57	29.43*	400	370.57
总额		400.00	2 000	1 600.00

*尾数调整。

根据表 6-3 的计算结果，M 公司各期的账务处理如下：

（1）2009 年 1 月 1 日销售实现时：

借：长期应收款——N 公司　　20 000 000

　贷：主营业务收入　　16 000 000

　　　未实现融资收益　　4 000 000

借：主营业务成本　　15 600 000

　贷：库存商品　　15 600 000

（2）2009 年 12 月 31 日收取货款时：

借：银行存款　　4 680 000

　贷：长期应收款——N 公司　　4 000 000

　　　应交税费——应交增值税（销项税额）　　680 000

借：未实现融资收益　　1 268 800

　贷：财务费用　　1 268 800

（3）2010 年 12 月 31 日收取货款时：

借：银行存款　　4 680 000

贷：长期应收款——N 公司　　4 000 000
　　应交税费——应交增值税（销项税额）　　680 000
借：未实现融资收益　　1 052 200
　贷：财务费用　　1 052 200

（4）2011 年 12 月 31 日收取货款时：

借：银行存款　　4 680 000
　贷：长期应收款——N 公司　　4 000 000
　　应交税费——应交增值税（销项税额）　　680 000
借：未实现融资收益　　818 500
　贷：财务费用　　818 500

（5）2012 年 12 月 31 日收取货款时：

借：银行存款　　4 680 000
　贷：长期应收款——N 公司　　4 000 000
　　应交税费——应交增值税（销项税额）　　680 000
借：未实现融资收益　　566 200
　贷：财务费用　　566 200

（6）2013 年 12 月 31 日收取货款和增值税额时：

借：银行存款　　4 680 000
　贷：长期应收款——N 公司　　4 000 000
　　应交税费——应交增值税（销项税额）　　680 000
借：未实现融资收益　　294 300
　贷：财务费用　　294 300

（二）委托代销

委托代销是指委托方根据协议，委托受托方代销商品的一种销售方式。委托代销具体又可分为视同买断方式和支付手续费方式两种。

1. 视同买断方式

视同买断方式，是指委托方和受托方签订合同或协议，委托方按合同或协议价格收取代销商品的货款，实际售价可由受托方自定，实际售价与合同或协议价之间的差额归受托方所有的销售方式。

在视同买断方式下，如果委托方和受托方之间的协议明确标明，受托方在取得代销商品后，无论是否能够卖出、是否获利，均与委托方无关，那么委托方和受托方之间的代销商品交易，与委托方直接销售商品给受托方没有实质区别，委托方应于发出商品时确认相关销售商品收入，受托方对取得的代销商品应作为购进商品处理。如果委托方和受托方之间的协议明确标明，将来受托方没有将商品售出时可以将商品退回给委托方，或受托方因代销商品出现亏损时可以要求委托方补偿，那么委托方在发出商品时不确认收入，发出的商品通过“发出商品”账户核算，也可以单独设置“委托代销商品”账户核算；受托方在收到商品时也不作为商品购进处理，收到的代销商品通过“受托代销商品”账户核算。随后期间，受托方将受托代销的商品售出后，按实际售价确认销售收入，并向委托方开具代销清单；委托方收到代销清单时，根据代销清单所列的已销商品确认销售收入。

【例 6-9】新希望公司采用视同买断方式委托 B 公司代销一批商品。该批商品的成本为 12 000 元，协议价为 16 000 元，增值税税额为 2 720 元；B 公司在取得代销商品后，如果不能够卖出可以将商品退回给新希望公司。代销商品的实际售价由 B 公司自定，B 公司将该批商品按 20 000 元的价格售出，收取增值税 3 400 元，并给新希望公司开来代销清单、结清协议价款。

(1) 新希望公司（委托方）的会计处理。

①发出委托代销商品。

借：发出商品	12 000	
贷：库存商品		12 000

②收到 B 公司开来的代销清单。

借：应收账款——B 公司	18 720	
贷：主营业务收入		16 000
应交税费——应交增值税（销项税额）		2 720
借：主营业务成本	12 000	
贷：发出商品		12 000

③收到 B 公司汇入的货款。

借：银行存款	18 720	
贷：应收账款——B 公司		18 720

(2) B 公司（受托方）的会计处理。

①收到受托代销的商品。

借：受托代销商品	16 000	
贷：受托代销商品款		16 000

②售出代销商品。

借：银行存款	23 400	
贷：主营业务收入		20 000
应交税费——应交增值税（销项税额）		3 400
借：主营业务成本	16 000	
贷：受托代销商品		16 000
借：受托代销商品款	16 000	
贷：应付账款——新希望公司		16 000

③收到增值税专用发票。

借：应交税费——应交增值税（进项税额）	2 720	

贷：应付账款——新希望公司 2 720

④按协议价将货款汇给新希望公司。

借：应付账款——新希望公司 18 720

贷：银行存款 18 720

2. 支付手续费方式

支付手续费方式，是指委托方和受托方签订合同或协议，委托方根据代销商品的数量向受托方支付手续费的一种代销方式。与视同买断方式相比，支付手续费方式的主要特点是受托方一般应按照委托方规定的价格销售商品，不得自行改变售价。在支付手续费方式下，委托方向受托方交付代销商品时，与代销商品所有权有关的风险和报酬并没有转移给受托方，因此，委托方不能在发出商品时确认收入，应将发出的代销商品转入“发出商品”账户或“委托代销商品”账户核算；受托方对收到的代销商品也不能作为商品购进处理，应设置“受托代销商品”账户单独核算。受托方将受托代销的商品售出后，应根据代销商品的数量和合同约定的收费方式，计算应向委托方收取的手续费，作为劳务收入确认入账，不确认销售商品收入；委托方收到受托方开来的代销清单时，根据代销清单所列的已销商品金额确认收入，支付的代销手续费计入当期销售费用。

【例 6-10】承【例 6-9】，假设 B 公司按销售价款（包括增值税）的 5% 收取手续费。B 公司将该批商品售出后，给新希望公司开来了代销清单，新希望公司根据代销清单所列的已销商品金额给 B 公司开具了增值税专用发票。

(1) 新希望公司（委托方）的会计处理。

①发出委托代销商品。

借：发出商品 12 000

贷：库存商品 12 000

②收到 B 公司开来的代销清单。

借：应收账款——B 公司 18 720

贷：主营业务收入 16 000

应交税费——应交增值税（销项税额） 2 720

借：主营业务成本 12 000

贷：发出商品 12 000

③收到 B 公司汇入的货款。

借：银行存款 17 784

销售费用 936

贷：应收账款——B 公司 18 720

(2) B 公司（受托方）的会计处理。

①收到受托代销的商品。

借：受托代销商品 16 000

贷：受托代销商品款　　16 000

②售出代销商品。

借：银行存款　　18 720

贷：应付账款——新希望公司　　16 000

应交税费——应交增值税（销项税额）　　2 720

③收到增值税专用发票。

借：应交税费——应交增值税（进项税额）　　2 720

贷：应付账款——新希望公司　　2 720

④转销受托代销商品及代销商品款。

借：受托代销商品款　　16 000

贷：受托代销商品　　16 000

⑤按协议价将货款汇给新希望公司。

借：应付账款——新希望公司　　18 720

贷：其他业务收入　　936

银行存款　　17 784

四、提供劳务的会计处理

企业在资产负债表日提供劳务交易的结果能够可靠估计的，应当采用完工百分比法确认提供劳务收入。

企业采用完工百分比法确认提供劳务收入时，应按计算确定的提供劳务收入金额，借记“应收账款”、“银行存款”等账户，贷记“营业收入”账户。

【例 6-11】甲公司于 2014 年 12 月 1 日接受一项设备安装任务，安装期为 3 个月，合同总收入 600 000 元，至年底已预收安装费 440 000 元，实际发生安装费用为 280 000 元（假定均为安装人员薪酬），估计还会发生安装费用 120 000 元。假定甲公司按实际发生的成本占估计总成本的比例确定劳务的完工进度。甲公司的会计处理如下：

完工百分比＝280 000÷（280 000+120 000）×100%＝70%

2014 年 12 月 31 日确认的劳务收入＝600 000×70%－0＝420 000（元）

（1）预收劳务款时：

借：银行存款　　440 000

贷：预收账款　　440 000

（2）2014 年 12 月 31 日确认劳务收入时：

借：预收账款　　420 000

贷：营业收入　　420 000

剩余的 30% 未确认劳务收入于合同完工时确认，会计处理同上。

如例题中的劳务合同是在 2014 年度内完工，那么劳务收入只需在合同完工时一次确认，会计处理同上。

第四节　收入背后的故事

对于企业日常经营活动引起的资金双向变化，会计师在确认与计量收入的同时，一定以相等的金额确认与计量资产的增加或负债的减少，因此，资产负债表中货币性资产项目与利润表中“营业收入”项目以及现金流量表中“经营活动产生的现金流量——销售商品、提供劳务收到的现金”项目产生严密的逻辑关系。通过对这种客观存在的逻辑关系进行深刻剖析，就能够讲述一个有关企业经营质量的生动故事。

一、营业收入解读

在阅读与分析利润表时，我们除了需要关注表中营业收入的总额及其变化趋势外，我们更需要对其进行深入解读。对于经营者来说，我们应该要求会计师提供更加具体的有关营业收入的信息；而对于外部决策者而言，我们在阅读利润表表内信息的同时需要关注报表附注和管理层评述与分析报告。

（一）营业收入的构成

营业收入的构成，就是指企业利润表营业收入的具体来源，例如，百事可乐公司营业收入来自三个不同的产品线，其中饮料34%、甜点29%、餐馆37%，而在百事可乐餐馆收入中必胜客占43%、肯德基占25%、塔可钟占32%。通过企业收入的构成，我们可以了解到该企业属于多元化经营还是单一化经营。对多元化经营的公司来说，了解其营业收入的构成更加重要，因为每个市场或产品线的成长方式、获利能力及未来潜力可能存在较大差异，而这些差异可能会对企业未来营业收入产生较大影响。再例如，苏宁电器主要的营收是来自空调和黑色电器的销售，共占总营收约45%；其次为数码产品及IT设备，约占15%。另外，如果分地区来看苏宁电器的营收，华东就占了总营收的约54%，显示苏宁的主要经营区域是在江苏附近的一级城市，例如南京和上海。

假设你是银行行长，正在考虑两家公司的贷款请求。对两家公司财务报表的分析显示了相似的风险和回报特征，而且两者都是勉强够格的申请者。在与资深贷款经理探讨这些情况时，她指出，一家公司的收益来自10个行业，而另一家则集中于一个行业。这一信息将如何影响你的贷款决策？它影响到你对两家公司的比较吗？

额外的行业信息有助于重新估计风险和报酬特性。公司的利润来自10个行业这一事实，通常意味着较低的风险。这是因为，一个行业的萎缩对整个公司利润的影响较少。相反，对单一行业公司来说，行业的经济性萎缩会给公司带来严重的负面结果。在两家公司均勉强够格，且贷款人不愿再承担额外风险的情况下，营业收入构成的信息尤其重要。所以，对两家公司进行比较的结果是收益来自10个行业的公司将获得青睐。

事实上，在企业发展战略的选择上，多元化和单一化究竟谁优谁劣，理论界也是众说纷纭。无论是多元化还是单一化，企业做到专业化都是非常重要的。我们应该在了解营业收入构成的同时，了解公司在每一行业所占市场份额，即专业化程度，关注行业的成长方式和未来潜力。

（二）营业收入的持续性

了解企业营业收入的行业市场份额，反映了企业现有的竞争能力。但是，着重分析企业利润表中的营业收入及其持续性，对于分析企业未来获利能力更加重要。关注行业的成长方式和未来潜力，可以让我们了解不同行业未来市场总规模。了解企业收入的持续性，可以让我们了解公司未来获利能力。趋势百分比分析和管理层评述与分析报告，是分析营业收入持续性的两个常用工具。

1. 趋势百分比分析

趋势百分比分析就是根据企业连续几年或几个时期的分析资料，运用百分比的计算，确定分析期各有关项目的变动情况和趋势的一种财务分析方法。运用营业收入趋势百分比分析，可以更加直接了解企业营业收入的趋势变化。将分行业的营业收入变化趋势与行业一般水平或竞争对手进行对比分析，可以了解企业竞争能力，揭示企业的成长方式和未来潜力。

沃尔玛的竞争力主要来自营收获利的持续增长，在维持旧店营收获利合理增长的同时，随着快速拓展，沃尔玛的营收急剧增加，由1971年的4 400万美元增加到2006年的3 157亿美元；沃尔玛的获利也从1971年的200万美元增加到2006年的116亿美元。自1996年至2006年，沃尔玛的平均销售增长率约为13.4%。长期稳定的营收及获利增长是企业竞争力的最具体表现。

在分析企业营业收入持续性时，应该关注如下因素：（1）现有市场环境下的行业市场需求规模；（2）预计新的或改进产品和服务的需求能力；（3）客户分析——集中程度、依赖性及稳定性；（4）企业营业收入的集中程度或对单个行业的依赖性；（5）营业收入对销售人员的依赖性；（6）市场在地理上的分散程度；（7）行业的集中度等。

2. 管理层评述与分析报告

管理层对公司财务状况和经营结果的评述和分析（管理层评述与分析报告），对收入持续性分析很有用。美国证券交易委员会要求企业披露若干条对管理层评述与分析报告进行理解或解释的信息，包括影响营业收益的非经常事项、影响或可能影响经营的趋势或不确定性，以及收入和费用即将发生的变化，如原材料或劳动力成本的上升。这一信息有助于我们理解和评估包括收入在内的财务报表账户从一个期间到另一期间的变化。管理层还必须披露，他们是否将收入增长归因于价格、销量、通货膨胀或新产品引入。管理层应当描述财务结果，披露前瞻性信息，详述财务报表难以体现的潜在趋势。美国证券交易委员会声明，管理层评述与分析报告通过评估现金流的数量和不确定性，提供了有助于分析财务状况和经营成果的信息。

有关管理层评述与分析报告编制方面的准则非常少。管理层在提供相关信息时十分谨慎。美国证券交易委员会这样要求的目的在于，使管理层以叙述形式进行有意义的披露，并提供那些在财务报表中通常不可获得的有用信息。是否能成功地达到这一目的，取决于管理层的态度和动机。尽管我们利用的管理层评述与分析报告信息很可能是“软信息”，但我们必须记住，由于受美国证券交易委员会的监督，管理层不会随意披露信息或提供虚假信息，因此，我们的分析经常受益于这些信息。这些有用的信息反映了管理层的看法，而且一般不能轻易从其他渠道获取。我们能够将报告提供的信息（特别是独立的、被证实的信息）作为分析的补充资料，也可将其作为对管理层战略计划和行动洞察的分析性补充。

二、营业收入与资产负债表相关项目之间的关系

营业收入与应收账款之间以及存货之间的关系，常常对经营结果的评估提供重要线索。在预测未来业绩方面往往有较高的参考价值。

（一）营业收入与应收账款

迫于竞争压力，企业往往选择赊销方式销售，因而产生应收账款，赊销会刺激营业收入增长，同时也会扩大应收账款的规模。在企业信用政策相对稳定的情况下，应收账款规模应该与营业收入保持一定的相关性。值得注意的是，如果企业应收账款的增加速度超过营业收入的增加速度，出现非正常增长，很可能是企业放宽信用政策的结果，从而很可能使企业未来面临更大的坏账风险。

■ 案例1：TL公司营业收入与应收账款的关系（见表6-4）

表6-4　**营业收入与应收账款的关系**

项目	第1年	第2年	第3年	第4年	第5年
营业收入（千美元）	290	198	175	227	199
变动百分比（%）	—	-31.7	-11.6	29.7	-12.3
应收账款（千美元）	338	276	190	225	271
变动百分比（%）	—	-18.3	-31.2	18.4	20.4

TL公司第1年至第4年中，营业收入与应收账款表现出同方向的增减变化，保持一定的相关性。而在第5年，这种相关性被打破，应收账款增长了20.4%，收入却下降了12.3%，营业收入与应收账款之间出现异常的反方向变化，这种异常变化应该特别引起我们关注和分析。

（二）营业收入与存货

存货构成分析给未来营业收入和经营活动的揭示提供了有价值的线索。正常情况下，存货规模与营业收入也应该保持一定的相关性。值得注意的是，库存商品的增加伴随着原材料和半成品数量的减少，预示未来生产的缩减；存货的增加（尤其是库存商品的增加）伴随着营业收入的下降，预示企业生产与销售未能保持一致变化，很可能企业竞争能力下降，或者行业萎缩。

1992 年，《亨兹维尔时报》刊登大字标题——“康普尼克斯公司解雇总经理，原因是财务舞弊”。3 年前同是这家报纸，曾刊登康普尼克斯公司的销售和收益记录。康普尼克斯公司是一家电子公司，1984 年设立，1988 年其股票上市，1992 年其股票升至每股 22.75 美元。康普尼克斯公司利用不当的会计方法夸大利润的消息一经披露，股价跌至每股 3.75 美元。

解雇的 3 名经理被指控合谋策划财务舞弊。康普尼克斯公司虚增利润是通过在资产负债表上不当地记录资产和在利润表上夸大销售收入及压低销售成本来达到的，以高估存货、低计成本来达到夸大利润的目的。你能详细说明其财务造假是如何被发现的吗？

三、营业收入与经营现金流量之间的关系

观察企业营业收入与经营活动产生的现金流量，特别是销售商品、提供劳务收到现金之间的关系，是直接揭示企业生命力与竞争力的基础。经营活动现金流入量的主要项目“销售商品、提供劳务收到的现金”的金额主要取决于利润表中的营业收入的金额，以及资产负债表中的商业债权项目（应收账款与应收票据之和）期初、期末金额的变化。正常情况下，销售商品、提供劳务收到的现金，营业收入与商业债权项目的金额也应该保持一定的相关性。企业销售商品、提供劳务收到的现金金额与利润表中营业收入金额越相吻合、资产负债表的商业债权项目金额的增加幅度越小（或者减少幅度越大），说明企业销售回款越顺畅，现金流入量越充沛，也说明企业收益质量越好；否则，销售回款就可能存在问题。另外，我们需要注意，资产负债表中预收账款项目的金额增加，会导致本期现金流入量扩大，也意味着未来提供商品或劳务的义务增加。

如果有一个企业利润表中营业收入为 300 万元，而现金流量表中“销售商品、提供劳务收到的现金”仅为 50 万元，你认为正常吗？如果不正常，你认为可能存在哪些问题？

本章小结

企业生产经营的过程就是各项收入的取得过程，而伴随着收入的取得，一定引起企业资产的增加或负债的减少。

尽管公司持续获得收入，但是会计上却只是在收入实现时才确认收入。企业销售商品，必须同时满足五个条件，才能确认为收入；提供劳务，在同时满足四个条件时，确认收入。具有融资性质的销售，企业应当按照应收的合同或协议价款的现值或商品现销价格确定收入金额。

如果取得收入的过程跨越几个会计期间，则在可以合理地保证边际利润及最终的可实现性的条件下应在每一会计期间按完工百分比法确认收入的实现。

实现概念规定了某一期间确认收入的金额是指可以合理保证能够从客户处收回

的金额。相应地，总销售收入应减去赊销中隐含的估计坏账金额。在资产和应收账款中也要做相应的扣减。

货币性资产，是指企业持有的货币资金和将以固定或可确定的金额收取的资产，即企业在销售商品、提供劳务等日常经营活动过程中获取的货币资金或取得的索取一定货款的权利。资产负债表中货币性资产项目主要包括货币资金、应收票据、应收账款等。

会计师在确认与计量收入的同时，一定以相等的金额确认与计量资产的增加或负债的减少，双向资金变化的会计处理使得资产负债表中货币性资产项目与利润表中“营业收入”项目以及现金流量表中“经营活动产生的现金流量——销售商品、提供劳务收到的现金”项目存在严密的逻辑关系。通过对这种客观存在的逻辑关系进行深刻剖析，就能够深刻揭示企业经营质量。

思考与练习

■ 思考题

1. 依据我国企业会计准则，说明什么是收入，其包括哪些内容，具有哪些特征。
2. 销售商品、提供劳务和让渡资产使用权收入的确认标准分别是什么？
3. 什么是货币性资产？资产负债表中货币性资产主要包括哪些？
4. 如何理解现金的概念？现金控制的基本内容有哪些？
5. 企业在银行可以开立哪些账户？每个账户的用途是什么？
6. 依据《支付结算办法》的规定，企业可以使用的银行转账结算方式主要有哪些？
7. 什么是其他货币资金？主要包括哪些内容？
8. 什么是应收票据贴现？
9. 什么是应收账款？何时确认？
10. 在存在商业折扣、现金折扣的条件下，应收账款如何计价？
11. 如何对应收账款进行减值测试？常用的坏账准备计提方法有哪些？
12. 现金净流量与净利润是何关系？
13. 利润表中的“营业收入”与现金流量表中“经营活动产生的现金流量——销售商品、提供劳务收到的现金”是何关系？
14. 说说收入背后有哪些故事。

■ 练习题

一、单项选择题

1. 下列各项中，符合收入会计要素定义，可以确认收入的是(　　)。

A. 出售无形资产的价款　　B. 出售固定资产的价款

C. 出售原材料的价款　　D. 出售长期股权投资的价款

2. 企业销售商品时代垫的运费应记入(　　)账户。

A. 应收账款　　B. 预付账款　　C. 财务费用　　D. 销售费用

3. 企业因销售商品、提供劳务等，应向购货单位或接受劳务单位收取的款项是(　　)。

A. 应收票据　　B. 应收账款　　C. 其他应收款　　D. 预付账款

4. 在有商业折扣的情况下，企业应收账款的入账金额应为(　　)。

A. 折扣前售价　　B. 实际售价

C. 计划售价　　D. 商品价目单所列售价

5. 在有现金折扣的情况下，我国目前采用(　　)确认应收账款的入账金额。

A. 总和法　　B. 净额法　　C. 总价法　　D. 净价法

6. 销售商品在采用总价法入账的情况下，发生的现金折扣应当作为(　　)处理。

A. 营业收入　　B. 销售费用　　C. 财务费用　　D. 管理费用

7. 下列内容中，应属于让渡资产使用权的是(　　)。

A. 出租固定资产　　B. 出售无形资产

C. 出售积压的原材料　　D. 大型机械设备的安装

8. 在企业开立的诸多账户中，可以办理提现以发放工资的是(　　)。

A. 专用存款账户　　B. 一般存款账户

C. 临时存款账户　　D. 基本存款账户

9. 远离银行机构或交通不便的企业的库存现金限额为最高不超过(　　)天的开支需要量。

A. 5　　B. 10　　C. 15　　D. 20

10. 下列业务中属于收入银行存款核算的是(　　)。

A. 从银行提取库存现金　　B. 从银行取得短期借款

C. 支付前欠货款　　D. 销售商品收到商业汇票一张

11. 下列结算方式中，由付款人直接委托银行将款项支付给收款人的结算方式是(　　)。

A. 汇兑结算方式　　B. 支票方式

C. 银行本票结算方式　　D. 银行汇票结算方式

12. (　　)结算方式只适用于在同一票据交换区域需要支付各种款项的单位和个人。

A. 银行汇票　　B. 银行本票　　C. 商业汇票　　D. 信用证

13. 某企业持有一张2013年2月28日签发的、期限为3个月的商业汇票。该商业汇票到期日为(　　)。

A. 5月28日　　B. 5月29日　　C. 5月30日　　D. 5月31日

14. 益兴公司于2013年10月5日接收一项安装劳务，合同期为8个月，合同总收入为180万元，已经预收70万元，余额在安装完成时收回。至2013年12月31日已发生的成本为67.5万元，预计完成劳务还将发生成本45万元。则该企业2013年应确认的收入为(　　)万元。

A. 108　　B. 180　　C. 70　　D. 72

15. 甲公司本年度委托乙商店代销一批零配件，代销价款200万元。本年度收到乙商店交来的代销清单，代销清单列明已销售代销零配件的60%，甲公司收到代销清单时向乙商店开具增值税发票。乙商店按代销价款的5%收取手续费。该批零配件的实际成本为120万元。则甲公司本年度应确认的销售收入为(　　)万元。

A. 120　　B. 114　　C. 200　　D. 68.4

16. 某企业年末确定的减值损失为570 000元，“坏账准备”账户计提前的余额为贷方200 000元，则本期应提取的坏账准备数额为(　　)元。

A. 570 000　　B. 370 000　　C. 770 000　　D. 30 000

17. 下列各项中，应记入“坏账准备”账户贷方的是(　　)。

A. 过去已确认并转销的坏账的收回

B. 转销无法收回的应收账款

C. 转销无法支付的应付账款

D. 冲销多提的坏账准备

二、多项选择题

1. 收入的特征表现为(　　)。

A. 收入表现为所收取的全部款项　　B. 收入是日常活动中产生的

C. 收入可能表现为资产的增加　　D. 收入可能表现为所有者权益的增加

E. 收入可能表现为负债的减少

2. 企业日常经营活动中取得的收入包括(　　)。

A. 销售商品的收入　　B. 提供劳务的收入

C. 销售固定资产所取得的价款　　D. 让渡资产使用权的收入

E. 接受捐赠

3. 销售商品收入确认的条件包括(　　)。

A. 企业已将商品所有权上的主要风险和报酬转移给购货方

B. 企业既没有保留通常与所有权相联系的继续管理权，也没有对已售出的商品实施控制

C. 收入的金额能够可靠地计量

D. 与交易相关的经济利益很可能流入企业

E. 相关的已发生或将发生的成本能够可靠地计量

4. 下列收入中，属于提供劳务收入的有(　　)。

A. 产品安装实现的收入　　B. 出租固定资产的租金收入

C. 制作产品广告收入　　D. 受托研制软件收入

E. 出售专利权收入

5. 包括在广义现金范围的项目是(　　)。

A. 银行汇票　　B. 个人支票　　C. 旅行支票

D. 银行存款　　E. 商业汇票

6. 可以支出现金的业务是(　　)。

A. 向个人收购农副产品　　B. 各种劳保支出

C. 差旅费支出　　D. 缴纳税金

E. 偿还短期借款

7. 下列各项中，属于其他货币资金的有(　　)。

A. 备用金　　B. 银行本票存款　　C. 银行承兑汇票

D. 银行汇票存款　　E. 信用卡存款

8. 按照现金内部控制制度的要求，下列说法不正确的是(　　)。

A. 现金要实行日清月结

B. 各种现金开支要经过审批

C. 单位的库存现金可以以个人名义存入银行

D. 库存的纸币和铸币应实行分类保管

E. 企业保险柜中不能存放外币

三、会计分录题

1. 甲公司在 2013 年 1 月 1 日向 A 公司销售一批商品，开出的增值税专用发票上注明的销售价格为 30 000 元，增值税额为 5 100 元。为及早收回货款，两公司约定的现金折扣条件为：2/10，N/30。假定计算现金折扣时不考虑增值税额及其他因素。

要求：分别做出甲公司 10 日付款和 30 日付款情况下的相关会计分录。

2. 2012 年 1 月 1 日，乙公司采用分期收款方式向 B 公司销售一套大型设备，合同约定的销售总价为 300 000 元，分 3 次于每年 12 月 31 日分别支付 100 000 元。该大型设备成本为 150 000 元。在现销方式下，该大型设备的销售价格为 250 000 元。增值税专用发票分别于合同约定的收款时开具，同时收取相应增值税额 17 000 元，不考虑其他因素。

要求：做出乙公司 2012 年至 2014 年与该笔交易取得的收入和货币性资产相关的会计分录。

3. 丙公司 2013 年 11 月 1 日销售产品一批，收到 90 天到期、利率为 6%、面值为 58 500 元（其中增值税额为 8 500 元）的银行承兑汇票一张。

要求：

(1) 编制丙公司 11 月 1 日收到票据、12 月 31 日期末计息以及票据到期收到款项的会计分录。

(2) 假设在票据到期前丙公司因急需资金于 11 月 10 日将该票据向开户银行

进行了贴现，假设贴现利率为9%，试做出相关的会计分录。

4. 丁公司采用视同买断方式委托D公司代销一批商品，商品成本80 000元，协议买断价格100 000元，增值税额17 000元。根据代销协议，D公司将来没有将受托代销的商品售出时，可以将商品退回给丁公司，代销商品的实际售价由D公司自定。D公司将该批商品售出，实际售价120 000元，增值税额20 400元。

要求：分别做出丁公司和D公司代销商品的相关会计分录。

提示：丁公司委托代销商品的会计分录包括：①发出委托代销商品；②收到D公司支付的货款。D公司受托代销商品的会计分录包括：①收到受托代销商品；②将受托代销商品售出；③收到增值税专用发票；④向丁公司付清货款。

5. 假设上题中丁公司采用支付手续费方式委托D公司代销商品，丁公司按销售价款（含增值税）的3%支付手续费。D公司将该批商品售出后，给丁公司开来代销清单，丁公司根据代销清单所列的已销商品金额给D公司开具增值税专用发票。

要求：分别编制丁公司和D公司代销商品的相关会计分录。

6. 戊公司于2013年10月5日与C公司签订合同，为C公司定制一项软件，工期6个月，合同总收入5 000 000元。至2013年12月31日，戊公司已发生成本2 200 000元（假定均为开发人员薪酬），预收账款2 000 000元。戊公司预计开发该软件还将发生成本1 800 000元。2013年12月31日，经专业测量师测量，该软件的完工进度为60%。

要求：做出戊公司与该项业务取得的劳务收入相关的会计分录。

案例分析

案例6-1　　　　华兴公司[①]

华兴公司主要从事电子设备的生产、设计和安装业务。该公司系增值税一般纳税企业，适用的增值税税率为17%。注册会计师在对该公司2009年度会计报表进行审计的过程中发现以下事实：

（1）2009年9月20日，该公司与甲企业签订产品委托代销合同。合同规定，采用视同买断方式进行代销，甲企业代销A电子设备100台，每台销售价格（不含增值税价格，下同）为50万元。至12月31日，该公司向甲企业发出80台A电子设备，收到甲企业寄来的代销清单上注明已销售40台A电子设备。该公司在2009年度确认销售80台A电子设备的销售收入，并结转了相应成本。

（2）2009年10月10日，该公司向其全资子公司乙企业销售B电子设备60台，每台销售价格为400万元。B电子设备每台的销售成本为250万元。该公司已将60台发送到乙企业。乙企业在对该B电子设备进行验收后已如数将货款通过银

① 资料来源：殷枫．会计学案例［M］．上海：上海财经大学出版社，2010：115.

行汇至该公司。该公司在2009年度以每台400万元的价格确认销售收入，并相应结转销售成本。B电子设备全部通过乙企业对外销售，不向其他公司销售。

（3）2009年10月15日，该公司与丙企业签订销售、安装B设备1台的合同，合同总价款为800万元。合同规定，该公司向丙企业销售B设备1台并承担安装调试任务。丙企业在合同签订的次日预付了价款700万元。B设备安装调试并试运行正常，且经丙企业验收合格后一次性支付余款100万元。至12月31日，该公司已将B设备运抵丙企业，安装工作尚未开始。B设备的销售成本为每台500万元。该公司在2009年度按800万元确认销售B设备的销售收入，并按500万元结转销售成本。

（4）2009年10月18日，该公司与丁企业签订了一项电子设备的设计合同，合同总价款为240万元。该公司自11月1日起开始该电子设备的设计工作，至12月31日已完成设计工作量的30%，发生设计费用60万元。按当时的进度估计，2010年3月30日设计工作将全部完工，预计将再发生费用40万元。丁企业按合同已于12月1日一次性支付全部设计费用240万元。该公司在2009年将收到的240万元全部确认为收入，并将已发生的设计费用结转为成本。

（5）12月20日，该公司与W企业签订销售合同。合同规定，该公司向W企业销售D电子设备50台，每台销售价格为400万元。12月22日，该公司又与W企业就D电子设备签订补充合同。补充合同规定，该公司应在2010年3月20日前以每台408万元的价格将D电子设备全部购回。该公司已于12月25日收到D电子设备的销售价款，2009年度已按每台400万元的销售价格确认相应的销售收入，并相应结转成本。

案例分析与讨论：

判断华兴公司上述收入的确认是否正确，并说明理由。

案例6-2　　四川长虹[1]

2005年4月，四川长虹在2004年年报中披露，对APEX公司的欠款按个别认定法计提坏账准备的金额为313 814 980.60美元，折合人民币2 597 289 686.94元。2004年四川长虹财务报表的净利润为亏损3 681 120 380.21元。

在2002—2004年的三年中，四川长虹对美国进口商APEX公司共出口了10.7亿美元商品，均已全额确认为收入，并因此发生了大量的应收账款。APEX公司是一家中间商，它需要把商品卖给沃尔玛等北美大型超市，等APEX公司收到货款后，再将货款支付给四川长虹。

根据四川长虹披露的2004年度年报，其与APEX公司的往来情况见表6-5。

四川长虹曾在2003年年报中披露"应收账款2003年年末余额较上年年末上升20.36%，主要是由于本年度国外购货商（如APEX等）应收账款增加所致"，还披

[1] 资料来源：王君彩．会计学［M］．北京：高等教育出版社，2008：304.

表 6-5　　与 APEX 公司的往来情况　　单位：美元

年度	销售额	收款额	余额
2001			41 842 483.00
2002	610 949 126.11	190 074 801.70	462 716 807.41
2003	424 424 014.62	349 896 993.47	537 243 828.56
2004	35 599 676.81	109 028 524.77	463 814 980.60

露"截至 2004 年 3 月 23 日，已收回应收账款前五名公司货款计 98 684 957.17 美元……其中收回 APEX 货款 66 063 881.12 美元"。

四川长虹对 APEX 公司的应收账款中，账龄在 1 年以内的余额为35 599 676.81 美元，账龄在 1～2 年的余额为 424 424 014.62 美元，账龄在 2～3 年的余额为 3 791 289.17美元。

四川长虹在 2004 年 10 月 29 日披露的 2004 年第三季度季报中，并未提及对 APEX 公司应收账款的可收回问题，但经过了短短 2 个月后，3.1 亿美元的应收账款就收不回了，占四川长虹在 2002—2004 年三年中对 APEX 公司销售额的 28.97%。对于为什么会在短短 2 个月的时间里就发生了 3.1 亿美元的坏账，公司解释说："由于 APEX 公司的应收账款的重点回款期在年底这一现实情况，导致了公司没有在 2004 年中期及第三季度对该项应收账款按更为谨慎的个别认定法计提坏账准备。"

案例分析与讨论：

根据上述事例，你认为导致四川长虹 2004 年发生巨额亏损的真正原因是计提巨额坏账准备，还是在 2002—2004 年三年中，四川长虹对 APEX 公司的销售收入确认方面存在着问题？另外，长虹公司对于在短短的 2 个月就发生了 3.1 亿美元坏账的解释是否符合事实？

第七章　销售成本与存货
——资金双向变化隐藏的秘密之二

【导入案例】

2012 年暑假，王红为了积累更多的经济学方面感性认识，也为了挣点零花钱，在社区服务社租了一个摊点并摆了一个冰柜卖冷饮，主要经营酸奶、雪碧、可乐、矿泉水和雪糕零售。

一个月经营下来，王红一共卖了 40 瓶酸奶，每瓶 1.5 元；20 瓶雪碧，每瓶 2.5 元；30 瓶可乐，每瓶 2.5 元；50 瓶矿泉水，每瓶 1 元；100 支雪糕，平均单价每支 1.5 元；总共收到现金 308 元，另外 77 元产品是王红的邻居和朋友赊账吃喝了，但他们都承诺会付款。

请问：

1. 如果王红销售的商品是每天批发来的，每批批发价都不相同，那么王红在确认销售收入的同时配比确认的销售成本是多少？

2. 如果每天批发的商品不能全部售出，王红在计算销售成本时会遇到什么问题？

3. 王红为取得销售收入发生的费用，除购进商品的成本外，还会有哪些？

4. 如果假设酸奶、雪碧、可乐、矿泉水和雪糕的平均毛利率分别为 15%、20%、20%、10%和 20%，你能估算出王红一个月的经营利润吗？

【学习目标】

在本章中，你将学到：

（1）不同类型的公司如何计算销售成本。

（2）发出存货的计价方法。

（3）不同的存货的计价方法对资产负债表和利润表产生怎样的影响。

（4）什么是存货。如何确认与计量存货。存货与销售成本是何关系。

（5）资产负债表中的存货和利润表中的营业成本又向我们揭示怎样的信息。

正如我们在前面章节所述，随着企业日常经营活动的开展，企业的资金一定会发生双向变化，费用也会相应发生。事实上，企业生产经营的过程，就是各项收入的取得过程，也是资源消耗即费用的发生过程。而伴随着费用的发生，一定会引起企业资产的减少或负债的增加。本章将重点讲述会计师是如何确认与计量资金这一双向变化的秘密。

第一节　营业成本的确认与计量

一、营业成本的确认

利润表中的营业成本是指不同类型公司为取得营业收入所发生的直接经营耗费，它与营业收入同期配比确认。我国《企业会计准则第1号——存货》规定企业应当将已售存货的成本结转为当期损益，计入营业成本，即企业在确认存货销售收入的当期，应当将已经销售存货的成本结转为当期营业成本。

根据企业从事业务类型不同，常把企业分为商品流通企业、制造业企业和服务性企业等。

商品流通企业是从事批发、零售及分销等业务的经济实体。商品流通企业的存货主要是购入以备出售的库存商品。利润表中的营业成本就是已实现销售的商品购置成本，而未实现销售的商品购置成本则在资产负债表中的存货项目列示。

制造业企业是从事加工制造等经营活动或相关劳务活动的经济组织。制造业企业的存货主要包括储存以备耗用或出售的原材料、在产品和产成品。制造业企业与商品流通企业最大的区别是它有产品加工过程，要将购入的原材料和零部件转换成产品再出售。利润表中的营业成本就是已经实现销售的产品生产成本，而未实现销售的产品生产成本则在资产负债表中的存货项目列示。

服务性企业是以增值为目的提供服务产品的部门和企业集合。它提供的是无形服务而非有形产品，包括金融、建筑、运输、咨询等。服务业公司也有有形的存货，如餐馆的餐具、旅馆的床上用品、办公用品等。服务性企业的生产与销售是同步完成、不能分割，其营业成本就是与取得当期营业收入直接相关的资源耗费。

相对于制造业企业，商品流通企业和服务性企业没有产品的加工、制造过程。

二、营业成本的计量

商品流通企业和制造业企业的营业成本都是结转已实现销售的商品购置或生产成本，即：

$$营业成本 = \sum(已售商品数量 \times 单价或单位生产成本)$$

（一）存货盘存制度

企业存货的数量需要通过盘存来确定，常用的存货数量盘存方法主要有实地盘存制和永续盘存制两种。

1. 实地盘存制

实地盘存制也称定期盘存制，指会计期末通过对全部存货进行实地盘点，以确定期末存货的结存数量，然后分别乘以各项存货的盘存单价，计算出期末存货的总金额，记入各有关存货账户，倒轧本期已耗用或已销售存货的成本。采用这种方法，平时对有关存货账户只记借方、不记贷方，每一期末，通过实地盘点确定存货数量，据以计算期末存货成本，然后计算出当期耗用或销货成本，记入有关存货账户的贷方。这一方法用于制造业，称为“以存计耗”或“盘存计耗”；用于商品流通企业，称为“以存计销”或“盘存计销”。

2. 永续盘存制

永续盘存制也称账面盘存制，指对存货项目设置经常性的库存记录，即按照品名、规格设置存货明细账，逐笔或逐日地登记收入发出的存货，并随时登记结存数。

通过会计账簿资料，就可以完整地反映存货的收入、发出和结存情况。在没有发生丢失和被盗的情况下，存货账户的余额应当与实际库存相符。采用永续盘存制，并不排除对存货的实物盘点。为了核对存货账面记录，加强对存货的管理，每年至少应对存货进行一次全面盘点，具体盘点次数视企业内部控制要求而定。

3. 实地盘存制与永续盘存制的比较

实地盘存制和永续盘存制作为确定存货数量的两种方法，各有其优缺点和实用性。

实地盘存制的主要优点是简化存货的日常核算工作，但加大了期末的工作量。实地盘存制的主要缺点还有：一是不能随时反映存货收入、发出和结存的动态，不便于管理人员掌握情况；二是容易掩盖存货管理中存在的自然和人为的损失，由于“以存计销”和“以存计耗”倒挤成本，从而使非正常销售或耗用的存货损失、差错甚至偷盗等原因所引起的短缺，全部挤入耗用或销货成本之内，掩盖了仓库管理上存在的问题，削弱了对存货的控制；三是采用这种方法只能到期末盘点时结转耗用或销货成本，而不能随时结转成本，所以，实地盘存制的实用性较差，仅适用于那些自然消耗大、数量不稳定的鲜活商品等。

永续盘存制的优点是有利于加强对存货的管理。在各种存货明细记录中，可以随时反映每一存货收入、发出和结存的状态。通过账簿记录中的账面结存数，结合不定期的实地盘点，将实际盘存数与账存数相核对，可以查明溢余或短缺的原因；通过账簿记录还可以随时观察存货是否过多或不足，以便及时合理地组织货源，加速资金周转。永续盘存制的缺点是存货明细记录的工作量较大，对于存货品种、规格繁多的企业更是如此。

企业可根据存货类别和管理要求，对有些存货实行永续盘存制，而对另一些存货实行实地盘存制。但不论采用何种方法，前后各期应保持一致。

（二）发出存货计价

1. 存货成本流转的假设

企业的存货是不断流动的，有流入也有流出，流入与流出相抵后的结余即为期末存货，本期期末存货结转到下期，即为下期的期初存货，下期继续流动，就形成了生产经营过程中的存货流转。

存货流转包括实物流转和成本流转两个方面。在理论上，存货的成本流转与实物流转应当一致，也就是说，购置存货时所确定的成本应当随着该项存货的销售或耗用而结转，商品的成本流转与实物流转是一致的，但在实际工作中，这种一致的情况非常少见。这是因为，企业的存货进出量很大，存货的品种繁多，存货的单位成本多变，难以保证各种存货的成本流转与实物流转相一致。由于同一种存货尽管单价不同，但均能满足销售或生产的需要，在存货被销售或耗用后，无须逐一辨别哪一批实物被发出，哪一批实物留作库存，成本的流转顺序和实物的流转顺序可以分离，只要按照不同的成本流转程序确定已发出存货的成本和库存存货的成本即可。这样，就出现了存货成本的流转假设。

采用某种存货成本流转的假设，在期末存货与发出存货之间分配成本，就产生了不同的确定发出存货成本的方法，即发出存货的计价方法。按照《企业会计准则第 1 号——存货》的规定，企业应当采用先进先出法、加权平均法（包括移动平均法和月末一次加权平均法）或者个别计价法确定发出存货的实际成本。对于性质和用途相似的存货，应当采用相同的成本计算方法确定发出存货的成本。对于不能替代使用的存货、为特定项目专门购入或制造的存货以及提供劳务的成本，通常采用个别计价法确定发出存货的成本。对于已售存货，应当将其成本结转为当期损益，相应的存货跌价准备也应当予以结转。

发出存货计价方法的不同，对企业财务状况、盈亏情况会产生不同的影响，主要表现在以下三个方面：

第一，存货计价对企业损益的计算有直接影响，表现在：①期末存货计价（估价）如果过低，当期的收益可能相应减少；②期末存货计价（估价）如果过高，当期的收益可能相应增加；③期初存货计价如果过低，当期的收益可能相应增加；④期初存货计价如果过高，当期的收益可能相应减少。

第二，存货计价对于资产负债表有关项目数额的计算有直接影响，包括流动资产总额、所有者权益等项目。

第三，存货计价方法的选择对计算缴纳所得税的数额有一定的影响。这是因为不同的计价方法下所结转当期销售成本的数额会有所不同，从而影响企业当期应税所得额的确定。

2. 发出存货的计价方法

由于存货入库时间、产地、价格、运输费用及生产耗费的条件不同，造成同一种存货的每批成本往往不同。《企业会计准则第 1 号——存货》规定，企业应当采用先进先出法、加权平均法（包括移动平均法和月末一次加权平均法）或者个别计价法确定发出存货的实际成本。

（1）先进先出法

先进先出法是以先购入的存货先发出这样一种存货实物流转假设为前提，对发出存货进行计价的一种方法。采用这种方法，先购入的存货成本在后购入的存货成本之前转出，据此确定发出存货和期末存货的成本。每次发出存货，按先入库存货实际单价为发出存货的实际单价：如果发出存货的数量在第一批入库数量以内，则以第一批入库存货的实际成本计算；如果发出存货的数量超过第一批入库的数量，其超出部分按第二批入库存货实际单价计算，依此类推。

（2）月末一次加权平均法

月末一次加权平均法是在计算存货的单价时，以期初存货数量和本期各批收入的数量作为权数的计价方法。平时收入时按数量、单价、金额登记，但每次不确定其结存单价，而是在期终时一次计算其本期的加权平均单价；本期耗用或出售的存货，平时只登记数量，不登记单价和金额，到期终时，再按此加权平均单价确定其金额。其计算公式如下：

$$加权平均单价=\frac{期初结存金额+本期收入金额}{期初结存数量+本期收入数量}$$

本期发出存货金额=本期发出存货数量×加权平均单价

期末结存金额=期末结存数量×加权平均单价

（3）移动加权平均法

移动加权平均法是在每次购入（或增加）存货以后，根据库存数量以及库存金额计算出新的平均单价，再将随后发出存货的数量按这一平均单价算出发出存货的金额，即每收入一次存货就计算一次平均单价。其计算公式如下：

$$移动加权平均单价=\frac{本次收入存货前结存金额+本期收入金额}{本次收入存货前结存数量+本期收入数量}$$

发出存货金额=本次发出存货数量×当前移动加权平均单价

期末结存金额=期末结存数量×当前移动加权平均单价

（4）个别计价法

个别计价法，又称个别认定法、具体辨认法、分批实际法。采用这一方法是假设存货的成本流转与实物流转相一致，按照各种存货，逐一辨认各批发出存货和期末存货所属的购进批别或生产批别，分别按其购入或生产时所确定的单位成本作为计算各批发出存货和期末存货成本的方法。采用这种方法，计算发出存货的成本和期末存货的成本比较合理、准确，但这种方法的前提是需要对发出和结存存货的批次进行具体认定，以辨别其所属的收入批次，所以实务操作的工作量繁重，困难较大。

个别计价法适用于容易识别、存货品种和数量不多、单位成本较高的存货计价，如房产、船舶、飞机、重型设备、珠宝、名画等贵重物品。

【例 7-1】假设新希望公司 2014 年 1 月库存商品的流转见表 7-1，那么新希望公司 2014 年 1 月利润表中营业成本是多少？资产负债表期末存货中包含的库存商品价值又是多少呢？

表 7-1 **新希望公司 2014 年 1 月库存商品的流转情况**

	数量（吨）	单价（元/吨）	总价（元）
期初结存：1 月 1 日	0	0	0
1 月 5 日，入库	50	4 000	200 000
1 月 12 日，入库	50	3 920	196 000
1 月 15 日，出售	80	?	?
1 月 20 日，入库	80	4 050	324 000
1 月 25 日，入库	60	4 020	241 200
1 月 28 日，出售	120	?	?

（1）先进先出法下：

1 月 15 日出售 80 吨商品金额 = 50×4 000 + 30×3 920 = 317 600（元）

1 月 28 日出售 120 吨商品金额 = 20×3 920 + 80×4 050 + 20×4 020 = 482 800（元）

1 月 31 日期末结存商品数量 = 50+50−80+80+60−120 = 40（吨）

本期营业成本 =（50×4 000 + 30×3 920）+（20×3 920 + 80×4 050 + 20×4 020）

= 800 400（元）

期末结存库存商品金额 = 40×4 020 = 160 800（元）

（2）月末一次加权平均法下：

本月库存商品加权平均单价 =（200 000+196 000+324 000+241 200）÷（50+50+80+60）

= 4 005（元/吨）

本期营业成本 =（80 + 120）×4 005

= 801 000（元）

期末结存库存商品金额 = 40×4 005 = 160 200（元）

（3）移动加权平均法下：

1 月 12 日库存商品加权平均单价 =（200 000+196 000）÷（50+50）= 3 960（元/吨）

1 月 15 日出售 80 吨商品金额 = 80×3 960 = 316 800（元）

1 月 20 日库存商品加权平均单价 =（20×3 960+324 000）÷（20+80）= 4 032（元/吨）

1 月 25 日库存商品加权平均单价 =（100×4 032+241 200）÷（100+60）= 4 027.5（元/吨）

1 月 28 日出售 120 吨商品金额 = 120×4 027.5 = 483 300（元）

本期营业成本 = 80×3 960 + 120×4 027.5

= 800 100（元）

期末结存库存商品金额 = 40×4 027.5 = 161 100（元）

请思考：根据【例 7-1】的计算结果说明发出存货计价方法是如何影响企业财务状况和经营成果的？不同的存货计价方法是如何影响企业应纳税额的？新希望公司发出存货计价可以采用个别认定法吗？如果可以，怎样使用？

第二节　存货

一、存货的定义与特征

（一）存货的定义

根据我国《企业会计准则第 1 号——存货》的规定，存货是指企业在日常活动中持有以备出售的产成品或商品、处在生产过程中的在产品、在生产过程或提供劳务过程中耗用的材料、物料等。存货区别于固定资产等非流动资产的最基本的特征是，企业持有存货的最终目的是出售。存货包括可供直接销售的产成品、商品，以及需经过进一步加工后出售的原材料等。存货属于企业的流动资产。

存货分布于企业生产经营的各个环节，而且种类繁多、用途各异。为了加强存货的管理，提供有用的会计信息，应当对存货进行适当的分类。

1. 存货按经济用途的分类

不同行业的企业，由于经济业务的具体内容各不相同，因而存货的构成也不尽相同。例如，服务性企业的主要业务是提供劳务，其存货以办公用品、家具用具以及少量消耗性的物料用品为主；商品流通企业的主要业务是商品购销，其存货以待销售的商品为主，也包括少量的周转材料和其他物料用品；制造业企业的主要业务是生产和销售产品，其存货构成比较复杂，不仅包括各种将在生产经营过程中耗用的原材料、周转材料，也包括仍然处在生产过程中的在产品，还包括准备出售的产成品。因此，存货的具体内容和类别应依企业所处行业的性质而定。以制造业企业为例，存货按经济用途可作如下分类：

（1）原材料。原材料是指在生产过程中经加工改变其形态或性质并构成产品主要实体的各种原料及主要材料、辅助材料、外购半成品（外购件）、修理用备件（备品备件）、包装材料、燃料等。

（2）在产品。在产品是指仍处于生产过程中、尚未完工入库的生产物，包括正处于各个生产工序尚未制造完成的在产品，以及虽已制造完成但尚未检验或虽已检验但尚未办理入库手续的产成品。

（3）自制半成品。自制半成品是指在本企业已经过一定生产过程的加工并经检验合格交付半成品仓库保管，但尚未最终制造完成、仍需进一步加工的中间产品。自制半成品不包括从一个生产车间转给另一个生产车间待继续加工的在产品以及不能单独计算成本的在产品。

（4）产成品。产成品是指已经完成全部生产过程并验收入库，可以按照合同规定的条件送交订货单位，或者可以作为商品对外销售的产品。企业接受外来原材料加工制造的代制品和为外单位加工修理的代修品，制造和修理完成验收入库后，应视同企业的产成品。

（5）周转材料。周转材料是指企业能够多次使用但不符合固定资产定义、不能确认为固定资产的各种材料，主要包括包装物和低值易耗品。包装物，是指为了包装本企业产品而储备的各种包装容器，如桶、箱、瓶、坛、袋等，其主要作用是盛装、装潢产品；低值易耗品，是指在使用过程中基本保持其原有实物形态不变但单位价值相对较低、使用期限相对较短，或在使用过程中容易损坏，因而不能确认为固定资产的各种用具物品，如工具、管理用具、玻璃器皿、劳动保护用品，以及在经营过程中周转使用的包装容器等。

2. 存货按存放地点的分类

在生产经营过程中，企业不断地购进、耗用和销售存货，因而存货分布于供、产、销各个环节，按其存放地点可作如下分类：

（1）在途存货。在途存货是指已经取得所有权但尚在运输途中或虽已运抵企业但尚未验收入库的各种材料物资及商品。

（2）在库存货。在库存货是指已经购进或生产完工并经过验收入库的各种原材料、周转材料、半成品、产成品以及商品。

（3）在制存货。在制存货是指正处于本企业各生产工序加工制造过程中的在产品，以及委托外单位加工但尚未完成的材料物资。

（4）在售存货。在售存货是指已发运给购货方但尚不能完全满足收入确认条件，因而仍应作为销货方存货的发出商品、委托代销商品等。

3. 存货按取得方式的分类

存货按取得方式，可以分为外购存货、自制存货、委托加工存货、投资者投入的存货、以非货币性资产交换取得的存货、通过债务重组取得的存货、通过企业合并取得的存货、盘盈的存货等。

（二）存货的特征

存货，是指企业在日常活动中持有以备出售的产成品或商品、处在生产过程中的在产品、在生产过程或提供劳务过程中耗用的材料和物料等。存货具有如下主要特征：

1. 存货是一种具有物质实体的有形资产。存货包括原材料、在产品、产成品及商品、周转材料等各类具有物质实体的材料物资，因而有别于金融资产、无形资产等没有实物形态的资产。

2. 存货属于流动资产，具有较大的流动性。存货通常都将在一年或超过一年的一个营业周期内被销售或耗用，并不断地被重置，因而属于一项流动资产，具有较强的变现能力和较大的流动性，明显不同于固定资产、在建工程等具有物质实体的非流动资产。

3. 存货以在正常生产经营过程中被销售或耗用为目的而取得。企业持有存货的目的在于准备在正常经营过程中予以出售，如商品、产成品以及准备直接出售的半成品等；或者仍处在生产过程中，待制成产成品后再予以出售，如在产品、半成品等；或者将在生产过程或提供劳务过程中被耗用，如材料和物料、周转材料等。企业在判断一个资产项目是否属于存货时，必须考虑持有该资产的目的，即在生产经营过程中的用途或所起的作用。例如，企业为生产产品或提供劳务而购入的材料，属于存货；但为建造固定资产而购入的材料，就不属于存货。再如，对于生产和销售机器设备的企业来说，机器设备属于存货；而对于使用机器设备进行产品生产的企业来说，机器设备则属于固定资产。此外，企业为国家储备的特种物资、专项物资等，并不参加企业的经营周转，也不属于存货。

4. 存货属于非货币性资产，存在价值减损的可能性。存货通常能够在正常生产经营过程中被销售或耗用，并最终转换为货币资金。但由于存货的价值易受市场价格以及其他因素变动的影响，其能够转换的货币资金数额不是固定的，具有较大的不确定性。当存货长期不能销售或耗用时，就有可能变为积压物资或者需要降价销售，给企业带来损失。

二、存货的确认与计量

（一）存货的确认条件

企业在确认某项资产是否作为存货时，首先要视其是否符合存货的概念，在此前提下，应当同时满足存货确认的以下两个条件，才能加以确认：

1. 与该存货有关的经济利益很可能流入企业

在通常情况下，随着存货实物的交付和存货所有权的转移，所有权上的主要风险和报酬也一并转移。就销货方而言，存货所有权的转出一般可以表明其所包含的经济利益已经流出企业；就购货方而言，存货所有权的转入一般可以表明其所包含的经济利益能够流入企业。因此，存货确认的一个重要标志就是企业是否拥有某项存货的所有权。一般来说，凡企业拥有所有权的货物，无论存放在何处，都应包括在本企业的存货之中；而尚未取得所有权或者已将所有权转移给其他企业的货物，即使存放在本企业，也不应包括在本企业的存货之中。但需要注意的是，在有些交易方式下，存货实物的交付及所有权的转移与所有权主要风险和报酬的转移可能并不同步，此时，存货的确认应当注重交易的经济实质，而不能仅仅依据其所有权的归属。例如，在售后回购交易方式下，销货方在销售商品时，商品的所有权已经转移给了购货方，但由于销货方承诺将回购商品，因而仍然保留了商品所有权上的主要风险，交易的实质是销货方以商品为质押向购货方融通资金，销货方通常并不确认销售收入，所销售的商品仍应包括在销货方的存货之中。再如，在分期收款销售方式下，销货方为了保证账款如期收回，通常要在分期收款期限内保留商品的法定所有权，直至账款全部收回，但从该项交易的经济实质来看，当销货方将商品交付购货方时，商品所有权上的主要风险和报酬已经转移给了购货方，销售已经成立，销货方应确认销售商品收入，并相应地结转销售成本，所售商品应包括在购货方的存货之中。

2. 存货的成本能够可靠地计量

存货作为资产的重要组成部分，在确认时必须符合资产确认的基本条件，即成本能够可靠地计量。成本能够可靠地计量，是指成本的计量必须以取得的确凿、可靠的证据为依据，并且具有可验证性。如果存货成本不能可靠地计量，则存货不能予以确认。例如，企业承诺购买的货物，由于目前尚未发生实际的购买行为，无法取得证实其成本的确凿、可靠的证据，因此不能确认为购买企业的存货。

（二）存货的初始计量

会计师对存货的取得进行处理，主要就是对从不同来源取得存货的初始入账金额进行确定。存货的初始计量，是指企业在取得存货时，对其入账价值的确定。存货的初始计量应以取得存货的实际成本为基础，实际成本包括采购成本、加工成本和使存货达到目前场所和状态发生的其他成本。由于存货的取得方式是多种多样的，而在不同的取得方式下，存货成本的具体构成内容并不完全相同。因此，存货的实际成本应结合存货的取得方式分别确定存货入账的依据。

1. 外购存货的成本

外购存货的成本是指存货从采购到入库前所发生的全部支出，即采购成本，一般包括购买价款、相关税费、运输费、装卸费、保险费以及其他可归属于存货采购成本的费用。其中，购买价款，是指所购货物发票账单上列明的价款，但不包括按规定可予抵扣的增值税进项税额；相关税费，是指进口关税、购买存货发生的消费税以及不能从增值税销项税额中抵扣的进项税额等；其他可归属于存货采购成本的费用，是指存货采购过程中发生的除上述各项费用以外的仓储费、包装费、运输途中的合理损耗、大宗物资的市内运杂费、入库前的挑选整理费用等可直接归属于存货采购成本的费用。

应当注意的是，市内零星货物运杂费、采购人员的差旅费、采购部门的经费以及供应部门的经费等，一般不计入存货的采购成本中。

商品流通企业在采购商品过程中发生的运输费、装卸费、保险费以及其他可归属于存货采购成本的费用等进货费用，应计入所购商品成本。在实务中，企业也可以将发生的运输费、装卸费、保险费以及其他可归属于存货采购成本的费用等进货费用先进行归集，期末按照所购商品的存销情况进行分摊。对于已售商品的进货费用，计入营业成本；对于未售商品的进货费用，计入期末存货成本。商品流通企业采购商品的进货费用金额较小的，可以在发生时直接计入当期销售费用。

2. 自制存货的成本

企业自制存货的成本主要由采购成本和加工成本构成，某些存货还包括使存货达到目前场所和状态所发生的其他成本。

采购成本是由自制存货所使用或消耗的原材料采购成本转移而来的，因此，自制存货成本计量的重点是确定存货的加工成本。

加工成本是指存货制造过程中发生的直接人工和制造费用。其中，直接人工是指企业在生产产品过程中，向直接从事产品生产的工人支付的职工薪酬；制造费用是指企业为生产产品而发生的各项间接费用，包括企业生产部门（如生产车间）管理人员的职工薪酬、折旧费、办公费、水电费、机物料消耗、劳动保护费、季节性和修理期间的停工损失等。

其他成本是指除采购成本、加工成本以外，使存货达到目前场所和状态所发生的其他支出。例如，为特定客户设计产品所发生的、可直接确定的设计费用、可直接归属于符合资本化条件的存货、应当予以资本化的借款费用等。其中，符合资本化条件的存货，是指需要经过相当长时间的生产活动才能达到预定可销售状态的存货。企业发生的一般产品设计费用以及不符合资本化条件的借款费用，应当计入当期损益。

3. 委托加工存货的成本

委托加工存货的成本，一般包括加工过程中实际耗用的原材料或半成品成本、加工费、运输费、装卸费等，以及按规定应计入加工成本的税金。

4. 其他来源取得的存货的成本

（1）通过非货币性交换换入的存货的成本

通过非货币性交换换入的存货，非货币性资产交换具有商业实质且公允价值能够可靠计量的，在发生补价的情况下，支付补价方，应当以换出资产的公允价值加上支付的补价（或换入存货的公允价值）和应支付的相关税费，作为换入存货的成本；收到补价方，应当以换出资产的公允价值减去补价（或换入存货的公允价值）加上应支付的相关税费，作为换入存货的成本。非货币性资产交换不具有商业实质，或者虽具有商业实质但换入存货的公允价值不能可靠计量的，应当按照换入各项资产的原账面价值占换入资产原账面价值总额的比例，对换入资产的成本总额进行分配，确定各项换入存货的成本。

（2）投资者投入的存货的成本

投资者投入的存货，应当按照投资合同或协议约定的价值确定成本，但合同或协议约定价值不公允的除外。

（3）债务重组取得的存货的成本

企业接受的债务人以非现金资产抵偿债务方式取得的存货，按照取得存货的公允价值，作为实际成本。

知识拓展7-1　　**非货币性资产交换的商业实质判断**

非货币性资产交换具有商业实质，是换入资产能够采用公允价值计量的重要条件之一，也是非货币性资产交换准则引入的重要概念。在确定资产交换是否具有商业实质时，企业应当重点考虑由于发生了该项资产交换预期使企业未来现金流量发生变动的程度，通过比较换出资产和换入资产预计产生的未来现金流量或其现值，确定非货币性资产交换是否具有商业实质。只有当换出资产和换入资产预计未来现金流量或其现值两者之间的差额较大时，才能表明交易的发生使企业经济状况发生了明显改变，非货币性资产交换因而具有商业实质。

根据非货币性资产交换准则的规定，符合下列条件之一的，视为具有商业实质：

1. 换入资产的未来现金流量在风险、时间和金额方面与换出资产显著不同。

换入资产的未来现金流量在风险、时间和金额方面与换出资产显著不同，通常包括但不仅限于以下几种情况：

（1）未来现金流量的风险、金额相同，时间不同。

例如，某企业以一批存货换入一项设备，因存货流动性强，能够在较短的时间内产生现金流量，设备作为固定资产要在较长的时间内为企业带来现金流量，假定两者产生的未来现金流量风险和总额均相同，但由于两者产生现金流量的时间跨度相差较大，则可以判断上述存货与固定资产的未来现金流量显著不同，因而该两项资产的交换具有商业实质。

（2）未来现金流量的时间、金额相同，风险不同。

例如，A企业以其用于经营出租的一幢公寓楼，与B企业同样用于经营出租的一幢公寓楼进行交换，两幢公寓楼的租期、每期租金总额均相同，但是A企业是租给一家财务和信用状况良好的企业（该企业租用该公寓是给其单身职工居住），B企业的客户则都是单个租户，相比较而言，A企业取得租金的风险较小，B企业由于租给散户，租金的取得依赖于各单个租户的财务和信用状况，因此，两者现金流量流入的风险或不确定性程度存在明显差异，则两幢公寓楼的未来现金流量显著不同，进而可判断该两项资产的交换具有商业实质。

（3）未来现金流量的风险、时间相同，金额不同。

例如，某企业以一项商标权换入另一企业的一项专利技术，预计两项无形资产的使用寿命相同，在使用寿命内预计为企业带来的现金流量总额相同，但是换入的专利技术是新开发的，预计开始阶段产生的未来现金流量明显少于后期，而该企业拥有的商标每年产生的现金流量比较均衡，则上述商标权与专利技术的未来现金流量显著不同，因而该两项资产的交换具有商业实质。

2. 换入资产与换出资产的预计未来现金流量现值不同，且其差额与换入资产和换出资产的公允价值相比是重大的。

例如，某企业以一项专利权换入另一企业拥有的长期股权投资，假定从市场参与者来看，该项专利权与该项长期股权投资的公允价值相同，两项资产未来现金流量的风险、时间和金额亦相同，但是对换入企业来讲，换入该项长期股权投资使该企业对被投资方由重大影响变为控制关系，从而对换入企业产生的预计未来现金流量现值与换出的专利权有较大差异；另一企业换入的专利权能够解决生产中的技术难题，从而对换入企业产生的预计未来现金流量现值与换出的长期股权投资有明显差异，因而该两项资产的交换具有商业实质。

第三节　制造成本与期间费用

商品流通企业的存货主要是购进以备出售的商品，其商品销售成本仅仅是其购进的以备出售商品的购买价格。然而，制造业企业存储的以备出售商品往往需要进一步加工完成，因此，它的商品销售成本由各种制造成本组成。

一、费用与成本

（一）费用与成本的含义

费用是每个会计期间企业日常经营活动所耗费的各项经济资源，其中所消耗资源可能表现为本期或以前期间取得的资产减少，也可能表现为以后期间的资产减少（本期表现为负债的增加）。成本就是指围绕一定成本计算对象所发生的费用，即对象化的费用。不能对象化的费用即为每个会计期间的期间费用。对于制造业企业来说，对象化的生产费用就是产品成本（制造成本）。

产品成本就是指制造业企业从原材料投入到产品达到可销售状态所发生的各项直接和间接费用的总和。服务成本与其他成本的计算原理与制造成本相同，所以，本章主要以制造业企业为例介绍成本的主要计算方法。

费用与成本既有区别，也有联系。虽然两者都是支付或耗费的各项资产，但是严格来讲，成本并不等于费用。费用是相对于收入而言的，当这些支出和耗费与当期收入相配比时，即计入当期损益时，才成为当期的费用。费用与一定的期间相联系，而成本与一定的成本计算对象相联系。当期的成本不一定是当期的费用。比如，产品的生产成本在生产产品的报告期内不能确认为费用，而只有在销售产品的报告期内才能确认为费用。也就是说，产品的生产成本在产品没有销售之前，只是一种资产（在制品或产成品），只有产品销售以后才能作为产品销售成本，转作当期费用。成本和费用的关系可以通过下面两个式子加以说明：

期初在产品成本	期初产成品成本
加：本期生产费用	加：本期完工产品成本
减：期末在产品成本	减：期末产成品成本
本期完工产品成本	本期销售产品成本（本期费用）

由此可以看出，本期为生产产品而支付或消耗的资产，首先形成在产品成本，待产品完工后形成产成品成本，只有产品销售后才形成当期费用。

（二）费用的分类

企业发生的各项费用根据其性质，可以按照不同的标准进行分类。其中最基本的是按照经济内容和经济用途分类。此外，还有一些其他的分类方法。下面加以具体说明：

1. 按照经济内容分类

费用按照经济内容（或性质）进行分类，不外乎劳动对象方面的费用、劳动手段方面的费用和活劳动方面的费用三大类。这三大类又可细分为以下九类：

（1）外购材料，指企业为进行生产而耗用的一切从外部购入的原材料及主要材料，如半成品、辅助材料、包装物、修理用备件和低值易耗品等。

（2）外购燃料，指企业为进行生产而耗用的从外部购进的各种燃料。

（3）外购动力，指企业为进行生产而耗用的从外部购进的各种动力。

（4）工资，指企业应计入成本费用的职工工资。

（5）提取的职工福利费用等，指按照一定比例从成本费用中提取的职工福利费用等。

（6）折旧费，指企业按照核定的固定资产折旧率计算提取的折旧基金。

（7）利息支出，指企业应计入成本费用的利息支出减去利息收入后的净额。

（8）税费，指企业应计入成本费用的各种税费。

（9）其他支出，指不属于以上各要素的费用支出。

2. 按照经济用途分类

费用按照经济用途分类，可分为直接材料、直接人工、制造费用和期间费用。

（1）直接材料，指构成产品实体或有助于产品形成的各项原料及主要材料、辅助材料、燃料、备品备件、外购半成品和其他直接材料。

（2）直接人工，指企业支付给直接从事产品生产人员或为直接从事产品生产人员支付的员工工资、员工福利、社会保险、住房公积金等薪酬支出。

（3）制造费用，指企业各生产单位为组织和管理生产所发生的各项费用。

（4）期间费用，指企业在生产经营过程中发生的销售费用、管理费用和财务费用。

3. 按照费用同产量之间的关系分类

按照费用同产量之间的关系，可以把费用分为固定费用和变动费用。

（1）固定费用，指在相关范围内，费用总额不随着业务量的变动而变动的费用，如固定资产折旧费、管理人员工资、办公费等。

（2）变动费用，指费用总额随着业务量的变动而变动的费用，如原材料费用和生产工人计件工资等。

（三）制造成本

制造成本（生产成本），是指一定期间生产产品所发生的直接费用和间接费用的总和。生产成本与费用是一个既有联系又有区别的概念。首先，成本是对象化的费用，生产成本是相对于一定的产品而言所发生的费用，它是按照产品品种等成本计算对象对当期发生的费用进行归集所形成的。在按照费用的经济用途分类中，企业一定期间发生的直接费用和间接费用的总和构成一定期间产品的生产成本。费用的发生过程同时也是产品成本的形成过程。其次，成本与费用是相互转化的。企业在一定期间发生的直接费用按照成本计算对象进行归集；间接费用则通过分配计入各成本计算对象，使本期发生的费用予以对象化，转化为成本。

企业的产品成本项目可以根据企业的具体情况自行设定，一般包括直接材料、直接人工和制造费用等。

（1）直接材料，指构成产品实体的原料、主要材料以及有助于产品形成的辅助材料、设备配件、外购半成品的消耗。

（2）直接人工，指直接参加生产的工人工资及按生产工人工资和规定比例计提的职工福利费、社会保险费、住房公积金、工会经费、职工教育经费等。

（3）制造费用，指直接用于产品生产，但不便于直接计入产品成本，因而没有专设成本项目的费用，以及间接作用于产品生产过程中的各项费用，如生产单位管理人员的职工薪酬、生产单位固定资产的折旧费和修理费、物料消耗、办公费、水电费、保险费、劳动保护费等费用项目。

二、制造成本计算

（一）材料费用的归集和分配

产品生产中消耗的各种材料物资的货币表现就是材料费。在一般情况下，它包括产品生产中消耗的原料、主要材料、辅助材料和外购半成品等。材料费用的归集和分配，是由财务部门在月份终了时，将当月发生应计入成本的全部领料单、限额领料单、退料单等各种原始凭证，按产品和用途进行归集，编制“发出材料汇总表”。对直接用于制造产品的材料费用，能够直接计入的，直接计入该产品成本计算单中“直接材料”项下。只有在几种产品合用一种材料时，才采用适当方法，分配计入该产品成本计算单中“直接材料”项下。在实际工作中，常用的分配方法是按各种产品的材料定额耗用量的比例分配，或按各种产品的重量比例分配。归集和分配之后，根据分配的结果编制“发出材料汇总表”，据此登记有关产品成本计算单。“发出材料汇总表”的格式见表7-2。

【例7-2】Y企业本月发生材料费用见表7-2。

表7-2 **发出材料汇总表** 单位：元

应借账户	领用单位	原材料	周转材料	合计
生产成本	甲产品	300 000		300 000
	乙产品	270 000		270 000
	小计	570 000		570 000
制造费用	一车间	2 500	7 220	9 720
管理费用	厂部	200	450	650
合计		572 700	7 670	580 370

根据表7-2中的有关数字编制会计分录：

（1）借：生产成本——甲产品　　300 000
　　　　　　　——乙产品　　270 000
　　　制造费用——一车间　　9 720
　　　管理费用　　650
　　贷：原材料　　572 700
　　　　周转材料　　7 670

（二）工资费用的归集和分配

1. 职工薪酬的构成内容

职工薪酬是指企业为获得职工提供的服务而给予各种形式的报酬以及其他相关支出。也就是说，凡是企业为获得职工提供的服务给予或付出的各种形式的对价，即构成职工薪酬。职工薪酬的组成内容在《企业会计准则第 9 号——职工薪酬》中作了规定，具体包括以下八项内容：

（1）职工工资、奖金、津贴和补贴，指构成工资总额的计时工资和计件工资、支付给职工的超额劳动报酬和增收节支的劳动报酬、为补偿职工特殊或额外劳动消耗和因其他特殊原因给职工的津贴，以及为了保证职工生活水平不受物价变动的影响而支付给职工的物价补贴等。

（2）职工福利费，指职工因公伤赴外地就医路费、职工生活困难补助、未实行医疗统筹企业的职工医疗费用，以及按规定发生的其他职工福利支出。

（3）医疗保险费、养老保险费、失业保险费、工伤保险费和生育保险费等社会保险费，指企业按照国家规定的标准和比例计算，向社会保险经办机构缴纳的医疗保险费、养老保险费、失业保险费、工伤保险费和生育保险费。

（4）住房公积金，指企业按照国家规定的标准和比例计算，向住房公积金管理机构缴存的住房公积金。

（5）工会经费和职工教育经费，指企业为改善职工文化生活、为职工学习先进技术和提高文化水平和业务素质，用于开展工会活动和职工教育及职业技能培训等的相关支出。

（6）非货币性福利，指企业以自产产品或外购商品发放给职工作为福利，向职工无偿提供自己拥有的资产或租赁住房等资产供职工无偿使用，如提供给职工使用的住房、免费为职工提供的医疗保健服务，向职工提供企业支付了一定补贴的商品或服务，以低于成本的价格向职工出售的住房等。

（7）因解除与职工的劳动关系给予的补偿，指由于分离办社会职能、实施主辅分离、辅业改制、实施重组、改组计划等原因，企业在职工劳动合同未到期之前解除与职工的劳动关系，或者为鼓励职工自愿接受裁减而提出补偿建议的计划中给予职工的经济补偿，国际财务报告准则将其称作辞退福利。

（8）其他与获得职工提供的服务相关的支出，指除以上七项薪酬以外为获得职工提供服务而给予的薪酬，如企业提供给职工以权益形式结算的认股权、以现金形式结算但以权益工具公允价值为基础确定的现金股票增值权等。

2. 职工薪酬的确认和计量

职工薪酬作为企业的一项负债，除因解除与职工的劳动关系给予的补偿外，应根据职工提供服务的受益对象分别进行处理。

（1）应由生产产品、提供劳务负担的职工薪酬，计入产品成本或劳务成本。

生产产品、提供劳务中的直接生产人员和直接提供劳务人员发生的职工薪酬，应计入生产成本，借记“生产成本”账户，贷记“应付职工薪酬”账户。

（2）应由在建工程负担的职工薪酬，计入固定资产成本。

自行建造固定资产过程中发生的职工薪酬，应计入固定资产成本，借记“在建工程”账户，贷记“应付职工薪酬”账户。

（3）应由无形资产负担的职工薪酬，计入无形资产成本。

企业自行研发无形资产过程中发生的职工薪酬，要区别情况进行处理：在研究阶段发生的职工薪酬不能计入无形资产成本，借记“研发支出——资本化支出”账户，贷记“应付职工薪酬”账户；在开发阶段发生的职工薪酬应当计入无形资产成本。

（4）除以上三项外的职工薪酬，如公司管理人员、董事会和监事会成员等人员的职工薪酬，难以确定受益对象，均应当在发生时确认为当期损益。当支出发生时，借记“管理费用”账户，贷记“应付职工薪酬”账户。

3. 工资费用的分配

企业的工资费用应按其发生的地点和用途进行分配。企业工资费用的归集和分配，是根据工资结算凭证和工时统计记录，通过编制“工资结算汇总表”和“工资费用分配表”进行的，其格式见表 7–3。

【例 7–3】Y 企业“工资结算汇总表”见表 7–3。

表 7–3　　**工资结算汇总表**　　单位：元

应借账户	岗位工资	奖金	加班工资	津贴、补贴	应付工资	代扣款项				实发工资
						社会保险	住房公积金	工会会费	小计	
一车间										
甲产品	81 600	67 280	1 650	5 550	156 080	45 159	30 106	408	75 673	80 407
乙产品	74 860	71 400	1 560	5 100	152 920	44 346	29 564	374. 3	74 284. 3	78 635. 7
管理人员	8 250	6 000		750	15 000	4 275	2 850	41. 25	7 166. 25	7 833. 75
厂部人员	24 800	14 800		3 500	43 100	11 880	7 920	124	19 924	23 176
合计	189 510	159 480	3 210	14 900	367 100	105 660	70 440	947. 55	177 047. 55	190 052. 45

对于生产车间直接从事产品生产工人的工资，能直接计入各种产品成本的，应根据“工资结算汇总表”（见表 7–3）直接记入“产品成本计算单”，并借记“生产成本”账户中的“直接人工”项目。对于车间管理人员的工资和企业管理部门的工资，应分别计入有关的费用，并分别记入“制造费用”账户和“管理费用”账户。固定资产建造等工程人员的工资，应记入“在建工程”账户。

根据表 7–3 分配工资费用时，应作如下会计分录：

借：生产成本——甲产品　　156 080

　　　　　　——乙产品　　152 920

　　制造费用——一车间　　15 000

　　管理费用　　43 100

贷：应付职工薪酬——员工工资　　367 100

（三）制造费用的归集和分配

制造费用是企业为组织和管理生产所发生的各项费用，主要包括：企业各个生产单位（分厂、车间）为组织和管理生产所发生的生产单位管理人员工资、职工福利费、生产单位房屋建筑物及机器设备等的折旧费、修理费、机物料消耗、低值易耗品、水电费、办公费、劳动保护费、季节性及修理期间的停工损失以及其他制造费用。

这些费用是管理和组织生产而发生的间接费用，不是生产产品的直接费用，所以，这些费用在发生时不能直接计入产品成本，需要通过“制造费用”账户进行归集，然后分配计入各种产品成本。由于制造费用属于间接费用，因此，要采用适当的方法在产品之间进行分配。在生产一种产品的情况下，制造费用可以直接计入该种产品成本；在生产多种产品的情况下，就需要在不同产品之间进行分配，常用的分配方法有生产工时比例法、生产工人工资比例法、预算分配率法。

为了正确反映制造费用的发生和分配，控制费用预算的执行情况，在实际工作中，企业应将发生的制造费用记入“制造费用”账户，并设置“制造费用明细账”，按不同车间、部门和费用项目进行明细核算。

“制造费用”账户属于集合分配账户，借方登记制造费用的发生数，贷方登记制造费用的分配数。在一般情况下，期末应将全部费用都分配出去，不留余额。制造费用是各种产品共同发生的一般费用，需要采用一定标准分配计入各种产品成本。在分配时，应从该账户的贷方转入“生产成本”账户的借方。如果车间除加工制造工业产品外，还制造一些自制材料、自制设备和自制工具，应按各自负担的数额分配转入“原材料”、“在建工程”、“周转材料”等账户的借方。

【例 7-4】承【例 7-2】和【例 7-3】，Y 企业一车间本月还计提固定资产折旧费 36 080 元，以银行存款支付办公费 1 000 元。

计提固定资产折旧时：

借：制造费用——一车间　　37 080

　贷：累计折旧　　36 080

　　　银行存款　　1 000

Y 企业一车间本月制造费用归集为表 7-4。

表 7-4　　**制造费用——一车间**　　单位：元

材料费用	9 720	分配费用	61 800
人工费用	15 000		
折旧费用	36 080		
办公费用	1 000		
本月借方发生额合计	61 800	本月贷方发生额合计	61 800

制造费用在甲乙两种产品间按生产工人工资比率分配。详见“制造费用分配表”见表 7-5。

表 7-5　**制造费用分配表**

应借账户	分配标准（元）	分配率	应分配金额（元）
生产成本：			
甲产品	156 080	0.2	31 216
乙产品	152 920		30 584
合计	309 000		61 800

根据表 7-4 分配制造费用时，应作如下会计分录：

借：生产成本——甲产品　　31 216

　　　　　　——乙产品　　30 584

　贷：制造费用——一车间　　61 800

（四）产品成本计算

企业应设置生产成本明细账，用以归集、分配生产过程中发生的应计入产品生产成本的生产费用。生产成本明细账应按产品品种、批别或类别分别设置，应采用一定的成本计算方法，计算、确定产品制造成本。计算产品的制造成本，必须根据企业的生产类型（生产组织和工艺技术）和管理要求，采用如品种法、分批法、分步法等不同的成本计算方法。这些具体的成本计算方法，将在成本管理会计教材中讲述，本教材不再涉及。

【例 7-5】承前例，假设 Y 企业一车间无期初、期末在产品。本月 Y 企业甲、乙两种产品制造成本计算详见“成本计算单”（见表 7-6）。

表 7-6　**成本计算单**

成本项目	直接材料（元）	直接人工（元）	制造费用（元）	总成本（元）	单位成本（元/件）
甲产品（完工 1 000 件）	300 000	156 080	31 216	487 296	487.296
乙产品（完工 500 件）	270 000	152 920	30 584	453 504	907.008
合计	570 000	309 000	61 800	940 800	—

根据完工产品入库单和成本计算单，在产品入库时，应作如下会计分录：

借：库存商品——甲产品　　487 296

　　　　　　——乙产品　　453 504

　贷：生产成本——甲产品　　487 296

　　　　　　　——乙产品　　453 504

三、期间费用

期间费用是指企业本期发生的、不能直接或间接归入某种产品成本的、直接计入损益的各种费用。这些费用与当期产品销售、产品制造过程没有直接关系，因此，应在费用发生时全部计入当期损益，而不影响下一会计期间的损益。期间费用包括销售费用、管理费用和财务费用。

（一）销售费用

销售费用是指企业在销售产品、自制半成品和提供劳务等日常经营过程中发生的各项费用以及专设销售机构的各项经费，包括运输费、装卸费、包装费、保险费、委托代销手续费、广告费、展览费、租赁费（不含融资租赁费）以及专设的销售机构的职工薪酬、差旅费、办公费、折旧费、修理费、物料消耗以及其他费用。

（二）管理费用

管理费用是指企业的董事会和行政管理部门为组织和管理生产经营活动所发生的各项费用，包括应由企业统一负担的公司经费（包括行政管理部门职工薪酬、物料消耗、低值易耗品摊销、折旧费、办公费和差旅费）等。

（三）财务费用

财务费用是指企业筹集生产经营所需资金而发生的各项费用，包括：（1）利息支出（减利息收入），包括流动负债利息支出、长期借款利息支出和其他长期负债利息支出；（2）汇兑净损失（减汇兑收益）；（3）金融机构手续费用，包括发行债券等金融业务所需支付的应计入损益的手续费、银行结算手续费等；（4）筹集生产经营资金发生的其他费用等。

第四节　存货的期末价值确定

为了使存货符合资产的定义，以在资产负债表中更合理地反映存货的价值，资产负债表日，存货应当按照成本与可变现净值孰低法计量。同时为了确保会计信息的真实可靠，企业至少应在编制年度财务报告前，对存货进行一次全面的清查盘点。

一、存货的期末计量

（一）成本与可变现净值孰低法的含义

成本与可变现净值孰低法，是指按照存货的成本与可变现净值两者之中的较低者对期末存货进行计量的一种方法。采用这种方法，当期末存货的成本低于可变现净值时，存货仍按成本计量；当期末存货的可变现净值低于成本时，存货则按可变现净值计量，同时按照可变现净值低于成本的差额计提存货跌价准备，计入当期损益。

所谓成本，是指期末存货的实际成本，即采用先进先出法、加权平均法等存货计价方法，对发出存货（或期末存货）进行计量所确定的期末存货账面成本。如果存货采用计划成本法进行日常核算，则期末存货的实际成本是指通过差异调整而确定的存货成本。

所谓可变现净值，是指在日常活动中，存货的估计售价减去至完工时估计将要发生的成本、估计的销售费用以及相关税费后的金额。存货在日常销售过程中，不仅会取得销售收入，也会发生销售费用和相关税费；为使存货达到预定可销售状态，还可能发生进一步的加工成本。这些销售费用、相关税费和加工成本，均构成销售存货产生的现金流入的抵减项目，只有扣除这些现金流出后，才能确定存货的可变现净值。因此，存货的可变现净值由存货的估计售价、至完工时将要发生的成本、估计的销售费用和估计的相关税费等内容构成，是指存货的预计未来净现金流入量，而不是指存货的估计售价或合同价。

采用成本与可变现净值孰低法对期末存货进行计量，当某项存货的可变现净值跌至成本以下时，表明该项存货为企业带来的未来经济利益将低于账面成本，企业应按可变现净值低于成本的差额确认存货跌价损失，并将其从存货价值中扣除，否则，就会虚计当期利润和存货价值；而当可变现净值高于成本时，企业则不能按可变现净值高于成本的金额确认这种尚未实现的存货增值收益，否则，也会虚计当期利润和存货价值。因此，成本与可变现净值孰低法体现了谨慎性会计原则的要求。

（二）存货可变现净值的确定

企业应当定期对存货进行全面检查，如果由于存货毁损、全部或部分陈旧过时或销售价格低于成本等原因，使存货可变现净值低于其成本，应按可变现净值低于成本的部分，计提存货跌价准备。

1. 存货减值的判断依据

企业在对存货进行检查时，如果存在下列情况之一，通常表明存货的可变现净值低于成本：

（1）该存货的市场价格持续下跌，并且在可预见的未来无回升的希望；

（2）企业使用该项原材料生产的产品的成本高于产品的销售价格；

（3）企业因产品更新换代，原有库存原材料已不适应新产品的需要，而该原材料的市场价格又低于其账面成本；

（4）因企业所提供的商品或劳务过时或消费者偏好改变而使市场的需求发生变化，导致市场价格逐渐下跌；

（5）其他足以证明该项存货实质上已经发生减值的情形。

2. 可变现净值的确定

按照《企业会计准则第 1 号——存货》的规定，企业应当以取得的确凿的证据为基础，并且考虑持有存货的目的、资产负债表日后事项的影响等因素，按照相关规定分别选择以合同价格、一般销售价格和市场价格为基础确定存货的可变现净值。对于用于出售的产品、商品和材料等存货，应当以该存货的估计售价减去估计的销售费用和相关税费后的金额确定其可变现净值；对于用于继续生产而持有的存货，则应当将其与所生产的产成品的期末价值减损情况联系起来，确定存货的可变现净值。

二、存货清查

为了完成企业的正常生产、经营业务，企业需要持有各种各样的存货，而且有些存货的收发还非常频繁，因此在各种存货的收发、计量和核算过程中难免发生一些差错、自然损耗、丢失、被盗等问题，发生这些问题都会造成存货的盘盈、盘亏，出现账实不符。为了保证存货的真实性、完整性，做到随时随地的账实相符，就必须对存货进行清查。

（一）存货清查的方法

按照《企业会计准则第 1 号——存货》的规定，企业的存货应当定期或不定期地进行盘点，每年至少一次。企业应当采用实地盘点法对存货进行清查。在实地盘点之前，企业应根据各种存货的收发凭证将存货的全部收发业务记入存货明细账，经过稽核计算出余额，并将账面存货数量填入存货盘点表，在盘点时应根据各类存货的不同性质，分别采用点数、过磅、丈量等方法点清实际结存数量，并将其结果填入存货盘点报告表中。

（二）存货清查结果的处理

存货的清查结果可能是账存与实存相符，也可能不符。造成账实不符的原因一是记账有误，二是发生盘盈（实存大于账存）或盘亏（实存小于账存）。对于记账错误可以按照规定的错账更正方法进行更正；对于存货的盘盈、盘亏，应根据存货盘存单、存货盈亏报告单（实存账存对比表），进行相关的处理，以保证账实相符，并报经有关部门批准后，再进行批准后的会计处理。

存货清查结果如果与账面记录不符，应于会计期末前查明原因，并根据企业的管理权限，报经企业股东大会或董事会、经理（厂长）会议或类似机构批准后，在期末结账前处理完毕。

对于存货的盘盈、盘亏的结果进行处理时，需要通过“待处理财产损溢”账户下设的“待处理流动资产损溢”明细账户进行核算。该账户的借方登记清查时的盘亏、毁损以及报经批准后盘盈的转销数，贷方登记清查时的盘盈数以及报经批准后盘亏的转销数。盘盈的存货，按其重置成本或计划成本，借记“原材料”等账户，贷记“待处理财产损溢——待处理流动资产损溢”账户；对于盘亏的存货，按其实际成本或计划成本，借记“待处理财产损溢——待处理流动资产损溢”账户，贷记“原材料”等账户（为简化起见，这里没有考虑增值税）。

企业按照规定程序批准转销盘盈存货价值时，应借记“待处理财产损溢——待处理流动资产损溢”账户，贷记“管理费用”账户；按规定程序批准转销盘亏存货价值时，根据导致存货盘亏的不同原因，在减去过失人或保险公司等赔款和残料价值之后，分别借记“管理费用”（自然损耗、管理不善、收发计量不准等）、“其他应收款”（责任人赔偿或保险赔偿）、“营业外支出”（非常损失）等账户，贷记“待处理财产损溢——待处理流动资产损溢”账户。

盘盈或盘亏的存货，如果在会计期末结账前尚未经批准的，应在对外提供财务会计报告时先按上述规定进行处理，并在会计报表附注中做出说明，如果其后批准处理的金额与已处理的金额不一致，应按其差额调整会计报表相关项目的年初数。

第五节　营业成本与存货的会计处理

一、设置的总账账户

根据《企业会计准则——应用指南》，企业确认与计量日常活动中为取得收入同期配比确认费用、成本需要设置的总账账户主要包括：“营业成本”、“营业税金及附加”、“销售费用”、“管理费用”、“财务费用”、“库存商品”、“生产成本”、“在途物资”、“原材料”、“周转材料”、“委托加工物资”、“资产减值损失”、“存货跌价准备”、“待处理财产损溢”等。

“营业成本”账户，用来核算企业经营主营业务而发生的实际成本及其结转情况，该账户的性质是损益类。其借方登记企业已实现销售的商品或提供劳务成本，贷方登记期末转入“本年利润”账户的本期已实现销售的商品或提供劳务成本。经过结转之后，该账户期末一般没有余额。对于营业成本构成主次区分显著的企业，可以分设“主营业务成本”和“其他业务成本”，本教材不区分。

营业成本

结转已实现销售的商品或提供劳务成本	结转“本年利润”
年末无余额	

“营业税金及附加”账户，用来核算企业主营和附营业务负担的各种税金及附加的计算及其结转情况，该账户的性质是损益类。其借方登记按照有关的计税依据计算出的各种税金及附加额，贷方登记期末转入“本年利润”账户的营业税金及附加额。经过结转之后，该账户期末没有余额。

营业税金及附加

登记按照有关的计税依据计算出的各种税金及附加额	结转“本年利润”
年末无余额	

“销售费用”账户，用来核算企业在销售商品过程中发生的各项销售费用及其结转情况，该账户的性质是损益类。其借方登记发生的各项销售费用，贷方登记期末转入“本年利润”账户的销售费用额。经过结转之后，该账户期末没有余额。

销售费用

登记发生的各项销售费用	结转“本年利润”
年末无余额	

“管理费用”账户，用来核算企业行政管理部门为组织和管理企业的生产经营活动而发生的各项费用，该账户的性质是损益类。其借方登记发生的各项管理费用，贷方登记期末转入“本年利润”账户的管理费用额。经过结转之后，该账户期末没有余额。

管理费用

登记发生的各项管理费用	结转“本年利润”
年末无余额	

“财务费用”账户，用来核算企业为筹集生产经营所需资金等而发生的各种筹资费用，包括利息支出（减利息收入）、佣金、汇兑净损失以及相关的手续费、企业发生的现金折扣或收到的现金折扣等，该账户的性质是损益类。其借方登记发生的财务费用，贷方登记发生的应冲减财务费用的利息收入、汇兑收益以及期末转入“本年利润”账户的财务费用净额（即财务费用支出大于收入的差额，如果收入大于支出则进行反方向的结转）。经过结转之后，该账户期末没有余额。

财务费用

登记发生的各项财务费用	结转“本年利润”
年末无余额	

“库存商品”账户，用来核算企业库存的外购商品、自制产品、自制半成品、存放在门市部准备出售的商品、发出展览的商品以及寄存在外的商品等的实际成本（或计划成本）的增减变动及其结余情况，该账户的性质是资产类。其借方登记验收入库商品成本的增加，包括外购、自制、委托加工等；贷方登记库存商品成本的减少（发出）。期末余额在借方，表示库存商品成本的期末结余额。

库存商品

期初余额 登记验收入库商品成本	结转发出商品成本
期末余额：库存商品成本	

“生产成本”账户，用来归集和分配企业进行工业性生产所发生的各项生产费用，以正确地计算产品生产成本，该账户的性质属于成本类。其借方登记应计入产品生产成本的各项费用，包括直接计入产品生产成本的直接材料、直接人工和期末按照一定的方法分配计入产品生产成本的制造费用；贷方登记结转完工入库产成品的生产成本。期末余额在借方，表示尚未完工产品（在产品）的成本。

生产成本

期初余额 登记应计入产品生产成本的各项费用	结转完工入库产成品的生产成本
期末余额：在产品成本	

“在途物资”账户，用来核算企业外购材料的买价和各种采购费用，据以计算、确定购入材料的实际采购成本，该账户的性质属于成本类。其借方登记购入材料的买价和采购费用（实际采购成本），贷方登记结转完成采购过程、验收入库材料的实际采购成本。期末余额在借方，表示尚未运达企业或者已经运达企业但尚未验收入库的在途材料的成本。

在途物资

期初余额 登记购入材料的买价和采购费用	结转入库材料的实际成本
期末余额：在途材料成本	

“原材料”账户，用来核算企业库存材料实际成本的增减变动及其结存情况，该账户的性质属于资产类。其借方登记已验收入库材料实际成本的增加，贷方登记发出材料的实际成本（即库存材料成本）的减少。期末余额在借方，表示库存材料实际成本的期末结余额。

原材料

期初余额 登记入库材料的实际成本	结转发出材料的实际成本
期末余额：库存材料实际成本	

“周转材料”账户，用来核算企业包装物、低值易耗品，以及建造承包商的钢模板、木模板、脚手架等周转材料的增减变化及结存情况，该账户的性质属于资产类。其借方登记企业购入、自制、委托外单位加工完成并已验收入库周转材料的实际成本，贷方登记发出周转材料的实际成本（即库存材料成本）的减少。期末余额在借方，表示库存周转材料实际成本的期末结余额。

周转材料

期初余额 登记入库周转材料的实际成本	结转发出周转材料的实际成本
期末余额：库存周转材料实际成本	

“委托加工物资”账户，用来核算企业委托外单位加工的各种材料、商品等物资的实际成本，该账户的性质属于资产类。其借方登记企业发给外单位加工的物资的实际成本、支付加工费、运杂费等；贷方登记加工完成验收入库的物资和剩余材料的实际成本。期末余额在借方，表示企业委托外单位加工尚未完成物资的实际

成本。

委托加工物资

期初余额 登记发生的委托加工物资的实际成本	结转收回完工加工物资和剩余材料的实际成本
期末余额：未完工委托加工物资的实际成本	

“资产减值损失”账户，用来核算企业计提各项资产减值准备所形成的损失，该账户的性质属于损益类。其借方登记企业计提的各项资产减值损失；贷方登记期末转入“本年利润”账户的销售费用额。经过结转之后，该账户期末没有余额。

资产减值损失

登记计提的各项资产减值损失	结转“本年利润”
年末无余额	

“存货跌价准备”账户，用来调整存货账户余额。该账户的性质属于资产类备抵调整账户。其借方登记转销发出存货计提的跌价准备或转回已提的跌价准备；贷方登记计提的存货跌价准备，期末余额在贷方，表示企业库存存货的跌价准备。

存货跌价准备

登记转销发出存货计提的跌价准备或转回已提的跌价准备	期初余额 计提的存货跌价准备
	期末余额：库存存货的跌价准备

“待处理财产损溢”账户，用来核算企业在清查财产过程中查明的各种财产盘盈、盘亏和毁损的价值，该账户的性质属于资产类。其借方登记报批前发生的财产盘亏及毁损数和转销已批准处理的盘盈数；贷方登记报批前发生的财产盘盈数和转销已批准处理的盘亏及毁损数。期末如有借方余额，表示企业待处理财产盘亏；期末如有贷方余额，表示企业待处理财产盘盈。

待处理财产损溢

期初余额 报批前发生的财产盘亏及毁损数和转销已批准处理的盘盈数	期初余额 报批前发生的财产盘盈数和转销已批准处理的盘亏及毁损数
期末余额：待处理财产盘亏	期末余额：待处理财产盘盈

二、营业费用（营业成本、营业税金）

（一）结转已售商品成本

我国《企业会计准则第 1 号——存货》准则规定企业应当将已售存货的成本结转为当期损益，计入营业成本，即企业在确认存货销售收入的当期，应当将已经销售存货的成本结转为当期营业成本。企业销售商品应缴纳的消费税、资源税、城市维护建设税、教育费附加等相关税费，应在销售商品的同时或在资产负债表日，按相关税费的金额，计入营业税金及附加。

■ **链接【例 6-4】、【例 6-5】、【例 6-6】、【例 7-1】**

【例 7-6】新希望公司发出存货计价采用月末一次加权平均法。

2014 年 1 月 31 日结转本月销售商品成本见表 7-7。

表 7-7

销售成本表

日期	销售量（吨）	加权平均单位成本（元/吨）	销售成本（元）
1 月 15 日	80	—	—
1 月 28 日	120	—	—
合计	20	4 005	801 000

1 月 31 日结转销售成本时：

借：营业成本　　801 000

　贷：库存商品　　801 000

结转销售税金时：

借：营业税金及附加　　17 668

　贷：应交税费——应交城市维护建设税　　12 367.6*

　　　　　　——应交教育费附加　　5 300.4**

*、** 分别为当月应交增值税额 176 680 元的 7% 和 3%。

（二）结转劳务成本

企业在资产负债表日提供劳务交易的结果能够可靠估计的，应当采用完工百分比法确认提供劳务收入。

企业采用完工百分比法确认提供劳务收入的同时，结转劳务成本，借记“营业成本”账户，贷记“劳务成本”账户。

■ **链接【例 6-8】**

【例 7-7】M 公司于 2009 年 12 月 1 日接受一项设备安装任务，安装期为 3 个月，合同总收入 600 000 元，至年底已预收安装费 440 000 元，实际发生安装费用为 280 000 元，其中安装人员薪酬 200 000 元，材料费用 80 000元。估计还会发生安装费用 120 000 元。假定甲公司按实际发生的成本占估计总成本的比例确定劳务的完工进度。甲公司的会计处理如下：

完工百分比＝280 000÷（280 000+120 000）×100%＝70%

2009 年 12 月 31 日确认的劳务收入＝600 000×70%－0＝420 000（元）

（1）预收劳务款时：

借：银行存款　　440 000

　贷：预收账款　　440 000

(2) 发生劳务成本时：

借：劳务成本　　280 000

　贷：应付职工薪酬　　200 000

　　　原材料　　80 000

(3) 2009 年 12 月 31 日确认劳务收入时：

借：预收账款　　420 000

　贷：营业收入　　420 000

同时，结转劳务成本：

借：营业成本　　280 000

　贷：劳务成本　　280 000

剩余的 30% 未确认劳务收入和成本于合同完工时确认，会计处理同上。

三、期间费用

(一) 销售费用

企业发生的销售费用在“销售费用”账户中核算，发生的各项销售费用借记“销售费用”账户，贷记“库存现金”、“银行存款”、“应付职工薪酬”等账户；月终，将借方归集的销售费用全部由本账户的贷方转入“本年利润”账户的借方，计入当期损益。结转销售费用后，“销售费用”账户期末无余额。

【例 7-8】新希望公司 2014 年 1 月份发生以下销售费用：以银行存款支付广告费 5 0 000 元；以现金支付应由公司负担的销售产品的运输费 800 元。

根据上述资料，应做账务处理如下：

(1) 支付广告费：

借：销售费用——广告费　　50 000

　贷：银行存款　　50 000

(2) 支付运输费：

借：销售费用——运输费　　800

　贷：库存现金　　800

(二) 管理费用

企业应设置“管理费用”账户，发生的管理费用在“管理费用”账户中核算，并按费用项目设置明细账进行明细核算。企业发生的各项管理费用借记“管理费用”账户，贷记“库存现金”、“银行存款”、“原材料”、“应付职工薪酬”、“累计折旧”、“累计摊销”、“研发支出”、“应交税费”等账户；期末，将本账户借方归集的管理费用全部由本账户的贷方转入“本年利润”账户的借方，计入当期损益。结转管理费用后，“管理费用”账户期末无余额。

【例 7-9】新希望公司 2014 年 1 月份发生以下管理费用：以银行存款支付业务招待费 7 200 元；计提管理部门使用的固定资产折旧费 8 000 元；分配管理人员工

资费用 12 000 元；计算应交车船税 3 500 元；摊销无形资产 2 000 元。

根据上述资料，新希望公司在发生各项管理费用时应做如下处理：

(1) 支付业务招待费：

借：管理费用——业务招待费　　7 200

　贷：银行存款　　7 200

(2) 计提折旧费：

借：管理费用——折旧费　　8 000

　贷：累计折旧　　8 000

(3) 分配工资费用：

借：管理费用——工资费　　12 000

　贷：应付职工薪酬——员工工资　　12 000

(4) 计算应交车船税：

借：管理费用——车船税　　3 500

　贷：应交税费——应交车船税　　3 500

(5) 摊销无形资产：

借：管理费用——无形资产摊销　　2 000

　贷：累计摊销　　2 000

(三) 财务费用

企业发生的财务费用在“财务费用”账户中核算，并按费用项目设置明细账进行明细核算。企业发生的各项财务费用借记“财务费用”账户，贷记“银行存款”等账户；企业发生利息收入、汇兑收益时，借记“银行存款”等账户，贷记“财务费用”账户。月终，将借方归集的财务费用全部由该账户的贷方转入“本年利润”账户的借方，计入当期损益。结转当期财务费用后，“财务费用”账户期末无余额。

【例 7-10】新希望公司 2014 年 1 月份发生如下事项：计提本月短期银行借款利息 5 000 元；支付银行结算手续费 158 元。

根据上述资料，应做账务处理如下：

(1) 计提短期借款利息：

借：财务费用——利息支出　　5 000

　贷：应付利息　　5 000

(2) 支付手续费：

借：财务费用——手续费　　158

　贷：银行存款　　158

四、存货的取得

(一) 外购

企业外购的存货，由于距离采购地点远近不同、货款结算方式不同等原因，可能造成存货验收入库和货款结算并不能总是同步完成。此外，外购存货还可能采用预付款购货方式、赊购方式等。因此，企业外购的存货应根据具体情况，分别进行会计处理。

1. 存货验收入库和货款结算同时完成

在存货验收入库和货款结算同时完成的情况下，企业应于支付货款或开出并承兑商业汇票，并且存货验收入库后，按发票账单等结算凭证确定的存货成本，借记“原材料”、“周转材料”、“库存商品”等存货账户，按增值税专用发票上注明的增值税进项税额，借记“应交税费——应交增值税（进项税额）”账户，按实际支付的款项或应付票据面值，贷记“银行存款”、“应付票据”等账户。

【例 7-11】新希望公司 2014 年 1 月 1 日从甲公司购入原料 100 吨，增值税专用发票上注明的原材料价款为 200 000 元，增值税进项税额为 34 000 元。销货方代垫运杂费 3 200 元。货款及运杂费已通过银行转账支付，原材料也已验收入库。

1 月 1 日购入材料时：

借：原材料——原料	203 200	
应交税费——应交增值税（进项税额）	34 000	
贷：银行存款		237 200

2. 货款已结算但存货尚在运输途中

在已经支付货款或开出并承兑商业汇票，但存货尚在运输途中或虽已运达但尚未验收入库的情况下，企业应于支付货款或开出并承兑商业汇票时，按发票账单等结算凭证确定的存货成本，借记“在途物资”账户，按增值税专用发票上注明的增值税进项税额，借记“应交税费——应交增值税（进项税额）”账户，按实际支付的款项或应付票据面值，贷记“银行存款”、“应付票据”等账户；待存货运达企业并验收入库后，再根据有关验货凭证，贷记“原材料”、“周转材料”、“库存商品”等存货账户，贷记“在途物资”账户。

【例 7-12】新希望公司 2014 年 1 月 5 日从乙公司购入一批原料 100 吨，增值税专用发票上注明的原材料价款为 205 000 元，增值税进项税额为 34 850 元；开出商业承兑汇票一张，原材料尚在运输途中。

（1）1 月 5 日，支付货款，原材料尚在运输途中。

借：在途物资	205 000	
应交税费——应交增值税（进项税额）	34 850	
贷：应付票据——商业承兑汇票		239 850

（2）原材料运达企业，验收入库。

借：原材料——原料	205 000	
贷：在途物资		205 000

3. 存货已验收入库但货款尚未结算

在存货已运达企业并验收入库，但发票账单等结算凭证尚未到达、货款尚未结算的情况下，企业在收到存货时可先不进行会计处理。如果在本月内结算凭证能够到达企业，则应在支付货款或开出、承兑商业汇票后，按发票账单等结算凭证确定的存货成本，借记“原材料”、“周转材料”、“库存商品”等存货账户，按增值税专用发票上注明的增值税进项税额，借记“应交税费——应交增值税（进项税额）”账户，按实际支付的款项或应付票据面值，贷记“银行存款”、“应付票据”等账户。如果月末时结算凭证仍未到达，为全面反映资产及负债情况，应对收到的存货按暂估价值入账，借记“原材料”、“周转材料”、“库存商品”等存货账户，贷记“应付账款——暂估应付账款”账户，下月初，再编制相同的红字记账凭证予以冲回；待结算凭证到达，企业付款或开出、承兑商业汇票后，按发票账单等结算凭证确定的存货成本，借记“原材料”、“周转材料”、“库存商品”等存货账户，按增值税专用发票上注明的增值税进项税额，借记“应交税费——应交增值税（进项税额）”账户，按实际支付的款项或应付票据面值，贷记“银行存款”、“应付票据”等账户。

【例 7-13】新希望公司 2014 年 1 月 25 日从甲公司购入一批原料 20 吨，材料已运达企业并已验收入库，但发票账单等结算凭证尚未到达。月末时，该批货物的结算凭证仍未到达，新希望公司对该批材料估价 40 000 元入账。2 月 3 日，结算凭证到达企业，增值税专用发票上注明的原材料价款为 39 600 元，增值税进项税额为 6 732 元，货款通过银行转账支付。

（1）1 月 28 日，材料运达企业并验收入库，暂不作会计处理。

（2）1 月 31 日，结算凭证仍未到达，对该批材料按暂估价值入账。

借：原材料——原料	40 000	
贷：应付账款——甲公司		40 000

（3）2 月 1 日，编制红字记账凭证冲回估价入账分录。

借：原材料——原料	40 000	
贷：应付账款——甲公司		40 000

（4）2 月 3 日，收到结算凭证并支付货款。

借：原材料——原料	39 600	
应交税费——应交增值税（进项税额）	6 732	
贷：银行存款		46 332

4. 采用预付货款方式购入存货

在采用预付货款方式购入存货的情况下，企业应在预付货款时，按照实际预付的金额，借记“预付账款”账户，贷记“银行存款”账户；购入的存货验收入库时，按发票账单等结算凭证确定的存货成本，借记“原材料”、“周转材料”、“库存商品”等存货账户，按增值税专用发票上注明的增值税进项税额，借记“应交税费——应交增值税（进项税额）”账户，按存货成本与增值税进项税额之和，贷记“预付账款”账户。预付的货款不足、需补付货款时，按照补付的金额，借记“预付账款”账户，贷记“银行存款”账户；供货方退回多付的货款时，借记“银行存款”账户，贷记“预付账款”账户。

【例 7-14】新希望公司 2014 年 1 月 8 日从旺达公司购入包装材料一批。新希望公司向旺达公司预付货款 20 000 元。旺达公司于 1 月 12 日交付所购材料，并开来增值税专用发票，材料价款为 62 000 元，增值税进项税额为 10 540 元。1 月 12 日，新希望公司将应补付的货款 52 540 元通过银行转账支付。

(1) 1 月 8 日，预付货款。

借：预付账款——旺达公司	20 000	
贷：银行存款		20 000

(2) 1 月 12 日，材料验收入库。

借：原材料——包装材料	62 000	
应交税费——应交增值税（进项税额）	10 540	
贷：预付账款——旺达公司		72 540

(3) 1 月 12 日，补付货款。

借：预付账款——旺达公司	52 540	
贷：银行存款		52 540

5. 采用赊购方式购入存货

在采用赊购方式购入存货的情况下，企业应于存货验收入库后，按发票账单等结算凭证确定的存货成本，借记“原材料”、“周转材料”、“库存商品”等存货账户，按增值税专用发票上注明的增值税进项税额，借记“应交税费——应交增值税（进项税额）”账户，按应付未付的货款，贷记“应付账款”账户；待支付款项或开出、承兑商业汇票后，再根据实际支付的货款金额或应付票据面值，借记“应付账款”账户，贷记“银行存款”、“应付票据”等账户。

【例 7-15】新希望公司 2014 年 1 月 15 日从乙公司购入一批原料 50 吨，增值税专用发票上注明的材料价款为 105 000 元，增值税进项税额为 17 850 元。根据购货合同约定，新希望公司应于 2 月 15 日之前支付货款。

(1) 原材料验收入库。

借：原材料——原料	105 000	
应交税费——应交增值税（进项税额）	17 850	
贷：应付账款——乙公司		122 850

(2) 2 月 15 日，支付货款。

借：应付账款——乙公司	122 850	
贷：银行存款		122 850

如果赊购附有现金折扣条件，则其会计处理有总价法和净价法两种方法。在总价法下，应付账款按实际交易金额入账，如果购货方在现金折扣期限内付款，则取

得的现金折扣作为一项理财收入，冲减当期财务费用；在净价法下，应付账款按实际交易金额扣除现金折扣后的净额入账，如果购货方超过现金折扣期限付款，则丧失的现金折扣视为超期付款支付的利息，计入当期财务费用。在我国的会计实务中，由于现金折扣的使用并不普遍，因此，企业会计准则要求采用总价法进行会计处理。

【例 7-16】承【例 7-15】，乙公司在购货合同中约定，新希望公司应于 2 月 15 日之前支付货款，并附有现金折扣条件：如果新希望公司能在 10 日内付款，可按原材料价款（不含增值税）的 2% 享受现金折扣；如果新希望公司超过 10 日但能在 20 日内付款，可按原材料价款（不含增值税）的 1% 享受现金折扣；如果超过 20 日付款，则须按交易金额全额付款。新希望公司采用总价法所进行的会计处理如下：

（1）原材料验收入库。

借：原材料——原料	105 000	
应交税费——应交增值税（进项税额）	17 850	
贷：应付账款——乙公司		122 850

（2）支付购货款。

①假定新希望公司于 1 月 25 日支付货款。

借：应付账款——乙公司	122 850	
贷：银行存款		120 750
财务费用		2 100

②假定新希望公司于 2 月 4 日支付货款。

借：应付账款——乙公司	122 850	
贷：银行存款		121 800
财务费用		1 050

③假定新希望公司于 2 月 15 日支付货款。

借：应付账款——乙公司	122 850	
贷：银行存款		122 850

企业赊购存货的价款通常是按正常信用条件支付的，但也会发生超过正常信用条件支付货款的业务。例如，企业采用分期付款方式购买存货，若购货合同规定的付款期限比较长，比如超过了 3 年，则该延期支付的价款超过了正常的信用条件。在这种情况下，该项分期付款购货实质上具有融资性质，企业不能直接按合同或协议价款确定购货成本，而应按合同或协议价款的现值确定购货成本，并将合同或协议价款与其现值之间的差额作为融资费用，在合同或协议约定的分期付款期限内采用实际利率法进行摊销，计入各期财务费用。计算合同或协议价款的现值时，应选择能够反映当前市场货币时间价值和延期付款债务特定风险的利率作为折现率，该折现率实质上是供货企业的必要报酬率，也是购货企业摊销融资费用的实际利率。

企业在购入存货时，应按合同或协议价款的现值，借记“原材料”、“周转材料”、“库存商品”等存货账户，按合同或协议价款与其现值的差额，借记“未确认融资费用”账户，按合同或协议价款，贷记“长期应付款”账户；分期支付合同或协议价款时，按本期支付的金额，借记“长期应付款”账户，贷记“银行存款”等账户；分期摊销融资费用时，按本期摊销的金额，借记“财务费用”账户，贷记“未确认融资费用”账户。

【例 7-17】2010 年 1 月 1 日，N 公司采用分期付款方式向 P 公司购进一批周转材料，合同约定的销售价格为 168 万元，分 3 次于每年 12 月 31 日等额收取。在现销方式下，该批周转材料的销售价格为 150 万元。假定 N 公司发出商品时，其有关的增值税纳税义务尚未发生；在合同约定的收款日期，发生有关的增值税纳税义务。

$56\times[1-(1+r)^{-3}]/r=150$

$r=5.9\%$

每期计入财务费用的金额见表 7-8。

表 7-8　**财务费用和已收本金计算表**　单位：万元

日期	未收本金 ①=上期①-上期④	财务费用 ②=①×5.9%	收现总额 ③	已收本金 ④=③-②
2010 年 1 月 1 日	150			
2010 年 12 月 31 日	150	8.85	56	47.15
2011 年 12 月 31 日	102.85	6.07	56	49.93
2012 年 12 月 31 日	52.92	3.08*	56	52.92
总额	—	18	168	150

*尾数调整。

①2010 年 1 月 1 日，购进周转材料。

借：周转材料　1 500 000

　　未确认融资费用　180 000

　贷：长期应付款——P 公司　1 680 000

②2010 年 12 月 31 日，支付合同款并分摊融资费用。

借：长期应付款——P 公司　560 000

　　应交税费——应交增值税（进项税额）　95 200

　贷：银行存款　655 200

借：财务费用　88 500

　贷：未确认融资费用　88 500

③2011 年 12 月 31 日，支付合同款并分摊融资费用。

借：长期应付款——P 公司　560 000

应交税费——应交增值税（进项税额） 95 200

贷：银行存款 655 200

借：财务费用 60 700

贷：未确认融资费用 60 700

④2012 年 12 月 31 日，支付合同款并分摊融资费用。

借：长期应付款——P 公司 560 000

应交税费——应交增值税（进项税额） 95 200

贷：银行存款 655 200

借：财务费用 30 800

贷：未确认融资费用 30 800

（二）自制

企业自制并已验收入库的存货，按计算确定的实际成本，借记“周转材料”、“库存商品”等存货账户，贷记“生产成本”账户。

（三）委托加工

企业拨付待加工的材料物资、委托其他单位加工存货时，按发出材料物资的实际成本，借记“委托加工物资”账户，贷记“原材料”、“库存商品”等账户；支付加工费和往返运杂费时，借记“委托加工物资”账户，贷记“银行存款”账户；应由受托加工方代收代交的增值税，借记“应交税费——应交增值税（进项税额）”账户，贷记“银行存款”、“应付账款”等账户。需要交纳消费税的委托加工存货，由受托加工方代收代交的消费税，应分别以下情况处理：

（1）委托加工存货收回后直接用于销售，由受托加工方代收代交的消费税应计入委托加工存货成本，借记“委托加工物资”账户，贷记“银行存款”、“应付账款”等账户，待销售委托加工存货时，不需要再交纳消费税。

（2）委托加工存货收回后用于连续生产应税消费品，由受托加工方代收代交的消费税按规定准予抵扣的，借记“应交税费——应交消费税”账户，贷记“银行存款”、“应付账款”等账户；待连续生产的应税消费品生产完成并销售时，从生产完成的应税消费品应纳消费税额中抵扣。

委托加工的存货加工完成验收入库并收回剩余物资时，按计算的委托加工存货实际成本和剩余物资实际成本，借记“原材料”、“周转材料”、“库存商品”等账户，贷记“委托加工物资”账户。

【例 7-18】新希望公司发出一批 A 材料，委托乙公司加工成 B 材料。发出 A 材料的实际成本为 25 000 元，支付加工费和往返运杂费 15 000 元，支付由受托加工方代收代交的增值税 1 870 元，委托加工的 B 材料收回后作为周转材料。

（1）发出委托加工的 A 材料。

借：委托加工物资 25 000

贷：原材料——A 材料 25 000

(2) 支付加工费、往返运杂费和加工企业代扣增值税。

借：委托加工物资　　15 000

　　应交税费——应交增值税（进项税额）　　1 870

　贷：银行存款　　16 870

(3) 收回加工完成的B材料。

B材料实际成本＝25 000+15 000 ＝40 000（元）

借：周转材料——B材料　　40 000

　贷：委托加工物资　　40 000

（四）其他来源取得的存货

1. 接受投资

企业收到投资者投入的存货时，按照投资合同或协议约定的存货价值，借记“原材料”、“周转材料”、“库存商品”等账户，按增值税专用发票上注明的增值税进项税额，借记“应交税费——应交增值税（进项税额）”账户，按投资者在注册资本中应占有的份额，贷记“实收资本”或“股本”账户，按其差额，贷记“资本公积”账户。

【例7-19】新希望公司收到甲股东投入的一批周转材料。增值税专用发票上注明的材料价款为650 000元，增值税进项税额为110 500元，经投资各方确认，甲股东的投入材料金额中500 000元确认为实收资本。

借：周转材料　　650 000

　　应交税费——应交增值税（进项税额）　　110 500

　贷：实收资本——甲股东　　500 000

　　　资本公积——资本溢价　　260 500

2. 债务重组

企业通过债务重组取得的存货，应当按照受让存货的公允价值作为入账成本。重组债权的账面余额与受让存货包含增值税的公允价值之间的差额，应当作为债务重组损失，计入当期营业外支出。如果重组债权已计提了减值准备，应先将重组债权的账面余额与受让存货包含增值税的公允价值之间的差额冲减已计提的减值准备，冲减后仍有损失的，作为债务重组损失，计入当期营业外支出；冲减后减值准备仍有余额的，应予转回并抵减当期资产减值损失。

【例7-20】新希望公司应收A公司销货款800 000元，因A公司发生财务困难，不能如期偿还，经双方协商，A公司以一批原材料抵债，该批原材料不含增值税的公允价值为600 000元，可抵扣的增值税进项税额为102 000元，包含增值税的公允价值为702 000元。

(1) 假定新希望公司未对该应收账款计提减值准备。

原材料入账成本＝600 000（元）

应确认的债务重组损失＝800 000−702 000＝98 000（元）

借：原材料　　600 000
　　应交税费——应交增值税（进项税额）　　102 000
　　营业外支出——债务重组损失　　98 000
　贷：应收账款——A公司　　800 000

（2）假定新希望公司对该应收账款计提了80 000元的减值准备。

应确认的债务重组损失＝（800 000－702 000）－80 000＝18 000（元）

借：原材料　　600 000
　　应交税费——应交增值税（进项税额）　　102 000
　　坏账准备　　80 000
　　营业外支出——债务重组损失　　18 000
　贷：应收账款——A公司　　800 000

（3）假定新希望公司对该应收账款计提了100 000元的减值准备。

应确认的债务重组损失＝（800 000－702 000）－100 000＝－2 000（元）

借：原材料　　600 000
　　应交税费——应交增值税（进项税额）　　102 000
　　坏账准备　　100 000
　贷：应收账款——A公司　　800 000
　　　资产减值损失　　2 000

3. 非货币性资产交换

具有商业实质的非货币性资产交换时，换入存货以公允价值为基础进行计量，应当以换出资产的公允价值加上应支付的相关税费，减去可抵扣的增值税进项税额，作为换入存货的入账成本；如果有确凿证据表明换入存货的公允价值更加可靠，应当以换入存货的公允价值（在相关增值税允许抵扣的情况下，指不含增值税的公允价值）加上应支付的相关税费，作为换入存货的入账成本。

非货币性资产交换不具有商业实质，或者换出资产和换入存货的公允价值均不能可靠计量，即不能同时满足以公允价值计量的两个条件，应当以换出资产的账面价值为基础确定换入存货的成本，无论是否涉及补价，均不确认非货币性资产交换损益。在非货币性资产交换不涉及补价的情况下，应当以换出资产的账面价值加上应支付的相关税费，减去可抵扣的增值税进项税额，作为换入存货的入账成本。

【例7－21】新希望公司以一项专利技术换入乙公司的一批商品。换出专利技术的账面原价为500 000元，累计摊销为50 000元，公允价值为460 000元，税务机关核定的应交营业税为23 000元；换入商品不含增值税的公允价值为400 000元，可抵扣的增值税进项税额为68 000元。

（1）若该项交换具有商业实质，符合以公允价值为基础计量的条件，资产交换时，新希望公司应做如下处理：

换入商品入账成本＝400 000＋68 000＝468 000（元）

换出专利技术应确认的损益＝468 000－（500 000－50 000）－23 000＝－5 000（元）

借：库存商品	400 000	
应交税费——应交增值税（进项税额）	68 000	
累计摊销	50 000	
营业外支出——非货币性资产交换损失	5 000	
贷：无形资产		500 000
应交税费——应交营业税		23 000

（2）若该项交换不具有商业实质，以账面价值为计量基础，资产交换时，新希望公司应做如下处理：

换入商品入账成本＝500 000－50 000＝450 000（元）

借：库存商品	382 000	
应交税费——应交增值税（进项税额）	68 000	
累计摊销	50 000	
贷：无形资产		500 000

五、存货发出

存货是为了满足企业生产经营的各种需要而储备的，其经济用途各异，消耗方式也各不相同。因此，企业应当根据各类存货的特点及用途，对发出存货进行相应的会计处理。

（一）生产经营领用原材料

原材料在生产经营过程中领用后，其原有实物形态会发生改变乃至消失，其成本也随之形成产品成本或直接转化为费用。根据原材料的消耗特点，企业应按发出原材料的用途，将其成本直接计入产品成本或当期费用。领用原材料时，按计算确定的实际成本，借记"生产成本"、"制造费用"、"委托加工物资"、"销售费用"、"管理费用"等账户，贷记"原材料"、"周转材料"等账户。

（二）生产经营领用周转材料

企业领用的周转材料分布于生产经营的各个环节，具体用途不同，会计处理也不尽相同：（1）生产部门领用的周转材料，构成产品实体一部分的，其账面价值应直接计入产品生产成本；属于车间一般性物料消耗的，其账面价值应计入制造费用。（2）销售部门领用的周转材料，随同商品出售但不单独计价的，其账面价值应计入销售费用；随同商品出售并单独计价的，应视为材料销售，将取得的收入作为营业收入，相应的周转材料账面价值计入营业成本。（3）用于出租的周转材料，收取的租金应作为营业收入并计算交纳增值税，相应的周转材料账面价值应计入营业成本；用于出借的周转材料，其账面价值应计入销售费用。（4）管理部门领用的周转材料，其账面价值应计入管理费用。

企业应根据周转材料的消耗方式、价值大小、耐用程度等，选择适当的摊销方法，将其账面价值一次或分次计入有关成本费用。常用的周转材料摊销方法有一次转销法、五五摊销法、分次摊销法等。

1. 一次转销法

一次转销法是指在领用周转材料时，将其账面价值全部计入领用当期有关成本费用的一种方法。

采用这种方法，领用周转材料时，应按其账面价值，借记“生产成本”、“制造费用”、“营业成本”、“销售费用”、“管理费用”等账户，贷记“周转材料”账户；周转材料报废时，应按其残料价值冲减有关资产成本或当期损益，借记“原材料”、“银行存款”等账户，贷记“生产成本”、“制造费用”、“营业成本”、“销售费用”、“管理费用”等账户。

一次转销法通常适用于价值较低或极易损坏的管理用具、小型工具和卡具、在单件小批生产方式下为制造某批订货所用的专用工具等低值易耗品，以及生产领用的包装物和随同商品出售的包装物。数量不多、金额较小，且业务不频繁的出租或出借包装物，也可以采用一次转销法，但应加强实物管理，并在备查簿上进行登记。

2. 五五摊销法

五五摊销法是指在领用周转材料时先摊销其账面价值的50%，待报废时再摊销其账面价值的50%的一种摊销方法。

采用五五摊销法，周转材料应分别“在库”、“在用”和“摊销”进行明细核算。领用周转材料时，按其账面价值，借记“周转材料——在用”账户，贷记“周转材料——在库”账户，同时，摊销其账面价值的50%，借记“制造费用”、“营业成本”、“销售费用”、“管理费用”等账户，贷记“周转材料——摊销”账户；周转材料报废时，摊销其余50%的账面价值，借记“制造费用”、“营业成本”、“销售费用”、“管理费用”等账户，贷记“周转材料——摊销”账户，同时，转销周转材料全部已提摊销额，借记“周转材料——摊销”账户，贷记“周转材料——在用”账户；报废周转材料的残料价值应冲减有关成本费用，借记“原材料”、“银行存款”等账户，贷记“制造费用”、“营业成本”、“销售费用”、“管理费用”等账户。

【例7-22】新希望公司领用了一批全新的包装箱，无偿提供给客户周转使用。包装箱账面价值50 000元，采用五五摊销法摊销。该批包装箱报废时，残料估价2 000元作为原材料入库。

（1）领用包装箱并摊销其账面价值的50%。

借：周转材料——在用	50 000	
贷：周转材料——在库		50 000
借：销售费用	25 000	
贷：周转材料——摊销		25 000

（2）包装箱报废，摊销其余50%的账面价值并转销全部已提摊销额。

借：销售费用　　25 000

　贷：周转材料——摊销　　25 000

借：周转材料——摊销　　50 000

　贷：周转材料——在用　　50 000

(3) 报废包装箱的残料作价入库。

借：原材料　　2 000

　贷：销售费用　　2 000

注：该批包装物在周转使用期间，只是在“周转材料——在库”和“周转材料——在用”两个明细项目间转换，不需做其他处理。

【例7-23】承【例7-22】，若新希望公司领用了一批全新的包装箱50 000元，有偿出租给客户使用，并收取押金50 000元。租金30 000元于客户退还包装箱时，按实际使用期间计算并从押金中扣除。采用五五摊销法摊销。该批包装箱报废时，残料估价2 000元作为原材料入库。

(1) 领用包装物并摊销其账面价值的50%。

借：周转材料——在用　　50 000

　贷：周转材料——在库　　50 000

借：营业成本　　25 000

　贷：周转材料——摊销　　25 000

(2) 收取包装物押金。

借：银行存款　　50 000

　贷：其他应付款——存入保证金　　50 000

(3) 客户退还包装物，计算收取租金30 000元，并退还其余押金。

增值税销项税额 =30 000÷（1+17%）×17% =4 359（元）

租金收入=30 000-4 359=25 641（元）

借：其他应付款——存入保证金　　50 000

　贷：营业收入　　25 641

　　　应交税费——应交增值税（销项税额）　　4 359

　　　银行存款　　20 000

(4) 报废时，摊销其余50%的账面价值并转销全部已提摊销额。

借：营业成本　　25 000

　贷：周转材料——摊销　　25 000

借：周转材料——摊销　　50 000

　贷：周转材料——在用　　50 000

(5) 报废包装箱的残料作价入库。

借：原材料　　2 000

　贷：营业成本　　2 000

如果客户逾期未退还出租或出借的周转材料，则应将没收的押金视为销售周转材料取得的价款，计算相应的增值税销项税额，并按扣除增值税的金额确认营业收入；同时，应摊销该周转材料其余50%的账面价值。

【例7-24】承【例7-22】与【例7-23】，若假定客户逾期未退还包装箱，新希望公司没收押金。

（1）确认没收押金取得的收入：

增值税销项税额＝50 000÷（1+17%）×17%＝7 265（元）

营业收入＝50 000－7 265＝42 735（元）

借：其他应付款——存入保证金　　50 000

　贷：营业收入　　42 735

　　　应交税费——应交增值税（销项税额）　　7 265

（2）摊销其余50%的账面价值并转销全部已提摊销额。

借：销售费用/营业成本　　25 000

　贷：周转材料——摊销　　25 000

借：周转材料——摊销　　50 000

　贷：周转材料——在用　　50 000

采用五五摊销法，虽然会计处理略显繁琐，但周转材料在报废之前，始终有50%的价值保留在账面上，有利于加强对周转材料的管理与核算。该方法适用于领用数量多、金额大的周转材料摊销。事实上，该方法属于一种特殊的分两次将周转材料账面价值计入有关成本费用的分次摊销法。

3. 分次摊销法

分次摊销法是指根据周转材料可供使用的估计次数，将其成本分期计入有关成本费用的一种摊销方法。各期周转材料摊销额的计算公式如下：

$$某期周转材料摊销额=\frac{周转材料账面价值}{预计可使用次数}\times 该期实际使用次数$$

分次摊销法的核算原理与五五摊销法相同，只是周转材料的价值是分次计算摊销的，而不是在领用和报废时各摊销一半。

【例7-25】某建造承包商本月领用一批定型模板，账面价值12 000元，预计可使用6次，采用分次摊销法摊销。领用当月，实际使用2次；领用第2个月，实际使用3次；领用第3个月，该批模板报废，将残料售出，收取价款1 000元存入银行。

（1）领用模板。

借：周转材料——在用　　12 000

　贷：周转材料——在库　　12 000

（2）领用当月，摊销模板账面价值。

$$领用当月模板摊销额=\frac{12\ 000}{6}\times 2=4\ 000（元）$$

借：工程施工——合同成本　　4 000

　贷：周转材料——摊销　　4 000

（3）领用第2个月，摊销模板账面价值。

$$领用第2个月模板摊销额=\frac{12\ 000}{6}\times 3=6\ 000（元）$$

借：工程施工——合同成本　　6 000

　贷：周转材料——摊销　　6 000

（4）领用第3个月，模板报废，将账面摊余价值一次摊销并转销全部已提摊销额。

账面摊余价值 =12 000-4 000-6 000=2 000（元）

借：工程施工——合同成本　　2 000

　贷：周转材料——摊销　　2 000

借：周转材料——摊销　　12 000

　贷：周转材料——在用　　12 000

（5）将报废模板残料售出，收取价款存入银行。

借：银行存款　　1 000

　贷：工程施工——合同成本　　1 000

分次摊销法主要适用于建造承包商的钢模板、木模板、脚手架等周转材料的摊销。

（三）销售的存货

1. 销售的商品存货

企业对外销售的商品、产成品、自制半成品等商品存货，取得的销售收入应作为营业收入，相应的存货成本应计入营业成本。销售存货时，按从购货方已收或应收的全部合同或协议价款，借记“银行存款”或“应收账款”等账户，按实现的营业收入，贷记“营业收入”账户，按增值税销项税额，贷记“应交税费——应交增值税（销项税额）”账户；同时，按发出存货的账面价值结转销售成本，借记“营业成本”账户，贷记“库存商品”等账户。

【例7-26】新希望公司销售一批A产品，售价15 000元，增值税销项税额2 550元，价款尚未收到。该批A产品的账面价值为12 000元。

借：应收账款　　17 550

　贷：营业收入　　15 000

　　　应交税费——应交增值税（销项税额）　　2 550

借：营业成本　　12 000

　贷：库存商品　　12 000

2. 销售的材料存货

企业对外销售的原材料、周转材料等材料存货，取得的销售收入应作为营业收入，相应的存货成本应计入营业成本。销售存货时，按从购货方已收或应收的全部合同或协议价款，借记“银行存款”或“应收账款”等账户，按实现的营业收入，贷记“营业收入”账户，按增值税销项税额，贷记“应交税费——应交增值税（销项税额）”账户；同时，按发出存货的账面价值结转销售成本，借记“营业成本”账户，贷记“原材料”等账户。

【例7-27】新希望公司销售一批原材料，售价6 000元，增值税销项税额1 020元，价款已收存银行。该批原材料的账面价值为5 500元。

借：银行存款	7 020	
贷：营业收入		6 000
应交税费——应交增值税（销项税额）		1 020
借：营业成本	5 500	
贷：原材料		5 500

（四）其他用途发出存货

1. 以公允价值为基础计量

企业将存货用于具有商业实质的非货币性资产交换、作为非同一控制下企业合并支付的对价、债务重组等，发出的存货应作为销售处理，按该存货的公允价值确认销售收入，同时，按存货的账面价值结转销售成本。

【例7-28】新希望公司以一批产成品换入B公司生产的一台设备，换入的设备作为固定资产入账。换出产成品的账面价值为120 000元，不含增值税的公允价值为160 000元，增值税销项税额为27 200元；换入的设备允许抵扣的增值税税额为30 600元，新希望公司另向B公司支付银行存款23 400元作为补价。经分析，该项交换符合以公允价值为基础计量的条件，因此，新希望公司以公允价值为基础确定换入固定资产的成本。假定除增值税之外，该项交换中未涉及其他相关税费。

固定资产入账成本=160 000+27 200+23 400-30 600=180 000（元）

借：固定资产	180 000	
应交税费——应交增值税（进项税额）	30 600	
贷：营业收入		160 000
应交税费——应交增值税（销项税额）		27 200
银行存款		23 400
借：营业成本	120 000	
贷：库存商品		120 000

【例7-29】新希望公司应付B公司货款500 000元，因新希望公司发生财务困难，经双方协商，B公司同意新希望公司以一批原材料抵偿债务。用于抵债的原材料账面成本为380 000元，不含增值税的公允价值为400 000元，增值税销项税额为68 000元，包含增值税的公允价值为468 000元。

债务重组利得=500 000-468 000=32 000（元）

借：应付账款——B公司　　500 000
　贷：营业收入　　400 000
　　应交税费——应交增值税（销项税额）　　68 000
　　营业外收入——债务重组利得　　32 000
借：营业成本　　380 000
　贷：原材料　　380 000

2. 以账面价值为基础计量

企业将存货用于不具有商业实质的非货币性资产交换、作为同一控制下企业合并支付的对价等，应视同销售，按存货的计税价格计算增值税销项税额，连同存货的账面价值一并作为相关资产的成本或合并对价。

【例7-30】新希望公司以一批A材料换入乙公司的一项非专利技术。换出A材料的账面价值为250 000元，按计税价格计算的增值税销项税额为42 500元。经分析，该项交换不能同时满足以公允价值为基础计量的两个条件，因此，新希望公司以账面价值为基础确定换入非专利技术的成本。假定除增值税之外，该项交换中未涉及其他相关税费。

换入非专利技术入账成本＝250 000＋42 500＝292 500（元）

借：无形资产　　292 500
　贷：原材料——A材料　　250 000
　　应交税费——应交增值税（销项税额）　　42 500

六、存货的期末处理

（一）存货跌价准备

1. 存货跌价准备的计提方法

（1）以单项存货为基础计提存货跌价准备

企业通常应当以单项存货为基础计提存货跌价准备，这就要求企业应当根据管理要求和存货的特点，合理确定存货项目的划分标准。比如，将某一型号和规格的材料作为一个存货项目、将某一品牌和规格的商品作为一个存货项目等。

在按照单项存货计提存货跌价准备的情况下，企业应当将每一存货项目的成本与其可变现净值分别进行比较，按每一存货项目可变现净值与成本的较低者计量存货，对于可变现净值低于成本的存货项目，应按其差额计提存货跌价准备。

（2）以存货类别为基础计提存货跌价准备

如果某一类存货的数量繁多并且单价较低，企业可以按照存货类别计提存货跌价准备，即分别比较每个存货类别的成本总额与可变现净值总额，按每个存货类别可变现净值与成本的较低者确定存货期末价值，对可变现净值低于成本的存货类别计提存货跌价准备。

2. 存货跌价准备的会计处理

在资产负债表日，企业的存货应当按照成本与可变现净值孰低计量。如果成本低于可变现净值，则按成本作为存货的期末价值，此时不需要计提存货跌价准备；反之，则按成本与可变现净值的差额计提存货跌价准备。

企业存货跌价准备的计提方法应区别不同情况，分别采用不同的方法。按存货可变现净值低于成本的金额，借记“资产减值损失”账户，贷记“存货跌价准备”账户；如果已计提跌价准备的存货的价值又得以恢复，应按恢复增加的金额，借记“存货跌价准备”账户，贷记“资产减值损失”账户。注意如果已计提跌价准备的存货的价值以后又得以恢复，其冲减的跌价准备的金额，应以“存货跌价准备”账户的余额冲减至零为限。举一简例说明存货跌价准备的会计处理。

【例 7-31】新希望公司对期末存货按成本与可变现净值孰低计量。2014 年 12 月 31 日，公司库存商品的账面成本为 160 000 元，可变现净值为 140 000 元。

可变现净值低于成本的金额＝160 000－140 000＝20 000（元）

借：资产减值损失　　20 000

　贷：存货跌价准备　　20 000

在 2014 年 12 月 31 日的资产负债表中库存商品应按可变现净值 140 000 元列示其价值。

【例 7-32】承前例，假如新希望公司 2015 年 12 月 31 日存货的账面成本为 160 000元，由于市场价格有所回升，使得该批存货的预计可变现净值为 150 000 元。则当期应冲减已计提的存货跌价准备中多提的 10 000 元。

借：存货跌价准备　　10 000

　贷：资产减值损失　　10 000

如果该批存货的预计可变现净值为 175 000 元，则应将前已计提的存货跌价准备 20 000 元冲减至零为止。

借：存货跌价准备　　20 000

　贷：资产减值损失　　20 000

（二）存货盘盈、盘亏处理

1. 存货盘盈

存货盘盈，是指存货的实存数量超过账面结存数量的差额。存货发生盘盈，应按其重置成本作为入账价值，及时予以登记入账，借记“原材料”、“周转材料”、“库存商品”等存货账户，贷记“待处理财产损溢——待处理流动资产损溢”账户；待查明原因，按管理权限报经批准处理后，冲减当期管理费用。

【例 7-33】新希望公司在存货清查中发现盘盈一批 A 材料，重置成本为 5 000元。

（1）发现盘盈，原因待查。

借：原材料——A 材料　　5 000

　贷：待处理财产损溢——待处理流动资产损溢　　5 000

（2）查明原因，报经批准处理。

借：待处理财产损溢——待处理流动资产损溢　　5 000

　贷：管理费用　　5 000

2. 存货盘亏

存货盘亏，是指存货的实存数量少于账面结存数量的差额。存货发生盘亏，应将其账面价值及时转销，借记“待处理财产损溢——待处理流动资产损溢”账户，贷记“原材料”、“周转材料”、“库存商品”等存货账户；盘亏存货涉及增值税的，还应进行相应处理。待查明原因，按管理权限报经批准处理后，根据造成盘亏的原因，分别以下情况进行会计处理：

(1) 属于定额内自然损耗造成的短缺，计入管理费用。

(2) 属于收发计量差错和管理不善等原因造成的短缺或毁损，将扣除可收回的保险公司和过失人赔款以及残料价值后的净损失，计入管理费用。其中，因管理不善造成被盗、丢失、霉烂变质的存货，相应的进项税额不得从销项税额中抵扣，应当予以转出。

(3) 属于自然灾害等非常原因造成的毁损，将扣除可收回的保险公司和过失人赔款以及残料价值后的净损失，计入营业外支出。

【例 7-34】新希望公司在存货清查中发现盘亏一批 B 材料，账面成本为 20 000元。

(1) 发现盘亏，原因待查。

借：待处理财产损溢——待处理流动资产损溢　　20 000

　贷：原材料——B 材料　　20 000

(2) 查明原因，报经批准处理。

①假定属于收发计量差错造成存货短缺。

借：管理费用——存货盘亏损失　　20 000

　贷：待处理财产损溢——待处理流动资产损溢　　20 000

②假定属于管理不善造成存货霉烂变质，由过失人赔偿部分损失 10 000 元。

借：银行存款　　10 000

　　管理费用——存货盘亏损失　　13 400

　贷：待处理财产损溢——待处理流动资产损溢　　20 000

　　　应交税费——应交增值税（进项税额转出）　　3 400

③假定属于自然灾害造成的毁损，应收保险公司赔款 18 000 元。

借：其他应收款——××保险公司　　18 000

　　营业外支出——非常损失　　2 000

　贷：待处理财产损溢——待处理流动资产损溢　　20 000

如果盘盈或盘亏的存货在期末结账前尚未经批准，在对外提供财务会计报告时，应先按上述方法进行会计处理，并在会计报表附注中做出说明。如果其后批准处理的金额与已处理的金额不一致，应当调整当期会计报表相关项目的年初数。

第六节　资源消耗的秘密

对于企业日常经营活动引起的资金双向变化，会计师在确认与计量营业收入的同时配比确认与计量相关营业费用。在确认费用的同时，也一定以相等的金额确认与计量资产的减少或负债的增加，这使得资产负债表中“存货”项目与利润表中“营业成本”、“营业税金及附加”、“销售费用”等项目以及现金流量表中“经营活动现金流量——购进商品、接受劳务支付的现金”、“经营活动现金流量——支付给职工和为职工支付的现金”、“经营活动现金流量——支付各项税费”、“经营活动现金流量——支付其他与经营活动有关的现金”等经营活动现金流出项目存在严密的逻辑关系。通过对这种客观存在的逻辑关系进行深刻剖析，就能够揭示一个企业资源消耗状况的秘密。

一、营业成本解读

营业成本是指与营业收入相关的、已经确定了归属期和归属对象的成本。不同类型的企业其营业成本有不同的表现形式：制造业企业的营业成本表现为已销售产品的生产成本；商品流通企业的营业成本表现为已销商品的采购成本。营业成本的分析侧重营业成本与营业收入的相关性、营业成本变动的影响因素。

（一）营业成本与营业收入的相关性

一般情况下，营业成本与营业收入保持同向的变动趋势，只有在营业收入的增幅大于营业成本的增幅，或营业收入的降幅小于营业成本的降幅时，企业的毛利空间才会增大。

（二）营业成本变动的影响因素

营业成本水平的高低，既受企业不可控因素的影响（市场因素引起的原材料或商品的价格波动），也受企业可控因素的影响（在市场价格相对稳定的情况下，企业可以通过选择供货渠道、采购批量等来控制成本水平），还受企业会计核算方法选择的影响。为此，对营业成本变动的分析，应尽可能全面考虑各种可能的影响因素，其中可控因素是体现企业成本管理水平的关键，不可控因素能帮助我们了解企业未来的盈亏趋势，而会计核算方法的选择则有助于我们判断盈利的质量。

（三）毛利的分析

毛利是指营业收入减去营业成本后的余额。企业有了毛利，才可能有核心利润。因此，追求一定规模的毛利和持续增长的毛利率是企业的普遍心态，也是会计信息使用者的普遍心理期望。

1. 毛利率较高的原因分析

第一，企业所从事的产品经营活动具有垄断地位。在此情况下，企业会长期拥有较高的毛利率。为此，我们应该关注的是企业所拥有的垄断地位的持久性。

第二，企业所从事的产品经营活动具有较强的核心竞争力。在此情况下，企业会比同类企业拥有较高的毛利率。此时我们应该关注企业长期保持其核心竞争力的能力。

第三，企业所从事的产品经营活动由于行业周期性波动而出现暂时的毛利率走高。在此情况下，我们应该关注企业所处的行业周期的变化规律。

第四，企业由于产大于销、存货积压而导致毛利率升高。在此情况下，我们应该分析企业的产品生产决策是否符合市场的需求。

第五，企业在会计处理上故意选择调高毛利率的会计处理方式。在此情况下，我们应该关注注册会计师出具的审计报告的意见类型与措辞，以判断企业是否存在人为的操纵行为。

2. 毛利率较低的原因分析

第一，企业所生产的产品生命周期已经到达衰退期。此时，通常会伴随着全行业的毛利率下滑。在此情况下，我们应该关注企业在产品转型、新产品开发方面的投入状况，借以判断企业未来盈利的前景。

第二，企业所生产的产品的品牌、质量、成本和价格等在市场上没有竞争力。在此情况下，我们应该关注企业的核心竞争力到底体现在哪些方面，企业有无未来发展前景。

第三，企业会计处理不当，故意选择调低毛利率的方式。在此情况下，我们同样应该通过注册会计师出具的审计报告的意见类型与措辞来判断企业是否存在操纵行为。

不论是哪种情况造成的毛利率下滑，都意味着企业产品的盈利能力在下降。

■ 案例1：宝山钢铁营业收入与营业成本分析

2007年宝山钢铁主要钢铁产品营业收入、营业成本情况见表7-9。

表7-9　　2007年主要钢铁产品营业收入、营业成本情况　　金额单位：亿元

产品	营业收入	营业成本	毛利率	营业收入比上年增减	营业成本比上年增减	毛利率比上年增减
冷轧碳钢板卷	324.54	252.01	22.35%	6.84%	6.32%	0.38%
热轧碳钢板卷	423.41	321.95	23.96%	39.23%	38.21%	0.56%
宽厚板	79.37	52.83	33.34%	59.21%	35.79%	11.48%
不锈钢板卷	205.82	217.71	-5.78%	5.40%	25.99%	-17.29%
特种钢	105.61	107.56	-1.85%	1.41%	32.07%	8.22%
其他钢铁产品	144.81	114.49	20.93%	-11.62%	-10.45%	-1.04%
小计	1 283.57	1 066.55	16.91%	16.28%	19.71%	-2.38%

根据上述资料以及宝山钢铁2007年财务报告和其他相关资料分析，宝山钢铁2007年营业收入增长的主要原因是销量的增加和钢铁产品价格的增长。宝山钢铁2007年营业利润主要来源于钢铁业务，钢铁业务是宝山钢铁的支柱业务和主要利润增长点。其钢铁产品中冷轧碳钢板卷和热轧碳钢板卷是其利润的主要来源，2007年热轧碳钢板卷和宽厚板产品的营业收入增幅较大；虽然不锈钢板卷和特种钢产品的营业收入都有不同程度的增长，但由于营业成本的增幅更大，导致这两种产品出现亏损；其他钢铁产品的营业收入则趋向于萎缩。

营业成本方面，与上年相比，不同业务的营业成本都超出了营业收入的增幅。2007年原燃材料价格波动较大，使营业成本受到较大的影响。2007年该公司主要钢铁产品的营业成本的增幅都超出了营业收入的增幅，而不锈钢板卷和特种钢甚至出现了营业成本高于营业收入的情况。其不锈钢业务亏损的主要原因就是由于相关产品的价格跌幅大于其成本跌幅。同时，由于该公司在相关产品的生产、技术、质量等方面存在经验较少、质量控制和攻关能力不足等问题，也制约了产品毛利水平。

该公司应当及时调整产品结构，加强成本控制，优化技术经济指标，同时加大市场开拓力度，努力保持稳定的产销规模，以降低相关产品的成本及经营风险。

二、期间费用分析

（一）销售费用

从销售费用的基本构成来看，有的与企业的业务活动规模有关（如运输费、装卸费、整理费、包装费、保险费、销售佣金、差旅费、展览费、委托代销手续费、检验费等），有的与企业从事销售活动人员的待遇有关（如营销人员的工资和福利费），也有的与企业的未来发展、开拓市场、扩大企业品牌的知名度等有关（如广告费）。管理层可以减少广告费、营销人员的工资和福利费等或者对其严加控制。但是，在业务处于发展态势的情况下，企业的销售费用不应当被缩减，片面追求在一定时期内减少销售费用，有可能对企业的长期发展不利，也可能影响销售人员的积极性。

（二）管理费用

与销售费用一样，尽管管理层可以减少业务招待费、研究费用、董事会会费、职工教育经费、涉外费、租赁费、咨询费、审计费、诉讼费、修理费、管理人员工资及福利费等管理费用或者对其严加控制，但是，此类措施对企业的长期发展不利，并且可能会影响相关员工的积极性。

折旧费、摊销费等是企业以前各个会计期间已经支出的费用，不存在控制其支出规模的问题。对这类费用的处理更多地受企业会计政策的影响。

（三）财务费用

财务费用是指企业在资金筹集和运用中发生的各项费用。其内容主要包括企业生产经营期间发生的利息净支出（减利息收入）、汇兑净损失、金融机构手续费以及筹资发生的其他财务费用等。其中，经营期间发生的贷款利息支出构成了企业财务费用的主体。

我们知道，企业贷款利息水平的高低，主要取决于三个因素：贷款规模、贷款利息率和贷款期限。

1. 贷款规模

概括地说，如果因贷款规模降低而导致计入利润表的财务费用下降，则企业会因此而改善盈利能力，但是企业的发展可能会因贷款规模的降低而受限。

2. 贷款利息率和贷款期限

从企业融资的角度来看，贷款利息率的具体水平主要取决于一定时期资本市场的供求关系、贷款规模、贷款的担保条件以及贷款企业的信誉等。在利率的选择上，可以采用固定利率、变动利率或浮动利率等。可见，贷款利率的影响因素中，既有不可控制的因素，也有可以控制的因素。在不考虑贷款规模和贷款期限的条件下，企业的利息费用将随着利率水平而波动。而贷款期限对企业财务费用的影响，也主要体现在利率因素上。

当企业的财务费用由于受贷款利率的影响而发生较大的变化时，分析人员需要甄别引起贷款利率变化的主要因素是可控因素还是不可控因素。如果是可控因素，还应进一步探究这些因素的变化是否暗示了企业的财务状况的改变。

■ 案例2：宝山钢铁期间费用分析

宝山钢铁2006、2007年期间费用变动情况见表7-10。

表7-10　**宝山钢铁2006、2007年期间费用变动情况**　金额单位：亿元

项　目	2007年	2006年	对比差异	差异比
销售费用	20.18	22.18	-2.00	-9.0%
管理费用	52.20	53.78	-1.58	-2.9%
财务费用：	9.55	10.18	-0.63	-6.2%
其中：利息收入	-0.81	-0.63	-0.18	27.8%
利息支出	18.78	14.09	4.69	33.3%
汇兑损益	-8.89	-3.83	-5.06	132.4%
其他	0.47	0.55	-0.08	-14.7%

2007年度，宝山钢铁销售费用、管理费用、财务费用较去年同期均有所下降。在营业收入增长的条件下，销售费用和管理费用的下降很可能是由于公司重点推进包括产销研一体化、集中采购、集中销售、技术推广和移植、管理技术推广、管理一体化、信息化建设等7大类43个一体化协同项目所带来的成效。

财务费用方面，利息支出比上年增加了4.69亿元。由于该公司付息债务规模同比显著增长及央行2007年6次加息影响，使利息支出比上年增加了33.3%。本年度整体财务费用比上年下降了0.63亿元，其主要原因是由于该公司把握人民币加速升值的契机，主动扩大美元融资规模，使汇兑收益同比大幅增加5.06亿元。

分析过程中我们需要注意的是，一些企业可能会通过调整营业成本及期间费用以达到降低或提高利润的目的。企业可能采取的调整营业成本及期间费用的方法有：调整应计费用的入账时间；调节资产转化为费用的时间，如推迟或提前确认资产减值准备；推迟企业的已经完工的固定资产由“在建工程”转为“固定资产”，从而推迟开始计提折旧的时间；选择较为长久的固定资产折旧期，以延缓固定资产账面价值的减少速度；通过成本会计系统的处理，降低产成品的成本含量，增大在产品的成本含量等。

三、营业成本与资产负债表相关项目之间的关系

企业，特别是制造业企业，其存货销售后转换为营业成本。而存货，特别是库存商品，是由固定资产生产出来的，在企业产能没有发生较大变化时，企业销售规模相对是确定的。营业收入的增长主要来自于销售价格，而充分竞争的环境下，销售价格的变动也是有限的。在合理的范围内，企业同等的产品能以更高的价格出售也是企业竞争力的有力表现。由于营业成本、存货、固定资产存在以上逻辑关系，所以，资产负债表存货项目、固定资产项目和利润表营业收入、营业成本也应该保持一定的相关性，营业收入与营业成本应该保持同向的变化趋势，而营业成本与存货、固定资产也应该保持相关的变化趋势。

企业固定资产的快速增长如果没有带来相应的营业收入增长，说明企业产能过剩或产品积压，其结果都会降低企业收益质量。

四、营业费用与经营现金流量之间的关系

存货销售后转换为营业成本，存货的成本构成主要包括制造过程中所消耗的材料费、人工费和固定资产折旧、无形资产摊销等费用。而经营现金各流出项目主要表现为企业本期为取得营业收入而消耗的资源中直接付现的材料费、人工费、税费及间接费用等。因此，营业成本及相关费用与经营现金各流出项目也应该保持一定相关性。

$$\text{购买商品、接受劳务支付的现金} = \text{营业成本} + \text{存货增加} + \text{应付账款减少} + \text{应付票据减少} + \text{预付账款增加}$$

企业付款出现不利于现金流量表中经营活动产生的现金流量净额增加的变化。我们可以通过比较企业利润表本年度与上年度的营业成本数字，资产负债表年末与年初应付账款、应付票据与预付账款的规模变化，以及现金流量表中“购买商品、接受劳务支付的现金”的情况来判断企业付款是否出现了不利于经营活动产生的现金流量净额增加。企业也可能存在不恰当的资金运作行为。如某些企业的“支付的其他与经营活动有关的现金流量”金额巨大，“其他”活动成了主流活动。

本章小结

企业生产经营的过程，既是各项收入的取得过程，也是资源消耗即费用发生过程。根据《企业会计准则第1号——存货》规定，企业应当将已售存货的成本结转为当期损益，计入营业成本，即企业在确认存货销售收入的当期，应当将已经销售存货的成本结转为当期营业成本。

存货会计的目的是：(1) 将会计期间内的销货成本、费用与销售这些货物所取得的收入相配比；(2) 计量会计期末拥有存货资产的价值。

存货日常核算制度包括定期盘存制和永续盘存制。

商品流通企业只有一类存货账户。制造业企业有三类存货账户：原材料、在产品、产成品。在永续盘存制下，这些成本都能直接从会计记录中得到。

一般情况下，存货以其取得成本计量。在商品流通企业中，成本实质上就是为取得货物所支付的费用。在制造业企业中，产品成本除原材料成本外，还包括人工成本以及在将原材料转化为产成品的过程中发生的其他生产费用。在各类企业中，不能对象化的费用称为期间费用，主要包括管理费用、销售费用、财务费用。

发出存货的计量方法主要包括个别认定法、加权平均法、先进先出法。

资产负债表日，如果一项存货的市场价值低于其成本，就要以其市场价值报告，将其可变现净值低于成本的金额确认为当期资产减值损失。

由于会计师在确认与计量营业收入的同时配比确认与计量营业成本和期间费用，同时也一定以相等的金额确认与计量资产的减少或负债的增加，这种资金双向变化处理的结果使得资产负债表中“存货”等项目与利润表中“营业成本”及相关经营费用项目以及经营现金流出各项目间产生了一定的相关性。通过对这种客观存在的逻辑关系进行深刻剖析，就能够揭示一个企业的资源消耗状况，并进一步反映企业经营质量和市场竞争能力。

思考与练习

■ 思考题

1. 依据我国企业会计准则，说明什么是费用，其包括哪些内容，具有哪些特征。

2. 什么是营业成本？如何确认与计量？

3. 发出存货的计价方法主要有哪些？

4. 发出存货的计价方法对企业财务状况和经营成果有何影响？

5. 什么是存货？有何特征？如何分类？

6. 存货的确认应具备哪些条件？

7. 列举几种常见的存货取得方式，并分别说明如何对其进行初始计量。

8. 费用与成本是何关系？

9. 按经济内容和经济用途划分，企业的费用可以分为哪些类别？

10. 如何计算企业的产品成本？有形产品和无形产品成本计算有哪些异同点？

11. 职工薪酬包括哪些内容？应如何确认与计量职工薪酬？

12. 什么是期间费用？通常包括哪些内容？

13. 什么是存货的可变现净值？其如何确定？

14. 说说费用背后有哪些秘密。

■ 练习题

一、单项选择题

1. 下列各项中，不属于成本项目的有(　　)。

A. 直接材料　　B. 折旧费　　C. 制造费用　　D. 直接人工

2. 存货计价采用先进先出法，在存货价格上涨的情况下，将会使企业(　　)。

A. 期末存货升高、当期利润减少　　B. 期末存货升高、当期利润增加

C. 期末存货减少、当期利润减少　　D. 期末存货减少、当期利润增加

3. 甲公司采用移动加权平均法核算存货的发出计价，2013 年 5 月初原材料 A 的数量为 300 件，每件成本为 4 000 元，5 月 4 日甲公司购进 A 材料 200 件，每件成本为 3500 元，5 月 6 日甲公司发出 A 材料 350 件，5 月 12 日甲公司购进 A 材料 250 件，每件成本为 3 600 元，5 月 23 日甲公司发出 A 材料 380 件，5 月 25 日甲公司购进 A 材料 180 件，每件成本为 3 700 元，5 月 28 日甲公司发出 A 材料 140 件，则 5 月 31 日 A 材料结存成本为(　　)元。

A. 314 500　　B. 221 850　　C. 235 600　　D. 198 765

4. 企业下列账户的期末余额不应列示于资产负债表“存货”项目下的是(　　)。

A. 在途物资　　B. 工程物资　　C. 委托加工物资　　D. 生产成本

5. 甲公司是一家生产性企业，属一般纳税人，采用实际成本计价核算材料成本，2013 年 4 月 1 日该公司购入 M 材料 100 件，每件买价为 1 000 元，增值税税率为 17%，发生运费 2 000 元，保险费 400 元，装卸费 500 元，验收入库时发现损耗了 3 件，属于合理损耗范畴，则该批材料的单位入账成本为每件(　　)元。

A. 1 134. 5　　B. 1 200　　C. 1 062. 82　　D. 1 027. 6

6. 企业外购存货发生的下列支出中，通常不计入采购成本的是(　　)。

A. 运输途中的保险费　　　　B. 运输途中的合理损耗
C. 入库前的挑选整理费用　　　　D. 市内零星货物运杂费

7. 企业购进存货支付的运杂费，应当计入(　　)。
A. 销售费用　　B. 管理费用　　C. 其他业务成本　　D. 存货成本

8. 根据我国企业会计准则的规定，企业购货时取得的现金折扣，应当(　　)。
A. 冲减购货成本　　　　B. 冲减管理费用
C. 冲减财务费用　　　　D. 冲减资产减值损失

9. 如果购入的存货超过正常信用条件延期支付价款，实质上具有融资性质的，则企业所购存货的入账价值应当是(　　)。
A. 合同约定的购买价款　　　　B. 合同约定的购买价款的现值
C. 相同存货的重置成本　　　　D. 类似存货的现购价格

10. 企业购入存货超过正常信用条件延期支付价款，实质上具有融资性质的，登记入账的未确认融资费用在分期摊销时应当采用(　　)。
A. 直线法　　　　B. 实际利率法
C. 年数总和法　　　　D. 双倍余额递减法

11. 企业购入存货超过正常信用条件延期支付价款，实质上具有融资性质的，登记入账的未确认融资费用在分期摊销时，应当计入(　　)。
A. 存货成本　　B. 管理费用　　C. 财务费用　　D. 营业外支出

12. 接受投资者投资取得的存货，其入账价值应当是(　　)。
A. 投入存货的原账面余额　　　　B. 投入存货的原账面价值
C. 投资各方协商确认的价值　　　　D. 该存货的可变现净值

13. 甲公司于2013年4月1日委托乙公司代为加工原材料一批，该批原材料的成本为38.263万元，加工费为10万元，代扣增值税额为1.7万元，往返运杂费为1万元，则甲公司收回存货时的入账成本为(　　)万元。
A. 56.78　　B. 48.263　　C. 53.268　　D. 49.263

14. 企业以长期股权投资换入一批商品，支付商品运杂费1 500元，该商品的成本以公允价值为基础进行计量。换出股权投资的账面余额为80 000元，已计提的长期股权投资减值准备为20 000元，公允价值为62 000元；换入商品可抵扣的增值税进项税额为9 000元。换入商品的入账成本为(　　)元。
A. 54 500　　B. 61 500　　C. 62 000　　D. 63 500

15. 企业通过债务重组取得一批A材料，公允价值50 000元，可抵扣的进项税额8 500元；重组债权的账面余额为80 000元，已计提的减值准备为15 000元。该企业重组当期确认的债务重组损失为(　　)元。
A. 6 500　　B. 15 000　　C. 21 500　　D. 30 000

16. 根据“工资费用分配表”分配工资费用时，会计分录中不可能出现的借方科目是(　　)。

A. 生产成本　　B. 制造费用　　C. 管理费用　　D. 财务费用

17. 某企业只生产一种产品，2013 年 3 月期初在产品成本 3.5 万元。3 月份发生如下费用：生产领用材料 6 万元，生产工人工资 2 万元，制造费用 1 万元，管理费用 1.5 万元，广告费 0.8 万元。月末在产品成本 3 万元。该企业 3 月份完工产品的生产成本为(　　)万元。

A. 9.5　　B. 8.3　　C. 9　　D. 11.8

18. 企业为扩大销售市场发生的业务招待费，应当计入(　　)。

A. 管理费用　　B. 营业外支出　　C. 销售费用　　D. 其他业务成本

19. 下列各项中，属于费用确认的基础原则有(　　)。

A. 及时性原则　　B. 明晰性原则　　C. 历史成本原则　　D. 配比原则

20. 企业发生的产品促销费用，应当计入(　　)。

A. 制造费用　　B. 销售费用　　C. 管理费用　　D. 财务费用

21. 企业生产车间领用管理用周转材料，其成本应计入(　　)。

A. 制造费用　　B. 销售费用　　C. 管理费用　　D. 其他业务成本

22. 随同商品出售并单独计价的周转材料，其成本应计入(　　)。

A. 生产成本　　B. 制造费用　　C. 销售费用　　D. 营业成本

23. 随同商品出售但不单独计价的周转材料，其成本应计入(　　)。

A. 制造费用　　B. 销售费用　　C. 营业成本　　D. 营业外支出

24. 企业出租周转材料收取的押金，因承租方逾期未退回周转材料而予以没收，对该项没收押金的会计处理是(　　)。

A. 冲减管理费用　　B. 冲减财务费用

C. 作为其他业务收入　　D. 作为营业外收入

25. 企业摊销的出租周转材料成本，应当计入(　　)。

A. 销售费用　　B. 管理费用　　C. 营业成本　　D. 营业外支出

26. 企业摊销的出借周转材料成本，应当计入(　　)。

A. 销售费用　　B. 管理费用　　C. 营业成本　　D. 营业外支出

27. 企业以库存商品换入一批原材料，该原材料的成本以公允价值为基础进行计量。换出的库存商品应按其公允价值确认(　　)。

A. 主营业务收入　　B. 营业外收入

C. 资本公积　　D. 公允价值变动损益

28. 甲公司 2013 年 12 月 31 日库存配件 100 套，每套配件的账面成本为 12 万元，市场价格为 10 万元。该批配件可用于加工 100 件 A 产品，将每套配件加工成 A 产品尚需投入 17 万元。A 产品 2013 年 12 月 31 日的市场价格为每件 28.7 万元，估计销售过程中每件将发生销售费用及相关税费 1.2 万元。该配件此前计提过存货跌价准备 10 万元，公司 2013 年 12 月 31 日该配件应计提的存货跌价准备为(　　)。

A. 0　　B. 30 万元　　C. 140 万元　　D. 200 万元

29. 甲公司采用先进先出法核算存货的发出计价，2013 年 6 月初库存商品 M 的账面余额为 800 万元，已提存货跌价准备为 50 万元，本月购入 M 商品的入账成本为 230 万元，本月销售 M 商品结转成本 600 万元，期末结余存货的预计售价为 420 万元，预计销售税费为 80 万元，则当年末存货应提跌价准备为(　　)万元。

A. 65　　B. 77.5　　C. 85　　D. 75

二、多项选择题

1. 费用的特征有(　　)。

A. 费用表现为所支付的全部款项　　B. 费用是日常活动中产生的

C. 费用可能表现为资产的减少　　D. 费用可能表现为所有者权益的减少

E. 费用可能表现为负债的增加

2. 费用按照经济内容分类，包括的要素有(　　)。

A. 外购材料　　B. 工资

C. 提取的职工福利费用　　D. 折旧费　　E. 税金

3. 企业的产品成本项目一般包括(　　)。

A. 直接材料　　B. 期间费用

C. 燃料及动力　　D. 直接人工　　E. 制造费用

4. 期间费用主要包括(　　)。

A. 制造费用　　B. 所得税费用

C. 管理费用　　D. 财务费用　　E. 销售费用

5. 下列费用中，属于管理费用开支范围的有(　　)。

A. 房产税　　B. 技术转让费

C. 研究费用　　D. 排污费　　E. 法律顾问费

6. 下列费用中，不应计入产品成本的有(　　)。

A. 车间机器设备折旧费用　B. 广告费用

C. 业务招待费　　D. 研究费用　　E. 劳动保护费

7. 下列费用中，不应作为管理费用处理的是(　　)。

A. 诉讼费　　B. 公允价值变动损益

C. 制造费用　　D. 业务招待费　　E. 资产减值损失

8. 应计入销售费用的项目有(　　)。

A. 广告费　　B. 利息支出

C. 汇兑损失　　D. 展览费　　E. 现金折扣

9. 下列有关永续盘存制的表述中，正确的有(　　)。

A. 能够随时反映存货的增减变动和结存情况

B. 平时在存货的明细账中只记增加不记减少

C. 能够简化存货的日常核算工作

D. 有利于加强对存货的管理和控制

E. 通过期末存货盘点结果来确定存货结存数量

10. 企业采用预付账款方式购进材料，预付账款时，可能借记的账户有(　　)。

A. 预收账款　　　　B. 预付账款

C. 应收账款　　　　D. 应付账款　　　　E. 原材料

三、业务题

1. 甲公司2013年7月份发生下列材料采购业务：

(1) 甲公司向达成工厂购入A材料8 000千克，单价12元/千克；收到达成工厂开来的增值税专用发票，价款96 000元，增值税16 320元，货款及增值税均以商业承兑汇票结算。

(2) 甲公司用银行存款支付上述购入A材料的运费2 000元。

(3) 甲公司向创新工厂购入B材料4 000千克，单价5元/千克，C材料1 000千克，单价15元/千克；收到创新工厂开来的增值税专用发票，货款35 000元，增值税5 950元，货款及增值税均未支付。

(4) 甲公司以银行存款支付上述B、C两种材料的运费300元（运费按材料重量比例分配）。

(5) 甲公司以银行存款偿还前欠新兴工厂货款31 080元。

(6) 甲公司根据合同规定向龙强工厂预付购买D材料款31 590元。

(7) 甲公司收到龙强工厂发来预付款购买的D材料3 000千克，单价9元/千克，增值税4 590元。

(8) 计算并结转已验收入库材料的实际采购成本。

(9) 甲公司本月生产领用A材料5 000千克，领用B材料2 000千克；车间一般耗用C材料500千克；管理部门领用D材料500千克。

要求：根据上述经济业务编制会计分录。

2. M公司2013年生产甲、乙两种产品，7月初在产品成本资料见表7-11。

表7-11　　　　**月初在产品成本资料**　　　　金额单位：元

名称	数量（件）	直接材料	直接人工	制造费用	合计
甲产品	200	7 417	3 090	2 420	12 927
乙产品	75	4 726	1 610	1 288	7 624
合计		12 143	4 700	3 708	20 551

M公司7月份发生下列生产业务：

(1) 生产甲产品领用A材料500千克，单价12.25元/千克，领用B材料3 300千克，单价5.06元/千克，仓库已发料；

(2) 用银行存款支付生产车间办公费500元；

(3) 用银行存款 2 400 元支付第三季度车间房租，并相应摊销本月负担的部分；

(4) 生产车间领用 D 材料 200 千克，单价 9 元/千克，用于生产设备维修，仓库已发料；

(5) 开出转账支票支付本月生产车间水电费 900 元；

(6) 生产乙产品领用 C 材料 6 500 千克，单价 15.6 元/千克，仓库已发料；

(7) 月末，计算本月应付职工工资 16 800 元，其中，甲产品生产工人工资 8 000元，乙产品生产工人工资 6 000 元，车间管理人员工资 1 800 元，厂部管理人员工资 1 000 元；

(8) 月末，依据职工工资总额的 14% 计提职工福利费；

(9) 月末，计提本月固定资产折旧费，其中，车间固定资产折旧费 628 元，厂部固定资产折旧费 342 元；

(10) 月末，将本月发生的制造费用按生产工人的工资比例分配转入生产成本；

(11) 月末，甲产品 120 件、乙产品 100 件全部完工验收入库，均无期末在产品，计算并结转完工产品的实际生产成本。

要求：

(1) 编制上述经济业务的会计分录。

(2) 设置并登记"生产成本明细账"。

(3) 编制"产品成本计算单"。

3. 2012 年 1 月 1 日，乙公司采用分期付款方式向 B 公司购入材料一批，合同约定的购买总价为 360 000 元，分 3 次于每年 12 月 31 日分别支付 120 000 元。该项赊购超过正常信用条件，实质上具有融资性质，乙公司选择 6% 作为折现率。假定有关增值税额于合同约定付款时实际支付并抵扣，不考虑其他因素。

要求：做出乙公司 2012 年至 2014 年与该笔采用分期付款购入材料相关的会计分录。

4. 2013 年 5 月 10 日，丙公司领用一批库存未用包装物，出借给客户使用。包装物实际成本 50 000 元，收取押金 60 000 元，因客户未能全部按期退换全部包装物，丙公司没收押金 17 000 元，其余押金退回。丙公司对该批周转使用包装物采用分次摊销法核算，包装物使用寿命为 5 个月。包装物报废时，残料作价 200 元入库。

要求：编制丙公司 2013 年 5 月领用出借包装物至该批包装物报废的相关会计分录。

5. 丁公司 2011 年年末至 2013 年年末甲商品的账面成本及可变现净值如下：

(1) 2011 年 12 月 31 日，甲商品的账面成本为 120 000 元，可变现净值为 100 000元，本年计提存货跌价准备前，"存货跌价准备"账户有贷方余额6 000元。

（2）2012 年 12 月 31 日，甲商品的账面成本为 150 000 元，可变现净值为 135 000元，本年计提存货跌价准备前，“存货跌价准备”账户有贷方余额 20 000元。

（3）2013 年 12 月 31 日，甲商品的账面成本为 110 000 元，可变现净值为 115 000元，本年计提存货跌价准备前，“存货跌价准备”账户有贷方余额2 000元。

要求：编制丁公司 2011 年年末至 2013 年年末计提甲商品跌价准备的相关会计分录。

6. 戊公司 2013 年 5 月份发生下列业务：

（1）企业人力资源部职工赵明出差归来，报销差旅费 3 500 元，其预借的差旅费为 5 000 元，多余的现金 1 500 元已退回财务部。

（2）购入办公用品一批，以银行存款支付全部价款 12 000 元。

（3）按规定计提本月企业行政管理部门的固定资产折旧 30 000 元。

（4）按税法规定计算出本月应交纳的房产税为 50 000 元，应交纳的车船税为 6 000 元。

（5）以现金支付招待客户的费用 1800 元。

（6）分配本月的职工薪酬，其中，应付企业行政管理部门职工的工资 200 000 元、福利费 28 000 元，应付专设销售机构职工的工资 40 000 元，职工福利费 5 600元。

（7）本月以银行存款支付产品的广告费 60 000 元。

（8）接到开户银行通知，已从企业存款户扣收本月办理各种结算业务的手续费 8 000 元。

（9）按规定计提本月的短期借款利息 5 000 元。

（10）月末，将本月期间费用结转“本年利润”。

要求：根据上述经济业务编制会计分录。

案例分析

案例 7-1　　　　锌业股份①

2008 年，随着全球金融危机的愈演愈烈，金属、非金属的主要原辅材料价格持续下跌。锌业股份，一家主营锌、铜和铅冶炼及产品深加工的公司，在其 2008 年年报中，存货跌价准备的计提额为 455 160 209.25 元，占 2008 年资产减值损失的 95.8%，吞噬净利润高达 46.42%，最终导致报告期内公司经营业绩出现较大额度的亏损。

2007 年下半年以来，原材料价格飙升导致企业原材料存货迅速增长，而 2008 年下半年以来，经济衰退、经济危机蔓延导致需求明显回落。表 7-12 为锌业股份

① 资料来源：刘永泽，傅荣．财务会计教学案例［M］．大连：东北财经大学出版社，2011：1.

2008年存货账面余额的变动情况。2008年存货总账面余额较2007年减少了774 452 824.11元，降幅为32.22%，其中，库存商品账面余额比上年减少了65.23%。

表7-12　　2008年锌业股份存货账面余额变动表　　金额单位：元

存货种类	期末账面余额	斯初账面余额	增减余额	增减比例
原材料	388 450 500.25	500 293 466.94	-111 845 966.69	-22.36%
生产成本	1 117 063 878.59	1 556 777 003.05	-439 713 124.46	-28.25%
库存商品	118 954 842.65	342 126 669.96	-223 171 827.31	-65.23%
委托加工物资	4 584 008.55	4 305 914.20	278 094.33	6.46%
合计	1 629 053 230.04	2 403 506 054.15	-774 452 824.11	-32.22%

在整个锌行业都非常低迷的2008年，锌业股份也“无奈地”计提了大额的跌价准备。2008年，锌业股份亏损了接近10亿元，而其中由于计提存货跌价准备导致的资产减值损失达到4.5亿元，吞噬了净利润的46.42%。虽然行业形势不好，不过这个数字也是相当惊人。

由于锌业股份2007年和2008年连续两年亏损，根据《深圳证券交易所股票上市规则》的相关规定，公司股票交易将于2009年4月15日停牌一天，自2009年4月16日始实行退市风险警示的特别处理，股票简称由“锌业股份”变更为“ST锌业”。

2010年5月20日，ST锌业刊登了关于撤销公司股票交易退市风险警示的公告：“ST锌业2009年度主营业务运营正常，净利润、扣除非经常性损益后的净利润为正值且股东权益为正值。”公司董事会于2010年4月28日向深圳证券交易所提交了《关于撤销公司股票交易退市风险警示的申请》。经深圳证券交易所审核，公司股票于2010年5月24日起恢复正常交易，公司股票简称由“ST锌业”变更为“锌业股份”，ST锌业成功摘帽。

在主产品一跌再跌的2008年，锌业股份计提大量的存货跌价准备本也无可厚非，但企业却给我们呈现了一张令人非常诧异的存货跌价准备明细表。表7-13是锌业股份2008年计提存货跌价准备的明细情况，本年计提的4.5亿元存货跌价准备完全来自于原材料和生产成本。

表7-13　　2008年锌业股份存货跌价准备计提情况　　单位：元

项　目	年初账面余额	本年计提	本年转回	年末账面余额
原材料	19 597 012.81	51 223 957.09	0.00	70 820 969.90
生产成本	35 075 370.76	403 936 252.16	0.00	439 011 622.92
库存商品	76 052 906.35	0.00	68 719 431.74	7 333 474.61
合计	130 725 289.92	455 160 209.25	68 719 431.74	517 166 067.43

对于表 7-13 中的数字，报表给出的解释是：因期末原材料价格下降导致存货可变现净值低于存货成本，本期计提存货跌价准备 455 160 209. 25 元；因期末库存商品价格上升，转回存货跌价准备 68 719 431. 74 元。

在一个如此复杂的市场环境下，计提存货跌价准备仿佛成了企业手中的一件法宝，企业对存货跌价准备的处理到底是无奈的选择还是另有目的？

案例分析与讨论：

1. 在形势极其不利的 2008 年，锌业股份计提大额的跌价准备有没有其他的动机？除了计提大额的存货跌价准备外，企业还有什么办法来进行这种利润的调节？

2. 2008 年在主产品锌锭价格下跌 48. 64% 的情况下，计提了相当于净利润 46. 42% 的 455 160 209. 25 元的存货跌价准备，结合案例中市场环境分析，存货跌价准备的计提原因或依据是什么？

3. 锌业股份 2008 年主营业务及产品情况见表 7-14。本年除了硫酸产品外，其余主要产品本年毛利率均为负数，结合行业环境等因素，试分析 2008 年毛利率为负的主要原因。

表 7-14 **2008 年主营业务及产品情况表** 金额单位：万元

产品	营业收入	营业成本	毛利率（%）
精锌	321 442	361 858	-12. 57
硫酸	46 276	10 346	77. 64
热镀锌	138 768	151 128	-8. 91
电铜加工	920	1 972	-114. 35
其他	65 097	73 062	-12. 24

案例 7-2 莫根公司与伍德制造公司①

查理是莫根公司的 CEO，他正着手评价公司的业绩。作为一名 CEO，他最关心的是公司营运方面的状况。在莫根公司，毛利率被认为是衡量经营业绩的主要指标。表 7-15 列出了莫根公司 2011 年的利润表和资产负债表。根据这些数据，查理计算出莫根公司的毛利率（44. 5%）。查理认为莫根公司最近做出了重大改进，公司业绩一定超过了其主要竞争对手伍德公司，这将会在财务报表中得到体现。但当他看到伍德公司 2011 年的财务报表时，他很失望，尽管两个公司的毛利率相近，但他推断，伍德公司的业绩可能会好一些。

① 资料来源：罗伯特 · N. 安索尼，詹姆斯 · S. 里斯，朱利 · H. 赫特斯坦 . 会计学［M］.9 版 . 骆珣，等，译 . 北京：北京大学出版社，2 000：163.

表 7-15　**莫根公司和伍德公司财务报表**　单位：万美元

项目	莫根公司		伍德公司	
	2010 年	2011 年	2010 年	2011 年
利润表：				
营业收入	150 000	200 000	150 000	200 000
营业成本	81 000	111 000	80 000	110 000
毛利	69 000	89 000	70 000	90 000
销售和管理费用	45 000	60 000	45 000	60 000
税前利润	24 000	29 000	25 000	30 000
所得税费用	9 600	11 600	10 000	12 000
净利润	14 400	17 400	15 000	18 000
资产负债表：				
货币资金	10 000	14 000	10 000	14 000
应收账款	25 000	35 000	25 000	35 000
存货	12 000	10 000	14 000	17 000
固定资产	138 500	158 000	138 500	158 000
资产总计	185 500	217 000	187 500	224 000
流动负债	25 000	32 500	25 000	33 000
长期负债	50 000	67 500	50 000	67 500
股本	40 000	40 000	40 000	40 000
留存收益	70 500	77 000	72 500	83 500
负债及所有者权益总计	185 500	217 000	187 500	224 000

查理有点心烦意乱，他向会计主管杰瑞咨询："我知道我们的运营比伍德公司要好，可伍德公司的业绩为什么会比我们好呢？"杰瑞回答："我不敢肯定两个公司的业绩谁好谁坏，但我知道，我们与伍德公司采用的发出存货计价方法不同，您考虑过这些因素吗？"查理说："没有。"杰瑞接着说："我们采用加权平均法，伍德公司采用的是先进先出法。两种不同的计量方法导致 2010 年和 2011 年的存货余额差异为 1 000 万美元和 7 000 万美元。"

查理不知道如何调整报告的结果，以便在可比的基础上进行比较。

案例分析与讨论：

1. 伍德公司的毛利率为多少？

2. 利润表或资产负债表上哪个项目和财务指标受不同的存货计量方法的影响？试解释不同存货计量方法的选择如何影响人们直接比较两家公司业绩的能力？

3. 运用表中信息，调整 2011 年结果，以便能通过毛利率比较两家公司的业绩。

4. 你认为两家公司中哪一家的业绩好一些？为什么？

第八章　对外投资

【导入案例】

张红是华一公司的会计。2013 年 4 月 1 日，华一公司以 3 000 万元的价格（其中含有已宣告但尚未发放的现金股利 30 万元）购买了长城公司 19% 的普通股，支付相关税费 5 万元，从而对长城公司的财务经营决策有重大影响。长城公司当日的所有者权益总额为 15 000 万元。华一公司购入的长城公司股票打算持有一段时间后视市场情况再抛售。当天，张红确认了交易性金融资产的初始成本 3 000 万元，同时确认了投资损失 5 万元。

2013 年 6 月 30 日，长城公司的财务状况良好，但由于受整个股市大盘下跌的影响，长城公司股票的公允价值也下降了。当天，长城公司股票的公允价值为 2 950万元，张红为该项股票投资确认了公允价值变动损失 50 万元。

2013 年 12 月 31 日，因长城公司所从事产业的竞争者数量发生变化而导致其财务状况严重恶化，致使长城公司股票公允价值下跌。当天，长城公司股票的公允价值为 2 700 万元，张红为该项资产计提了减值准备 250 万元。

请问：

1. 你认为，张红将华一公司持有长城公司的普通股确认为“交易性金融资产”对不对？

2. 你认为，华一公司持有长城公司的普通股期间，张红对长城公司股票公允价值变动的处理对不对？

【学习目标】

在本章中，你将学到：

（1）投资的定义及分类。

（2）长期股权投资初始投资成本的确定及后续计量的会计处理方法。

（3）交易性投资的初始计量、期末计价和处置的会计处理。

（4）持有至到期投资成本的确定方法及原则、投资收益的确认及利息调整的方法。

（5）可供出售投资的会计处理方法。

第一节　投资概述

企业除了从事日常生产经营活动以外，投资也是其重要的活动。企业日常生产经营活动是其主要从事的业务，是企业赖以生存和发展的基础。企业的投资活动是为了维持或扩大经营活动所作的必要补充，通过投资活动所获得的利益（包括股利和利息的获得或者取得对另一企业的控制权等），以达到日常生产经营活动所不能达到的效果，为扩大再生产提供资金或其他方面的条件。

一、投资的性质

财务会计中的投资有广义和狭义之分。广义的投资包括权益性投资、债权性投资、期货投资、房地产投资、固定资产投资、存货投资等。广义的投资基本上可以分为两大类：一类是对内投资，如固定资产投资、存货投资等；另一类是对外投资，如权益性投资等。狭义的投资一般仅包括对外投资，如权益性投资、债权性投资，而不包括对内投资。本章所讲投资是指狭义的投资。

关于投资，可以这样定义："投资是企业为通过分配来增加财富，或为谋求其他利益，而将资产让渡给其他单位所获得的另一项资产。"这个定义对投资的目的和方式进行了分析。从投资的目的来看：一是增加财富；二是谋求其他利益。取得投资的形式是将资产让渡给其他单位。这样的定义排除了对内投资（存货、固定资产投资）。投资具有以下特点：

（1）投资是以让渡其他资产而换取的另一项资产，如支付现金以购买债券、以固定资产向其他单位投资以取得其他单位的股权等，即企业将所拥有的现金、固定资产等让渡给其他单位，以换取债权投资或股权投资。这项资产与其他资产一样，能为投资者带来未来的经济利益。这种经济利益是指能直接或间接地增加流入企业的现金或现金等价物的能力。

（2）投资所流入的经济利益，与其他资产为企业带来的经济利益在形式上有所不同。企业所拥有或控制的除投资以外的其他资产，通常能为企业带来直接的经济利益，如商品流通企业的库存商品是为转售而储备的，对这些存货的出售可以直接为企业带来经济利益。而投资通常是将企业的资产转让给其他单位使用，通过其他单位使用投资者投入的资产创造效益后分配取得利益，或者通过投资改善贸易关系等从而达到获取利益的目的。

（3）某些投资，如在证券市场上进行交易性质的股票或债券的买卖，实际上是将现金投入证券交易所（或证券交易代理机构），通过证券的买卖获取收益。这种收益是对购买证券的投资者投入的所有现金的再次分配的结果，以使资本增值。这里的资本增值主要是指通过证券市场买卖证券所取得的高于原投入资金的部分，即价差收入。

二、投资的分类

为了确定投资的会计处理方法及在会计报表中的列示方法，应对投资进行适当的分类。按照不同的标准，投资有不同的分类。

（一）按照投资对象分类

按照投资对象分类，可以分为权益性投资、债权性投资、混合性投资等。

1. 权益性投资

这种投资是为了获得另一企业的控制权，或实施对另一企业的重大影响，或为其他目的而进行的。如对另一个企业的普通股股票投资，属于权益性投资。

2. 债权性投资

这种投资是为了获取高于银行存款利率的利息，并保证按期收回本息。如购买公司债券，属于债权性投资。

3. 混合性投资

混合性投资往往表现为混合性证券投资，既有权益性投资性质，又有债权性投资性质。如购买另一企业发行的优先股股票、购买可转换公司债券等，属于混合性投资。

（二）按照投资目的分类

按照企业管理层持有投资的目的分类，企业的投资可以分为如下几类：

1. 交易性投资

交易性投资是指企业为了近期内出售而持有的投资。交易性投资属于交易性金融资产，根据我国会计准则规定，符合下列三个条件之一的应划分为交易性金融资产：

（1）持有的目的主要是为了近期内出售；

（2）是企业采用短期获利模式进行管理的金融工具投资组合中的一部分；

（3）属于衍生金融工具。

2. 持有至到期投资

持有至到期投资是指到期日固定、回收金额固定或可确定，且企业有明确意图和能力持有至到期的非衍生金融资产。

企业从二级市场上购入的固定利率国债、浮动利率公司债券等，符合持有至到期投资条件的，可以划分为持有至到期投资。购入的股权投资因其没有固定的到期日，不符合持有至到期投资的条件，不能划分为持有至到期投资。显然，此类投资中的大部分就是长期债权投资。

3. 可供出售投资

可供出售投资是指在初始确认时即被指定为可供出售的投资，以及除交易性投资、持有至到期投资以外的其他投资。

4. 长期股权投资

长期股权投资依据对被投资企业产生的影响，分为四种类型：

（1）控制。有权决定一个企业的财务和经营政策，并能据以从该企业的经营活动中获取利益。这种类型的投资即母公司对子公司的投资。

（2）共同控制。按合同约定对某项经济活动所共有的控制。这种类型的投资即企业对合营企业的投资。

（3）重大影响。对一个企业的财务和经营政策有参与决策的权力，但并不决定这些政策。这种类型的投资即企业对联营企业的投资。

（4）非控制、非共同控制、非重大影响。这类长期股权投资还应区分为在活跃市场上没有报价且公允价值不能可靠计量的权益性投资和在活跃市场上有报价且公允价值能够可靠计量的权益性投资。其中，后者应该按照金融资产的原则进行会计处理。

第二节 长期股权投资

长期股权投资是企业对外投资的重要内容。它有两种核算方法，即成本法和权益法。通常投资单位对另一企业的长期股权投资是个逐步介入的过程，可能最初只拥有较少比例的股权，此后，通过证券市场或其他途径逐步提高其在被投资单位享有表决权资本的比例，对被投资单位的经营产生重大影响或进行控制。

一、长期股权投资概述

长期股权投资，通常是指企业长期持有，按所持股份比例享有被投资单位权益并承担相应责任的投资。企业进行长期股权投资，目的在于：通过股权投资控制被投资单位；对被投资单位施加重大影响；为长期盈利；为了与被投资单位建立密切关系，以分散经营风险。长期股权投资具有投资大、期限长、风险大以及能为企业带来长期利益等特征。

长期股权投资对被投资单位产生的影响，可以分为控制、共同控制、重大影响，以及非控制、非共同控制、非重大影响。

（一）控制

1. 控制的含义

控制是指有权决定一个企业的财务和经营政策，并能据以从该企业的经营活动中获取利益。控制的主要标志是决定一个企业的财务和经营政策，而获取经济利益是其主要目的。

能直接或间接控制其他公司的公司称为母公司；被母公司控制的公司称为子公司。

2. 控制取得的途径

控制可以采取不同的途径，主要有：

（1）以所有权方式达到控制的目的，即投资企业拥有被投资企业半数以上表决权资本，包括以下几种情况：

①直接拥有被投资企业半数以上表决权资本。例如，A公司直接拥有B公司发行的普通股总数的70%。这种情况下B公司就成为A公司的子公司，A、B公司之间就形成了母子公司关系。

②间接拥有半数以上表决权资本。间接拥有半数以上权益性资本，是指通过子公司而对子公司的子公司拥有半数以上表决权资本。例如，A公司拥有B公司90%的股份，而B公司又拥有C公司70%的股份，A公司与B公司形成了母子公司关系，B公司与C公司也形成了母子公司关系，因此，C公司也是A公司控制下的子公司，A、C公司之间也形成了母子公司关系。

③直接和间接方式合计拥有被投资企业半数以上的表决权资本。一方直接和间

接拥有另一方过半数以上表决权资本是指母公司虽然只拥有其半数以下的表决权资本，但通过与子公司所拥有的表决权资本的合计，而达到拥有其过半数以上的表决权资本。例如，A 公司拥有 C 公司 40% 的表决权资本，拥有 B 公司 80% 的表决权资本；B 公司拥有 C 公司 25% 的表决权资本。在这种情况下，A 公司直接拥有 C 公司的 40% 表决权资本加上通过 B 公司间接拥有 C 公司 25% 的表决权资本，就达到控制 C 公司的目的。

（2）其他控制方式。虽然一方拥有另一方表决权资本的比例不超过半数，但可以通过拥有的表决权资本和其他方式达到控制的目的，主要有以下几种情况：

①通过与其他投资者的协议，拥有另一方半数以上表决权资本的控制权。例如，A 公司拥有 B 公司 45% 的表决权资本，C 公司拥有 B 公司 20% 的表决权资本。A 和 C 达成协议，C 公司在 B 公司的权益由 A 公司代表。在这种情况下，A 公司实际上拥有了 B 公司 65% 表决权资本的控制权，表明 A 公司实际上控制 B 公司。

②根据章程或协议，有权控制另一方的财务和经营政策。有权控制另一方的财务和经营政策，基本上等于能够控制整个企业。例如，A 公司拥有 B 公司 20% 的表决权资本。但根据协议，A 公司负责 B 公司的经营管理。在这种情况下，A 公司能够决定 B 公司的财务和经营政策，则 A 公司实际上控制 B 公司。

③有权任免董事会等类似权力机构的多数成员。这种情况是指虽然一方拥有另一方表决权资本的比例不超过半数，但根据章程、协议等能够任免董事会等类似权力机构中的多数成员，以达到控制的目的。

④在董事会或类似权力机构会议上有半数以上投票权。这种情况是指虽然一方拥有另一方表决权资本的比例不超过半数，但能够控制另一方董事会等权力机构的会议，从而能够控制其财务和经营政策，使其达到事实上的控制。

（二）共同控制

共同控制通常存在于合营企业。合营企业是指合同规定经营活动由投资双方或若干方共同控制的企业。共同控制是指合同约定的对某项经济活动的财务和经营政策所具备的共有权力。共同控制的特征是：

（1）两方或多方共同决定某项经济活动的财务和经营政策，合营中的任何一方都不能单方面做出决定。

（2）共同控制的基本方式主要有：合营各方对合营企业存在投资关系，合营各方所持表决权资本的比例相同，并按合同约定共同控制；合营各方对合营企业存在投资关系，合营各方虽然所持表决权资本的比例不同，但按合同约定共同控制。

（3）共同控制是以合营合同来约束的。合营企业是一种不以股权为基础的契约的经济组织。合营各方的权益和责任以及利润或亏损的分享和分担方案，由合营各方协商签订协议、合同加以具体规定。

企业合营有许多不同的形式和结构，大致可以分为共同控制经营、共同控制资产、共同控制实体三种类型。但会计准则中所指的共同控制，仅指共同控制实体，不包括共同控制经营、共同控制资产等。共同控制实体是指由两个或多个企业或个人共同投资建立的企业，该被投资企业的财务和经营政策必须由投资双方或若干方共同决定。

两个或多个企业直接共同控制某一企业，共同控制方与被共同控制企业之间构成关联方关系。例如，A、B、C 三个企业共同控制 W 公司，因而 A 和 W、B 和 W、C 和 W 构成关联方关系。

（三）重大影响

重大影响是指对一个企业的财务和经营政策有参与决策的权力，但并不决定这些政策。重大影响通常产生于联营企业。联营企业是指投资者对其具有重大影响，但不是投资者的子公司或合营企业。当某一企业拥有另一企业 20% 或以上至 50% 的表决权资本，或者虽然只拥有 20% 以下的表决权资本，但实际上具有财务和经营决策的能力，通常认为投资者对被投资企业具有重大影响，则该被投资企业视为投资者的联营企业。

此外，符合下列情况之一的，也应当确认为对被投资企业具有重大影响：

（1）在被投资企业的董事会或类似的权力机构中派有代表。在这种情况下，可以通过该代表参与政策的制定，从而达到对该企业施加重大影响。

（2）参与政策制定过程。在这种情况下，在政策制定过程中可以为其自身利益提出建议和意见，由此可以对该企业施加重大影响。

（3）互相交换管理人员。在这种情况下，通过一方对另一方派出管理人员，或者两方或多方互相交换管理人员，由于管理人员有权力并负责企业的财务和经营活动，从而能对企业施加重大影响。

（4）依赖投资方的技术资料。在这种情况下，由于被投资企业的生产经营需要依赖对方的技术资料，从而对该企业具有重大影响。

（四）非控制、非共同控制、非重大影响

除了以上三种影响以外，一个企业对另一个企业的投资还可能既不存在控制，也不存在共同控制和重大影响的情形。对于企业对被投资单位不具有控制、共同控制或重大影响的投资，要分为两个部分来处理：一是该投资在活跃市场上有报价且公允价值能够可靠计量；二是该投资在活跃市场中没有报价且公允价值不能可靠计量。对于前者，应按照可供出售金融资产的方法进行会计处理；对于后者，按照《企业会计准则第 2 号——长期股权投资》进行会计处理。

二、长期股权投资初始投资成本的确定

长期股权投资在取得时应当按照初始投资成本入账。长期股权投资的初始投资成本，分别按下列情况采取不同的方法确定。

（一）企业合并形成的长期股权投资

企业合并的方式包括控股合并、吸收合并、新设合并，形成投资单位对被投资单位长期股权投资的企业合并属于控股合并。企业合并形成的长期股权投资，应区

分企业合并的类型，分别同一控制下控股合并与非同一控制下控股合并确定其初始投资成本。

1. 同一控制下企业合并形成的长期股权投资

合并方以支付现金、转让非现金资产或承担债务方式作为合并对价的，应当在合并日按照取得被合并方所有者权益账面价值的份额作为长期股权投资的初始投资成本。合并方发生的审计、法律服务、评估咨询等中介费用以及其他相关管理费用，于发生时计入当期损益。长期股权投资的初始投资成本与支付的现金、转让的非现金资产及所承担债务账面价值之间的差额，应当调整资本公积（资本溢价或股本溢价）；资本公积（资本溢价或股本溢价）的余额不足冲减的，调整留存收益。

合并方以发行权益性证券作为合并对价的，应按发行股份的面值总额作为股本，长期股权投资的初始投资成本与所发行股份面值总额之间的差额，应当调整资本公积（资本溢价或股本溢价）；资本公积（资本溢价或股本溢价）的余额不足冲减的，调整留存收益。

【例 8-1】2×13 年 6 月 30 日，P 公司向同一集团内 S 公司的原股东定向增发 800 万股普通股（每股面值为 1 元，市价为 8.68 元），取得 S 公司 80% 的股权，并于当日起能够对 S 公司实施控制，合并后 S 公司仍维持其独立法人资格继续经营。两公司在企业合并前采用的会计政策相同。合并日，S 公司所有者权益的总额为 4 400万元。

S 公司在合并后维持其法人资格继续经营，合并日 P 公司应确认对 S 公司的长期股权投资，其成本为合并日享有 S 公司账面所有者权益的份额，账务处理为：

借：长期股权投资——S 公司	35 200 000	
贷：股本		8 000 000
资本公积——股本溢价		27 200 000

2. 非同一控制下企业合并形成的长期股权投资

非同一控制下的控股合并中，购买方应当按照确定的企业合并成本作为长期股权投资的初始投资成本。企业合并成本包括购买方付出的资产、发生或承担的负债、发行的权益性证券的公允价值。购买方为企业合并发生的审计、法律服务、评估咨询等中介费用以及其他相关管理费用，应于发生时计入当期损益；购买方作为合并对价发行的权益性证券或债务性证券的交易费用，应当计入权益性证券或债务性证券的初始确认金额。

【例 8-2】A 公司于 2013 年 3 月 31 日取得 B 公司 70% 的股权，取得该部分股权后能够控制 B 公司的生产经营决策。为核实 B 公司的资产价值，A 公司聘请资产评估机构对 B 公司的资产进行评估，支付评估费用 2 万元。合并中，A 公司支付的有关资产在购买日的账面价值与公允价值见表 8-1。本例中假定合并前 A 公司与 B 公司不存在任何关联方关系。

表 8-1　**有关资产的账面价值与公允价值**　单位：元

项　目	账面价值	公允价值
土地使用权（自用）	400 000	640 000
专利技术	160 000	200 000
银行存款	160 000	160 000
合　计	720 000	1 000 000

注：A 公司用作合并对价的土地使用权和专利技术原价为 64 万元，至企业合并发生时已累计摊销 8 万元。

本例中因 A 公司与 B 公司在合并前不存在任何关联方关系，应作为非同一控制下的企业合并处理。A 公司对于合并形成的对 B 公司的长期股权投资，应进行的账务处理为：

借：长期股权投资——B 公司	1 000 000	
管理费用	20 000	
累计摊销	80 000	
贷：无形资产		640 000
银行存款		180 000
营业外收入		280 000

（二）企业合并以外其他方式取得的长期股权投资

长期股权投资可以通过不同的方式取得，除企业合并形成的长期股权投资外，其他方式取得的长期股权投资，应当按照以下要求确定初始投资成本。

1. 以支付现金取得的长期股权投资

应当按照实际支付的购买价款作为初始投资成本，包括购买过程中支付的手续费等必要支出，但所支付价款中包含的被投资单位已宣告但尚未发放的现金股利或利润应作为应收项目核算，不构成取得长期股权投资的成本。

【例 8-3】甲公司于 2013 年 2 月 10 日自公开市场中买入乙公司 20% 的股份，实际支付价款 16 000 万元，其中包含已宣告但尚未发放的股利 1 000 万元。另外，在购买过程中支付手续费等相关费用 400 万元。甲公司取得该部分股权后能够对乙公司的生产经营决策施加重大影响。

甲公司应当按照实际支付的购买价款作为取得长期股权投资的成本，其账务处理为：

借：长期股权投资	154 000 000	
应收股利	10 000 000	
贷：银行存款		164 000 000

2. 以发行权益性证券方式取得的长期股权投资

其成本为所发行权益性证券的公允价值，但不包括应自被投资单位收取的已宣告但尚未发放的现金股利或利润。为发行权益性证券支付给有关证券承销机构等的手续费、佣金等与权益性证券发行直接相关的费用，不构成取得长期股权投资的成本。该部分费用应自权益性证券的溢价发行收入中扣除，权益性证券的溢价收入不足冲减的，应冲减盈余公积和未分配利润。

【例 8-4】2013 年 3 月，A 公司通过增发 6 000 万股本公司普通股（每股面值 1 元）取得 B 公司 20% 的股权，按照增发前后的平均股价计算，该 6 000 万股股份的公允价值为 10 400 万元。为增发该部分股份，A 公司向证券承销机构等支付了 400 万元的佣金和手续费。假定 A 公司取得该部分股权后能够对 B 公司的生产经营决策施加重大影响。

本例中 A 公司应当以所发行股份的公允价值作为取得长期股权投资的成本：

借：长期股权投资	104 000 000	
贷：股本		60 000 000
资本公积——股本溢价		40 000 000
银行存款		4 000 000

3. 投资者投入的长期股权投资

应当按照投资合同或协议约定的价值作为初始投资成本，但合同或协议约定的价值不公允的除外。

投资者投入的长期股权投资，是指投资者以其持有的对第三方的投资作为出资投入企业，接受投资的企业原则上应当按照投资各方在投资合同或协议中约定的价值作为取得投资的初始投资成本，但有明确证据表明合同或协议中约定的价值不公允的除外。

【例 8-5】A 公司设立时，其主要出资方之一甲公司以其持有的对 B 公司的长期股权投资作为出资投入 A 公司。投资各方在投资合同中约定，作为出资的该项长期股权投资作价 4 000 万元。该作价是按照 B 公司股票的市价经考虑相关调整因素后确定的。A 公司注册资本为 16 000 万元。甲公司出资占 A 公司注册资本的 20%。取得该项投资后，A 公司根据其持股比例，能够派人参与 B 公司的财务和生产经营决策。

本例中，A 公司对于投资者投入的该项长期股权投资，应进行的会计处理为：

借：长期股权投资——B 公司	40 000 000	
贷：实收资本——甲公司		32 000 000
资本公积——资本溢价		8 000 000

4. 债务重组、非货币性资产交换等方式取得的长期股权投资

（1）以债务重组方式取得的长期股权投资，其初始投资成本应按照《企业会计准则第 12 号——债务重组》的准则确定。

对债权人而言，将债务转为资本，应当将因放弃债权而享有股份的公允价值确认为对债务人的投资，重组债权的账面余额与股份的公允价值之间的差额，确认为

债务重组损失，计入营业外支出。债权人已对债权计提减值准备的，应当先将该差额冲减减值准备，减值准备不足以冲减的部分，确认为债务重组损失计入营业外支出。

【例8-6】2013年2月10日，乙公司销售一批材料给甲公司，应收账款100 000元，合同约定6个月后结清款项。6个月后，由于甲公司发生财务困难，无法支付货款，与乙公司协商进行债务重组。经双方协议，乙公司同意甲公司将该债务转为甲公司的股份。乙公司对该项应收账款计提了坏账准备5 000元。假定转股后甲公司注册资本为5 000 000元，净资产的公允价值为7 600 000元，抵债股权占甲公司注册资本的1%。假定相关手续已办理完毕，且不考虑其他相关税费。

重组债权应收账款的账面余额与所转让股权的公允价值之间的差额

$=100\ 000-7\ 600\ 000\times1\%$

$=100\ 000-76\ 000$

$=24\ 000$（元）

差额24 000元，扣除坏账准备5 000元，计19 000元，作为债务重组损失，计入营业外支出。债权人乙公司的会计处理如下：

借：长期股权投资——甲公司	76 000	
营业外支出——债务重组损失	19 000	
坏账准备	5 000	
贷：应收账款——甲公司		100 000

（2）以非货币性资产交换等方式取得的长期股权投资，其初始投资成本应按照《企业会计准则第7号——非货币性资产交换》的准则确定。

如果非货币性资产交换具有商业实质并且换入的长期股权投资或换出的非货币性资产的公允价值能够可靠计量，应当以公允价值和应支付的相关税费加上或减去支付或收到的补价作为换入的长期股权投资的初始投资成本，公允价值与换出资产账面价值的差额计入当期损益。但是，值得注意的是，如果换入的长期股权投资和换出的非货币性资产的公允价值均能够可靠计量，应当以换出资产的公允价值作为换入资产成本的基础，但有确凿证据表明换入的长期股权投资的公允价值更加可靠的除外。

【例8-7】2013年6月，为了提高产品质量，甲冰箱制造公司以其持有的对丙公司的长期股权投资交换乙公司拥有的一项专利权。在交换日，甲公司持有的长期股权投资账面余额为670万元，已计提长期股权投资减值准备余额为40万元，在交换日的公允价值为650万元；乙公司专利权的账面原价为800万元，累计已摊销金额为120万元，在交换日的公允价值为650万元，乙公司没有为该项专利权计提减值准备。乙公司原已持有对丙公司的长期股权投资，从甲公司换入对丙公司的长期股权投资后，使丙公司成为乙公司的联营企业。假设整个交易过程中没有发生其他相关税费。

乙公司的账务处理如下：

借：长期股权投资——丙公司　　6 500 000

　　累计摊销　　1 200 000

　　营业外支出　　300 000

　贷：无形资产——专利权　　8 000 000

如果非货币性资产交换不具有商业实质或者换入的长期股权投资和换出的非货币性资产的公允价值均不能可靠计量，则应当以换出的非货币性资产的账面价值和应支付的相关税费作为换入的长期股权投资的初始投资成本，不确认损益。

【例 8-8】承【例 8-7】，假设甲公司与乙公司为关联方，以上资产交换不具有商业实质，那么乙公司的账务处理应该为：

借：长期股权投资——丙公司　　6 800 000

　　累计摊销　　1 200 000

　贷：无形资产——专利权　　8 000 000

三、长期股权投资的后续计量

长期股权投资在持有期间，根据投资企业对被投资单位的影响程度及是否存在活跃市场、公允价值能否可靠取得等情况，分别采用成本法及权益法进行核算。

（一）长期股权投资的成本法

1. 成本法的适用范围

按照长期股权投资准则核算的权益性投资中，应当采用成本法核算的是以下两类：一是企业持有的对子公司投资；二是对被投资单位不具有共同控制或重大影响，且在活跃市场中没有报价、公允价值不能可靠计量的长期股权投资。

2. 长期股权投资账面价值的调整及投资损益的确认

采用成本法核算的长期股权投资，初始投资或追加投资时，按照初始投资或追加投资的成本增加长期股权投资的账面价值。被投资单位宣告分派的现金股利或利润中，投资企业按应享有的部分确认为当期投资收益。

【例 8-9】甲公司于 2013 年 1 月取得对乙公司 5% 的股权，成本为 800 万元。2014 年 2 月，甲公司又以 1 200 万元取得对乙公司 6% 的股权。假定甲公司对乙公司的生产经营决策不具有重大影响或共同控制，且该投资不存在活跃的交易市场，公允价值无法取得。2014 年 3 月，乙公司宣告分派现金股利，甲公司按其持股比例可取得 10 万元。

甲公司应进行的会计处理为：

（1）2013 年 1 月，取得对乙公司 5% 的股权时：

借：长期股权投资——乙公司　　8 000 000

　贷：银行存款　　8 000 000

（2）2014 年 2 月，取得对乙公司 6% 的股权时：

借：长期股权投资——乙公司　　12 000 000

　　贷：银行存款　　12 000 000

(3) 2014 年 3 月，乙公司宣告分派现金股利时：

借：应收股利——乙公司　　100 000

　　贷：投资收益——股权投资收益　　100 000

(二) 长期股权投资的权益法

长期股权投资准则规定，应当采用权益法核算的长期股权投资包括两类：一是对合营企业投资；二是对联营企业投资。

按照权益法核算的长期股权投资，一般的核算程序为：

(1) 初始投资或追加投资时，按照初始投资成本或追加投资的投资成本，增加长期股权投资的账面价值。

(2) 比较初始投资成本与投资时应享有被投资单位可辨认净资产公允价值的份额，对于初始投资成本小于应享有被投资单位可辨认净资产公允价值份额的，应对长期股权投资的账面价值进行调整，计入取得投资当期的损益。

(3) 持有投资期间，随着被投资单位所有者权益的变动相应调整增加或减少长期股权投资的账面价值，并分别情况处理：对属于因被投资单位实现净损益产生的所有者权益的变动，投资企业按照持股比例计算应享有的份额，增加或减少长期股权投资的账面价值，同时确认为当期投资损益；对被投资单位除净损益以外其他因素导致的所有者权益变动，在持股比例不变的情况下，按照持股比例计算应享有或应分担的份额，增加或减少长期股权投资的账面价值，同时确认为资本公积(其他资本公积)。在持有投资期间，被投资单位能够提供合并财务报表的，应当以合并财务报表、净利润和其他投资变动为基础进行核算。

(4) 被投资单位宣告分派利润或现金股利时，投资企业按持股比例计算应分得的部分，一般应冲减长期股权投资的账面价值。

1. 初始投资成本的调整

投资企业取得对联营企业或合营企业的投资以后，对于取得投资时初始投资成本与应享有被投资单位可辨认净资产公允价值份额之间的差额，应区别情况处理：

(1) 初始投资成本大于取得投资时应享有被投资单位可辨认净资产公允价值份额的，该部分差额是投资企业在取得投资过程中通过作价体现出的与所取得股权份额相对应的商誉及被投资单位不符合确认条件的资产价值，这种情况下不要求对长期股权投资的成本进行调整。

(2) 初始投资成本小于取得投资时应享有被投资单位可辨认净资产公允价值份额的，两者之间的差额体现为双方在交易作价过程中转让方的让步，该部分经济利益流入应作为收益处理，计入取得投资当期的营业外收入，同时调整增加长期股权投资的账面价值。

【例 8-10】A 企业于 2013 年 1 月取得 B 公司 30% 的股权，支付价款 6 000 万元。取得投资时被投资单位净资产账面价值为 15 000 万元，公允价值为 16 000

万元。

A 企业在取得 B 公司的股权后，能够对 B 公司施加重大影响，对该投资采用权益法核算。取得投资时，A 企业应进行以下账务处理：

借：长期股权投资——B 公司（投资成本）　　60 000 000

　贷：银行存款　　60 000 000

∵ 16 000 万元×30% =4 800 万元<6 000 万元。

∴ 不需调整长期股权投资初始成本。

假定取得投资时，B 公司可辨认净资产的公允价值为 24 000 万元，A 企业有关账务处理为：

A 企业在取得 B 公司的股权时：

借：长期股权投资——B 公司（投资成本）　　60 000 000

　贷：银行存款　　60 000 000

∵ 24 000 万元×30% =7 200 万元 > 6 000 万元。

∴ 1 200 万元（7 200 万元−6 000 万元）为负商誉，需调整长期股权投资初始成本。

借：长期股权投资——B 公司（投资成本）　　12 000 000

　贷：营业外收入　　12 000 000

2. 投资损益的确认

采用权益法核算的长期股权投资，在确认应享有或应分担被投资单位的净利润或净亏损时，在被投资单位账面净利润的基础上，应考虑以下因素的影响进行适当调整：

（1）被投资单位采用的会计政策及会计期间与投资企业不一致的，应按投资企业的会计政策及会计期间对被投资单位的财务报表进行调整，在此基础上确定被投资单位的损益。

（2）以取得投资时被投资单位各项可辨认净资产等的公允价值为基础对被投资单位净利润进行调整。

被投资单位个别利润表中的净利润是以其持有的资产、负债账面价值为基础持续计算的，而投资企业在取得投资时，是以被投资单位有关资产、负债的公允价值为基础确定投资成本的，取得投资后应确认的投资收益代表的是被投资单位资产、负债在公允价值计量的情况下在未来期间通过经营产生的损益中归属于投资企业的部分。投资企业取得投资时被投资单位有关资产、负债的公允价值与其账面价值不同的，未来期间在计算归属于投资企业应享有的净利润或应承担的净亏损时，应考虑被投资单位计提的折旧额、摊销额以及资产减值准备金额等进行调整。

（3）对于投资企业与其联营企业及合营企业之间发生的未实现内部交易损益应予抵销，即投资企业与其联营企业及合营企业之间发生的未实现内部交易损益按照持股比例计算归属于投资企业的部分，应当予以抵销，在此基础上确认投资损益。应当注意的是，该未实现内部交易损益的抵销既包括顺流交易也包括逆流交易，其中，顺流交易是指投资企业向其联营企业或合营企业出售资产，逆流交易是指联营企业或合营企业向投资企业出售资产。

【例 8-11】甲公司于 2014 年 1 月 10 日购入乙公司 30% 的股份，购买价款为 2 200万元，并自取得投资之日起派人参与乙公司的生产经营决策。取得投资当日，乙公司可辨认净资产公允价值为 6 000 万元，除表 8-2 所列项目外，乙公司其他资产、负债的公允价值与账面价值相同。

表 8-2　　**部分资产的账面价值与公允价值**　　单位：万元

项目	账面原价	已提折旧或摊销	公允价值	乙公司预计使用年限	甲公司取得投资后剩余使用年限
存货	500		700		
固定资产	1 200	240	1 600	20	16
无形资产	700	140	800	10	8
小计	2 400	380	3 100		

假定乙公司于 2014 年实现净利润 600 万元，其中在甲公司取得投资时的账面存货有 80% 对外出售。甲公司与乙公司的会计年度及采用的会计政策相同。固定资产、无形资产均按直线法提取折旧或摊销，预计净残值均为 0。2014 年，甲公司将其账面价值为 400 万元的商品以 500 万元的价格出售给乙公司，资产负债表日，乙公司将该批商品的 80% 对外出售。

（1）2014 年 1 月 10 日，甲公司取得投资时：

借：长期股权投资——乙公司（投资成本）　　22 000 000

　贷：银行存款　　22 000 000

∵ 6 000×30% =1 800 万元<2 200 万元。

∴ 不需调整长期股权投资初始成本。

（2）2014 年 12 月 31 日，甲公司投资收益确认时：

①基于可辨认净资产公允价值调整乙公司净利润：

存货账面价值与公允价值的差额应调减的利润 =（700-500）×80% =160（万元）

固定资产公允价值与账面价值差额应调整增加的折旧额 =1 600÷16-1 200÷20 =40（万元）

无形资产公允价值与账面价值差额应调整增加的摊销额 =800÷8-700÷10 =30（万元）

②基于内部交易未实现毛利调整乙公司净利润：

（500-400）×20% =20（万元）

③调整后的乙公司净利润：

600-（160+40+30）-20 =350（万元）

④确认甲公司投资收益 =350×30% =105（万元）

借：长期股权投资——乙公司（损益调整）　　1 050 000

贷：投资收益——股权投资收益　　　　1 050 000

3. 取得现金股利或利润的处理

按照权益法核算的长期股权投资，投资企业自被投资单位取得的现金股利或利润，应抵减长期股权投资的账面价值。在被投资单位宣告分派现金股利或利润时，借记“应收股利”账户，贷记“长期股权投资——损益调整”账户；自被投资单位取得的现金股利或利润超过已确认损益调整的部分应视同投资成本收回的部分，冲减长期股权投资的成本。

【例 8-12】承【例 8-11】，假定乙公司于 2015 年 3 月 20 日宣告向投资者分配现金股利 200 万元，股利于 2015 年 4 月 10 日实际发放。

（1）2015 年 3 月 20 日甲公司确认应收到股利时：

200×30% =60（万元）

借：应收股利——乙公司　　　　600 000

　贷：长期股权投资——乙公司（损益调整）　　　　600 000

（2）2015 年 4 月 10 日甲公司实际收到现金股利时：

借：银行存款　　　　600 000

　贷：应收股利——乙公司　　　　600 000

4. 被投资单位除净损益以外所有者权益的其他变动

采用权益法核算时，投资企业对于被投资单位除净损益以外所有者权益的其他变动，在持股比例不变的情况下，应按照持股比例与被投资单位除净损益以外所有者权益的其他变动中归属于本企业的部分，相应调整长期股权投资的账面价值，同时增加或减少资本公积。

【例 8-13】A 企业持有 B 企业 30% 的股份，能够对 B 企业施加重大影响。当期 B 企业因持有的可供出售金融资产公允价值的变动计入资本公积的金额为1 200 万元，除该事项外，B 企业当期实现的净损益为 6 400 万元。假定 A 企业与 B 企业适用的会计政策、会计期间相同，投资时 B 企业有关资产、负债的公允价值与其账面价值亦相同。双方在当期及以前期间未发生任何内部交易。

A 企业在确认应享有被投资单位所有者权益的变动时：

借：长期股权投资——B 企业（损益调整）　　　　19 200 000

　　　　　　　　——B 企业（其他权益变动）　　　　3 600 000

　贷：投资收益——股权投资收益　　　　19 200 000

　　　资本公积——其他资本公积　　　　3 600 000

（三）长期股权投资的期末计价

根据我国 2006 年颁布的企业会计准则，交易性金融资产、可供出售金融资产和持有至到期投资的期末计价遵照《企业会计准则第 22 号——金融工具确认与计量》，而长期股权投资的期末计价遵照《企业会计准则第 8 号——资产减值》。

《企业会计准则第 8 号——资产减值》第四条规定，企业应当在资产负债表日判断资产是否存在可能发生减值的迹象。如果存在发生减值的迹象，就应该分析确定是否应计提减值准备。长期股权投资存在减值迹象的，应当估计该长期股权投资的可收回金额。

长期股权投资的可收回金额是指长期股权投资的公允价值减去处置费用后的净额与长期股权投资预计未来现金流量的现值两者之间的较高者。如果长期股权投资的公允价值减去处置费用后的净额与长期股权投资预计未来现金流量的现值中有一项超过了该长期股权投资的账面价值，就表明该长期股权投资没有发生减值，不需要再估计另外一项金额。

可收回金额的计量结果表明，长期股权投资的可收回金额低于其账面价值的，应当将长期股权投资的账面价值减记至可收回金额，减记的金额确认为长期股权投资的减值损失，计入当期损益，同时计提长期股权投资减值准备，借记“资产减值损失”账户，贷记“长期股权投资减值准备”账户。

《企业会计准则第 8 号——资产减值》第十七条还规定，长期股权投资减值损失一经确认，在以后会计期间不得转回。

四、长期股权投资的处置

企业在持有长期股权投资的过程中，由于各方面的考虑，决定将所持有的对被投资单位的股权全部或部分对外出售时，应相应结转与所售股权相对应的长期股权投资的账面价值，出售所得价款与处置长期股权投资账面价值之间的差额，应确认为处置损益。

采用权益法核算的长期股权投资，原计入资本公积中的金额，在处置时亦应进行结转，将与所出售股权相对应的部分在处置时自资本公积转入当期损益。

【例 8-14】A 企业原持有 B 企业 40% 的股权，2014 年 12 月 20 日，A 企业决定出售其持有的 B 企业股权的 1/4，出售时 A 企业账面上对 B 企业长期股权投资的账面价值构成为：投资成本 1 200 万元，损益调整 320 万元，其他权益变动 200 万元，出售取得价款 470 万元。

A 企业应确认的处置损益为：

借：银行存款　　4 700 000

　贷：长期股权投资——B 企业（投资成本）　　3 000 000

　　　　　　　　——B 企业（损益调整）　　800 000

　　　　　　　　——B 企业（其他权益变动）　　500 000

　　　投资收益——股权处置损益　　400 000

同时，还应将原计入资本公积的部分按比例转入当期损益：

借：资本公积——其他资本公积　　500 000

　贷：投资收益——股权处置损益　　500 000

第三节　其他投资

企业对外投资除长期股权投资以外，其他投资还有交易性投资、持有至到期投资和可供出售投资。

一、交易性金融资产

交易性投资可能是股票投资，也可能是债券投资或基金投资。这种投资应按照“以公允价值计量且其变动计入当期损益的金融资产”进行会计处理。根据我国会计准则的规定，应设置“交易性金融资产”账户。以下以交易性金融资产来讲解交易性投资。

（一）交易性金融资产的初始计量

交易性金融资产是指企业利用市场短期交易机会，通过二级市场购买，准备在较短期间内出售的债券、股票等投资。

企业在取得交易性金融资产时，应当按照取得时的公允价值计量，而在取得交易性金融资产时所发生的交易费用在发生时直接计入当期损益。支付的价款中包含已宣告但尚未发放的现金股利或已到付息期但尚未领取的债券利息，应当单独确认为应收项目，记入“应收股利”或“应收利息”账户。企业应当设置“交易性金融资产”账户，用来核算企业为交易目的所持有的债券、股票、基金投资等交易性金融资产的公允价值。“交易性金融资产”账户是资产类账户，借方登记企业取得的交易性金融资产的公允价值、资产负债表日交易性金融资产公允价值高于账面价值的差额，贷方登记资产负债表日交易性金融资产公允价值低于账面价值的差额、出售金融资产的账面价值。账户的期末余额在借方，反映企业持有的交易性金融资产的公允价值。

（二）交易性金融资产的收益

企业在持有交易性金融资产期间取得的利息或现金股利，应当确认为当期损益，记入“投资收益”账户。

（三）交易性金融资产的后续计量

在资产负债表日，交易性金融资产应当按资产负债表日的公允价值计价，期末公允价值与账面价值的差额直接计入当期损益，通过“公允价值变动损益”账户处理。“公允价值变动损益”账户是损益类账户，借方登记资产负债表日交易性金融资产公允价值低于账面价值的差额（即交易性金融资产公允价值下跌的金额），贷方登记资产负债表日交易性金融资产公允价值高于账面价值的差额（即交易性金融资产公允价值上涨的金额）。出售交易性金融资产时，应将其持有期间的公允价值变动金额，从“公允价值变动损益”账户转入“投资收益”账户。期末，应将“公允价值变动损益”账户发生额转入“本年利润”账户，结转后，本账户无余额。

（四）交易性金融资产的处置

企业可能因需要现金或获利机会而将交易性金融资产抛售变现，其售出的净收入（售价减去佣金、税金等附带费用）与交易性金融资产账面价值的差额，即为出售投资的损益，同时，将原计入该金融资产的公允价值变动转出，由“公允价值变动损益”账户转入“投资收益”账户。

■ 链接本章导入案例

1. 你认为，张红将华一公司持有长城公司的普通股确认为“交易性金融资产”对不对？

初始确认分析：

∵ 华一公司持有长城公司的普通股“打算持有一段时间后视市场情况再抛售”，虽然持股时短时间达到对受资企业重大影响，但由于投资目的明确属于把握市场短期交易机会，并非准备长期持有。

∴ 张红将其确认为“交易性金融资产”是正确的；但初始计量错误，未将支付价款中包含的已宣告但尚未发放的股利从初始成本中扣除。

2. 你认为，华一公司持有长城公司的普通股期间，张红对长城公司股票公允价值变动的处理对不对？

∵“交易性金融资产”后续计量采取公允价值计量且公允价值变动直接计入当期损益。

∴ 华一公司持有长城公司的普通股期间，张红 2013 年 6 月 30 日的后续计量处理方法正确，但计量金额错误。而 2013 年 12 月 31 日的处理完全错误。

3. 华一公司持有长城公司的普通股期间相关会计处理：

（1）2013 年 4 月 1 日购入时：

借：交易性金融资产——长城股票（成本）	29 700 000	
投资收益	50 000	
应收股利——长城公司	300 000	
贷：银行存款		30 050 000

实际收到股利时：

借：银行存款	300 000	
贷：应收股利——长城公司		300 000

（2）2013 年 6 月 30 日后续计量时：

借：公允价值变动损益	200 000*	
贷：交易性金融资产——长城股票（公允价值变动）		200 000

*29 700 000－29 500 000＝200 000

（3）2013 年 12 月 31 日后续计量时：

借：公允价值变动损益	2 500 000*	
贷：交易性金融资产——长城股票（公允价值变动）		2 500 000

*29 500 000－27 000 000＝2 500 000

4. 假设2014年2月15日市场好转，华一公司以2 800万元将持有的长城公司股票全部出售。

出售时：

借：银行存款　　28 000 000

　　交易性金融资产——长城股票（公允价值变动）

　　　　2 700 000

　贷：交易性金融资产——长城股票（成本）　　29 700 000

　　　投资收益——处置股权损益　　1 000 000

持有损益结转时：

借：投资收益　　2 700 000

　贷：公允价值变动损益　　2 700 000

二、持有至到期投资

持有至到期投资是指到期日固定、回收金额固定或可确定，且企业有明确意图和能力将其持有至到期的非衍生金融资产。在初始确认时就认列为交易性金融资产的投资，持有期限不确定，当市场利率、流动性需要发生变化以及企业将会出售该金融资产时，则不应将该金融资产列为持有至到期投资。持有至到期投资通常具有长期性质，但期限较短（一年以内）的债券投资，符合持有至到期投资条件的，也可将其划分为持有至到期投资。

（一）持有至到期投资初始投资成本的确定

持有至到期投资的初始投资成本，应当按照取得投资时的公允价值及相关交易费用计价。其中交易费用包括支付给代理机构、咨询公司、券商等的手续费和佣金及其他必要支出。支付的价款中包含的已到付息期但尚未领取的债券利息，应单独确认为应收利息项目。

当企业取得持有至到期投资时，按照该投资的面值，借记“持有至到期投资——×债券（面值）”账户；按支付的价款中包含的已到付息期但尚未收到的利息，借记“应收利息”账户；按实际支付的金额，贷记“银行存款”账户，借贷方的差额可以借记或贷记“持有至到期投资——×债券（利息调整）”账户。

（二）持有至到期投资的后续计量

依据《企业会计准则第22号——金融资产确认与计量》的规定，在持有期间，企业应当以摊余成本对持有至到期投资进行后续计量。所谓摊余成本，是指该项投资在初始确认金额的基础上调整了如下因素后的结果：

1. 扣除已偿还的本金。

2. 加上或减去采用实际利率法将该初始确认金额与到期日金额之间的差额进行摊销形成的累计摊销额。

3. 扣除已经发生的减值损失。

持有至到期投资应当按照摊余成本和实际利率计算确认利息收入，计入投资收益。实际利率应当在取得持有至到期投资时确定，在该持有至到期投资预期存续期间保持不变。

资产负债表日，持有至到期投资为分期付息、一次还本债券投资的，应按票面利率计算确定的应收未收利息，借记“应收利息”账户；按持有至到期投资摊余成本和实际利率计算确定的利息收入，贷记“投资收益”账户；按其差额，借记或贷记“持有至到期投资——××债券（利息调整）”。

持有至到期投资为一次还本付息债券投资的，应于资产负债表日按票面利率计算确定的应收未收利息，借记“持有至到期投资——×债券（应计利息）”；按持有至到期投资摊余成本和实际利率计算确定的利息收入，贷记“投资收益”账户；按其差额，借记或贷记“持有至到期投资——×债券（利息调整）”。

【例 8-15】A 公司于 2009 年 1 月 1 日购入 B 公司 2009 年 1 月 1 日发行的五年期按年支付利息、到期收回本金、债券年利率为 9% 的债券，实际支付价款 58 180 元（含买价和相关税费）。该债券面值为 50 000 元。A 公司购入该债券准备持有至到期。

（1）2009 年 1 月 1 日，A 公司购入 B 公司债券时：

溢价购入债券的利息调整金额 = 58 180 - 50 000 = 8 180（元）

A 公司取得 B 公司债券成本 = 58 180 元

借：持有至到期投资——B 债券（面值）　　50 000

　　　　　　　　——B 债券（利息调整）　　8 180

　贷：银行存款　　58 180

（2）A 公司持有 B 公司债券期间按实际利率法确认利息收入（见表 8-3）。

以插值法计算 A 公司持有 B 公司债券的实际利率 R：

$$50\,000\times 9\%\times[1-(1+R)^{-5}]/R+50\,000\times(1+R)^{-5}=58\,180$$

R = 5.2%

表 8-3　　**利息收入与摊余成本计算表**　　单位：元

日　期	应收利息 ①=50 000×9%	利息收入 ②=上期④×5.2%	利息调整摊销 ③=①-②	摊余成本 ④=上期④-③
2009 年 1 月 1 日				58 180
2009 年 12 月 31 日	4 500	3 025	1 475	56 705
2010 年 12 月 31 日	4 500	2 949	1 551	55 154
2011 年 12 月 31 日	4 500	2 868	1 632	53 522
2012 年 12 月 31 日	4 500	2 783	1 717	51 805
2013 年 12 月 31 日	4 500	2 695*	1 805	50 000
总　额	—		8 180	—

* 尾数调整。

①2009 年 12 月 31 日 A 公司计息时：

借：应收利息——B 公司　　4 500

　贷：投资收益——债券投资收益　　3 025

　　　持有至到期投资——B 债券（利息调整）　　1 475

实际收到利息时：

借：银行存款　　4 500

　贷：应收利息——B 公司　　4 500

②2010 年 12 月 31 日 A 公司计息时：

借：应收利息——B 公司　　4 500

　贷：投资收益——债券投资收益　　2 949

　　　持有至到期投资——B 债券（利息调整）　　1 551

实际收到利息时：

借：银行存款　　4 500

　贷：应收利息——B 公司　　4 500

③2011 年 12 月 31 日 A 公司计息时：

借：应收利息——B 公司　　4 500

　贷：投资收益——债券投资收益　　2 868

　　　持有至到期投资——B 债券（利息调整）　　1 632

实际收到利息时：

借：银行存款　　4 500

　贷：应收利息——B 公司　　4 500

④2012 年 12 月 31 日 A 公司计息时：

借：应收利息——B 公司　　4 500

　贷：投资收益——债券投资收益　　2 783

　　　持有至到期投资——B 债券（利息调整）　　1 717

实际收到利息时：

借：银行存款　　4 500

　贷：应收利息——B 公司　　4 500

⑤2013 年 12 月 31 日 A 公司计息时：

借：应收利息——B 公司　　4 500

　贷：投资收益——债券投资收益　　2 695

　　　持有至到期投资——B 债券（利息调整）　　1 805

实际收到利息时：

借：银行存款　　4 500

　贷：应收利息——B 公司　　4 500

（三）持有至到期投资的减值

在资产负债表日，企业应当对持有至到期投资的账面价值进行检查，如有客观证据表明该项投资发生了减值，应当计提减值准备。如债券发行方或债务人发生了严重的财务困难等即可认为该项投资发生了减值。

在该项投资发生减值时，企业应当将该项投资的账面价值减记至预计未来现金流量的现值。其中，预计未来现金流量的现值应当按照该项投资的原实际利率折现确定。按照应减记的金额，借记“资产减值损失”账户，贷记“持有至到期投资减值准备”账户。如有客观证据表明已计提减值准备的持有至到期投资的价值以后又得以恢复，应在原计提的减值准备金额内，按恢复增加的金额，借记“持有至到期投资减值准备”账户，贷记“资产减值损失”账户。

（四）持有至到期投资的处置

处置持有至到期投资时，应将所取得价款与该投资账面价值之间的差额计入投资收益。按照实际收到的金额，借记“银行存款”；按该投资的账面余额，贷记“持有至到期投资”；按其差额，借记或贷记“投资收益”。如账面有已计提减值准备的，还应同时结转减值准备。

三、可供出售金融资产

可供出售金融资产是指在初始确认时即被指定为可供出售的金融资产以及不能分类为持有至到期投资及交易性金融资产项目的投资，包括划分为可供出售的股票投资、债券投资等金融资产。如果企业购入的在活跃市场上有报价的股票、债券和基金等，没有被划分为以公允价值计量且其变动计入当期损益的金融资产或持有至到期投资等金融资产的，也可归为此类。企业应当设置“可供出售金融资产”账户来核算该项业务，并设置“成本”、“应计利息”、“利息调整”、“公允价值变动”项目核算。如果可供出售金融资产发生减值的，还需要单独设置“可供出售金融资产减值准备”账户。

（一）可供出售金融资产初始投资成本的确定

取得可供出售金融资产时，应当以取得该项金融资产的公允价值加上相关交易费用计量。支付的价款中包含的已到付息期但尚未领取的债券利息或已宣告但尚未发放的现金股利，应单独确认为“应收利息”或“应收股利”。

企业取得可供出售的金融资产为股权投资的，按照其公允价值与交易费用之和，借记“可供出售金融资产——×股票（成本）”，按实际支付的价款中包含的已宣告但尚未发放的现金股利，借记“应收股利”账户；按实际支付的金额，贷记“银行存款”账户。

如果取得的可供出售金融资产为债券投资的，应按债券的面值，借记“可供出售金融资产——×债券（面值）”账户，按支付的价款中包含的已到付息期但尚未领取的利息，借记“应收利息”账户；按实际支付的金额，贷记“银行存款”；若有差额，借记或贷记“可供出售金融资产——×债券（利息调整）”账户。

（二）可供出售金融资产的后续计量

可供出售金融资产持有期间取得的利息或现金股利，应当计入投资收益。被投资方宣告发放现金股利时，借记“应收股利”账户，贷记“投资收益”账户。若持有的可供出售金融资产为债券时，要分别不同的债券类型进行处理：可供出售债券为分期付息、一次还本债券投资的，应按票面利率计算确定的应收未收利息，借记“应收利息”账户；按可供出售债券的摊余成本和实际利率计算确定的利息收入，贷记“投资收益”账户；按其差额，借记或贷记“可供出售金融资产——×债券（利息调整）”账户。可供出售债券为一次还本付息债券投资的，应按票面利率计算确定的应收未收利息，借记“可供出售金融资产——×债券（应计利息）”账户；按可供出售债券的摊余成本和实际利率计算确定的利息收入，贷记“投资收益”账户；按其差额，借记或贷记“可供出售金融资产——×债券（利息调整）”账户。

在资产负债表日，可供出售金融资产应当以公允价值计量，因公允价值变动形成的利得或损失，应直接计入所有者权益，通过资本公积处理。可供出售金融资产的公允价值高于其账面余额的差额，借记“可供出售金融资产——×股票（公允价值变动）”账户，贷记“资本公积——其他资本公积”账户；公允价值低于其账面余额的差额，则做相反的会计分录。

（三）可供出售金融资产的减值

如果可供出售金融资产的公允价值发生较大幅度下降或持续下降，可以认定该金融资产发生了减值，应当确认资产减值损失。在确认可供出售金融资产减值时，需要注意的是，原来已经直接计入所有者权益（即计入资本公积）的公允价值下降形成的累计损失一并转出，计入减值损失。具体处理为：确定可供出售金融资产发生减值的，按应减记的金额，借记“资产减值损失”账户；按应从所有者权益中转出原计入资本公积的累计损失金额，贷记“资本公积——其他资本公积”账户；按其差额，贷记“可供出售金融资产减值准备”账户。

对于已确认减值损失的可供出售金融资产，在随后会计期间内公允价值已上升且客观上与确认原减值损失事项有关的，应按原确认的减值损失，借记“可供出售金融资产减值准备”账户，贷记“资产减值损失”账户；但是可供出售金融资产为股票等权益工具投资的，借记“可供出售金融资产减值准备”账户，贷记“资本公积——其他资本公积”账户。

（四）可供出售金融资产的处置

处置可供出售金融资产时，应将取得的价款与该金融资产账面价值之间的差额，计入投资收益；同时，将原直接计入所有者权益的公允价值变动累计额对应处置部分的金额转出，计入投资损益。出售可供出售金融资产时，应按实际收到的金额，借记“银行存款”账户；按其账面余额，贷记“可供出售金融资产”账户；按应从所有者权益中转出的公允价值累计变动额，借记或贷记“资本公积——其他资本公积”账户；按其差额，贷记或借记“投资收益”账户。

链接本章导入案例

1. 华一公司持有长城公司的普通股在何种情况下应该确认为“可供出售金融资产”?

初始确认分析：

如果华一公司持有长城公司的普通股不是“打算持有一段时间后视市场情况再抛售”，而是打算持有一段时间后“视长城公司情况决定是抛售还是长期持有”，那么在初始确认时，应该确认为“可供出售金融资产”。

2. 华一公司持有长城公司的普通股如果初始确认为“可供出售金融资产”，那么持有期间应做如下处理：

(1) 2013 年 4 月 1 日购入时：

借：可供出售金融资产——长城股票（成本） 29 750 000
　　应收股利——长城公司 300 000
　贷：银行存款 30 050 000

实际收到股利时：

借：银行存款 300 000
　贷：应收股利——长城公司 300 000

(2) 2013 年 6 月 30 日后续计量时：

借：资本公积——其他资本公积 250 000*
　贷：可供出售金融资产——长城股票（公允价值变动） 250 000

*29 750 000-29 500 000=250 000

(3) 2013 年 12 月 31 日后续计量时，假定华一公司认为长城股票下跌不再属于股价正常波动，认定公司股票发生了减值，那么，应做以下处理：

借：资产减值损失 2 750 000
　贷：资本公积——其他资本公积 250 000
　　　可供出售金融资产——长城股票（公允价值变动） 2 500 000*

*29 500 000-27 000 000=2 500 000

3. 假设 2014 年 2 月 15 日市场好转，华一公司以 2 800 万元将持有的长城公司股票全部出售。

出售时：

借：银行存款 28 000 000
　　可供出售金融资产——长城股票（公允价值变动）
　　　2 750 000
　贷：可供出售金融资产——长城股票（成本） 29 750 000
　　　投资收益——处置股权损益 1 000 000

持有损益结转时：

借：投资收益——股权投资损益　　2 750 000

　贷：资产减值损失　　2 750 000

本章小结

本章主要阐述了企业各种对外投资的会计处理。

对外投资是指企业通过分配来增加财富或为谋求其他利益而将资产让渡给其他单位所获得的另一项资产。按照企业管理层持有投资的目的分类，企业的投资可以分为如下几类：交易性金融资产、持有至到期投资、可供出售金融资产、长期股权投资。

企业进行长期股权投资目的在于：通过股权投资控制被投资单位，对被投资单位施加重大影响；为长期盈利；为了与被投资单位建立密切关系，以分散经营风险。企业的长期股权投资，应当根据不同情况，分别采用成本法或权益法核算；企业对被投资单位实施了控制或者是无共同控制且无重大影响的，长期股权投资应当采用成本法核算；企业对被投资单位具有共同控制或重大影响的，长期股权投资应当采用权益法核算。成本法后续计量，即长期股权投资以其初始计量（取得成本）列报；而权益法后续计量，要求投资企业资产负债表日的长期股权投资以享有受资企业可辨认净资产公允价值的持股比例列报。企业应当定期对长期投资的账面价值逐项进行检查（至少于每年年末检查一次）。如果由于市价持续下跌或被投资单位经营状况变化等原因导致其可收回金额低于投资的账面价值，应将可收回金额低于长期投资账面价值的差额，确认为当期投资损失。可收回金额是指长期股权投资的公允价值减去处置费用后的净额与长期股权投资预计未来现金流量的现值两者之间的较高者。长期股权投资减值损失一经确认，在以后会计期间不得转回。

交易性金融资产是指企业利用市场短期交易机会，通过二级市场购买，准备在较短期间内出售的债券、股票等投资。企业在取得交易性投资时，应当以公允价值计量，而在取得交易性投资时所发生的交易费用在发生时直接计入当期损益。在资产负债表日，交易性投资应当按资产负债表日的公允价值计价，期末公允价值与账面价值的差额直接计入当期损益。企业可能因需要现金或获利机会而将交易性投资抛售变现；其售出的净收入与交易性投资账面价值的差额，即为出售投资的损益。

持有至到期投资是指到期日固定、回收金额固定或可确定，但企业有明确意图和能力将其持有至到期的非衍生金融资产。持有至到期投资的初始投资成本，应当按照取得投资时的公允价值及相关交易费用计价，其中交易费用包括支付给代理机构、咨询公司、券商等的手续费和佣金及其他必要支出。企业应当以摊余成本对持有至到期投资进行后续计量。在债券持有期间溢价或折价购入的债券，其溢价或折价应在债券购入后至到期前的期间内于确认相关债券利息收入时摊销。摊销方法只能采用实际利率法。在资产负债表日，企业应当对持有至到期投资的账面价值进行检查，如有客观证据表明该项投资发生了减值，应当计提减值准备。

可供出售投资是指在初始确认时即被指定为可供出售的投资以及不能分类为持有至到期及交易性投资项目的投资。取得可供出售投资时，应当是取得该项投资时的公允价值加上相关交易费用计量。在取得该项投资后，应当以公允价值计量，因公允价值变动形成的利得或损失，除减值损失外，应直接计入所有者权益，并在该项投资终止确认时转出，计入当期损益。

思考与练习

■ 思考题

1. 如何理解投资概念？

2. 会计核算角度的投资应按何标准分类？具体分哪些类别？

3. 什么是交易性金融资产？如何确认交易性金融资产的初始成本？

4. 资产负债表日，交易性金融资产应如何进行账务处理？企业处置交易性金融资产时如何进行会计处理？

5. 什么是持有至到期投资？如何确认持有至到期投资的初始成本？

6. 如何确定持有至到期投资各期的投资收益？

7. 什么是可供出售金融资产？如何确认可供出售金融资产的初始成本？

8. 资产负债表日，可供出售金融资产应如何进行账务处理？企业处置可供出售金融资产时如何进行会计处理？

9. 同一控制下企业合并与非同一控制下企业合并形成的长期股权投资取得成本的确定有何区别？

10. 分别说明长期股权投资成本法和权益法的适用范围。

11. 长期股权投资的成本法和权益法的会计处理有何异同？

■ 练习题

一、选择题

1. 企业购入乙公司股票 20 万股，作为交易性金融资产核算，支付的价款总额为 165 万元，其中包括已经宣告但尚未发放的现金股利 10 万元和相关税费 8 万元，则该交易性金融资产的入账价值为(　　)万元。

A. 147　　B. 155　　C. 157　　D. 165

2. 甲公司出于短线投资的考虑，2013 年 10 月 10 日自证券市场购入乙公司发行的股票 100 万股，共支付价款 860 万元，其中包括交易费用 4 万元。购入时，乙公司已宣告但尚未发放的现金股利为每股 0.16 元。2013 年年末该股票的公允价值为每股 7 元，2014 年 4 月 5 日乙公司宣告分红，每股红利为 0.5 元，于 5 月 1 日实际发放。2014 年 5 月 4 日甲公司出售该交易性金融资产，收到价款 960 万元。甲公司因该交易性金融资产实现的投资收益为(　　)万元。

A. 100　　B. 166　　C. 120　　D. 132

3. 2013 年 1 月 1 日，甲公司从二级市场购入乙公司分期付息、到期还本的债券 12 万张，以银行存款支付价款 1 050 万元，另支付相关交易费用 12 万元。该债券系乙公司于 2012 年 1 月 1 日发行，每张债券面值为 100 元，期限为 3 年，票面年利率为 5%，每年年末支付当年度利息。甲公司拟持有该债券至到期。要求：根据上述资料，不考虑其他因素，回答下列问题：

①甲公司购入乙公司债券的入账价值是（　　）万元。

A. 1 050　　B. 1 062　　C. 1 200　　D. 1 212

②甲公司持有乙公司债券至到期累计应确认的投资收益是（　　）万元。

A. 120　　B. 258　　C. 270　　D. 318

4. 2013 年 1 月 1 日，甲公司自证券市场购入面值总额为 1 000 万元的债券，该债券发行日为 2012 年 1 月 1 日，系分期付息、到期还本债券，期限为 5 年，票面年利率为 5%，每年 12 月 31 日支付当年利息。甲公司购入该债券时，上一年的利息尚未兑付，甲公司实际支付价款 1 078. 98 万元，另外支付交易费用 10 万元。经测算，甲公司的内含报酬率为 3. 93%，甲公司将该债券作为持有至到期投资核算。该持有至到期投资在 2014 年 12 月 31 日的账面价值为(　　)万元。

A. 1 062. 14　　B. 1 068. 98　　C. 1 020. 28　　D. 1 083. 43

5. 2013 年 10 月 12 日，甲公司以每股 10 元的价格从二级市场购入乙公司股票 10 万股，支付价款 100 万元，另支付相关交易费用 2 万元。甲公司将购入的乙公司股票作为可供出售金融资产核算。2013 年 12 月 31 日，乙公司股票市场价格为每股 18 元。2014 年 3 月 15 日，甲公司收到乙公司分派的现金股利 4 万元。2014 年 4 月 4 日，甲公司将所持有乙公司股票以每股 16 元的价格全部出售，支付相关交易费用 2. 5 万元后实际取得款项 157. 5 万元。要求：根据上述资料，不考虑其他因素，回答下列问题：

①甲公司持有乙公司股票 2013 年 12 月 31 日的账面价值是（　　）万元。

A. 100　　B. 102　　C. 180　　D. 182

②甲公司 2014 年度因投资乙公司股票确认的投资收益是（　　）万元。

A. 55. 50　　B. 58. 00　　C. 59. 50　　D. 62. 00

6. 甲公司 2013 年 5 月 1 日从二级市场购入乙公司的股票 30 万股，占到了乙公司总股份的 1%，该股票每股买价 8 元，发生交易费用 5 万元，此权益投资被界定为可供出售金融资产，乙公司于 2013 年 6 月 15 日宣告分红，每股红利为 0. 7 元，7 月 3 日实际发放，6 月 30 日，乙公司股票的公允价值为每股 6. 8 元，乙公司因投资失误致使股价大跌，预计短期内无法恢复，截至 2013 年 12 月 31 日股价跌至每股 3 元，则甲公司于 2013 年 12 月 31 日认定的“资产减值损失”为(　　)万元。

A. 114　　B. 155　　C. 30　　D. 90

7. 为提高闲置资金的使用率，甲公司 2013 年度进行了以下投资：

(1) 1月1日，购入乙公司于当日发行且可上市交易的债券100万张，支付价款9 500万元，另支付手续费90.12万元。该债券期限为5年，每张面值为100元，票面年利率为6%，于每年12月31日支付当年度利息。甲公司有充裕的现金，管理层拟持有该债券至到期。

12月31日，甲公司收到2013年度利息600万元。根据乙公司公开披露的信息，甲公司估计所持有乙公司债券的本金能够收回，未来年度每年能够自乙公司取得利息收入400万元。当日市场年利率为5%。

(2) 4月10日，购买丙公司首次发行的股票100万股，共支付价款800万元。甲公司取得丙公司股票后，对丙公司不具有控制、共同控制或重大影响，丙公司股票的限售期为1年，甲公司取得丙公司股票时没有将其直接指定为以公允价值计量且变动计入当期损益的金融资产，也没有随时出售丙公司股票的计划。12月31日，丙公司股票公允价值为每股12元。

(3) 5月15日，从二级市场购入丁公司股票200万股，共支付价款920万元，取得丁公司股票时，丁公司已宣告发放现金股利，每10股派发现金股利0.6元。甲公司取得丁公司股票后，对丁公司不具有控制、共同控制或重大影响。甲公司管理层拟随时出售丁公司股票。12月31日，丁公司股票公允价值为每股4.2元。

相关年金现金系数如下：

(P/A，5%，5) = 4.3295；(P/A，6%，5) = 4.2124；

(P/A，7%，5) = 4.1002；(P/A，5%，4) = 3.5460；

(P/A，6%，4) = 3.4651；(P/A，7%，4) = 3.3875。

相关复利现值系数如下：

(P/F，5%，5) = 0.7835；(P/F，6%，5) = 0.7473；

(P/F，7%，5) = 0.7130；(P/F，5%，4) = 0.8227；

(P/F，6%，4) = 0.7921；(P/F，7%，4) = 0.7629。

根据上述资料，回答如下问题：

(1) 下列有关甲公司持有乙公司债券的论断中，正确的是（　　）。

A. 应将持有的乙公司债券定性为交易性金融资产，初始入账成本为9 500万元

B. 应将持有的乙公司债券定性为可供出售金融资产，初始入账成本为9 590.12万元

C. 应将持有的乙公司债券定性为持有至到期投资，初始入账成本为9 590.12万元

D. 应将持有的乙公司债券定性为持有至到期投资，初始入账成本为9 500万元

(2) 甲公司2013年度因持有乙公司债券应确认的收益为（　　）万元。

A. 600　　B. 541.41　　C. 671.31　　D. 657.71

(3) 下列有关甲公司持有乙公司债券2013年12月31日的会计处理中正确的是(　　)。

A. 甲公司无须计提减值准备

B. 甲公司需要计提677.55万元的减值准备

C. 甲公司需要计提345万元的减值准备

D. 甲公司需要计提760.43万元的减值准备

(4) 下列有关甲公司取得丙公司股票的会计处理中，错误的是(　　)。

A. 应将取得的丙公司的股票划分为可供出售金融资产，初始取得成本为800万元

B. 应将取得的丙公司的股票划分为交易性金融资产

C. 应将取得的丙公司的股票划分为长期股权投资

D. 应将取得的丙公司股票划分为可供出售金融资产，并于期末确认因公允价值变动而贷记的资本公积400万元

(5) 下列有关甲公司取得丁公司股票的会计处理中，正确的是(　　)。

A. 应将持有的丁公司股票定性为交易性金融资产，初始成本为920万元

B. 应将持有的丁公司股票定性为交易性金融资产，初始成本为908万元

C. 期末应确认公允价值变动损失68万元

D. 应将持有的丁公司股票定性为可供出售金融资产，并于期末确认因公允价值减少而借记"资本公积"68万元

8. 下列有关可供出售金融资产会计处理的表述中，正确的有(　　)。

A. 可供出售金融资产发生的减值损失应计入当期损益

B. 取得可供出售金融资产发生的交易费用应计入资产成本

C. 可供出售金融资产期末应采用摊余成本计量

D. 可供出售金融资产持有期间取得的现金股利应冲减资产成本

E. 以外币计价的可供出售货币性金融资产发生的汇兑差额应计入当期损益

9. 甲公司2013年5月1日以库存商品自丙公司手中换得乙公司60%的股权，甲公司、乙公司和丙公司同属一个企业集团，库存商品的成本为800万元，公允价值为1 000万元，增值税税率为17%，消费税税率为8%，该存货已计提跌价准备10万元，当天乙公司净资产的账面价值为700万元，公允价值为1 200万元，当日甲公司资本公积结存额为240万元，全部为股本溢价，盈余公积结余额为360万元，未分配利润结存额为1 000万元。则甲公司取得投资当日应借记的"利润分配——未分配利润"额为(　　)万元。

A. 20　　B. 30　　C. 15　　D. 25

10. 甲公司2013年5月1日以库存商品自丙公司手中换得乙公司60%的股权，甲公司与乙公司、丙公司无关联方关系，库存商品的成本为800万元，公允价值为1 000万元，增值税税率为17%，消费税税率为8%，该存货已计提跌价准备50万

元，当天乙公司净资产的账面价值为700万元，公允价值为1 200万元。则甲公司因该投资产生的损益额为(　　)万元。

A. 200　　B. 170　　C. 115　　D. 125

11. 甲公司2013年10月1日定向增发普通股100万股给丙公司，从其手中换得乙公司60%的股权，甲公司、乙公司和丙公司同属一个企业集团，该股票每股面值为1元，每股市价为10元，当天乙公司净资产的账面价值为800万元，当日甲公司资本公积结存额为240万元，全部为股本溢价，盈余公积结余额为360万元，未分配利润结存额为1 000万元。证券公司收取了45万元的发行费用。则甲公司取得投资当日确认的“资本公积”应为(　　)万元。

A. 335　　B. 350　　C. 380　　D. 355

12. 甲公司2013年10月1日定向增发普通股100万股给丙公司，从其手中换得乙公司60%的股权，甲公司与乙公司、丙公司无关联方关系，该股票每股面值为1元，每股市价为10元，当天乙公司净资产的账面价值为800万元，公允价值为2 000万元。证券公司收取了45万元的发行费用。则甲公司取得投资当日确认的“资本公积”应为(　　)万元。

A. 835　　B. 750　　C. 800　　D. 855

13. 甲公司2013年5月1日自二级市场购得乙公司10%的股份，乙公司于当年的5月20日宣告分红600万元，于6月2日实际发放，2013年乙公司实现净利润900万元，其中1—4月份实现净利润200万元。2014年5月2日乙公司宣告分红450万元，于5月25日实际发放，2014年乙公司实现净利润800万元。2015年5月10日乙公司宣告分红200万元，于5月20日实际发放，则2015年分红时甲公司应确认的投资收益为(　　)万元。

A. 20　　B. 40　　C. 55　　D. 25

14. 下列有关长期股权投资权益法核算的会计论断中，正确的是(　　)。

A. 当投资方对被投资方影响程度达到重大影响或重大影响以上时应采用权益法核算长期股权投资

B. 因被投资方除净损益以外的其他所有者权益变动造成的投资价值调整应列入“资本公积——其他权益变动”，此项资本公积在投资处置时应转入投资收益

C. 初始投资成本大于应享有被投资单位可辨认净资产公允价值份额之间的差额，应作为投资损失，在以后期间摊入各期损益

D. 当被投资方的亏损使得投资方的账面价值减至零时，如果投资方拥有被投资方的长期债权，则应冲减此债权，如果依然不够冲抵，当投资方对被投资方承担连带亏损责任时，应贷记“预计负债”，否则将超额亏损列入备查簿中，等到将来被投资方实现盈余时，先冲备查簿中的未入账亏损，再依次冲减“预计负债”，恢复长期债权价值，最后追加投资价值

二、业务题

1. 甲公司于2013年1月1日购入乙公司债券，该债券面值为1 100万元，票面利率为3%，年末付息，到期还本，该债券还有5年到期。甲公司为此项投资支付了买价1 011万元，另支付交易费用9万元，甲公司将其界定为可供出售金融资产。此持有至到期投资的内含报酬率经测算为4.66%。2013年年末该债券的公允价值为900万元。2014年年末该债券发生事实贬损，其公允价值为800万元。2015年年末该债券价值恢复至1 010万元。2016年年初甲公司抛售此债券，卖价为1 020万元，假定无相关交易费用。

根据上述资料，完成如下会计处理：

（1）2013年购入债券的账务处理；

（2）2013年年末计提利息收益及年末公允价值变动的账务处理；

（3）2014年计提利息收益及年末债券减值的会计处理；

（4）2015年计提利息收益及年末减值恢复的会计处理；

（5）2016年年初甲公司出售债券的会计处理。

2. 甲公司和乙公司同为A集团的子公司，2013年6月1日，甲公司以银行存款取得乙公司所有者权益的80%，同日，乙公司所有者权益的账面价值为1 000万元。

根据以下情况编制甲公司长期股权投资的相关会计分录：

（1）2013年6月1日，若甲公司支付银行存款720万元；

（2）2013年6月1日，若甲公司支付银行存款900万元。

（3）2013年12月31日，乙公司按投资比例分红，甲公司可以取得股利100万元。

3. 甲公司于2013年1月3日购入乙公司40%的股份，购买价款为540万元。并对乙公司的生产经营决策具有重大影响。取得投资日，乙公司净资产账面价值为900万元，除存货和厂房外，其他资产和负债的公允价值与账面价值相同。存货和厂房的账面价值分别比公允价值低估了25万元和225万元，乙公司在股权投资日的存货于2013年度全部对外售出，厂房尚可使用25年。2013年度，乙公司实现净利润220万元，发放现金股利80万元。2013年度甲乙公司未发生内部交易。

要求：

（1）对甲公司长期股权投资按权益法进行相关账务处理。

（2）分别计算甲公司2013年12月31日资产负债表上的长期股权投资数额和2013年度利润表上的投资收益的数额。

案例分析

案例 8-1　　　　　　　　　　甲公司①

2007 年 1 月 1 日，甲公司购买了乙公司 30% 发行在外的普通股，甲公司付出的购买价款为 560 000 元。甲公司的管理层打算长期持有乙公司的股票。甲公司 2007 年 12 月 31 日的资产负债表中，对乙公司的长期股权投资为 720 000 元，假设当年甲公司没有再次购入乙公司的股票。2007 年甲公司收到乙公司发放的现金股利为 80 000 元。甲公司对乙公司的长期股权投资采用权益法进行核算。2007 年 12 月 31 日，甲公司持有的乙公司股票的市价总额为 600 000 元。

案例分析与讨论：

1. 请解释为什么甲公司对乙公司长期股权投资账户的余额在 2007 年由 560 000元增加到 720 000 元。

2. 甲公司 2007 年度报告的投资收益数额应该是多少？

3. 一家公司持有另一家公司股权时，会计师分别在何种情况下将其确认为“长期股权投资”、“交易性金融资产” 或 “可供出售金融资产”？

4. 案例中，如果甲公司会计师将乙公司的股票投资划分为交易性金融资产，那么甲公司 2007 年 12 月 31 日的资产负债表中对乙公司投资的数额应该是多少？2007 年度利润表中的投资收益数额应该是多少？

5. 如果甲公司将乙公司的股票投资划分为可供出售金融资产，结果又会怎样？

6. 请比较三种不同的确认、计量结果对财务报告的影响，说明会计师的职业判断是如何影响财务报告的。

案例 8-2　　　　　　　　　　华大公司②

王剑是建德会计师事务所的专职会计师。2012 年 1 月在审计华大公司送来的 2011 年度财务会计报告时，王剑对该公司发生的下列事项提出了质疑：

2011 年 1 月 1 日，华大公司自证券市场购入面值总额为 2 000 万元的 A 公司债券。购入时实际支付价款 2 079 万元，另外支付交易费用 10 万元。该债券发行日为 2011 年 1 月 1 日，是分期付息、到期还本债券，期限为 5 年，票面年利率为 5%，年实际利率为 4%，每年 12 月 31 日支付当年利息。华大公司将该债券作为持有至到期投资进行核算。在华大公司 2011 年 12 月 31 日的资产负债表中，该持有至到期投资的账面价值为 2 089 万元。

案例分析与讨论：

1. 华大公司将购入的 A 公司债券确认为持有至到期投资是否合理？为什么？

2. 2011 年 12 月 31 日华大公司资产负债表中对持有至到期投资——A 公司债券

---

① 资料来源：王君彩．会计学［M］．北京：高等教育出版社，2008：151.
② 资料来源：殷枫．会计学案例［M］．上海：上海财经大学出版社，2010：62.

账面价值的计算是否正确？说明王剑的质疑是否合理。

3. 一个公司购入债券时，何种情况下确认为持有至到期投资，何种情况下确认为可供出售金融资产？

4. 请比较以上两种不同的确认、计量结果对财务报告的影响，说明会计师的职业判断是如何影响财务报告的。

第九章 长期资产及摊销

【导入案例】

程鑫刚刚大学毕业，他的专业是会计学，在华宇公司财务部门谋得了一份薪水比较理想的财务工作。公司的总会计师安排他负责固定资产的核算工作。在他从事工作的第一个月，恰逢华宇公司新近购入笔记本电脑一批，共计 10 台，总值为 8.8 万元。华宇公司的经理吴理要求程鑫将购买的笔记本电脑的成本借记“管理费用”账户。以自己掌握的财务知识，程鑫知道这是违背会计原则的，但吴理坚持这样做，程鑫感到有些为难。当天，他向大学时代的同学、他的好友任珍咨询。恰巧任珍也遇到了一件让她棘手的会计业务。任珍供职的古度公司是 2000 年上市的网络公司，其经营业务一部分是网络中介服务，每年有大量客户开发与服务支出。对此支出部分，古度公司都采用资本化方法处理，在 18 个月内摊销。2007 年开始有大量其他公司介入网络服务领域。同年，古度公司对客户开发与服务支出决定延长摊销年限至 36 个月。这合乎规定吗？老板这么做的原因可能是什么？如果主管会计也要求必须照此执行，她该对此采取什么态度？任珍也向程鑫抛出一系列问题。

实际上，程鑫和任珍遇到的会计业务涉及的就是关于固定资产和无形资产的会计处理问题。要评价公司的做法是否合乎相关规定，帮助他们分析公司这么做的可能原因，就必须掌握本章的知识。

【学习目标】

在本章中，你将学到：

(1) 固定资产和无形资产的概念及其内容。

(2) 固定资产、无形资产成本中作为当期费用的部分。

(3) 固定资产和无形资产确认、计量的方法。

(4) 固定资产的增加和减少业务的会计处理。

(5) 固定资产折旧业务的会计处理。

(6) 无形资产的增减与摊销业务的会计处理。

(7) 上述华宇公司和古度公司管理层要求这样进行会计处理的动机。

企业是以营利为目的的经济组织，任何一个企业要完成所设立的目标，必须具备物质基础（如需要经营场所、设备等资产）和在激烈的竞争中取胜的能力（如拥有核心技术、独特经营模式等），即企业要想盈利必须取得可以在未来时期给企业带来收益的资产。在第六章和第七章中我们已讨论了货币性资产和存货，在第八章中我们又讨论了对外投资业务，本章我们将重点讨论其他类型的长期非货币性资产。本章的讨论将涉及这些长期资产的购置、购置成本向费用的转化（折旧与摊销）以及当这些资产不能再提供服务后的清理处置等方面的会计处理。本章还将讨论一些分析技巧，让财务报告使用者更好地理解企业非货币性资产相关财务信息的决策支持作用。

第一节 长期资产的概述

一、长期资产的性质

当一个经济实体发生一笔支出时，它从所购商品或劳务中取得的收益要么在当期获得，要么预期在未来期间获得。如果收益在当期获得，商品或劳务的成本称为费用，会计上称之为收益性支出；如果预期在未来期间受益，那么当期的购入成本形成资产，发生的支出就是取得资产的成本，会计上称之为资本性支出。

长期资产的性质类似于预付保险费或其他预付费用。它一开始作为资产记录下来，然后在将来一个或更多的期间内转化为费用。不同之处在于绝大多数长期资产的使用期间比预付费用的使用期间长。

图 9-1 用 T 形账户表明了支出如何在当期费用化（期间成本），或资本化计入一个资产账户然后在以后期间内摊销。值得注意的是，所有的成本最终都会计入费用，只不过资产的成本在一个长达几年的期间内计入费用，而期间成本在发生期间计入费用。

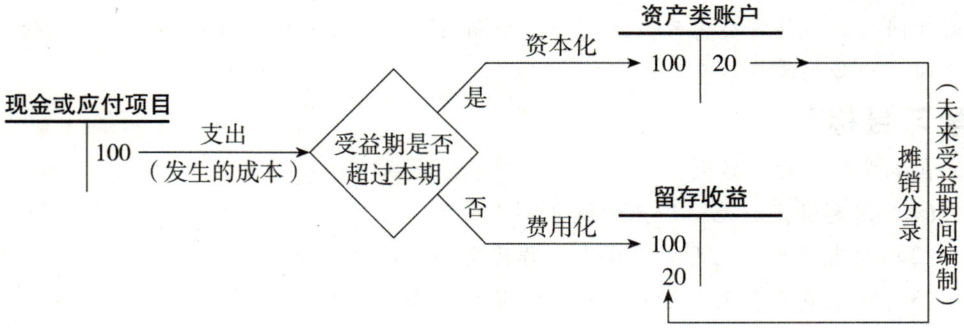

图 9-1 支出的费用化或资本化

为满足重要性原则，那些低单位成本的资产项目（如计算器、手工用具等）直接列入费用，而不论它们是否会被使用很长时间。每个公司都会对能够资本化的资产项目设定自己的标准。一般来说，标准往往以资产取得成本为依据划分。成本低于标准线的资产项目就在当期费用化了。

资本性支出与费用性支出的界限并不清晰，如资产改良支出、资产改造支出等，对此将在下面的章节中讨论。

■ 链接本章导入案例

有关华宇公司购入总值8.8万元笔记本电脑的会计处理，程鑫与经理吴理的分歧就在于资本性支出与费用性支出划分。

程鑫认为该支出属于资本性支出，应该确认为“固定资产”，而经理吴理则要求程鑫将该支出作为费用性支出处理。

任珍遇到的也属于“每年发生的大量客户开发与服务支出”是否属于资本性支出，以及如果作为资本性支出，其成本如何转化为费用的问题。

二、长期资产的类型

我国《企业会计准则第30号——财务报表列报》对于一般企业的资产负债表要求报告的长期资产主要包括两类非流动资产：第一类为对外投资资产，如可供出售金融资产、持有至到期投资、长期应收款和长期股权投资；第二类为对内投资资产，如投资性房地产、固定资产、在建工程、无形资产等。有关对外投资资产的处理我们在上一章已经讨论过，本章将主要讨论对内投资资产的处理，重点讨论固定资产、无形资产、投资性房地产及其费用化的处理。

第二节　固定资产

一、固定资产的定义与分类

（一）固定资产的定义

企业经营中持有的以服务于自身经营使用为目的，而不是以出售为目的的长期资产可进一步分为固定资产和无形资产。固定资产是一种长期资产，其特点是可供企业在生产经营活动及其他活动中长期使用，并保持其原有的物质形态不变。具体地说，固定资产是指同时具有下列三个特征的资产：

1. 为生产商品、提供劳务、出租或经营管理而持有

这一特征是区别固定资产与商品等流动资产的重要标志。作为固定资产，必须服务于企业的生产经营活动，而对那些准备用于销售的固定资产，即使符合使用期限长、单位价值高的条件，也不能作为固定资产。

企业以出售为目的而制造的设备、建造的房屋等，在未出售前虽然为企业所持有，但并未用于生产商品、提供劳务，也没有出租的意图，因此不能确认为企业的固定资产，而只能作为企业的在产品或产成品对待（与库存商品区别）。企业的固定资产不能以投资和销售为目的而取得，其取得各种固定资产是为了服务于企业自身的生产经营活动，而不是为了对企业外部进行投资或进行出售（与对外投资和投资性房地产区别）。

企业取得原材料等流动资产的目的虽然也不是为了销售，而是用于产品生产、劳务提供或经营管理，但它的使用寿命比较短，不符合下面所讲到的固定资产的另外一个特征，因而不能确认为企业的固定资产（与周转材料区别）。

2. 使用寿命超过一个会计年度

固定资产的使用寿命是指企业使用固定资产的预计期间，或者该固定资产所能生产产品或提供劳务的数量。这一特征表明，企业为了获得固定资产而发生的支出，属于资本性支出而不是收益性支出。

固定资产的这种特征，决定了其价值是随着固定资产的使用寿命分期地而不是一次性地转化为成本或费用。这一点不同于企业的原材料等流动资产。流动资产的使用期限一般不超过一个会计年度，它的实物形态一经使用就会发生显著变化，其价值也是随着使用而一次性地转化为成本或费用。

3. 固定资产为有形资产

固定资产具有实物特征，这一特征将固定资产与无形资产区别开来。有些无形资产可能同时符合固定资产的其他特征，如无形资产是为生产商品、提供劳务而持有的，使用寿命超过一个会计年度，但是，由于其没有实物形态，所以不属于固定资产。

（二）固定资产的分类

企业的固定资产种类繁多、规格不一，对固定资产进行合理的分类，是合理组织固定资产核算和进行固定资产管理的重要条件。企业的固定资产依据不同的管理需要和核算要求以及不同的分类标准，可以进行不同的分类。

1. 固定资产按经济用途和使用情况分类

（1）生产用固定资产，是指直接参加生产经营过程或直接服务于生产经营过程的各种固定资产。如生产用的机器设备、工具器具、建筑物等。

（2）非生产用固定资产，是指不直接参加生产经营过程或不直接服务于生产经营过程的各种固定资产。如职工宿舍、食堂、浴室、医院等使用的房屋、设备和其他固定资产。

（3）租出固定资产，是指在经营性租赁方式下出租给外单位或个人使用的固定资产，使用权出租，所有权仍归本企业，按合同收取租金，企业每月照提折旧。

（4）融资租入固定资产，是指企业以融资租赁方式租入的固定资产。在租赁期间，所有权归属出租者；但租赁期满后，所有权一般归承租企业。因而，融资租赁资产在租赁期内，应视同自有固定资产进行管理。

（5）未使用固定资产，是指尚未投入生产的新增固定资产和停止使用、脱离生产经营活动的固定资产。

（6）不需用固定资产，是指不适合本企业生产经营的需要，经批准可以调出、处理的各种多余、闲置不用的固定资产。

（7）土地，是指过去已经估价单独入账的土地。因征地而支付的补偿费，应计入与土地有关的房屋、建筑物的价值内，不单独作为土地价值入账。企业取得的土地使用权不能作为固定资产管理。

2. 固定资产按来源渠道分类

（1）外购的固定资产，是指企业从外部购入的固定资产。

（2）自行建造的固定资产，是指企业自行组织技术人员或施工人员，自行研制的设备、建造的房屋和建筑物等。

（3）投资者投入的固定资产，是指企业收到的投资者以设备和房屋等向企业投入，作为资本投资的固定资产。

（4）融资租入的固定资产，是指企业以融资租赁方式租入的固定资产。

（5）改建扩建新增的固定资产，是指企业通过改建或扩建而形成的固定资产。固定资产的改建一般是指企业在不扩大产品生产能力的情况下对原有固定资产的改造；固定资产的扩建一般是指企业以扩大产品生产能力为目的对原有固定资产的改造。但不论改建或扩建，一般都会增加企业的固定资产。

（6）接受捐赠的固定资产，是指企业接受其他单位或个人捐赠的固定资产。

（7）盘盈的固定资产，是指企业在财产清查中发现的实有数大于账面数的那部分固定资产。

此外，固定资产的来源还包括合并形成、政府补助形成、非货币性资产交换形成和债务重组形成等。

二、固定资产的确认与计量

（一）固定资产的确认

要将一项资产确认为企业的固定资产，除需要符合固定资产的定义外，还必须同时满足以下两个条件：

1. 该固定资产包含的经济利益很可能流入企业

固定资产包含的经济利益是指通过固定资产的使用预期会给企业带来的经济利益，具体是指直接或者间接导致现金和现金等价物流入企业的潜力。比如，企业用来生产产品的机器设备，有助于企业产品的形成，等生产出来的产品在市场上销售以后，很可能给企业带来现金的流入。

2. 该固定资产的成本能够可靠计量

固定资产的成本主要是指企业取得固定资产时所发生的必要支出。例如，企业外购某一固定资产时，所支付的购买价款、进口关税和其他税费，以及使固定资产在达到预定可使用状态前所发生的可归属于该项资产的场地整理费、运输费、装卸费、安装费和专业人员服务费等，都属于企业取得该项资产所发生的支出，应全部计入该固定资产的成本。但这些成本的计入必须以发票、运输费单据、装卸安装费用单据等作为可靠依据。自行建造固定资产的成本，由建造该项资产达到预定可使用状态前所发生的必要支出构成。如自行建造一栋房屋用于企业经营，会发生建筑材料费、施工人员费和机械使用费等，如果该项目的资金来自于银行长期借款，还会发生长期借款利息支出，这些必要支出都要依据有关凭证计入所建房屋的成本。

■ **链接本章导入案例**

有关华宇公司购入总值8.8万元的笔记本电脑的支出应该属于何种性质的支出？

∵华宇公司购入的笔记本电脑：单位价值8 800元/台，使用年限超过1年，购入目的是以服务企业经营使用而非出售。

∴华宇公司购入笔记本符合“固定资产”定义。

又∵华宇公司取得笔记本的目的是通过使用给企业带来经济利益，其取得成本明确。

∴华宇公司购入笔记本符合“固定资产”确认条件。

因此，程鑫认为，该支出属于资本性支出，应该确认为“固定资产”，是正确的，而吴理的要求无理。

（二）固定资产的计量

固定资产的计量是指以货币为计量单位计算固定资产的价值额，是进行固定资产价值核算的重要内容。固定资产的计量包括初始计量和后续计量两个方面。这里先介绍固定资产初始计量的内容，后续计量的内容待研究固定资产折旧的核算问题时再予以介绍。

1. 初始计量过程中固定资产成本的组成内容

固定资产的初始计量是指企业在以不同方式取得固定资产时，对固定资产初始成本的确认和计算。固定资产成本是指企业购建某项固定资产达到预定可使用状态前所发生的一切合理、必要的支出。

由于企业的固定资产来源方式不同，其初始成本的组成内容也不尽相同。

（1）外购固定资产的成本，包括购买价款、相关税费、使固定资产达到预定可使用状态前所发生的可归属于该项资产的运输费、装卸费、安装费和专业人员服务费等。

以一笔款项购入多项没有单独标价的固定资产，应当按照各项固定资产公允价值比例对总成本进行分配，分别确定各项固定资产的成本。

购买固定资产的价款超过正常信用条件延期支付，实质上具有融资性质的，固定资产的成本以购买价款的现值为基础确定。实际支付的价款与购买价款的现值之间的差额，除按照《企业会计准则第17号——借款费用》应予资本化的以外，应当在信用期间内计入当期损益。

（2）自行建造固定资产的成本，由建造该项资产达到预定可使用状态前所发生的必要支出构成。应计入固定资产成本的借款费用，按照《企业会计准则第17号——借款费用》处理。

（3）投资者投入固定资产的成本，应当按照投资合同或协议约定的价值确定，但合同或协议约定价值不公允的除外。

（4）非货币性资产交换取得的固定资产的成本。企业通过非货币性资产交换取得的固定资产包括：以原材料换入固定资产、以固定资产换入固定资产、以无形资产换入固定资产、以长期投资换入固定资产、以商品或产成品换入固定资产等。

非货币性资产交换具有商业实质，且换入资产或换出资产的公允价值能够可靠地计量的，应当以公允价值和应支付的相关税费作为换入资产的成本，公允价值与换出资产账面价值的差额计入当期损益。

企业在按照公允价值和应支付的相关税费作为换入资产成本的情况下，发生补价的应当分别下列情况处理：①支付补价的，应当以换出资产的公允价值，加上支付的补价（或换入资产的公允价值）和应支付的相关税费，作为换入资产的成本。②收到补价的，应当以换出资产的公允价值减去补价（或换入资产的公允价值），加上应支付的相关税费，作为换入资产的成本。换出资产公允价值与其账面价值的差额应当分别不同情况处理：换出资产为存货的应当作为销售处理，按其公允价值确认收入，同时结转相应的成本；换出资产为固定资产、无形资产的，换出资产公允价值与其账面价值的差额计入营业外收入或营业外支出；换出资产为长期股权投资的，换出资产公允价值与其账面价值的差额计入投资损益。

非货币性资产交换不具有商业实质，或者换入资产或换出资产的公允价值不能可靠计量的，应当以换出资产的账面价值和应支付的相关税费作为换入资产的成本，不确认损益。

企业在按照换出资产的账面价值和应支付的相关税费作为换入资产成本的情况下，发生补价的，应当分别下列情况处理：①支付补价的，应当以换出资产的账面价值，加上支付的补价和应支付的相关税费，作为换入资产的成本，不确认损益。②收到补价的，应当以换出资产的账面价值减去收到的补价，加上应支付的相关税费，作为换入资产的成本，不确认损益。

（5）债务重组取得的固定资产的成本。债务人以固定资产偿还债务取得的固定资产，以取得固定资产的公允价值入账。

（6）盘盈固定资产的成本，按盘盈时固定资产重置价值入账。

知识拓展9-1　　**固定资产的计价标准**

为正确衡量固定资产价值，常使用的固定资产价值标准主要有以下三种：

1. 固定资产的原始价值。固定资产的原始价值简称原价或原值，也称为历史成本。它是指企业在购置、建造某项固定资产达到预定可使用状态前所发生的一切支出，包括固定资产的购进原价及由本企业负担的装卸费、保险费、运杂费和安装成本等有关费用。按这种方法计算的价值，均是实际发生并有支付凭据的支出。由于它具有客观性和可验证性，原值成为固定资产计价的基本计价标准。在我国会计实务中，固定资产的计价均采用原始价值。

2. 固定资产的重置价值。固定资产的重置价值，是指在当时的生产条件下，重新购建同样的固定资产所需要的全部支出。

3. 固定资产的折余价值。固定资产的折余价值，也称固定资产净值，是指固定资产原始价值或重置完全价值减去已提折旧后的净额。用折余价值对固定资产计价的优点在于可以反映企业实际占用固定资产的数额和固定资产的新旧程度；缺点在于不能反映固定资产原始投资数额。这种方法主要用于计算盘盈、盘亏、毁损固定资产的溢余或损失等。

三、固定资产取得的处理

企业为了反映固定资产的增减变动情况，应设置“固定资产”账户。该账户为资产类账户，用来核算企业持有固定资产的原始价值，总括反映企业固定资产的增减变动和结存情况。其借方发生额反映由于各种原因增加的固定资产的原始价值，贷方发生额反映由于各种原因减少的固定资产的原始价值，余额在借方，表示现有固定资产原始价值的总额。

企业进行的固定资产基本建设工程，包括新建、改建和扩建工程以及购入需要安装的固定资产，应通过“在建工程”账户核算。该账户的借方反映其工程发生的实际支出，贷方反映经验收交付使用固定资产的实际成本，余额表示未完工程支出的或尚未交付使用的已完工程的实际成本。

（一）外购的固定资产

购入不需安装的固定资产按实际支付的全部价款加上包装费、运杂费等支出，借记“固定资产”账户，贷记“银行存款”等账户。

【例 9-1】新希望公司购入一台拖斗车，取得的增值税专用发票上注明的买价为 30 000 元，增值税额为 5 100 元，支付的运输费为 1000 元，以银行存款转账支付。有关会计处理如下：

借：固定资产——拖斗车	31 000	
应交税费——应交增值税（进项税额）	5 100	
贷：银行存款		36 100

企业购入的固定资产以及发生的安装费等均应通过“在建工程”账户核算，待安装完毕交付使用时，再由“在建工程”账户转入“固定资产”账户。企业购入固定资产时，按实际支付的价款（包括买价、支付的税金、包装费、运输费等），借记“在建工程”账户，贷记“银行存款”账户；按发生的安装费用、专业人员服务费等，借记“在建工程”账户，贷记“银行存款”等账户；安装完毕达到预定可使用状态时，按其实际成本，借记“固定资产”账户，贷记“在建工程”账户。

【例 9-2】新希望购入一台需要安装的破碎机，取得的增值税专用发票上注明的设备买价为 50 000 元，增值税额为 8 500 元，支付的运输费为 1 000 元，安装设备时，领用生产用材料价值 1 600 元，支付安装人工费 4 000 元。有关会计处理如下：

（1）支付设备价款、税金、运输费合计 59 500 元：

借：在建工程——在安装设备　　51 000

　应交税费——应交增值税（进项税额）　　8 500

　贷：银行存款　　59 500

（2）领用安装材料，支付安装费用：

借：在建工程——在安装设备　　5 600

　贷：原材料　　1 600

　　银行存款　　4 000

（3）设备安装完毕交付使用：

固定资产的价值＝51 000+5 600＝56 600（元）

借：固定资产——设备　　56 600

　贷：在建工程——在安装设备　　56 600

（二）自行建造的固定资产

自行建造的固定资产按实施方式的不同可以分为自营工程和出包工程两种。

企业自营的基建工程，在领用工程用材料物资时，应按实际成本，借记“在建工程”账户，贷记“工程物资”账户；基建工程领用本企业原材料的，应按原材料的实际成本加上不能抵扣的增值税进项税额，借记“在建工程”账户，按原材料的实际成本贷记“原材料”账户，按不能抵扣的增值税进项税额，贷记“应交税费——应交增值税（进项税额转出）”账户。基建工程领用本企业的库存商品时，按库存商品的实际成本加上应交的相关税费，借记“在建工程”账户，按应交的相关税费，贷记“应交税费——应交增值税（销项税额）”等账户，按库存商品的实际成本，贷记“库存商品”账户。按基建工程应负担的职工工资，借记“在建工程”账户，贷记“应付职工薪酬”账户。

出包工程是指企业委托建筑公司等其他单位进行的固定资产建造工程。出包工程多用于企业的房屋、建筑物的新建、改建及扩建工程等。企业以出包方式建造固定资产，其成本由建造该项固定资产达到预定可使用状态前所发生的必要支出构成，包括发生的建筑工程支出、安装工程支出以及需分摊计入各固定资产价值的待摊支出。

【例 9-3】某房地产企业自行建造办公楼一栋，购入为工程准备的各种物资1 400 000元，支付的增值税额为238 000元；另外还领用了企业生产用的原材料一批，实际成本为20 000元，应转出的增值税额为3 400元；支付工程人员工资1 200 000元，发生的施工机械使用费50 000元；工程完工交付使用。有关会计处理如下：

（1）购入为工程准备的物资：

借：工程物资　　1 638 000

　贷：银行存款　　1 638 000

（2）工程领用物资：

借：在建工程——办公楼建造工程　　1 638 000
　贷：工程物资　　1 638 000

(3) 工程领用库存材料：

借：在建工程——办公楼建造工程　　23 400
　贷：原材料　　20 000
　　　应交税费——应交增值税（进项税额转出）　　3 400

(4) 结转工程人工成本：

借：在建工程——办公楼建造工程　　1 200 000
　贷：应付职工薪酬　　1 200 000

(5) 支付施工机械使用费：

借：在建工程——办公楼建造工程　　50 000
　贷：银行存款　　50 000

(6) 工程完工交付使用：

借：固定资产——办公楼　　2 911 400
　贷：在建工程——办公楼建造工程　　2 911 400

（三）投资者投入的固定资产

企业对投资者投资转入的机器设备等固定资产，一方面反映本企业固定资产的增加，另一方面反映投资者投资额的增加。投资者投入固定资产的成本，应当按照投资合同或协议约定的价值，借记“固定资产”账户；按投资各方确认的价值在其注册资本中所占的份额，贷记“实收资本”或“股本”账户；按投资各方确认的价值与确认为实收资本或股本的差额，确认为资本公积，贷记“资本公积——资本（股本）溢价”账户。

【例 9-4】甲企业为股份有限公司，注册资本为 3 000 000 元。2012 年 1 月 5 日，甲公司接受乙公司以一台机器设备进行投资。该台设备的原价为 900 000 元，已计提折旧 250 000 元，按照合同或协议约定确认的价值为 800 000 元，占甲公司注册资本的 20%。假定不考虑其他相关税费。甲公司的账务处理为：

借：固定资产　　800 000
　贷：股本——乙公司　　600 000
　　　资本公积——股本溢价　　200 000

（四）非货币性资产交换取得的固定资产

1. 不具有商业实质的交换

不涉及补价的情况下，应按换出资产的账面价值和应支付的相关税费，作为换入固定资产的成本，借记“固定资产”账户。涉及补价的情况下，收到补价的企业，应按换出资产的账面价值减去补价，加上应支付的相关税费，借记“固定资产”账户；支付补价的企业，应按换出资产的账面价值加上应支付的补价和相关税费，借记“固定资产”账户。

【例 9-5】甲公司决定以自产产品一批交换乙公司一台设备，该库存商品实际成本为 400 000 元，售价为 600 000 元，已提减值准备 60 000 元，收取乙公司支付的补价 20000 元。增值税税率为 17%，假定不考虑其他相关税费。假设该交换不具有商业实质，则甲公司应编制如下会计分录：

借：固定资产——设备	422 000	
银行存款	20 000	
存货跌价准备	60 000	
贷：库存商品		400 000
应交税费——应交增值税（销项税额）		102 000

2. 具有商业实质的非货币性资产交换

具有商业实质且换出资产公允价值能够可靠计量的非货币性资产交换处理：不涉及补价的情况下，应按换出资产的公允价值和应支付的相关税费，作为换入固定资产的成本，借记“固定资产”账户。涉及补价的情况下，收到补价的企业，应按换出资产的公允价值减去补价，加上应支付的相关税费，借记“固定资产”账户；支付补价的企业，应按换出资产的公允价值加上应支付的补价和相关税费，借记“固定资产”账户。

【例 9-6】承【例 9-5】，假设该交换具有商业实质，则甲公司应编制如下会计分录：

借：固定资产	682 000	
银行存款	20 000	
贷：营业收入		600 000
应交税费——应交增值税（销项税额）		102 000
借：营业成本	340 000	
存货跌价准备	60 000	
贷：库存商品		400 000

（五）盘盈的固定资产

企业应当定期对固定资产进行盘点清查，在编制决算报表前至少要进行一次全面清查。通过固定资产的盘点清查，一方面，可以掌握固定资产的实有数及其分布情况，检查账实是否相符，从而加强对固定资产的管理，保证企业财产的安全完整；另一方面，可以了解固定资产的使用和维护修理情况，检查固定资产有无使用不当或长期闲置等情况，以便充分挖掘企业固定资产的潜力。

在固定资产的盘点清查过程中，如发现有盘盈的固定资产，应及时查明原因，在期末结账前处理完毕。对盘盈的固定资产，经查确属企业所有的，应根据盘盈凭证填制“固定资产交接单”，经有关人员签字后，送交企业会计部门，为盘盈固定资产开立固定资产卡片，并按重置价值和估计已提折旧登记入账。

盘盈的固定资产作为前期差错处理，通过“以前年度损益调整”账户核算。

盘盈固定资产的入账价值按以下规定确认：如果同类或类似固定资产存在活跃市场的，按同类或类似固定资产的市场价格，减去按该项资产的新旧程度估计的价值耗损后的余额作为入账价值；如果同类或类似固定资产不存在活跃市场的，按该项固定资产的预计未来现金流量的现值作为入账价值。

【例 9-7】甲公司在财产的盘点清查中，发现账外设备 1 台，其类似设备的市场价格为 60 000 元，估计该项设备价值耗损为 40 000 元。假定甲公司适用的所得税税率为 25%，按净利润的 10% 计提法定盈余公积。甲公司作如下会计分录：

（1）盘盈固定资产时：

借：固定资产——设备	20 000	
贷：以前年度损益调整		20 000

（2）确定应交纳的所得税时：

借：以前年度损益调整	5 000	
贷：应交税费——应交所得税		5 000

（3）结转为留存收益时：

借：以前年度损益调整	15 000	
贷：盈余公积——法定盈余公积		1 500
利润分配——未分配利润		13 500

四、固定资产折旧

（一）折旧的概念与计提范围

企业购置和取得各种固定资产的目的，在于它们具有潜在的服务能力，使其在有效使用期内能带来营业收入。固定资产的这种服务潜力随着其在生产经营活动中的被利用会逐渐衰减或消逝，这部分已消逝的服务潜力与企业的收益密切相关。企业作为一个自主经营法人，具有资本保全的责任，只有在保证投入资本完整无缺的条件下，才能真实地确定出收益的多少。因此，在确定企业的收益时，应将固定资产的取得成本，依照已经损耗的价值占原有价值的比例，逐期计入生产经营成本，使之与收益相配比。

1. 折旧的概念

在固定资产使用过程中，由于发生损耗而逐渐地、部分地转移到产品成本和有关费用中去的那部分价值，称为折旧。一般来讲，资产的流动性弱，其偿债能力一般也较弱，同时企业承担的风险也大，但盈利能力反而强。

固定资产折旧计入生产成本的过程，即固定资产随着价值的转移，以折旧的形式从产品销售收入中得到补偿，并转化为货币资金的过程。从本质上来讲，固定资产也是一种费用，是非付现的预付费用，因为这种费用是前期已经发生的支出，而支出的收益在资产投入使用后的有效使用期内实现，属于资本性支出。所以，无论是从权责发生制的原则讲，还是从收入与费用配比的原则讲，计提折旧是正确计算企业的产品成本（营业成本）和损益的前提。

固定资产使用过程中产生的磨损和损耗，按其形式和原因，可分为有形损耗和无形损耗。前者是由于使用固定资产和自然力作用造成的损耗；后者是由于科技进步和生产效率提高，生产同样的固定资产所需要的社会必要劳动时间减少，造成固定资产的相对贬值，或者由于科技进步，新的效能更高的生产设备取代原有的生产设备，使得固定资产提前退出生产领域所造成的贬值。

由于固定资产的折旧与该项资产能否得到充分、足额的补偿密切相关，并且关系到企业的资产使用效率，企业应当按照固定资产的性质和使用方式，合理确定固定资产的使用寿命和预计净残值，并根据科技进步、环境和其他因素，选择合理的固定资产折旧方法。

2. 计提折旧的范围

计提固定资产折旧范围的大小，在一定时期，不仅是能否充分、足额补偿固定资产磨损和损耗价值的问题，而且直接影响到企业的费用、成本、损益和税金，甚至影响到国家的财政收入状况。除下列情况外，企业应对所有固定资产计提折旧：

（1）已提足折旧仍继续使用的固定资产；

（2）按规定单独作价作为固定资产入账的土地。

在实际工作中，企业一般按月计提折旧。当月增加的固定资产，当月不计提折旧，从下月起计提折旧；当月减少的固定资产，当月仍计提折旧，从下月起停止计提折旧；提前报废的固定资产不再补提折旧。在确定固定资产折旧范围时，要明确一个问题：折旧并不意味着企业将现金单独保存，并在资产提足折旧时对其进行更新。累计折旧是固定资产成本中已作为费用记录的部分，并不代表现金额的增长。

3. 税法规定的折旧的期限

除国务院财政、税务主管部门另有规定外，固定资产计算折旧的最低年限如下：

（1）房屋、建筑物，20 年；

（2）飞机、火车、轮船、机器、机械和其他生产设备，10 年；

（3）与生产经营活动有关的器具、工具、家具等，5 年；

（4）飞机、火车、轮船以外的运输工具，4 年；

（5）电子设备，3 年。

（二）固定资产折旧的计算方法

企业应当根据固定资产所含经济利益的预期实现方式选择折旧方法，可选择的方法包括平均年限法、工作量法、双倍余额递减法和年数总和法。不管选用何种方法，影响固定资产折旧的因素或计算固定资产折旧的依据有三：固定资产原值、固定资产的净残值和固定资产的使用年限。折旧的计算方法与折旧的依据紧密相关。折旧方法一经选定，不得随意变更。如需变更，应当在会计报表附注中予以说明。

1. 平均年限法

平均年限法又称为直线法，是将固定资产的折旧基数按照折旧年限平均分配的方法。根据这一方法，每年应计提的固定资产折旧额等于原值减去预计净残值后的余额除以确定的折旧年限，这样计算出的每期折旧额是等额的。其计算方法如下：

固定资产年折旧额 =（固定资产原值-预计净残值）÷预计使用年限

=（固定资产原值-预计残值收入+预计清理费用）÷预计使用年限

固定资产月折旧额 = 固定资产年折旧额÷12

也可以通过折旧率计算：

固定资产年折旧率 =（1-预计净残值率）÷预计使用年限

月折旧率 = 年折旧率÷12

固定资产月折旧额 = 固定资产原值×月折旧率

当固定资产各期的负荷程度相同，各期应分摊相同的折旧费，这时采用平均年限法是合理的。但是，若固定资产各期负荷不同，采用此种方法则不能反映固定资产的实际使用情况，提取的折旧数与固定资产的损耗程度也不符。为弥补这一缺点，工作量法便应运而生。

2. 工作量法

工作量法是根据实际工作量计提折旧额的一种方法，它弥补了平均年限法只注重使用时间、不考虑使用强度的缺点，其计算公式为：

每一工作量折旧额 = 固定资产原值×（1-预计净残值率）÷预计总工作量

某项固定资产月折旧额 = 该项固定资产当月工作量×每一工作量折旧额

【例 9-8】新希望公司购入的卡车采用工作量法计提折旧，原值为 75 000 元，预计总行程为 50 万公里，其报废时的净残值率为 5%，本月行驶 5 000 公里。该辆卡车的月折旧额计算如下：

单位里程折旧额 = 75 000 ×（1-5%）÷500 000 = 0. 1425（元/公里）

本月折旧额 = 5 000×0. 1425 = 712. 5（元）

3. 双倍余额递减法

双倍余额递减法是在不考虑固定资产残值的情况下，根据每期期初固定资产账面余额和双倍的直线折旧率计算固定资产折旧的一种方法。计算公式为：

年折旧率 = 2÷预计折旧年限

月折旧率 = 年折旧率÷12

月折旧额 = 固定资产账面净值×月折旧率

因为双倍余额递减法不考虑固定资产的残值收入，所以不能使固定资产的账面净值降低到预计残值收入以下。即实行双倍余额递减法计提折旧的固定资产，应当在其折旧年限到期前两年内，将固定资产净值扣除预计净残值后的余额平均摊销。

4. 年数总和法

年数总和法，是将固定资产原值减去预计净残值后的净额乘以一个逐年递减的分数计算每年的折旧额，这个分数的分子代表固定资产尚可使用的年数，分母代表使用年数的逐年数字总和。计算公式为：

年折旧率 = 尚可使用年数÷预计使用年限的年数总和

月折旧率=年折旧率÷12

月折旧额=（固定资产原值-预计净残值）×月折旧率

双倍余额递减法和年数总和法都是在固定资产使用早期计提的折旧额比较多，而随着时间的推移，每期计提的折旧费用逐渐减少，因而也被称为加速折旧法或递减折旧费用法。其特点是使固定资产的取得成本在其折旧年限中加快得到补偿。

【例 9-9】承【例 9-2】，新希望公司购入的破碎机，原始价值为 56 600 元，预计使用年限为 5 年，预计净残值率为 5%。

（1）若采用平均年限法，则月折旧额为：

56 600×（1-5%）÷5÷12 = 896.17（元）

（2）若采用双倍余额递减法，则折旧额计算见表 9-1

表 9-1　　**采用双倍余额递减法计算折旧率**　　金额单位：元

年份	固定资产余值	折旧率	年折旧额	月折旧额
1	56 600	2/5	22 640	1 886.67
2	33 960	2/5	13 584	1 132
3	20 376	2/5	8 150.4	679.2
4	9 395.6*	1/2	4 697.8	391.48
5	9 395.6	1/2	4 697.8	391.48
	合计	—	53 770	—

* 56 600-22 640-13 584-8 150.4-56 600×5% =9 395.6；从第 4 年开始，改用平均年限法，年折旧额=9 395.6÷2=4 697.8。

（3）若采用年数总和法，则折旧额计算见表 9-2。

表 9-2　　**采用年数总和法计算折旧率**　　金额单位：元

年份	累计折旧总额*	折旧率	年折旧额	月折旧额
1	53 770	5/15**	17 923.33	1 493.61
2	53 770	4/15	14 338.67	1 194.89
3	53 770	3/15	10 754	896.17
4	53 770	2/15	7 169.33	597.44
5	53 770	1/15	3 584.67	298.72
	合计	—	53 770	—

* 累计折旧总额为固定资产原值扣除净残值。

** 折旧年数总和=5+4+3+2+1=5×（5+6）÷2=15。

（三）固定资产折旧的会计处理

企业应当按月计提折旧，并根据固定资产的用途，计入相关资产的成本或者当期损益。生产车间使用的固定资产，计提的折旧计入制造费用，并最终计入所生产的产品成本；管理部门使用的固定资产，计提的折旧计入管理费用；专设销售机构使用的固定资产，计提的折旧计入销售费用；未使用的固定资产，计提的折旧计入管理费用等。按月计提的折旧额应根据企业所采用的计提折旧的方法，利用“固定资产折旧计算表”计算确定。

企业应设置“累计折旧”账户，用来核算企业对固定资产计提的累计折旧。企业按月计提的固定资产折旧记入该账户的贷方。由于出售、报废、对外投资、盘亏等各种原因减少固定资产时，与原值一并转销的已提的折旧额记入该账户的借方。本账户期末贷方余额，反映企业现有固定资产的累计折旧额。

【例 9-10】新希望公司本月计提固定资产折旧 15 500 元。其中企业生产车间使用的固定资产提取折旧 12 000 元；企业管理部门使用的固定资产提取折旧 3 500 元。其账务处理如下：

借：制造费用——×车间（折旧费）　　12 000

　　管理费用——折旧费　　3 500

　贷：累计折旧　　15 500

五、固定资产的后续支出

固定资产后续支出是指固定资产在投入使用以后期间发生的与固定资产使用效能直接相关的各种支出，如固定资产的增置、改良与改善、换新、修理、重新安装等业务发生的支出。

固定资产后续支出涉及的会计问题主要在于发生的支出是否计入固定资产的价值。一般而言，固定资产后续支出对资产质量有较大改进或显著提高，其未来带来的经济利益与过去相比也会有显著的增加，在“经济利益很可能流入企业”不受影响的情况下，一般要进行资本化处理，如固定资产增置、改良等；如果固定资产后续支出对资产质量的改进不明显，质量提高程度有限，其未来带来的经济利益与过去相比没有显著的变化，应将其作为收益性支出，直接计入当期损益，如资产日常维护、修理。

【例 9-11】新希望公司因生产产品的需要，将一栋厂房交付扩建，以增加使用面积。该厂房原价 282 000 元，累计折旧 58 000 元。在扩建过程中，共发生扩建支出 43 000 元，均通过银行支付扩建款项，厂房拆除部分的残料作价 2 000 元。其账务处理如下：

（1）厂房转入扩建，注销固定资产原价、累计折旧。

借：在建工程——厂房改扩建工程　　224 000

　　累计折旧　　58 000

　贷：固定资产——厂房　　282 000

（2）支付扩建支出，增加扩建工程成本。

借：在建工程——厂房改扩建工程　　43 000

贷：银行存款　43 000

(3) 残料作价入库，冲减扩建工程成本。

借：原材料　2 000

贷：在建工程——厂房改扩建工程　2 000

(4) 扩建工程完工，固定资产已达到预定可使用状态。

借：固定资产——厂房　265 000

贷：在建工程——厂房改扩建工程　265 000

【例 9-12】新希望公司 2014 年 7 月 5 日对公司的生产设备进行日常修理，领用修理配件 500 元，用银行存款支付其他修理费用 200 元。其会计处理如下：

借：管理费用——修理费　700

贷：原材料　500

银行存款　200

六、固定资产期末计价

（一）可能发生减值的固定资产的认定

企业应当在资产负债表日，对固定资产进行检查，判断其是否存在可能发生减值的迹象。存在下列迹象之一的，表明固定资产可能发生了减值，应对固定资产的可收回金额进行估计，确定是否计提减值准备：

(1) 固定资产的市价当期大幅度下跌，其跌幅明显高于因时间的推移或者正常使用而预计的下跌；

(2) 企业经营所处的经济、技术或者法律等环境以及固定资产所处的市场在当期或者将在近期发生重大变化，从而对企业产生不利影响；

(3) 市场利率或者其他市场投资报酬率在当期已经提高，从而影响企业计算固定资产预计未来现金流量现值的折现率，导致固定资产可收回金额大幅度降低；

(4) 有证据表明固定资产已经陈旧过时或者其实体已经损坏；

(5) 固定资产已经或者将被闲置、终止使用或者计划提前处置；

(6) 企业内部报告的证据表明固定资产的经济绩效已经低于或者将低于预期，如固定资产所创造的净现金流量或者实现的营业利润（或者亏损）远远低于（或者高于）预计金额等；

(7) 其他表明固定资产可能已经发生减值的迹象。

（二）固定资产可收回金额的计量

固定资产的可收回金额应当根据固定资产公允价值减去处置费用后的净额与固定资产预计未来现金流量的现值两者之间较高者确定。

处置费用包括与资产处置有关的法律费用、相关税费、搬运费以及为使资产达到可销售状态所发生的直接费用等。

固定资产的公允价值应当根据公平交易中的销售协议价格确定；不存在销售协

议但存在资产活跃市场的，应当按照市场价格确定；不存在销售协议也不存在资产活跃市场的，应当以可获取的最佳信息为基础，参考同行业类似资产的最近交易价格确定。

企业按上述方法仍无法可靠估计固定资产的可收回金额的，应当以该固定资产预计未来现金流量的现值作为其可收回金额。

（三）固定资产减值损失的会计处理

固定资产可收回金额的计量结果表明，固定资产的可收回金额低于其账面价值的，应当将该固定资产的账面价值减记至可收回金额，减记的金额确认为资产减值损失，计入当期损益，同时计提相应的资产减值准备。具体账务处理如下：按固定资产账面价值和可收回金额之间的差额，借记“资产减值损失——固定资产减值准备”账户，贷记“固定资产减值准备”账户。固定资产减值损失确认后，该资产的折旧或者摊销费用应当在未来期间作相应调整，以使该资产在剩余使用寿命内，系统地分摊调整后的资产账面价值（扣除预计净残值）。固定资产减值损失一经确认，在以后会计期间不得转回。

【例9-13】新希望公司2013年10月28日购入一台破碎机，原值为56 600元，预计净残值率为5%，预计使用年限为5年，采用直线法计提折旧。2014年12月31日，由于外部市场环境发生恶化，该设备发生减值，其可收回金额为20 000元。计提减值准备后，该设备的剩余使用年限为3年，预计净残值率仍为5%。相关的会计分录如下：

（1）该设备截至2014年12月的累计折旧为：

月计提折旧额=56 600×（1-5%）÷5÷12= 896.17（元）

累计已计提的折旧额 = 896.17×14 =12 546.38（元）

（2）该设备截至2014年12月31日的净值为：

设备净值=56 600-14 546.38 = 44 053.62（元）

（3）计提减值准备：

固定资产减值准备额 = 44 053.62-20 000 = 24 053.62（元）

借：资产减值损失——固定资产减值准备　　24 053.62

　贷：固定资产减值准备　　24 053.62

（4）从2015年1月份起，计提折旧为：

月计提折旧额=［56 600 ×（1-5%）-12 546.38-24 053.62］÷3÷12=476.94（元）

七、固定资产的处置

固定资产处置，包括固定资产的出售、转让、报废和毁损、对外投资、非货币性资产交换、债务重组等。固定资产在满足下列条件之一的应当予以终止确认：一是该固定资产处于处置状态；二是该固定资产预期通过使用或处置不能产生经济利益。

出售、报废、毁损、对外投资、非货币性资产交换、债务重组等原因转出的固定资产价值以及在清理过程中发生的费用等，均应通过设置“固定资产清理”账户进行核算。该账户核算企业因出售、报废和毁损等原因转入清理的固定资产净值及其在清理过程中所发生的清理费用和收入。本账户借方反映转入清理的固定资产的净值以及发生的清理费用，贷方反映出售固定资产的价款、残料价值和变价收入以及由保险公司或过失人赔偿的损失。

（一）出售、报废、毁损转入清理的固定资产

固定资产经过长时间的使用后，会由于某些原因发生报废或毁损，如使用期满丧失生产能力、遭受意外或责任事故以及由于技术进步必须由先进设备代替等。对报废的固定资产，要经技术部门鉴定，并填制“固定资产报废单”，报经有关部门批准后进行清理。

固定资产出售、报废、毁损的账务处理一般要经过以下步骤：

(1) 转入清理时，注销出售、报废、毁损固定资产的原值和已提折旧额，按固定资产净值借记“固定资产清理”账户，按已提折旧，借记“累计折旧”账户，按已提减值准备，借记“固定资产减值准备”账户，按固定资产原价，贷记“固定资产”账户。

(2) 支付清理费用。按发生的清理费用和应交税费，借记“固定资产清理”账户，贷记“银行存款”、“应交税费”等账户。

(3) 结转残料价值和变价收入。按收回的残料价值和变价收入，借记“银行存款”、“原材料”等账户，贷记“固定资产清理”账户。

(4) 应由保险公司或过失人赔偿的损失，借记“其他应收款”或“银行存款”等账户，贷记“固定资产清理”账户。

(5) 结转清理后的净收益或净损失。固定资产清理后的净收益，属于生产经营期间的，计入损益，借记“固定资产清理”账户，贷记“营业外收入——处置非流动资产利得”账户；固定资产清理后的净损失，属于生产经营期间由于自然灾害等非正常原因造成的损失，借记“营业外支出——非常损失”账户，贷记“固定资产清理”账户；属于生产经营期间正常的处理损失，借记“营业外支出——处置非流动资产损失”账户，贷记“固定资产清理”账户。

企业将多余、闲置不用的固定资产出售给其他单位，业务发生时，首先应注销被出售固定资产的原值和已提折旧额。按固定资产净值借记“固定资产清理”账户，按已提折旧额借记“累计折旧”账户，按已提的减值准备，借记“固定资产减值准备”账户，按固定资产原值，贷记“固定资产”账户；出售固定资产所获得的实际收入，借记“银行存款”等账户，贷记“固定资产清理”账户，有关税金借记“固定资产清理”账户，贷记“应交税费”账户；如果为收益，借记“固定资产清理”账户，贷记“营业外收入——处置非流动资产利得”账户；如果为损失，应借记“营业外支出——处置非流动资产损失”账户，贷记“固定资产清理”账户。

【例 9-14】承【例 9-13】，2015 年 10 月 25 日将新希望公司 2013 年 10 月 28 日购入原值为 56 600 元破碎机出售，售价 13 000 元，增值税税率为 17%，支付清理费用 580 元，处置完毕结转损益。有关资产处置的会计处理如下：

10 月 25 日资产交付清理时：

借：固定资产清理　　15 230.60

　　累计折旧　　17 315.78

　　固定资产减值准备　　24 053.62

　贷：固定资产　　56 600

收到变价收入时：

借：银行存款　　13 000

　贷：固定资产清理　　11 111.11

　　　应交税费——应交增值税（销项税额）　　1 888.89

支付清理费用时：

借：固定资产清理　　580

　贷：银行存款　　580

清理完毕结转损益时：

借：营业外支出——处置非流动资产损失　　4 699.49

　贷：固定资产清理　　4 699.49

（二）其他转入清理的固定资产

由于对外投资、非货币性资产交换、债务重组等原因转出的固定资产价值以及在清理过程中发生的费用等，均应通过设置“固定资产清理”账户进行核算。

【例 9-15】2015 年 12 月 31 日，由于新希望公司无力偿还甲公司账款 80 000 元，经协商，甲公司同意其用一辆原值 75 000 元、已提折旧 10 000 元的旧卡车清偿。

有关该项债务重组业务，新希望公司做如下会计处理：

12 月 31 日资产交付清理时：

借：固定资产清理　　65 000

　　累计折旧　　10 000

　贷：固定资产　　75 000

债务重组时：

借：应付账款——甲公司　　80 000

　贷：固定资产清理　　65 000

　　　营业外收入——债务重组利得　　15 000

八、固定资产的盘亏

按规定，企业应当定期对固定资产进行盘点清查，在编制决算报表前至少要进行一次全面清查。在固定资产的盘点清查过程中，如发现有盘亏的固定资产，应及时查明原因，编制“固定资产盘亏报告表”，以便进行账务处理。

由于固定资产清查盘点的结果不同，其账务处理也不同。对盘亏的固定资产，企业应及时办理固定资产注销手续；在按规定的程序批准以前，按盘亏固定资产的账面价值借记“待处理财产损溢”账户，按已提折旧额借记“累计折旧”账户，按该项固定资产已计提的减值准备借记“固定资产减值准备”账户，按账面原值贷记“固定资产”账户。在按规定程序批准后，应按盘亏固定资产的原值扣除累计折旧、过失人及保险公司赔偿后的差额借记“营业外支出”账户，同时按过失人及保险公司应赔偿的金额借记“其他应收款”等账户，按盘亏固定资产的净值贷记“待处理财产损溢”账户。

第三节　无形资产

一、无形资产及其特征

无形资产是指企业拥有或者控制的没有实物形态的可辨认非货币性资产，主要包括专利权、非专利技术、商标权、著作权、土地使用权和特许权等。

（一）无形资产的特征

企业的无形资产与企业的其他资产一样，必须符合资产的定义，必须为企业拥有或控制，同时还具有其显著的特征：

1. 没有实物形态

无形资产具体表现为企业所拥有的某些权利，是一种获得超额利润的能力。它没有实物形态，但却具有价值，源自合同性的权利或其他法定的权利，无论这些权利是否可以从企业或其他权利和义务中转移或者分离。不具有实物形态是无形资产区别于其他资产的显著标志。

2. 具有可辨认性

符合无形资产定义中的可辨认性标准要求无形资产能够从企业中分离或划分出来，并能单独或者与相关合同、资产或负债一起转让。

3. 属于一项非流动资产

无形资产能在较长的时期内使企业获得经济利益，因此，企业为取得无形资产所发生的支出，属于资本性支出。

4. 持有的目的主要是使用

企业持有无形资产的主要目的是用于生产商品、提供劳务，或为了管理的目的，同时也可以通过出售、转移、授予许可、租赁或者交换获取其经济价值。

（二）无形资产的确认

无形资产同时满足下列条件的，才能予以确认：

（1）与该无形资产有关的经济利益很可能流入企业；

（2）该无形资产的成本能够可靠地计量。

企业在判断无形资产产生的经济利益是否很可能流入时，应对无形资产在预计使用年限内可能存在的各种经济因素做出合理估计，并且应当有明确证据支持，如专利权、非专利技术等应当有国家专利管理机构颁发的鉴定证书，商标权、著作权、土地使用权应有相关部门证明文件等。

（三）特殊无形资产的确认

1. 土地使用权的处理

在我国，土地归国家所有，这一点不同于西方国家，因此企业所能取得的只是土地的使用权。在一般情况下，当土地使用权用于企业自行开发建造厂房等地上建筑物时，相关的土地使用权的价值不转入在建工程成本。有关的土地使用权作为无形资产进行核算，并按照预计使用年限及确定的摊销方法进行摊销；而地上的建筑物则应作为固定资产进行核算，并按照使用寿命和选定的折旧方法提取折旧。

2. 内部研究开发费用

企业内部研究开发项目的支出，应当区分研究阶段支出与开发阶段支出。研究是指为获取并理解新的科学或技术知识而进行的具备独创性的有计划调查。开发是指在进行商业性生产或使用前，将研究成果或其他知识应用于某项计划或设计，以生产出新的或具有实质性改进的材料、装置、产品等。研究阶段是探索性的，为进一步开发活动进行资料及相关方面的准备，已进行的研究活动将来是否会转入开发、开发后是否会形成无形资产等均具有较大的不确定性。比如，意在获取知识而进行的活动，研究成果或其他知识的应用研究、评价和最终选择，材料、设备、产品、工序、系统或服务替代品的研究，新的或经改进的材料、设备、产品、工序、系统或服务的可能替代品的配制、设计、评价和最终选择等，均属于研究活动。开发阶段应当是已完成研究阶段的工作，在很大程度上具备了形成一项新产品或新技术的基本条件。比如，生产前或使用前的原型和模型的设计、建造和测试，不具有商业性生产经济规模的试生产设施的设计、建造和运营等，均属于开发活动。

企业内部研究开发项目研究阶段的支出，应当于发生时计入当期损益。开发阶段的支出，能够证明下列各项时，应当确认为无形资产：

（1）从技术上来讲，完成该无形资产以使其能够使用或出售具有可行性。

（2）具有完成该无形资产并使用或出售的意图。

（3）无形资产产生未来经济利益的方式，包括能够证明运用该无形资产生产的产品存在市场或无形资产自身存在市场；无形资产将在内部使用时，应当证明其有用性。

（4）有足够的技术、财务资源和其他资源支持，以完成该无形资产的开发，并有能力使用或出售该无形资产。

（5）归属于该无形资产开发阶段的支出能够可靠计量。

需要说明的是，企业自创商誉以及内部产生的品牌、报刊名等，因其成本无法明确区分，不应当确认为无形资产。

■　**链接本章导入案例**

任珍面临的棘手问题之一就是“每年发生的大量客户开发与服务支出”是否属于资本性支出。

分析：依据《企业会计准则第6号——无形资产》，对于企业发生的研发支出，区分为研究费用和开发费用，其中研究费用全部于发生时直接计入当期损益，即费用化；而开发阶段发生的支出符合资本化条件的资本化，计入无形资产或长期待摊费用，不符合资本化条件，也直接计入发生当期损益，即费用化处理。

古度公司“每年发生的大量客户开发与服务支出”应于支出发生时将“客户开发支出”和“客户服务支出”区分开。其中，“客户服务支出”的受益期一般与支出发生当期相关，因而应直接计入支出发生当期损益，即费用化处理；而“客户开发支出”应判断其受益期，如果受益期超过一个以上会计年度，应资本化处理，计入长期待摊费用，在其受益期内分期摊销，计入各期损益。

在讨论此案例时，我们还需要特别注意一个问题：会计中确认的“资产”与实际经济生活中我们理解的“资产”存在着一定的差异。例如，案例中古度公司大量的“客户服务支出”无疑可以给企业带来新的客户资源或强化老的客户资源。客户资源无疑是企业拥有的最重要的资源之一，但由于其预期给企业带来的经济利益跟人力资源一样难以为企业所控制，企业无法估计与资产相关的经济利益流入企业的可能性，因而不符合“资产”的确认条件，会计上，不能将其确认为一项“无形资产”。

二、无形资产的取得

企业取得无形资产的主要方式有外购、自行研究开发、接受投资、债务重组等。取得的方式不同，会计处理也有所差别。

（一）外购无形资产

外购无形资产的成本，包括购买价款、进口关税和其他税费以及直接归属于使该项资产达到预定用途所发生的其他支出。外购的无形资产，按应计入无形资产成本的金额，借记“无形资产”账户，贷记“银行存款”等账户。

“无形资产”账户，用来核算企业持有的无形资产成本的变动情况。其借方登记取得的无形资产的成本，贷方登记出售无形资产转出的无形资产账面余额，期末借方余额，反映企业无形资产的成本。

【例9-16】新希望公司购入一项专利技术，价款和其他支出共计100 000元，用银行存款支付。编制的会计分录为：

借：无形资产——专利权　　　　100 000

贷：银行存款　　100 000

购入无形资产超过正常信用条件延期支付价款，实质上具有融资性质的，应按所购无形资产购买价款的现值，借记“无形资产”账户；按应支付的金额，贷记“长期应付款”账户；按其差额，借记“未确认融资费用”账户。

（二）自行开发的无形资产

自行开发的无形资产，其成本包括自满足准则规定的相关条件后至达到预定用途前所发生的支出总额，但是对于以前期间已经费用化的支出不再调整。企业自行开发的无形资产，借记“无形资产”账户，贷记“研发支出”账户。

【例 9-17】新希望公司自行开发一项新产品专利技术。在研究开发过程中，发生材料费 20 000 元，开发人员工资 30 000 元，另用银行存款支付其他费用 7 000 元。其中，费用化支出为 20 000 元，资本化支出为 37 000 元。编制的会计分录为：

借：研发支出——费用化支出　　20 000
　　　　　　——资本化支出　　37 000
　贷：原材料　　20 000
　　　应付职工薪酬　　30 000
　　　银行存款　　7 000

【例 9-18】承【例 9-17】，将上述研发支出转为企业的费用和无形资产。编制的会计分录为：

借：管理费用　　20 000
　　无形资产——专利权　　37 000
　贷：研发支出——费用化支出　　20 000
　　　　　　　——资本化支出　　37 000

（三）投资者投入等其他方式取得的无形资产

投资者投入的无形资产，应当按照投资合同或协议约定的价值作为成本；非货币性资产交换取得的无形资产，具有商业实质且公允价值能够可靠计量的，以换出资产公允价值为基础确定换入无形资产成本，不具有商业实质的交换取得的无形资产，以换出资产账面价值为基础确定换入无形资产成本；债务重组取得的无形资产以无形资产公允价值作为成本。

【例 9-19】新希望公司接受投资者投入的一项专利权，双方作价 250 000 元。编制的会计分录为：

借：无形资产——专利权　　250 000
　贷：股本　　250 000

三、无形资产的摊销

无形资产能在较长时间内取得效益，但它所具有的价值的权利或特权总会终结或消失，因此企业应当于取得无形资产时分析判断其使用寿命。对于使用寿命有限的无形资产，应当在其使用寿命内系统合理地摊销其金额，其摊销的无形资产价值应当计入相关费用成本。无形资产的摊销方法，一般采用平均年限法。

无形资产的摊销年限，按如下原则确定：（1）合同规定了受益年限但法律没有规定有效年限的，摊销期不应超过受益年限；（2）合同没有规定受益年限但法律规定了有效年限的，摊销期不应超过有效年限；（3）合同规定了受益年限，法律也规定了有效年限的，摊销期不应超过受益年限与有效年限两者之中较短者。

使用寿命不确定的无形资产不应摊销。

■ 链接本章导入案例

任珍面临的另一个棘手问题是“古度公司在将客户开发与服务支出全部作为资本性支出之后，在市场竞争加剧时，将其摊销期限由18个月延长至36个月”。

分析：依据企业会计准则，对于资本性支出摊销期限的确定，判断的依据应当是资产的经济寿命，即资产能够带来“未来经济利益”的能力，而与企业内外部经济环境无直接联系，因此，古度公司“在市场竞争加剧时，将其摊销期限由18个月延长至36个月”的处理不正确。变更资本性支出的摊销期限的唯一依据应当是“资本性支出带来收益能力发生变化”。

一般来说，在市场竞争加剧时，相关资产带来收益的能力随之降低，即古度公司应将其资本性支出摊销期缩短才更合理，而古度公司反其道而行之，原因只有一个——“摊薄费用，增加利润，制造虚假盈利”。

无形资产的应摊销金额为其成本扣除预计残值后的金额。已计提减值准备的无形资产，还应扣除已计提的无形资产减值准备累计金额。

采用平均年限法进行无形资产摊销的计算公式为：

无形资产年摊销额＝无形资产价值÷规定（或预计）的使用年限

无形资产月摊销额＝无形资产年摊销额÷12

【例9-20】新希望公司购入管理用软件一套，价值为30 000元，预计可以使用5年，摊销本月应负担的数额。

月摊销额＝30 000÷5÷12＝500（元）

每月摊销时，会计分录为：

借：管理费用　　500

　贷：累计摊销　　500

四、无形资产期末计价

依据《企业会计准则第8号——资产减值》，企业应当至少于每年年度终了，对使用寿命有限的无形资产的使用寿命及未来经济利益消耗方式进行复核。无形资产的预计使用寿命及未来经济利益的预期消耗方式与以前估计不同的，应当改变摊销期限和摊销方法。企业应当在每个会计期间对使用寿命不确定的无形资产的使用寿命进行复核。如果有证据表明无形资产的使用寿命是有限的，应当估计其使用寿命，并按准则规定处理。企业应当定期或至少在每年年度终了检查各项无形资产预计给企业带来未来经济利益的能力，对预计可收回金额低于其账面价值的，应当计提减值准备。无形资产减值损失一经确认，在以后会计期间不得转回。

【例 9-21】新希望公司购入的专利技术具有减值迹象。该专利技术的账面价值为 100 000 元，经计算可收回金额为 50 000 元，确认减值损失为 50 000 元。编制的会计分录为：

借：资产减值损失　　50 000

　贷：无形资产减值准备　　50 000

五、无形资产处置

预期不能为企业带来经济利益的无形资产，企业应当将该无形资产的账面价值予以转销。按已计提的累计摊销，借记“累计摊销”账户；原已计提减值准备的，借记“无形资产减值准备”账户；按其账面余额，贷记“无形资产”账户；按其差额，借记“营业外支出”账户。

企业也可以依法处置所拥有的无形资产。其处置方式可分为转让使用权（无形资产出租）和转让所有权（无形资产出售）两种，不同的转让方式下其会计核算不同。

（一）转让使用权

企业转让无形资产的使用权时，仍保留对所转让的无形资产的所有权，即拥有占有、使用、取得收益及处置的权利，而仅仅是将部分使用权让渡给其他企业。受让人只获得无形资产的使用权，而无所有权。企业转让无形资产使用权获得的收入，作为企业的其他业务收入处理，但仍保留无形资产所有权，故不需在账面上转销无形资产的账面成本，仍按规定分期摊销。

【例 9-22】新希望公司出租专利权一项，期限为 3 年，每年收取专利权使用费 10 000 元，专利权年摊销额为 3 000 元。新希望公司的会计处理如下：

收取专利权使用费时：

借：银行存款　　10 000

　贷：营业收入　　10 000

无形资产摊销时：

借：营业成本　　3 000

　贷：累计摊销　　3 000

（二）转让所有权

企业转让无形资产的所有权时，出让方不再对该项无形资产拥有占有、使用、取得收益和处置的权利，而受让方则取得了该项无形资产的所有权，可按自己的意愿使用或处置该无形资产。企业转让无形资产所有权所获得的收入扣除相关成本费用后，应作为企业取得或发生的处置非流动资产的利得或损失。当企业收到转让无形资产的收入时，应借记“银行存款”账户；按该无形资产计提的减值准备，借记“无形资产减值准备”账户；按无形资产的账面余额，贷记“无形资产”账户；按应支付的相关税费，贷记“银行存款”、“应交税费”等账户；按其差额，贷记“营业外收入——处置非流动资产利得”账户或借记“营业外支出——处置非流动资产损失”账户。

【例9-23】新希望公司将一项专利权所有权转让，该专利权的账面价值为50 000元，已摊销15 000元，收取转让费60 000元，支付营业税3 000元，其会计分录如下：

借：银行存款	60 000	
累计摊销	15 000	
贷：无形资产		50 000
应交税费——应交营业税		3 000
营业外收入——处置非流动资产利得		22 000

第四节　投资性房地产

一、投资性房地产的定义与特征

（一）投资性房地产的定义

投资性房地产是指为赚取租金或资本增值，或两者兼有而持有的房地产。通常情况下，投资性房地产包括：

（1）企业以投资为目的而拥有的土地使用权及房屋建筑物，即企业为长期资本增值而持有的土地使用权及建筑物。其中包括：①已出租的土地使用权；②用于持有和准备增值后转让的土地使用权；③已经出租的房屋建筑物。

（2）房地产开发企业出租的开发产品。许多房地产开发公司开发的产品不一定都要销售，有些可能留下来用于出租，这些出租的开发产品按《企业会计准则第3号——投资性房地产》归类为投资性房地产。

（二）投资性房地产的特征

1. 投资性房地产是一种经营性活动

投资性房地产的主要形式是出租建筑物、出租土地使用权，这实质上属于一种让渡资产使用权的行为。房地产租金就是让渡资产使用权取得的使用费收入，是企业为完成其经营目标所从事的经营性活动以及与之相关的其他活动形成的经济利益总流入。

2. 投资性房地产在用途、状态、目的等方面区别于作为生产经营自用的房地产

企业持有的房地产除了用于自身管理、生产经营活动场所和对外销售之外，还

出现了将房地产用于赚取租金或增值收益的活动，甚至是个别企业的主营业务。这就需要将投资性房地产单独作为一项资产核算和反映，与自用的厂房、办公楼等房地产和作为存货（已建完工商品房）的房地产加以区分，从而更加清晰地反映企业所持有房地产的构成情况和盈利能力。企业应当根据投资性房地产的定义对资产进行重新分类，凡是符合投资性房地产定义和确认条件的建筑物和土地使用权，应当归为投资性房地产。

二、投资性房地产的会计处理

（一）投资性房地产的取得

企业通过设置“投资性房地产”账户将投资性房地产从一般的房地产中转出来，单独计价、单独确认、单独披露。该账户为资产类账户，借方登记投资性房地产的增加，贷方登记投资性房地产的减少，期末余额为借方余额，表示目前企业投资性房地产的结余价值。以下分别介绍各种取得方式下投资性房地产的账务处理。

1. 外购方式取得的投资性房地产

外购的房地产，只有在购入的同时开始出租，才能作为投资性房地产加以确认。在采用成本模式计量下，按照取得时的实际成本进行初始计量，借记“投资性房地产”账户，贷记“银行存款”等账户。取得时的实际成本包括购买价款、相关税费和可直接归属于该资产的其他支出。

【例 9-24】甲公司是一家商贸企业，为了拓展经营规模，2013 年 1 月 1 日以银行存款购得位于繁华商业区的一层写字楼，并当即进行招租。该层商务楼的买价为 1 000 万元，相关税费 65 万元。账务处理如下：

借：投资性房地产　　10 650 000

　贷：银行存款　　10 650 000

2. 自行建造方式取得的投资性房地产

企业自行建造活动完成后用于出租的房地产属于投资性房地产。只有在自行建造或开发活动完成的同时开始出租，才能将自行建造或开发完成的房地产确认为投资性房地产。自行建造投资性房地产，其成本由建造该项资产达到预定可使用状态前发生的必要支出构成，包括土地开发费、建筑成本、安装成本、应予以资本化的借款费用、支付的其他费用和分摊的间接费用等。

（二）投资性房地产的后续计量

1. 计量模式的选择

依据《企业会计准则第 3 号——投资性房地产》，投资性房地产后续计量优先选择成本模式，满足规定条件情况下也可选择公允价值模式，且一个企业只允许选择一种计量模式。选择成本模式对投资性房地产进行后续计量的企业，在符合条件时可变更为公允价值模式，但一经变更，不得再转回成本模式。

2. 成本模式的处理

企业采用成本模式计量的投资性房地产，应当比照《企业会计准则第 4

号——固定资产》和《企业会计准则第6号——无形资产》的相关规定处理，按照按月计提的折旧或摊销数，借记“其他业务成本”账户，同时贷记“投资性房地产累计折旧”或“投资性房地产累计摊销”账户。

【例9-25】甲公司2013年1月1日接受乙公司投资的一项土地使用权，双方协议价为8 000万元。甲公司取得该土地使用权后即准备于适当时机转让，该土地所有权的法定有效期为40年。账务处理如下：

（1）接受投资时：

借：投资性房地产　　80 000 000

　贷：实收资本——乙公司　　80 000 000

（2）2013年摊销时：

借：其他业务成本　　2 000 000

　贷：投资性房地产累计摊销　　2 000 000

3. 公允价值模式

采用公允价值模式计量投资性房地产，应当具备两个条件：（1）有活跃的房地产交易市场；（2）同类或类似房地产的市场价格及其他相关信息能够从房地产交易市场上取得。

企业采用公允价值模式计量的，不对投资性房地产计提折旧或进行摊销，应当以资产负债表日投资性房地产的公允价值为基础调整其账面价值，公允价值与原账面价值之间的差额计入当期损益。

【例9-26】承【例9-25】，假设甲公司接受乙公司投资取得的土地使用权有活跃的市场报价，符合采用公允价值模式进行后续计量的条件，选择采用公允价值模式进行后续计量，2013年12月31日，该土地使用权公允价值为1亿元。则会计处理为：

借：投资性房地产　　20 000 000

　贷：公允价值变动损益　　20 000 000

（三）投资性房地产的处置

1. 采用成本模式计量的投资性房地产的处置

企业处置采用成本模式计量的投资性房地产，应将取得的处置收入作为其他业务收入，将所处置的投资性房地产账面价值计入其他业务成本。处置时，应当按实际收到的金额，借记“银行存款”等账户，贷记“其他业务收入”账户；按该项投资性房地产的账面价值，借记“其他业务成本”账户，按照累计已提折旧或累计已摊销金额，借记“投资性房地产累计折旧”或“投资性房地产累计摊销”账户，按照已计提的减值准备金额，借记“投资性房地产减值准备”账户，按其账面余额，贷记“投资性房地产”账户。

【例9-27】承【例9-24】，甲公司将其2013年1月1日购买的写字楼出租给新希望公司，租期3年，年租金50万元，采用成本模式计量，年折旧额26.625万元。租赁期届满后，甲公司将该写字楼出售给M公司，合同价款为1 230万元，M公司已用银行存款付清。甲公司出售写字楼应交营业税61.5万元，假定不考虑其他相关税费。

(1) 收取年租金时：

借：银行存款　　500 000

　贷：营业收入　　500 000

(2) 计提年折旧时：

借：营业成本　　266 250

　贷：投资性房地产累计折旧　　266 250

(3) 处置时：

①收取出售价款：

借：银行存款　　12 300 000

　贷：营业收入　　12 300 000

②转销账面价值：

借：营业成本　　10 466 250

　　投资性房地产累计折旧　　798 750

　贷：投资性房地产　　10 650 000

　　　应交税费——应交营业税　　615 000

2. 采用公允价值模式计量的投资性房地产的处置

企业处置采用公允价值模式计量的投资性房地产，应将取得的处置收入作为其他业务收入，将所处置的投资性房地产账面价值计入其他业务成本；同时，还应将该投资性房地产累计公允价值变动损益转出，计入处置当期其他业务成本；若存在原转换日计入资本公积的金额，也需一并转出，计入处置当期其他业务成本。

【例9-28】承【例9-24】，甲公司将其2013年1月1日购买的写字楼出租给新希望公司，租期3年，年租金50万元，假设采用公允价值模式进行后续计量，2013年12月31日、2014年12月31日、2015年12月31日该写字楼公允价值分别为1 200万元、1 250万元、1 225万元，租赁期届满后，甲公司将该写字楼出售给M公司，合同价款为1 230万元，M公司已用银行存款付清。甲公司出售写字楼应交营业税61.5万元，假定不考虑其他相关税费。

(1) 收取年租金时：

借：银行存款　　500 000

　贷：营业收入　　500 000

(2) 2013年12月31日：

借：投资性房地产——写字楼（公允价值变动）　　1 350 000

　贷：公允价值变动损益　　1 350 000

（3）2014 年 12 月 31 日：

借：投资性房地产——写字楼（公允价值变动）　　500 000

　贷：公允价值变动损益　　500 000

（4）2015 年 12 月 31 日：

借：公允价值变动损益　　250 000

　贷：投资性房地产——写字楼（公允价值变动）　　250 000

（5）处置时：

①收取出售价款：

借：银行存款　　12 300 000

　贷：营业收入　　12 300 000

②转销账面价值：

借：营业成本　　12 865 000

　贷：投资性房地产——写字楼（公允价值变动）　　1 600 000

　　　　　　　　——写字楼（成本）　　10 650 000

　　应交税费——应交营业税　　615 000

③转出累计公允价变动损益：

借：公允价值变动损益　　1 600 000

　贷：营业成本　　1 600 000

本章小结

本章主要阐述了固定资产、无形资产、投资性房地产的确认与计量。

作为固定资产，除需要符合固定资产的定义外，还必须满足以下确认条件：一是与该固定资产有关的经济利益很可能流入企业；二是该固定资产的成本能够可靠计量。固定资产应当按照成本进行初始计量。固定资产的成本，是指企业取得某项固定资产达到预定可使用状态前所发生的一切合理必要的支出。

固定资产折旧，是指在固定资产使用寿命内，按照确定的方法对应计折旧额进行系统分摊。企业应当根据与固定资产有关的经济利益的预期实现方式，合理选择固定资产折旧方法。可选用的折旧方法包括平均年限法、工作量法、双倍余额递减法和年数总和法等。固定资产的折旧方法一经确定，不得随意变更。

固定资产满足下列条件之一的应当予以终止确认：一是该固定资产处于处置状态；二是该固定资产预期通过使用或处置不能产生经济利益。将处置收入扣除账面价值和相关税费后的差额计入当期损益。

固定资产发生的可资本化的后续支出，计入固定资产成本；不符合固定资产确认条件的，计入当期损益。企业应当在资产负债表日判断资产是否存在可能发生减值的迹象；对于存在减值迹象的资产，应当进行减值测试，计算可收回金额，可收回金额低于账面价值的，应当按照可收回金额低于账面价值的金额，计提减值准备。固定资产减值损失一经确认，在以后会计期间不得转回。

无形资产的成本，按取得无形资产并使之达到预定用途而发生的全部支出确定。

研究阶段的支出，应当于发生当期作为管理费用计入当期损益；开发阶段的支出在满足一定的条件下进行资本化，计入无形资产的成本，并且内部开发无形资产的成本仅包括在满足资本化条件的时点至无形资产达到预定用途前发生的支出总和。无法区分研究阶段和开发阶段的支出，应当在发生时作为管理费用，全部计入当期损益。

对于使用寿命有限的无形资产，应在其预计的使用寿命期限内采用系统合理的方法对应摊销的金额（无形资产成本扣除残值之后的金额）进行摊销；对于使用寿命不确定的无形资产，在持有期间内不需要进行摊销，但应当在每个会计期间进行减值测试。

预期不能为企业带来经济利益的无形资产，企业应当将该无形资产的账面价值予以转销。处置方式可分为转让使用权和转让所有权两种。

投资性房地产是指为赚取租金或资本增值，或两者兼有而持有的房地产。投资性房地产应当按照成本进行初始计量。后续计量优先选择成本模式，满足规定条件情况下也可选择公允价值模式，且一个企业只允许选择一种计量模式。选择成本模式对投资性房地产进行后续计量的企业，在符合条件时可变更为公允价值模式，但一经变更，不得再转回成本模式。采用成本模式进行后续计量，类似于固定资产折旧与无形资产摊销；采用公允价值模式进行后续计量，公允价值变动计入当期损益。

思考与练习

■ 思考题

1. 如何理解长期资产性质？
2. 依据我国企业会计准则，长期资产有哪些类型？
3. 什么是固定资产？其具有哪些特征？
4. 固定资产的分类标准有哪些？分别可将固定资产分为哪些类别？
5. 确认固定资产应具备哪些条件？
6. 列举几种常见的固定资产取得方式，并具体说明其初始入账金额如何确定。
7. 什么是固定资产折旧？其计算方法有哪些？折旧范围如何确定？
8. 什么是无形资产？其具有哪些特征？
9. 如何对无形资产进行摊销？
10. 说明无形资产使用权与所有权转让的会计处理有何不同？
11. 什么是投资性房地产？其具有哪些特征？
12. 说明如何采用成本模式对投资性房地产进行后续计量。

13. 投资性房地产采用公允价值模式进行后续计量应具备哪些条件？

14. 说明如何采用公允价值模式对投资性房地产进行后续计量。

15. 固定资产、无形资产和投资性房地产处置损益处理有何不同？

■ 练习题

一、单项选择题

1. 甲公司系增值税一般纳税企业，适用的增值税税率为17%。2012年1月1日以分期付款方式购入一条需要安装的生产线，总价款为1 000万元，分三次付款，2012年年末支付300万元，2013年年末支付400万元，2014年年末支付300万元，市场利率为10%，税法规定，分期付款的购销方式下，在约定付款点，按约定付款额开出增值税专用发票。该生产线的安装期为1年，2012年年末达到预定可使用状态。生产线安装过程中领用本公司所生产产品的实际成本为80万元，计税价格为90万元；另支付其他安装费用10万元。根据上述资料完成如下问题的解答：

(1) 该生产线完工后的入账价值为（　　）万元。

A. 1 109.7　　B. 1 186.87

C. 1 001.57　　D. 1 016.87

(2) 该业务造成2013年年末资产负债表上“长期应付款”的列报额为（　　）万元。

A. 700　　B. 351

C. 272.73　　D. 611.57

2. 2013年12月31日，某公司在对某项固定资产的账面价值进行检查时，发现存在减值迹象。该固定资产的原价为500 000元，累计折旧为50 000元，固定资产减值准备为20 000元，预计尚可使用年限为5年。根据2013年12月31日的市场情况，如果将该固定资产予以出售，预计可获得的出售价款为440 000元，清理费用为30 000元；如果继续使用该固定资产，未来5年可获得的未来现金流量现值为420 000元。该固定资产的预计净残值为10 000元。根据上述资料完成如下问题的解答：

(1) 2014年该固定资产应提折旧额为（　　）元。

A. 80 000　　B. 83 000

C. 82 000　　D. 82 500

(2) 2015年年末该固定资产的折余价值为（　　）元。

A. 256 000　　B. 246 000

C. 286 000　　D. 450 000

3. 2013年5月1日A公司对某生产线进行改良，工程开工当天，该生产线的账面原价为500万元，已提折旧为200万元，已提减值准备为25万元。改良工程共发生人工费30万元，使用生产用材料100万元，对应的进项税额为17万元，领用本企业的产品一批，成本为80万元，计税价为120万元，增值税税率为17%，拆下的旧零件账面价值为26万元，工程于2013年10月1日达到预定可使用状态，改良后固定资产尚可使用年限为4年，预计净残值为30万元，采用年数总和法提取折旧，该生产线于2015年10月1日卖掉，售价为260万元（不含增值税），假定无其他相关税费。根据上述资料完成如下问题的解答：

(1) 2013年10月1日改良后固定资产入账成本为（　　）万元。

A. 485　　B. 459

C. 489　　D. 589

(2) 该生产线的处置损益为(　　)万元。

A. 85.05　　B. 83.08

C. 90.08　　D. 101.3

4. 采用自营方式建造固定资产的情况下，下列各项中不应计入固定资产取得成本的有(　　)。

A. 工程领用原材料购进时发生的增值税

B. 生产车间为工程提供水、电等费用

C. 工程领用自产产品生产的公允价值

D. 工程在达到预定可使用状态后进行试运转时发生的支出

5. 下列各项中，计入固定资产成本的有(　　)。

A. 达到预定可使用状态后发生的专门借款利息

B. 达到预定可使用状态前由于自然灾害造成的工程毁损净损失

C. 进行日常修理发生的人工费用

D. 安装过程中领用原材料所负担的增值税

6. 某公司2010年9月初增加设备一台，该项设备原值44 000元，预计尚可使用5年，净残值为4 000元，采用直线法计提折旧。至2012年年末，对该项设备进行检查后，估计其可收回金额为23 000元，经减值测试后，该固定资产的折旧方法、年限和净残值等均不变，则2013年应计提的固定资产折旧额为(　　)元。

A. 10 000　　B. 8 000

C. 6 909.09　　D. 9 000

7. 无形资产是指企业拥有或控制的没有实物形态的可辨认非货币性资产。无形资产不包括的内容有(　　)。

A. 专利权　　B. 非专利技术

C. 土地使用权　　D. 商誉

8. 某公司于2011年1月1日购入一项无形资产，初始入账价值为300万元。该无形资产预计使用年限为10年，采用直线法摊销。该无形资产2011年12月31日预计可收回金额为261万元，2012年12月31日预计可收回金额为224万元。假定该公司于每年年末计提无形资产减值准备，计提减值准备后该无形资产原预计使用年限、摊销方法不变。该无形资产在 2013 年 6 月 30 日的账面价值为(　　)万元。

A. 210　　　　B. 212

C. 225　　　　D. 226

9. 甲公司 2008 年自行研究开发一项新产品的专利技术，在研究开发过程中发生的材料费用为 448 万元，工资费用为 150 万元，其他费用为 200 万元。上述费用中 598 万元符合资本化条件。2009 年年初，该专利技术已经达到预定用途，并成功申请专利权，发生注册申请费 2 万元，以银行存款支付。该专利权预计使用寿命为 8 年，假定该项专利权的残值为 0。2012 年年末该专利权发生贬值，预计未来现金流量的现值为 30 万元，出售净额为 35 万元。2013 年 1 月，出售专利权，实收款项 40 万元存入银行。按照税法规定，企业应按出售无形资产收入的 5% 计算缴纳营业税。根据上述资料完成如下问题的解答：

(1) 2012 年年末专利权应计提减值准备(　　)万元。

A. 190　　　　B. 185

C. 195　　　　D. 123.6

(2) 甲公司出售此专利的损益额为 (　　)万元。

A. 3　　　　B. 5

C. 11　　　　D. 12

10. 甲股份有限公司 2007 年至 2013 年无形资产业务有关的资料如下：

(1) 2007 年 12 月 1 日，以银行存款 300 万元购入一项无形资产（不考虑相关税费）。该无形资产的预计使用年限为 10 年。

(2) 2011 年 12 月 31 日，预计该无形资产的可收回金额为 142 万元。该无形资产发生减值后，原预计使用年限不变。

(3) 2012 年 12 月 31 日，预计该无形资产的可收回金额为 129.8 万元。调整该无形资产减值准备后，原预计使用年限不变。

(4) 2013 年 4 月 1 日，将该无形资产对外出售，取得价款 130 万元并收存银行（不考虑相关税费）。

根据上述资料完成如下问题的解答：

(1) 2011 年 12 月 31 日，该无形资产的摊余价值为 (　　)万元。

A. 150.6　　　　B. 177.5

C. 175.3　　　　D. 174.5

(2) 2012 年无形资产的摊销额为(　　)万元。

A. 30.5　　　　B. 25

C. 24　　　　D. 30

(3) 2013 年 3 月 31 日该无形资产的摊余价值为 (　　)万元。

A. 147.5　　　　B. 154.5

C. 118.5　　D. 125.5

(4) 该无形资产出售形成的净损益为(　　)万元。

A. 15　　B. 18

C. 12　　D. 25

11. 乙公司于2010年8月自行建造的办公大楼达到了预定可使用状态并投入使用，建设期间耗费工程物资1 638万元，并领用了本企业生产的库存商品一批，成本160万元，计税价格200万元，增值税税率为17%，另支付在建工程人员薪酬362万元。该办公楼预计使用寿命为20年，预计净残值为94万元，采用直线法计提折旧。2011年1月1日，乙公司将该办公大楼租赁给丙公司，租赁期为10年，年租金为240万元，租金于每年年末结清，乙公司对投资性房地产采用公允价值模式计量。与该办公大楼同类的房地产在2011年年初的公允价值为2 200万元，2011年年末的公允价值分别为2 400万元。2012年1月，乙公司以2 500万元的价格将该办公大楼转让给丙公司。根据上述资料完成如下问题的解答：

(1) 办公大楼由自用转为出租时形成的增值应列入(　　)。

A. 贷记“资本公积”145万元

B. 贷记“公允价值变动损益”126万元

C. 贷记“公允价值变动损益”146万元

D. 贷记“资本公积”146万元

(2) 乙公司2012年由此办公楼产生的其他业务利润为(　　)万元。

A. 300　　B. 200

C. 446　　D. 346

二、多项选择题

1. 下列各项中应计提折旧的固定资产有(　　)。

A. 大修理的固定资产

B. 当月减少的固定资产

C. 正处于改良期间的经营租入固定资产

D. 融资租入的固定资产

E. 土地

2. 下列表述中正确的是(　　)。

A. 盘盈、盘亏、报废、毁损的工程物资，按扣除保险公司或过失人赔偿部分后的差额，如果工程项目尚未完工，计入或冲减所建工程项目的成本，如果工程项目已完工，计入当期营业外收入或营业外支出

B. 对于剩余的工程物资，应该按减去可抵扣的增值税进项税额后的实际成本，转作企业的库存材料

C. 购入工程物资时，入账价值不包括增值税额

D. 工程物资的成本包括购买价款、增值税额、运杂费、保修费等相关税费

E. 工程物资期末余额列入资产负债表“存货”项目

3. 下列各项中影响折旧因素的有(　　)。

A. 固定资产的使用寿命

B. 固定资产的减值准备

C. 固定资产的预计残值

D. 固定资产的原价

E. 固定资产的预计清理费用

4. 在固定资产计提折旧的方法中，在计算折旧初期，(　　)要考虑净残值。

A. 年数总和法　　B. 工作量法

C. 双倍余额递减法　　D. 平均年限法　　E. 都不需

5. 以下表述中正确的是(　　)。

A. 管理部门使用的固定资产，其计提的折旧应计入管理费用

B. 销售部门使用的固定资产，其计提的折旧应计入销售费用

C. 经营租出的固定资产，其计提的折旧应计入其他业务成本

D. 自行建造固定资产过程中使用的固定资产（假设只用于建造固定资产），其计提的折旧应计入管理费用

E. 生产部门使用的固定资产，其计提的折旧应计入制造费用

6. 下列有关无形资产会计处理的表述中，正确的有(　　)。

A. 用于建造厂房的土地使用权的账面价值应计入所建厂房的建造成本

B. 使用寿命不确定的无形资产应每年进行减值测试

C. 无形资产均应确定预计使用年限并分期摊销

D. 内部研发项目研究阶段发生的支出不应确认为无形资产

E. 如果合同性权利或其他权利能够在到期时延续，而且此延续不需付出重大成本，续约期应作为使用寿命的一部分

7. 无形资产开发阶段的支出，需同时满足(　　)条件才能确认为无形资产。

A. 完成该无形资产以使其能够使用或出售在技术上具有可行性

B. 具有完成该无形资产并使用或出售的意图

C. 无形资产产生经济利益的方式，包括能够证明运用该无形资产生产的产品存在市场或无形资产自身存在市场，无形资产将在内部使用的，应当证明其有用性

D. 有足够的技术、财务资源和其他资源支持，以完成该无形资产的开发，并有能力使用或出售该无形资产

E. 归属于该无形资产开发阶段的支出能够可靠计量

8. 下列有关投资性房地产的论断中，错误的是(　　)。

A. 由自用房产转为公允价值模式的投资性房地产时，如果产生了增值，则列入当期“公允价值变动损益”

B. 由公允价值模式的投资性房地产转为自用房产时，不论增值、贬值均列入当期的“公允价值变动损益”

C. 以成本模式计量的投资性房地产在计提减值准备后不得在其价值恢复时转回

D. 同一企业可以同时采用两种计量模式对投资性房地产进行后续计量

E. 由成本模式转为公允价值模式应当作为会计估计变更，采用未来适用法进行处理

三、业务题

1. 甲公司购入需要安装的设备一台，有关资料如下：（1）2012 年 8 月 3 日，购入一台需要安装的生产用机器设备，取得的增值税专用发票上注明的设备价款为 390 000 元，增值税进项税额为 66 300 元，支付的运输费用为 3 750 元，款项已通过银行支付；（2）安装设备时，领用本公司原材料一批，价值 36 300 元，购进该批原材料时支付的增值税进项税额为 6 171 元；（3）领用本公司所生产的产品一批，成本为 48 000 元，计税价格为 50 000 元，增值税税率为 17%；（4）支付安装费 7 200 元，假定不考虑其他相关税费；（5）2012 年 10 月 8 日达到预定可使用状态，预计使用年限为 5 年，净残值为 200 元，采用双倍余额递减法计算年折旧额。（6）假定甲公司于 2014 年 8 月将该设备处置，售价（含税价）170 000 元，发生清理费用 20 000 元。

要求：编制甲公司从 2012 年取得该设备至 2014 年处置期间的相关会计分录。

2. 乙公司正在研究开发一项新工艺，2012 年 10 月以前发生各项研究、调查、试验等费用 200 万元，2012 年 10 月至 12 月发生材料、工资等各项支出 100 万元，在 2012 年 9 月末，该公司已经证实该项新工艺必然开发成功，并满足无形资产确认标准。2012 年 1 月至 6 月又发生材料费用、直接参与开发人员工资、场地设备等租金共计 350 万元，注册费 50 万元。2013 年 6 月末该项新工艺完成。新工艺法律保护期限为 10 年，按直线法推销。

要求：编制该公司的有关会计分录。

3. 2010 年 12 月 25 日，甲公司与乙公司签订一项租赁协议，约定将甲公司自用一栋精装修的写字楼租赁给乙公司使用，该写字楼原始价值 500 万元，已提折旧 100 万元，租赁期为 5 年，年租金为 20 万元。该写字楼存在活跃市场，所以，甲公司对该写字楼后续计量采用公允价值模式。2010 年 12 月 25 日，写字楼公允价值为 600 万元；2010 年 12 月 31 日，写字楼公允价值为 580 万元；2011 年 12 月 31 日，写字楼公允价值为 620 万元；2012 年 12 月 25 日，经协商，甲公司同意乙公司终止租赁合同，甲公司将该写字楼以 600 万元出售，除按 5% 交纳营业税外无其他处置费用。

要求：试做出甲公司从写字楼出租至处置相关的所有会计分录，房租按年收取。

案例分析

案例 9-1　　　　　　福德公司[①]

福德公司是全球著名的汽车零部件制造厂商，其客户包括全球所有主要的整车生产商，如通用、大众、标致、雪铁龙、雷诺、福特、奔驰、宝马、丰田、本田、日产等。福德公司于20世纪90年代中期进入中国并成立了合资企业，合资企业已于2001年开始盈利并开始享受所得税“两免三减半”的优惠政策。

随着中国汽车市场的快速发展及对零部件本土化生产的要求，福德公司决定在其合资企业里新增一条生产线以满足市场需求。新的生产线于2007年3月立项并按市场价向设备供应商订购了相关设备。供应商在2008年1月交货。经过安装调试，新生产线于2008年2月20日正式投入生产。财务部同日结转在建工程到固定资产科目，金额为11 000 000元。根据企业会计政策，生产设备采用直线法计提折旧，预计使用年限为10年，残值为10%。

新的生产线投入生产后，从2008年3月开始，企业的销售增加了50%，由于规模效益，企业的利润率也增加了1.5%。但是，2008年6月，企业的利润率与5月相比突然下降了2%，也就是说，比新生产线投产前的利润率还要低。这个异常现象引起了管理层的高度重视，并指定财务总监负责调查。

财务总监立即召集财务部门开会，将2008年6月的利润表与5月的利润表进行了比较分析并发现：销货成本占销售的百分比增加了1.5%。经过进一步分析发现，这主要是由于6月当期的制造费用比5月增加了750 000元。经查看制造费用明细账发现，此笔费用为技术服务费，是公司外聘专业公司在2008年2月调试新生产线时发生的，发票于2008年5月28日开具，公司于2008年6月5日收到并入账。在销售费用中，销售运费增加了250 000元，经公司物流部与运输公司核对后发现，这笔费用是2008年1月新生产线的运输费用，运输公司在1月的发票中遗漏，6月发现后补开。

案例分析与讨论：

公司异常现象的出现是由什么原因引起的？你认为是主观的还是客观的原因造成的？怎样减少此类现象的发生？在2008年6月应做怎样的账务调整？

案例 9-2　　　　　　斯蒂姆公司[②]

在2011年12月31日年度财务报告报批前，斯蒂姆公司的总裁先审核了2010年12月31日的资产负债表，又回顾了那些影响长期资产及摊销金额的业务，然后查看了2011年度与长期资产及摊销有关的业务，这些业务项目列示如下：

---

① 资料来源：殷枫．会计学案例［M］．上海：上海财经大学出版社，2010：87.

② 资料来源：罗伯特·N. 安东尼，大卫·F. 霍金斯．会计学：教程与案例［M］．12版．王立彦，等，译．北京：机械工业出版社，2009：134.

(1) 2011 年 1 月 2 日，按照账面净值售出机器设备一台，该设备账面原值 31 233美元，累计折旧 27 367 美元。

(2) 低值易耗品按历史成本入账，在年末进行实地盘点，并根据期末存货来调减该账户。低值易耗品在 2010 年资产负债表中工具列报的金额为 61 294 美元。在 2011 年年末，低值易耗品减少了 7 850 美元。

(3) 2011 年 3 月 1 日，公司出售一辆汽车，收到现金 2 336 美元，2011 年 1 月 1 日该汽车账面原值为 8 354 美元，累计折旧 5 180 美元，账面净值 3 174 美元。与该项资产相关的折旧率请见第（7）项。

(4) 资产负债表上中无形资产为一项斯蒂姆公司购买的专利权。其成本自 2010 年 12 月 31 日起在剩余的 5 年内摊销，预计净残值为 0。2010 年 12 月 31 日该专利权在资产负债表中列报的金额为 56 250 美元。

(5) 2011 年 7 月 1 日，出售一台打字机，收到现金 75 美元，该设备账面原值为 1 027 美元，2010 年 12 月 31 日已经提足折旧。

(6) 2011 年 10 月 31 日，公司出售一张办公桌，收到现金 80 美元，该办公桌账面原值为 490 美元，截至 2011 年 1 月 1 日累计折旧为 395 美元。

(7) 2010 年 12 月 31 日斯蒂姆公司资产原值及已提折旧额和折旧率见表9-3。

表 9-3 **资产原值及已提折旧额和折旧率** 金额单位：美元

资产项目	2010 年 12 月 31 日资产原值	已提折旧额	折旧率
生产设备	3 425 585	1 642 358	10% *
家具和装修	56 484	40 400	8%
运输工具	58 298	37 156	20%
办公设备	42 534	28 005	10%

* 在 3 425 585 美元的机器设备中，有一台价值 85 000 美元的机器已于 2010 年 12 月 31 日提足折旧，但仍在使用。

案例分析与讨论：

1. 分析上述每项业务对固定资产、无形资产、累计折旧、累计摊销及其他账户的影响，并编制这些业务的会计分录。

2. 在对这些业务进行记录后，计算固定资产、无形资产、累计折旧账户在 2011 年 12 月 31 日的余额。

3. 说明 2011 年 12 月 31 日资产负债表中“固定资产”、“无形资产”列报的金额是多少？

4. 斯蒂姆公司会计师对低值易耗品的核算采用的是哪种盘存制度？

5. 说明低值易耗品与固定资产的共同点与不同点。会计师在处理这两类资产时采用的方法有何不同？说明其合理性。

6. 说明会计师对不同的资产使用不同的处理方法对财务报表所产生的影响。

第十章　财务成果
——资金双向变化的结果

【导入案例】

赵清泉和刘晓悦是一对夫妇，于2010年1月1日注册成立了同利食品店。注册资金是60 000元，包括到工商局登记注册费、验资费等费用在内的开办费共计支出了3 000元（全部计入第一年的费用）。店面用房屋（包括货架和办公设施）是租来的，一次支付2年的租金26 000元。用银行存款15 000元购买了一台冰柜（可使用3年）。2010年全年进货的成本是265 000元，其中有15 000元的货款尚未支付，到年底经盘点货架上尚有存货25 000元。2010年全年销售食品收到现金338 000元，还有29 000元的货款到2011年2月才能收回，全年共支付水电费4 900元、卫生及消防等费用600元、办公费用10 000元、包装费用13 000元，缴纳销售税金7 200元，按照规定同利食品店第一年免缴所得税。赵清泉和刘晓悦夫妇每月为他们自己发工资各1 000元用于家庭的日常支出。到了年底，赵清泉夫妇告诉在外地学习会计专业放寒假回家的儿子赵刘胤说今年亏损15 700元。赵刘胤把他们记的流水账拿来编了一张“利润表”后，却说他们今年有盈利46 300元。

要求：

（1）用你现在拥有的会计知识说明，为什么赵清泉夫妇计算同利食品店2010年经营亏损15 700元，而赵刘胤计算盈利46 300元？谁的结果正确？为什么？

（2）请你重新为同利食品店编制2010年利润表。

（3）如果同利食品店不属于免税期，那么2010年同利食品店需要交纳经营所得税吗？

【学习目标】

在本章中，你将学到：

（1）企业利润的构成及其形成过程。

（2）什么是利得和损失，它们与利润是何关系。

（3）所得税的核算与计算。

（4）企业财务成果的分配及其处理。

正如上两章所述，企业生产经营过程，既是收入的取得过程，也是资源耗费的过程，会计师按照权责发生制原则，对一定经营期间取得的收入与为取得收入发生的费用成本进行配比确认与计量，并于会计期末向信息使用者报告企业的财务成果。

第一节　利润及其构成

一、利润的概念

利润是指企业在一定会计期间的财务成果，包括收入减去费用后的净额、直接计入当期利润的利得和损失等。其中，直接计入当期利润的利得和损失，是指应当计入当期损益，最终会引起所有者权益发生增减变动的，与所有者投入资本或者向所有者分配利润无关的利得或者损失。

收入减去费用后的净额反映的是企业日常活动的业绩，直接计入当期利润的利得和损失反映的是企业非日常活动的业绩。企业应当严格划分收入和利得、费用和损失之间的界线，以更加准确地反映企业的经营业绩。

利润的确认主要依赖于收入和费用以及直接计入当期利润的利得和损失的确认，利润金额的计量主要取决于收入和费用金额以及直接计入当期利润的利得和损失金额的计量。

二、利润的构成

在利润表中，利润的金额分为营业利润、利润总额和净利润三个层次计算确定。

1. 营业利润

营业利润是指企业通过一定期间的日常活动取得的利润。营业利润的具体构成，可用公式表示如下：

营业利润=营业收入-营业成本-营业税金及附加-期间费用-资产减值损失±公允价值变动净损益±投资收益

其中，营业收入是指企业经营业务所实现的收入总额，包括主营业务收入和其他业务收入；营业成本是指企业经营业务所发生的实际成本总额，包括主营业务成本和其他业务成本；营业税金及附加是指企业经营业务应负担的税金及附加费用，如营业税、消费税、城市维护建设税、资源税、土地增值税、教育费附加等。

2. 利润总额

利润总额是指企业一定期间的营业利润，加上营业外收入减去营业外支出后的所得税前利润总额，即：

利润总额 =营业利润+营业外收入-营业外支出

其中，营业外收入和营业外支出是指企业发生的与日常活动无直接关系的各项利得或损失，如处置非流动资产形成的利得或损失、非货币性资产交换形成的利得或损失、债务重组形成的利得或损失、罚没利得或损失等。

3. 净利润

净利润是指企业一定期间的利润总额减去所得税费用后的净额，即：

净利润=利润总额-所得税费用

其中，所得税费用是指企业按照会计准则的规定确认的应从当期利润总额中扣除的当期所得税费用和递延所得税费用。

■ 链接本章导入案例

■ 2010年同利食品店营业利润、利润总额和净利润计算过程：

（1）营业利润=（338 000+29 000）－（265 000－25 000+2 000×12+15 000÷3+26 000÷2+4 900）－7 200－13 000－（600+10 000+3 000）
=367 000－286 900－7 200－13 000－13 600=46 300（元）

（2）利润总额=46 300－0 =46 300（元）

（3）净利润=46 300－0 =46 300（元）

■ 2010年同利食品店的利润表见表10-1。

表10-1　　利润表　　会企02表

编制单位：同利食品店　　2010年度　　单位：元

项目	本期金额
一、营业收入	367 000
减：营业成本	286 900
营业税金及附加	7 200
销售费用	13 000
管理费用	13 600
财务费用	0
二、营业利润（亏损以"－"号填列）	46 300
加：营业外收入	0
减：营业外支出	0
三、利润总额（亏损总额以"－"号填列）	46 300
减：所得税费用	0
四、净利润（净亏损以"－"号填列）	46 300

■ 赵清泉夫妇对同利食品店2010年经营成果计算过程（按收付实现制计算）：

338 000－（265 000－15 000）－26 000－15 000－
4 900－24 000－3 000－10 000－600－13 000－7 200
=－15 700（元）

知识拓展10-1　　**综合收益**

依据《企业会计准则讲解2010——财务报表列报》，综合收益是指企业在某一期间与所有者之外的其他方面进行交易或发生其他事项所引起的净资产变动。综合收益的构成包括两部分：净利润和其他综合收益。其中，前者是企业已实现并已确认的收益，后者是企业未实现但根据会计准则的规定已确认的收益。利润表中的“其他综合收益”反映企业根据企业会计准则规定未在损益中确认的各项利得和损失扣除所得税影响后的净额，主要包括可供出售金融资产产生的利得（或损失）、按照权益法核算的在被投资单位其他综合收益中所享有的份额、现金流套期工具产生的利得（或损失）、外币财务报表折算差额等；“综合收益总额”项目反映企业净利润与其他综合收益的合计金额。

现行上市公司对外披露的利润表的格式见表10-2。

表10-2 **利润表** 会企02表

编制单位： 年 月 单位：元

项目	本期金额	上期金额
一、营业收入		
减：营业成本		
营业税金及附加		
销售费用		
管理费用		
财务费用		
资产减值损失		
加：公允价值变动收益（损失以“-”号填列）		
投资收益（损失以“-”号填列）		
其中：对联营企业和合营企业的投资收益		
二、营业利润（亏损以“-”号填列）		
加：营业外收入		
减：营业外支出		
其中：非流动资产处置损失		
三、利润总额（亏损总额以“-”号填列）		
减：所得税费用		
四、净利润（净亏损以“-”号填列）		
五、每股收益：		
（一）基本每股收益		
（二）稀释每股收益		
六、其他综合收益		
七、综合收益总额		

第二节　利润的形成

一、税前利润

（一）营业外收入与营业外支出

营业外收入与营业外支出虽然与企业日常生产经营活动无直接关系，但站在企业主体的角度来看，同样是其经济利益的流入或流出，从而构成利润的一部分，对企业的盈亏状况具有不可忽视的影响。

1. 营业外收入

营业外收入，是指企业取得的与日常活动没有直接关系的各项利得，主要包括非流动资产处置利得、非货币性资产交换利得、债务重组利得、罚没利得、政府补助利得、无法支付的应付款项、捐赠利得、盘盈利得等。

（1）非流动资产处置利得，主要包括固定资产处置利得和无形资产出售利得。其中，固定资产处置利得，是指企业处置固定资产所取得的价款或报废固定资产的残料价值、变价收入等，扣除固定资产账面价值、清理费用以及相关处置税费后的净收益；无形资产出售利得，是指企业出售无形资产所取得的价款，扣除无形资产账面价值以及与出售相关的税费后的净收益。

（2）非货币性资产交换利得，是指在非货币性资产交换以公允价值为基础进行计量的情况下，换出固定资产或无形资产的公允价值高于其账面价值的差额，扣除相关费用后的净收益。

（3）债务重组利得，是指企业在进行债务重组时，债务人重组债务的账面价值高于用于偿债的现金及非现金资产公允价值、债权人放弃债权而享有股份的公允价值、重组后债务的入账价值的差额所形成的利得。

（4）罚没利得，是指企业收取的滞纳金、违约金以及其他形式的罚款，在弥补了由于对方违约而造成的经济损失后的净收益。

（5）政府补助利得，是指企业从政府无偿取得货币性资产或非货币性资产形成的利得，具体包括企业取得的与资产相关的政府补助，在相关资产使用寿命内平均分配而计入当期损益的利得；企业取得的与收益相关的政府补助，用于补偿已发生的相关费用或损失而直接计入当期损益的利得以及用于补偿以后期间的相关费用或损失而于确认相关费用期间计入当期损益的利得。

（6）无法支付的应付款项，是指由于债权单位撤销或其他原因而无法支付，或者将应付款项划转给关联方等其他企业而无法支付或无须支付，按规定程序报经批准后转入当期损益的应付款项。

（7）捐赠利得，是指企业接受外部现金和非现金资产捐赠而获得的利得。

（8）盘盈利得，是指企业在财产清查中发现的库存现金实存数额超过账面数额而获得的资产溢余利得。

2. 营业外支出

营业外支出，是指企业发生的与日常活动没有直接关系的各项损失，主要包括非流动资产处置损失、非货币性资产交换损失、债务重组损失、罚款支出、捐赠支出、非常损失、盘亏损失等。

（1）非流动资产处置损失，主要包括固定资产处置损失和无形资产出售损失。其中，固定资产处置损失，是指企业处置固定资产所取得的价款或报废固定资产的残料价值、变价收入等，不足以抵补固定资产账面价值、清理费用以及相关处置税费所形成的净损失；无形资产出售损失，是指企业出售无形资产所取得的价款，不足以抵补无形资产账面价值以及相关出售税费所形成的净损失。

（2）非货币性资产交换损失，是指在非货币性资产交换以公允价值为基础计量的情况下，换出固定资产或无形资产的公允价值低于其账面价值的差额，扣除相关费用后的净损失。

（3）债务重组损失，是指企业在进行债务重组时，债权人重组债权的账面价值高于接受抵债取得的现金及非现金资产公允价值、放弃债权而享有股份的公允价值、重组后债权的入账价值的差额所形成的损失。

（4）罚款支出，是指企业由于违反合同、违法经营、偷税漏税、拖欠税款等而支付的违约金、罚款、滞纳金等支出。

（5）捐赠支出，是指企业对外进行公益性和非公益性捐赠而付出资产的公允价值。

（6）非常损失，是指企业由于自然灾害等客观原因造成的财产损失，在扣除保险公司赔款和残料价值后，应计入当期损益的净损失。

（7）盘亏损失，是指企业在财产清查中发现的固定资产实存数量少于账面数量而发生的资产短缺损失。

（二）税前利润结转

企业应设置“本年利润”账户，用于核算企业当期实现的净利润或发生的净亏损。利润计算与结转的基本会计处理程序如下：

会计期末，企业应将各损益类账户的余额转入“本年利润”账户，结平各损益类账户，即将收入类账户贷方余额转入“本年利润”账户贷方登记，借记“主营业务收入”、“其他业务收入”、“营业外收入”等账户，贷记“本年利润”账户；将支出类账户借方余额转入“本年利润”账户借方登记，借记“本年利润”账户，贷记“主营业务成本”、“营业税金及附加”、“其他业务成本”、“销售费用”、“管理费用”、“财务费用”、“资产减值损失”、“营业外支出”等账户。“公允价值变动损益”、“投资收益”账户如为净收益，借记“公允价值变动损益”、“投资收益”账户，贷记“本年利润”账户；如为净损失，借记“本年利润”账户，贷记“公允价值变动损益”、“投资收益”账户。期末结转损益类账户余额后，“本年利润”账户如为贷方余额，反映年初至本期末累计实现的净利润；如为借方余额，反映年初至本期末累计发生的净亏损。为了简化核算，企业在中期期末也可以不进行上述利润结转，年内各期实现的利润直接通过利润表计算；年度终了时，再将各损益类账户全年累计金额一次转入“本年利润”账户。

二、所得税的计算与核算

（一）所得税会计概述

企业会计准则和所得税法是基于不同目的、遵循不同原则分别制定的，二者在资产与负债的计量标准、收入与费用的确认原则等诸多方面存在着一定的分歧，导致企业一定期间按企业会计准则的要求确认的会计利润往往不等于按税法规定计算的应纳税所得额。所得税会计是研究如何处理会计利润和应纳税所得额之间差异的会计理论与方法。

会计利润与应纳税所得额是两个既有联系又有区别的概念。会计利润，是指企业根据会计准则的要求，采用一定的会计程序与方法确定的所得税前利润总额，其目的是向财务报告使用者提供关于企业经营成果的会计信息，为其决策提供相关、可靠的依据；应纳税所得额，是指按照所得税法的要求，以一定期间应税收入扣减税法准予扣除的项目后计算的应税所得，其目的是为企业进行纳税申报和国家税收机关对企业的经营所得征税提供依据。由于会计利润与应纳税所得额的确定依据和目的不同，因此，二者之间往往存在一定的差异，这种差异按其性质可以分为永久性差异和暂时性差异两个类型。

1. 永久性差异

永久性差异是指某一会计期间，由于会计准则和税法在计算收益、费用或损失时的口径不同所产生的税前会计利润与应纳税所得额之间的差异。例如，企业购买国债取得的利息收入，在会计核算上作为投资收益，计入当期利润表，但根据税法的规定，不属于应税收入，不计入应纳税所得额；再如，企业支付的违法经营罚款、税收滞纳金等，在会计核算上作为营业外支出，计入当期利润表，但根据税法的规定，不允许在所得税前扣除。永久性差异的特点是在本期发生，不会在以后期间转回。

2. 暂时性差异

暂时性差异是指资产、负债的账面价值与其计税基础不同产生的差异，该差异的存在将影响未来期间的应纳税所得额。例如，按照企业会计准则的规定，交易性金融资产期末应以公允价值计量，公允价值的变动计入当期损益；但按照税法规定，交易性金融资产在持有期间的公允价值变动不计入应纳税所得额，待处置交易性金融资产时，按实际取得成本从处置收入中扣除，则其计税基础保持不变，仍为初始投资成本，由此产生交易性金融资产的账面价值与其计税基础之间的差异，该项差异将会影响处置交易性金融资产期间的应纳税所得额。暂时性差异的特点是发生于某一会计期间，但在以后一期或若干期内能够转回。

（二）所得税计算

企业所得税是对我国境内的企业和其他取得收入的组织生产经营所得和其他所得征收的一种直接税。中华人民共和国境内的企业和其他取得收入的组织为企业所得税的纳税义务人，分为居民企业和非居民企业。

企业所得税一般以全年应纳税所得额为计税依据，分月或分季预缴税款，年终汇算清缴。

企业应交所得税额=年应纳税所得额×适用所得税率

1. 年应纳税所得额确定

依据2008年《企业所得税法》的规定，应纳税所得额为企业每一个纳税年度的收入总额，减除不征税收入、免税收入、各项扣除，以及允许弥补的以前年度亏损后的余额。即：

应纳税所得额= 收入总额-不征税收入-免税收入-各项扣除-以前年度亏损

收入总额包括企业以货币形式和非货币形式从各种来源取得的收入，是在按会计准则确认、计量的基础上，按税法规定再予以确认和计量的收入。具体包括：（1）销售货物收入；（2）提供劳务收入；（3）转让财产收入；（4）股息、红利等权益性投资收益；（5）利息收入；（6）租金收入；（7）特许权使用费收入；（8）接受捐赠收入；（9）其他收入。

不征税收入指收入总额中的下列收入为不征税收入：（1）财政拨款；（2）依法收取并纳入财政管理的行政事业性收费、政府性基金；（3）国务院规定的其他不征税收入。

免税收入包括：（1）国债利息收入；（2）居民企业直接投资于其他居民企业所取得的股息、红利等权益性投资收益以及在中国境内设立机构、场所的非居民企业从居民企业取得与该机构、场所有实际联系的股息、红利等权益性投资收益，但不包括连续持有居民企业公开发行并上市流通的股票不足12个月取得的投资收益；（3）符合条件的非营利组织的收入（不包括非营利组织从事营利性活动所取得的收入，但国务院财政、税务主管部门另有规定的除外）。对于不符合不征税收入条件的财政性补贴，应属于征税收入。

税前扣除项目的范围如下：企业按照会计准则要求，并实际在财务会计处理上已确认计量的支出，凡未超过税收法规规定的税前扣除范围和标准的，可按企业财务会计实际确认计量的支出，在企业所得税前扣除。

（1）销售（营业）成本。销售（营业）成本是指企业申报纳税期间已经确认的销售商品（包括商品、产品、原材料、边角余料、废旧物资等），提供劳务，转让和处置固定资产、无形资产等的销售成本、销货成本、业务支出以及其他耗费。企业应该在所得税纳税申报时，根据申报表的附表“销售（营业）成本明细表”逐项填列。从事代理服务、主营业务收入为手续费、佣金的企业（如证券、期货、保险代理等），其手续费及佣金支出属于营业成本范畴，准予在企业所得税前据实扣除。

(2) 期间费用。期间费用是指企业在生产经营过程中发生的直接列入当期损益的费用，包括销售费用、管理费用和财务费用（已经计入成本的有关费用除外）。

(3) 税金及附加。税金及附加是指企业实际发生的除所得税和允许抵扣的增值税以外的各项税金及附加。

(4) 资产损失。资产是指企业拥有或者控制的、用于经营管理活动相关的资产。准予在企业所得税税前扣除的资产损失是指企业在实际处置、转让上述资产过程中发生的合理损失（以下简称实际资产损失），以及企业虽未实际处置、转让上述资产，但符合规定条件计算确认的损失（以下简称法定资产损失）。

企业实际资产损失，应当在其实际发生且财务会计上已作损失处理的年度申报扣除；法定资产损失，应当在企业向主管税务机关提供证据资料证明该项资产已符合法定资产损失确认条件且财务会计上已作损失处理的年度申报扣除。企业实际资产损失，应按规定程序和要求向主管税务机关申报后方能在税前扣除。未经申报的损失，不得在税前扣除。

(5) 其他支出。其他支出是指除成本、费用、税金、损失外，企业经营活动中发生的与取得收入有关的、合理的支出。

事实上，企业所得税纳税实务中，应纳税所得额的确定并非依据所得税法对企业所有交易或事项重新确认、计量一遍，而是在依据会计准则确定的税前利润基础上，调整确定应纳税所得额。

应纳税所得额=税前利润±纳税调整项目

2. 适用所得税率

居民企业所得税的基本（正常）税率为25%。

非居民企业在中国境内未设立机构、场所，或者虽设立机构、场所，但其取得的所得与其所设机构、场所没有实际联系的，基于收入来源管辖权进行征税的原则，其适用税率为20%。

知识拓展10-2　　**常见的纳税调整项目**

由于会计利润与应纳税所得额的确定依据和目的不同，二者之间往往存在一定的差异（纳税调整项目）。税前利润是依据会计准则确定的，服务于会计目标；而应纳税所得额是依据税法，为企业进行纳税申报和国家税收机关对企业的经营所得征税提供依据。大多数情况下，会计上初始确认、计量的账面价值与计税基础是一致的。但由于税法强调实现原则和成本计量原则，导致两者在后续计量时产生差异。纳税调整项目主要包括两类：(1) 税前利润与应纳税所得额确认、计量口径不一致产生的永久性差异；(2) 税前利润与应纳税所得额确认、计量时间不一致产生的暂时性差异。

1. 常见的永久性差异

调减应纳税所得额：如国债利息。

调增应纳税所得额：

（1）税法不允许税前扣除项目：①税收滞纳金；②罚金、罚款和被罚没财物的损失；③不符合公益性捐赠规定条件的捐赠支出；④赞助支出等。

（2）超出税法税前扣除标准的支出，如业务招待费，税法规定企业实际发生的与生产经营活动有关的业务招待费，按照实际发生额的60%扣除，但最高不得超过当年销售（营业）收入额（含视同销售收入额）的5‰。

2. 常见的暂时性差异

（1）固定资产折旧年限、方法，无形资产摊销年限、方法。

（2）各类资产减值损失，如坏账准备、存货跌价准备、固定资产减值准备、无形资产减值准备等。

（3）公允价值后续计量，如交易性金融资产公允价值变动损益。

（三）所得税核算

根据是否确认暂时性差异对所得税的影响，所得税的会计处理方法主要分为应付税款法和资产负债表债务法。

1. 应付税款法

应付税款法，是指企业不确认暂时性差异对所得税的影响金额，按照当期计算的应交所得税确认当期所得税费用的方法。在这种方法下，当期确认的所得税费用等于当期应交所得税。

采用应付税款法进行所得税的会计处理，不需要区分永久性差异和暂时性差异，本期发生的各类差异对所得税的影响金额，均在当期确认为所得税费用或抵减所得税费用，不将暂时性差异对所得税的影响金额递延和分配到以后各期。

应付税款法的会计处理比较简便，但不符合权责发生制原则。因此，我国企业会计准则不允许采用这种方法。

【例10-1】某公司2013年实现销售收入24 000万元，税前利润5 000万元，年内发生如下事项：

（1）向中国希望工程基金会捐款800万元。

（2）全年发放职工工资1 000万元。

（3）计提各种资产减值准备金750万元。

（4）全年支付广告费600万元。

（5）全年支付业务招待费150万元。

（6）国债利息收入210万元。

要求：计算该公司本年应当交纳的所得税（该公司适用的所得税税率为25%）。采用应付税款法进行所得税会计处理。

计算：

（1）资产减值准备超支 = 750万元

业务招待费超支 = 150万元-150万元×60% =60万元<24 000万元×0.5%

国债利息调减 = −210 万元

公益性捐赠超支 = 800−5 000×12% = 200（万元）

（税法规定，年公益性捐赠支出不超过税前利润 12% 的部分，准予扣除；超过部分纳税调整）

应纳税所得额 = 5 000+750+60+200−210 = 5 800（万元）

本年应交所得税额 = 5 800×25% = 1 450（万元）

（2）会计处理如下：

①计算本年应纳所得税费用：

借：所得税费用　　14 500 000

　贷：应交税费——应交所得税　　14 500 000

②所得税费用结转“本年利润”：

借：本年利润　　14 500 000

　贷：所得税费用　　14 500 000

注：广告费 600 万元<24 000 万元×15%，可以据实扣除，不需纳税调整（税法规定，一般企业发生的广告宣传费在不超过当年销售（营业）收入额（含视同销售收入额）15% 的部分，准予扣除；超过部分，准予在以后纳税年度结转扣除）。

2. 资产负债表债务法

资产负债表债务法较为完整地体现了资产负债观，在所得税的会计核算方面贯彻了资产、负债的界定。从资产负债表角度考虑，资产的账面价值代表的是企业在持续持有及最终处置某项资产的一定期间内，该项资产为企业带来的未来经济利益，而其计税基础代表的是在这一期间内，就该项资产按照税法规定可以税前扣除的金额。

一项资产的账面价值小于其计税基础的，表明该项资产于未来期间产生的经济利益流入低于按照税法规定允许税前扣除的金额，产生可抵减未来期间应纳税所得额的因素，减少未来期间以应交所得税的方式流出企业的经济利益，从其产生时点来看，应确认为资产。反之，一项资产的账面价值大于其计税基础的，两者之间的差额将会于未来期间产生应税金额，增加未来期间的应纳税所得额及应交所得税，对企业形成经济利益流出的义务，应确认为负债。

采用资产负债表债务法核算所得税的情况下，企业一般应于每一资产负债表日进行所得税的核算。发生特殊交易或事项时，如企业合并，在确认因交易或事项取得的资产、负债时即应确认相关的所得税影响。

（1）企业进行所得税核算应遵循的程序

①按照相关会计准则规定确定资产负债表中除递延所得税资产和递延所得税负债以外的其他资产和负债项目的账面价值。其中资产、负债的账面价值，是指企业按照相关会计准则的规定进行核算后在资产负债表中列示的金额。

②按照准则中对于资产和负债计税基础的确定方法，以适用的税收法规为基

础，确定资产负债表中有关资产、负债项目的计税基础。

③比较资产、负债的账面价值与其计税基础，对于两者之间存在差异的，分析其性质，除准则中规定的特殊情况外，分别以应纳税暂时性差异与可抵扣暂时性差异乘以所得税税率，来确定资产负债表日递延所得税负债和递延所得税资产的应有金额，并与期初递延所得税负债和递延所得税资产的余额相比，确定当期应予进一步确认的递延所得税资产和递延所得税负债金额或应予转销的金额，作为构成利润表中所得税费用的其中一个组成部分——递延所得税。

④按照适用的税法规定计算当期应纳税所得额，将应纳税所得额与适用的所得税税率计算的结果确认为当期应交所得税，作为利润表中应予确认的所得税费用的另外一个组成部分——当期所得税。

⑤确定利润表中的所得税费用。利润表中的所得税费用包括当期所得税和递延所得税两个组成部分，企业在计算确定了当期所得税和递延所得税后，两者之和（或之差）是利润表中的所得税费用。

（2）资产、负债的计税基础及暂时性差异

所得税会计的关键在于确定资产、负债的计税基础。在确定资产、负债的计税基础时，应严格遵循税收法规中对于资产、负债的税务处理以及可税前扣除的费用等的规定。

①资产的计税基础

资产的计税基础，是指企业在收回资产账面价值的过程中，计算应纳税所得额时按照税法规定可以自应税经济利益中抵扣的金额，即某一项资产在未来期间计税时按照税法规定可以税前扣除的金额。

资产在初始确认时，其计税基础一般为取得成本，即企业为取得某项资产支付的成本在未来期间准予税前扣除的金额。在资产持续持有的过程中，其计税基础是指资产的取得成本减去以前期间按照税法规定已经税前扣除的金额后的余额。该余额代表的是，按照税法规定，就涉及的资产在未来期间计税时仍然可以税前扣除的金额。如固定资产、无形资产等长期资产在某一资产负债表日的计税基础是指其成本扣除按照税法规定已在以前期间税前扣除的累计折旧额或累计摊销额后的金额。

②负债的计税基础

负债的计税基础，是指负债的账面价值减去未来期间计算应纳税所得额时按照税法规定可予抵扣的金额。用公式表示即为：

负债的计税基础 = 账面价值 - 未来期间按照税法规定可予税前扣除的金额

负债的确认与偿还一般不会影响企业的损益，也不会影响其应纳税所得额，未来期间计算应纳税所得额时按照税法规定可予抵扣的金额为0，计税基础即为账面价值，例如企业的短期借款、应付账款等。但是，某些情况下，负债的确认可能会影响企业的损益，进而影响不同期间的应纳税所得额，使得其计税基础与账面价值之间产生差额，如按照会计规定确认的某些预计负债。

③暂时性差异

暂时性差异是指资产、负债的账面价值与其计税基础不同而产生的差额。由于资产、负债的账面价值与其计税基础不同，产生了在未来收回资产或清偿负债的期间内，应纳税所得额增加或减少并导致未来期间应交所得税增加或减少的情况，形成企业的递延所得税资产和递延所得税负债。

根据暂时性差异对未来期间应纳税所得额的影响，可以将暂时性差异分为应纳税暂时性差异和可抵扣暂时性差异。

a. 应纳税暂时性差异

应纳税暂时性差异是指在确定未来收回资产或清偿负债期间的应纳税所得额时，将导致产生应税金额的暂时性差异，该差异在未来期间转回时，会增加转回期间的应纳税所得额，即在未来期间不考虑该事项影响的应纳税所得额的基础上，由于该暂时性差异的转回，会进一步增加转回期间的应纳税所得额和应交所得税金额。在应纳税暂时性差异产生当期，应当确认相关的递延所得税负债。

应纳税暂时性差异通常产生于以下情况：

一是资产的账面价值大于其计税基础。一项资产的账面价值代表的是企业在持续使用或最终出售该项资产时将取得的经济利益的总额，而计税基础代表的是一项资产在未来期间可予税前扣除的金额。资产的账面价值大于其计税基础，该项资产未来期间产生的经济利益不能全部税前抵扣，两者之间的差额需要交税，产生应纳税暂时性差异。例如，一项无形资产账面价值为 200 万元，计税基础如果为 150 万元，两者之间的差额会造成未来期间应纳税所得额和应交所得税的增加。在其产生当期，符合确认条件的情况下，应确认相关的递延所得税负债。

二是负债的账面价值小于其计税基础。一项负债的账面价值为企业预计在未来期间清偿该项负债时的经济利益流出，而其计税基础代表的是账面价值在扣除税法规定未来期间允许税前扣除的金额之后的差额。因负债的账面价值与其计税基础不同产生的暂时性差异，本质上是税法规定就该项负债在未来期间可以税前扣除的金额（即与该项负债相关的费用支出在未来期间可予税前扣除的金额）。负债的账面价值小于其计税基础，则意味着就该项负债在未来期间可以税前扣除的金额为负数，即应在未来期间应纳税所得额的基础上调增，增加应纳税所得额和应交所得税金额，产生应纳税暂时性差异，应确认相关的递延所得税负债。

b. 可抵扣暂时性差异

可抵扣暂时性差异是指在确定未来收回资产或清偿负债期间的应纳税所得额时，将导致产生可抵扣金额的暂时性差异。该差异在未来期间转回时会减少转回期间的应纳税所得额，减少未来期间的应交所得税。在可抵扣暂时性差异产生当期，应当确认相关的递延所得税资产。

可抵扣暂时性差异一般产生于以下情况：

一是资产的账面价值小于其计税基础。从经济含义来看，资产在未来期间产生的经济利益少，按照税法规定允许税前扣除的金额多，则就账面价值与计税基础之间的差额，企业在未来期间可以减少应纳税所得额并减少应交所得税，符合有关条件时，应当确认相关的递延所得税资产。例如，一项资产的账面价值为 200 万元，计税基础为 260 万元，则企业在未来期间就该项资产可以在其自身取得经济利益的基础上多扣除 60 万元。从整体上来看，未来期间应纳税所得额会减少，应交所得税也会减少，形成可抵扣暂时性差异，符合确认条件时，应确认相关的递延所得税资产。

二是负债的账面价值大于其计税基础。负债产生的暂时性差异实质上是税法规定就该项负债在未来期间可以税前扣除的金额，即：

负债产生的暂时性差异＝账面价值－计税基础

一项负债的账面价值大于其计税基础，意味着未来期间按照税法规定与该项负债相关的全部或部分支出可以自未来应税经济利益中扣除，减少未来期间的应纳税所得额和应交所得税。

（3）递延所得税负债和递延所得税资产的核算

企业在计算确定了应纳税暂时性差异与可抵扣暂时性差异后，应当按照所得税准则规定的原则确认与应纳税暂时性差异相关的递延所得税负债以及与可抵扣暂时性差异相关的递延所得税资产。

①递延所得税负债的核算

递延所得税负债产生于应纳税暂时性差异。因应纳税暂时性差异在转回期间将增加企业的应纳税所得额和应交所得税，导致企业经济利益的流出，在其发生当期，构成企业应支付税金的义务，应作为负债确认。

确认应纳税暂时性差异产生的递延所得税负债时，交易或事项发生时影响到会计利润或应纳税所得额的，相关的所得税影响一般应作为利润表中所得税费用的组成部分。企业确认递延所得税负债，应借记“所得税费用——递延所得税费用”等账户，贷记“递延所得税负债”账户。

“所得税费用”账户，用来核算企业按规定从本期损益中扣除的所得税。其借方登记企业应计入本期损益的所得税费用，贷方登记期末转入“本年利润”账户的所得税费用数额，期末结转后本账户应无余额。

“递延所得税负债”账户，用来核算企业由于应纳税暂时性差异确认的递延所得税负债。其贷方登记确认的各类递延所得税负债，借方登记当企业确认递延所得税负债的应纳税暂时性差异情况发生回转时转回的所得税影响额以及税率变动或开征新税调整的递延所得税负债，贷方余额反映尚未转回的递延所得税负债。

②递延所得税资产的核算

递延所得税资产产生于可抵扣暂时性差异。资产、负债的账面价值与其计税基础不同产生可抵扣暂时性差异的，在估计未来期间能够取得足够的应纳税所得额用以利用该可抵扣暂时性差异时，应当以很可能取得用来抵扣可抵扣暂时性差异的应纳税所得额为限，确认相关的递延所得税资产。

与递延所得税负债的确认相同，所确认的递延所得税资产一般也应作为利润表中所得税费用的调整。企业确认递延所得税资产时，应借记“递延所得税资产”账户，贷记“所得税费用”账户。

“递延所得税资产”账户，核算企业由于可抵扣暂时性差异确认的递延所得税资产。其借方登记确认的各类递延所得税资产，贷方登记当企业确认递延所得税资产的可抵扣暂时性差异情况发生回转时转回的所得税影响额以及税率变动或开征新税调整的递延所得税资产，借方余额反映尚未转回的递延所得税资产。

（4）当期所得税和递延所得税的核算

企业核算所得税，主要是为了确定当期应交所得税以及利润表中应确认的所得税费用。在按照资产负债表债务法核算所得税的情况下，利润表中的所得税费用由两个部分组成：当期所得税和递延所得税。

①当期所得税

当期所得税是指企业按照税法规定计算并确定当期发生的交易和事项，应交纳给税务部门的所得税金额，即应交所得税。当期所得税应以适用的税收法规为基础计算确定。

企业在确定当期所得税时，对于当期发生的交易或事项，会计处理与税收处理不同的，应在会计利润的基础上，按照适用的税收法规规定进行调整，计算出当期应纳税所得额，按照应纳税所得额与适用所得税税率计算确定当期应交所得税。一般情况下，应纳税所得额可在会计利润的基础上，考虑会计与税收之间的差异，按照以下公式计算确定：

企业应交所得税额=（会计利润+纳税调增项目-纳税调减项目）×适用所得税税率

②递延所得税

递延所得税是指按照所得税准则规定应予确认的递延所得税资产和递延所得税负债在期末应有的金额相对于原已确认金额之间的差额，即递延所得税资产及递延所得税负债当期发生额的综合结果。用公式表示即为：

$$递延所得税=\left(\begin{matrix}期末递延\\所得税负债\end{matrix}-\begin{matrix}期初递延\\所得税负债\end{matrix}\right)-\left(\begin{matrix}期末递延所\\得税资产\end{matrix}-\begin{matrix}期初递延\\所得税资产\end{matrix}\right)$$

③所得税费用

计算确定了当期所得税及递延所得税以后，利润表中应予确认的所得税费用为两者之和，即：

所得税费用=当期所得税+递延所得税

【例10-2】甲公司2012年税前会计利润为100万元，所得税税率为25%，采用资产负债表债务法核算所得税费用。2012年发生的交易与事项中，与所得税有关的有：

（1）非公益性赞助支出10万元。

（2）国债利息收入6万元。

（3）交易性金融资产年初账面余额为50万元，其中公允价值变动收益8万元；年末账面余额为60万元，其中公允价值变动收益18万元。库存商品年初账面余额为38万元，其中已提跌价准备12万元；年末账面余额为36万元，其中已提的跌价准备为20万元。

（4）某销售部门2010年12月投入使用的固定资产，原价为200万元（税务上对此原价是认可的），假定无残值，会计上采用4年期年数总和法提取折旧，税法上则采用5年期直线法。

（5）2010年年初甲公司开始自行研制某专利权，历时6个月研究成功投入使用，于2010年7月1日开始摊销，账面原价为400万元，摊销期为5年，假定无残值。税法认可此专利权的分摊期限，并允许按成本的150%摊销。

（6）甲公司因产品质量担保确认了预计负债，年初余额为5万元，当年新提了3万元，支付了产品质量担保费用2.5万元。

则甲公司2012年12月31日有关所得税会计处理如下：

（1）确定暂时性差异（见表10-3）：

表10-3　**确定暂时性差异**　单位：万元

项目	年初			年末			新增	
	账面价值	计税基础	差异	账面价值	计税基础	差异	可抵扣	应纳税
交易性金融资产	50	42	8	60	42	18		+10
库存商品	38	50	12	36	56	20	+8	
固定资产	120	160	40	60	120	60	+20	
无形资产	280	280	0	200	200	0	0	
预计负债	5	0	5	5.5	0	5.5	+0.5	
合计	—	—	—	—	—	—	+28.5	+10

（2）确认递延所得税资产（假设符合确认条件）和递延所得税负债：

2012年应确认的递延所得税资产 = 28.5×25% = 7.125（万元）

2012年应确认的递延所得税负债 = 10×25% = 2.5（万元）

（3）确定甲公司2012年应纳所得税额：

2012年应纳税所得额 = 100+10-6+（20-12）+（200×3÷10-200÷5）-400÷5×50%+（3-2.5）

= 92.5（万元）

2012年应纳所得税额 = 92.5×25% = 23.125（万元）

（4）确定2012年所得税费用：

2012年所得税费用 = 23.125-7.125+2.5 = 18.5（万元）

（5）所得税会计处理如下：

借：所得税费用　　　　　　　　　　185 000
　　递延所得税资产　　　　　　　　　71 250
　贷：应交税费——应交所得税　　　　　　　231 250
　　　递延所得税负债　　　　　　　　　　　25 000

期末，结转“本年利润”时：

借：本年利润　　　　　　　　　　　185 000
　贷：所得税费用　　　　　　　　　　　　185 000

第三节　财务成果分配

一、利润分配的一般程序

企业当期实现的净利润，加上年初未分配利润（或减去年初未弥补亏损）后的余额，为可供分配的利润。可供分配的利润，一般按下列顺序分配：

（1）提取法定盈余公积，是指企业根据有关法律的规定，按照净利润的10%提取盈余公积。法定盈余公积累计金额超过企业注册资本的50%以上时，可以不再提取。

（2）提取任意盈余公积，是指企业按股东大会或类似机构决议提取的盈余公积。

（3）应付现金股利或利润，是指企业按照利润分配方案分配给股东的现金股利，也包括非股份有限公司分配给投资者的利润。

（4）转作股本的股利，是指企业按照利润分配方案以分派股票股利的形式转作股本的股利，也包括非股份有限公司以利润转增的资本。

二、利润分配的会计处理

企业应当设置“利润分配”账户，核算利润的分配（或亏损的弥补）情况，以及历年积存的未分配利润（或未弥补亏损）。该账户还应当分别“提取法定盈余公积”、“提取任意盈余公积”、“应付现金股利（或利润）”、“转作股本的股利”、“盈余公积补亏”和“未分配利润”等进行明细核算。年度终了，企业应将“利润分配”账户所属其他明细账户余额转入“未分配利润”明细账户。结转后，除“未分配利润”明细账户外，其他明细账户应无余额。

企业按有关法律规定提取的法定盈余公积，借记“利润分配——提取法定盈余公积”账户，贷记“盈余公积——法定盈余公积”账户；按股东大会或类似机构决议提取的任意盈余公积，借记“利润分配——提取任意盈余公积”账户，贷记“盈余公积——任意盈余公积”账户；按股东大会或类似机构决议分配给股东的现金股利，借记“利润分配——应付现金股利（或利润）”账户，贷记“应付股利”账户；按股东大会或类似机构决议分配给股东的股票股利，在办理增资手续后，借记“利润分配——转作股本的股利”账户，贷记“股本”或“实收资本”账户，如有差额，贷记“资本公积——股本溢价（或资本溢价）”账户；企业用盈余公积弥补亏损，借记“盈余公积——法定盈余公积（或任意盈余公积）”账户，贷记“利润分配——盈余公积补亏”账户。年度终了，将“利润分配”账户所属其他明细账户余额转入“未分配利润”明细账户，借记“利润分配——未分配利润”账户，贷记“利润分配——提取法定盈余公积”、“利润分配——提取任意盈余公积”、“利润分配——应付现金股利（或利润）”、“利润分配——转作股本的股利”等账户；或者借记“利润分配——盈余公积补亏”等账户，贷记“利润分配——未分配利润”账户。

年度终了，企业应将收入和支出相抵后结出的本年实现的净利润，转入“利润分配——未分配利润”账户，借记“本年利润”账户，贷记“利润分配——未分配利润”账户；如果为净亏损，借记“利润分配——未分配利润”账户，贷记“本年利润”账户。结转后，“本年利润”账户应无余额。企业产生的经营亏损，依据所得税法，可以用连续5年经核定的税前利润弥补。

【例10-3】假设【例10-2】中甲公司2012年度各损益类账户的余额见表10-4。

表10-4　**各损益类账户余额**　单位：万元

损益类账户	借方发生额	贷方发生额
营业收入		680
营业外收入		25
投资收益		70
公允价值变动收益		10
营业成本	490	
营业税金及附加	10	
销售费用	55	
管理费用	65	
财务费用	27	
营业外支出	30	
资产减值损失	8	

2012年的利润结转编制的分录如下：

（1）将实现的收入结转至本年利润：

借：营业收入	6 800 000	
营业外收入	250 000	
投资收益	700 000	
公允价值变动损益	100 000	
贷：本年利润		7 850 000

(2) 将发生的费用结转至本年利润:

借: 本年利润 6 850 000

　贷: 营业成本 4 900 000

　　营业税金及附加 100 000

　　销售费用 550 000

　　管理费用 650 000

　　财务费用 270 000

　　资产减值损失 80 000

　　营业外支出 300 000

(3) 所得税处理(详见【例 10-2】):

借: 所得税费用 185 000

　递延所得税资产 71 250

　贷: 应交税费——应交所得税 231 250

　　递延所得税负债 25 000

结转至"本年利润"时:

借: 本年利润 185 000

　贷: 所得税费用 185 000

(4) 假设甲公司 2012 年利润分配方案为: 按净利润的 10% 提取法定盈余公积, 按净利润的 30% 向投资者分配利润。则甲公司 2012 年相关利润分配处理如下:

甲公司 2012 年实现税后净利润 = 785-685-18.5=81.5(万元)

提取盈余公积时:

借: 利润分配——提取盈余公积 81 500

　贷: 盈余公积——法定盈余公积 81 500

向投资者分配利润时:

借: 利润分配——应付利润 244 500

　贷: 应付利润 244 500

将本年实现净利润结转至利润分配时:

借: 本年利润 815 000

　贷: 利润分配——未分配利润 815 000

将已分配利润结转至未分配利润时:

借: 利润分配——未分配利润 326 000

　贷: 利润分配——提取盈余公积 81 500

　　　　　——应付利润 244 500

本章小结

利润是指企业在一定会计期间的财务成果，包括收入减去费用后的净额、直接计入当期利润的利得和损失等。

在利润表中，利润分为营业利润、利润总额和净利润三个层次。营业利润是指企业一定期间经营活动取得的利润；利润总额是指企业一定期间的营业利润与营业外收支净额的合计总额；净利润是指企业一定期间的利润总额减去所得税费用后的净额。

营业外收入是指企业取得的与生产经营活动没有直接关系的各种收入，主要包括处置非流动资产利得、非货币性资产交换利得、债务重组利得、罚没利得、捐赠利得、盘盈利得、政府补助利得、确实无法支付而按规定程序经批准后转作营业外收入的应付款项等。

营业外支出是指企业发生的与生产经营活动没有直接关系的各种支出，主要包括处置非流动资产损失、非货币性资产交换损失、债务重组损失、罚款支出、捐赠支出、非常损失、盘亏损失等。

会计期末，企业应将收入类账户贷方余额转入“本年利润”账户的贷方，将支出类账户借方余额转入“本年利润”账户借方登记；年度终了，企业应将本年收入和支出相抵后结出的本年实现的净利润，转入“利润分配——未分配利润”账户，如果为净亏损，做相反的结转。

独立核算、自负盈亏企业经营实现的利润应依法缴纳企业所得税。遵循不同标准，服务不同目的导致税前利润与应纳税所得额之间存在一定的差异，这种差异按其性质可以分为永久性差异和暂时性差异两个类型。

永久性差异是指某一会计期间，由于会计准则和税法在计算收益、费用或损失时的口径不同所产生的税前会计利润与应纳税所得额之间的差异。

暂时性差异是指资产、负债的账面价值与其计税基础不同产生的差异，该差异的存在将影响未来期间的应纳税所得额。

根据是否确认暂时性差异对所得税影响，所得税的会计处理方法主要分为应付税款法和资产负债表债务法。我国企业会计准则不允许采用应付税款法。

资产负债表债务法进行所得税核算一般应遵循以下程序：(1) 按照相关会计准则规定确定资产负债表中除递延所得税资产和递延所得税负债以外的其他资产和负债项目的账面价值；(2) 按照准则中对于资产和负债计税基础的确定方法，以适用的税收法规为基础，确定资产负债表中有关资产、负债项目的计税基础；(3) 比较资产、负债的账面价值与计税基础，分析两者之间存在差异的性质，与年初差异额比较，确认递延所得税资产和递延所得税负债金额；(4) 按照企业所得税法规定计算当期应纳税所得额，乘以适用所得税率，确定当期应缴纳所得税额；(5) 确定利润表中的所得税费用。

企业当期实现的净利润，加上年初未分配利润（或减去年初未弥补亏损）后的余额，为可供分配的利润。可供分配的利润，一般按下列顺序分配：①提取法定盈余公积；②提取任意盈余公积；③应付现金股利或利润；④转作股本的股利。

思考与练习

■ 思考题

1. 依据我国企业会计准则，利润的构成有哪些内容？营业利润、利润总额如何计算？

2. 什么是利得和损失？收入与利得、费用与损失之间有什么区别？

3. 什么是营业外收入和营业外支出？分别包括哪些内容？

4. 简述我国公司制企业利润分配的一般程序。

5. 如何计算和结转企业实现的利润？

6. 什么是所得税会计？

7. 应纳税所得额与会计利润有何关系？

8. 如何计算企业应纳所得税额？

9. 什么是资产的计税基础？什么是负债的计税基础？

10. 什么是暂时性差异？

11. 简述企业如何对所得税进行会计处理？

■ 练习题

一、单项选择题

1. 以下项目中不属于营业外收入的是(　　)。

A. 劳务收入　　B. 捐赠收入
C. 罚款收入　　D. 处理固定资产净收益

2. “本年利润”账户年末余额反映企业的(　　)。

A. 利润总额　　B. 净利润（或亏损）
C. 营业利润（或亏损）　　D. 税前利润（或亏损）

3. 企业进行年终利润结转后，可能有余额的账户是(　　)。

A. 本年利润　　B. 利润分配——未分配利润
C. 利润分配——盈余公积补亏　　D. 利润分配——提取盈余公积

4. 企业按规定提取的无形资产减值准备，应计入(　　)。

A. 管理费用　　B. 财务费用
C. 资产减值损失　　D. 营业外支出

5. 下列项目中不包括在营业利润中的是(　　)。

A. 营业收入　　B. 营业成本
C. 期间费用　　D. 所得税费用

6. (　　)的资产减值损失一经确认，在以后会计期间不得转回。

A. 存货　　B. 无形资产

C. 应收账款　　D. 其他应收款

7. 固定资产的处置净损失应计入(　　)。

A. 管理费用　　B. 销售费用

C. 制造费用　　D. 营业外支出

二、多项选择题

1. 下列项目中构成利润总额的因素有(　　)。

A. 营业利润　　B. 所得税费用

C. 投资净收益　　D. 营业外收入

E. 营业外支出

2. 以下项目中应列为营业外收入的有(　　)。

A. 固定资产盘盈净收益　　B 捐赠收入

C. 销售材料收入　　D. 罚款收入

E. 债务重组净收益

3. 以下项目中应列为营业外支出的有(　　)。

A. 捐赠支出　　B. 资产减值损失

C. 罚金支出　　D. 非常损失

E. 固定资产处置净损失

4. 暂时性差异按照其对未来期间所得税的影响分为(　　)。

A. 递延所得税资产　　B. 递延所得税负债

C. 应纳税暂时性差异　　D. 可抵扣暂时性差异

E. 永久性差异

三、业务题

1. 甲公司采用表结法于年末一次结转损益类账户的余额。2013 年 12 月 1 日有关损益类账户的余额见表 10-5。

表 10-5　**各损益类账户余额**　单位：元

账户名称	借方余额	贷方余额
营业收入		3 500 000
公允价值变动损益		75 000
投资收益		300 000
营业外收入		50 000
营业成本	2 280 000	
营业税金及附加	50 000	
销售费用	250 000	
管理费用	350 000	
财务费用	100 000	
资产减值损失	50 000	
营业外支出	100 000	

2013 年 12 月甲公司发生下列业务：

（1）按规定的管理权限报经批准后，转销盘盈的现金 1 000 元。

（2）结转出售固定资产后的净收益 25 000 元。

（3）因某客户违约，取得罚款净收益 4 000 元，已存入开户银行。

（4）按规定的管理权限报经批准后，转销因自然灾害造成的原材料净损失 30 000元。

（5）向希望工程捐款 50 000 元，以银行存款支付。

（6）以银行存款支付税收滞纳金 15 000 元。

（7）年末，将各项收入、利得类账户的余额结转至“本年利润”。

（8）年末，将各项费用、损失类账户的余额结转至“本年利润”。

要求：根据上述经济业务编制会计分录。

2. 乙公司 2013 年年初的递延所得税资产为 14.85 万元，递延所得税负债为 49.5 万元。当年实现的税前会计利润为 720 万元，其中含有国库券利息收入 50 万元，当年发生的营业外支出中有 30 万元的税收滞纳金，该企业适用的所得税税率为 25%。2013 年 12 月 31 日，该公司资产负债表中相关项目的金额及其计税基础见表 10-6。

表 10-6　资产负债表项目的账面价值及计税基础　单位：元

项目	账面价值	计税基础	暂时性差异	
			应纳税	可抵扣
存货	8 000 000	8 400 000		
交易性金融资产	600 000	560 000		
固定资产	1 820 000	1 920 000		
预计负债	500 000	0		
合计				

表 10-6 中资产负债表项目账面价值与计税基础差异原因：

（1）本年计提存货跌价准备 400 000 元；

（2）交易性金融资产公允价值下跌 40 000 元；

（3）会计与税法固定资产折旧方法不同导致；

（4）计提的产品质量担保费用。

假定除上述项目外，该企业其他资产、负债的账面价值与其计税基础不存在差异，也不存在其他纳税调整因素。

要求：

（1）计算该企业 2013 年度的应纳税所得额和应交所得税，以及当年应确认的递延所得税费用和应计入利润表中的所得税费用。

（2）编制确认所得税费用和年末结转所得税费用的会计分录。

案例分析

华能公司[①]

华能公司是一家上市公司，它主要生产台式机及笔记本电脑，其市场目标主要定位于小规模公司和个人使用。该公司生产的产品质量优良，价格合理，在市场上颇受欢迎，销路很好，因此该公司也迅速发展壮大起来。公司当前正在作2012年度的财务分析，下一周财务总监董晶将向总经理汇报2012年度公司的财务状况和经营成果，汇报的重点是公司经营成果的完成情况，并要出具具体的分析数据。

张伟是该公司的助理会计师，主要负责利润的核算、分析工作，董晶要求张伟对公司2012年度有关经营成果的资料进行整理分析，并就公司经营成果的完成情况写出分析结果，以供公司领导决策考虑。接到财务总监交给的任务后，张伟立刻收集有关经营成果的资料，见表10-7、表10-8、表10-9。

表10-7　　**利润表**　　会企02表

编制单位：华能公司　　2012年度　　单位：千元

项目	2012年	2011年
一、营业收入	1 296 900	1 153 450
减：营业成本	1 070 955	968 091
营业税金及附加	14 396	6 805
销售费用	2 703	1 961
管理费用	124 502	108 309
财务费用	-24 122	105 541
资产减值损失		
加：公允价值变动收益（损失以“-”号填列）	-5 318	-2 192
投资收益（损失以“-”号填列）	21 509	68 976
二、营业利润（亏损以“-”号填列）	124 657	29 527
加：营业外收入	80	0
减：营业外支出	3 113	1 961
三、利润总额（亏损总额以“-”号填列）	121 624	27 566
减：所得税费用	23 344	4 268
四、净利润（净亏损以“-”号填列）	98 280	23 298

① 资料来源：张先治，等．财务分析［M］．大连：东北财经大学出版社，2009：112.

表 10-8　　**华能公司财务费用明细表**　　单位：千元

项目	2012 年	2011 年
利息支出	970	128 676
减：利息收入	26 854	25 320
汇兑损失	3 108	2 809
减：汇兑收益	1 480	756
其他	134	132
财务费用合计	−24 122	105 541

表 10-9　　**华能公司管理费用明细表**　　单位：千元

项目	2012 年	2011 年
工资及福利费	65 540	64 320
劳动保险费	4 340	4 308
业务招待费	8 988	4 211
工会经费	1 150	1 048
折旧费	1 540	1 540
技术开发费	38 600	27 856
其他	4 344	5 026
管理费用合计	124 502	108 309

案例分析与讨论：

请运用案例中提供的信息，协助张伟完成华能公司 2012 年度经营业绩分析报告。

第十一章　资本的两大来源：负债与所有者权益

【导入案例】

2013 年秋，范鑫创建一个名为“新希望”的塑料瓶粉碎工厂。新希望公司开业前需要购买一辆卡车、一个拖斗车来运输瓶子，需要两台粉碎机粉碎废旧塑料瓶，同时还需购买运行和维护机器所需的一些备品备件。范鑫又找到一个价值282 000元非常适合改造为工厂的仓库。

取得以上资产一共需要资金500 000 元，而范鑫全部积蓄只有200 000 元，如果“新希望”公司能够顺利开业，范鑫需要再融资300 000 元。

范鑫首先找了他的妹妹和哥哥，希望他们能够把他们的积蓄借给他，但范鑫的妹妹和哥哥也非常看好此项目，只愿意给范鑫投资而不愿意借钱给他，最后范鑫同意他们入伙，他们每人向新希望公司投资了100 000 元。范鑫又以仓库抵押，向银行借款200 000 元。这样范鑫就取得了确保新希望公司顺利开业所需的全部资金而且留有一定的流动资金确保日常开支和招募员工。范鑫顺利地开启了实现梦想的旅程。

试问：(1) 新希望公司顺利开业所需的资本主要来源渠道有哪些？

(2) 范鑫的哥哥和妹妹为什么不愿意借钱给范鑫，而只愿意给新希望公司投资？如果是你将怎样选择？你认为新希望公司的股东持股比例如何确定才比较合理。

(3) 如果筹集不到足够资金，“新希望”公司能够顺利开业吗？筹资与投资是何关系？

【学习目标】

在本章中，你将学到：

(1) 什么是负债，其具体内容主要包括哪些。

(2) 什么是所有者权益，其具体内容主要包括哪些。

(3) 负债的会计处理。

(4) 企业的主要组织形式有哪些，其与所有者权益的构成是何关系。

(5) 所有者权益的会计处理。

(6) 负债和所有者权益的关系。

资产负债表的左方表示资产（即企业所拥有或控制的经济资源），而右方表示权益（即企业资产的来源）。虽然企业筹集带来未来经济利益的资源（资产）的渠道有很多，但从提供资源者对资源收益的要求权角度来分只有两个，即负债和所有者权益。负债即为债权人对企业资产的要求权，而所有者权益即为投资者对企业资产的要求权。

确认对新资金的需求并设法取得这些资金是财务管理的一部分职能。一家公司的财务经理需要具有广泛的关于融资手段和有关融资的法律、税收法规的业务知识。其他管理人员虽然不需要对这些方面的细节问题非常熟悉，但是也需要有一个基本的了解。

第一节　负债

一、负债的性质

在第二章中我们把负债定义为企业过去的交易或者事项形成的、预期会导致经济利益流出企业的现时义务，其基本特征为：（1）负债是企业承担的现时义务；（2）负债预期会导致经济利益流出企业；（3）负债是由企业过去的交易或者事项形成的。

资产负债表中列示的负债属于“会计意义上的负债”，其并不完全等同于法律意义上的强制性义务，或者说跟我们平时在经济生活中所理解的“负债”概念存在一定的偏差。有时一些会计意义上的负债并不是法律意义上的强制性义务，相反一些法律意义上的强制性义务也不构成会计意义上的负债。

如产品质量保证义务，属于会计负债而不属于法律负债。由质量保证协议产生的需要在未来支付的预计准备成本，就是一个在负债得到确认时并无确定义务的例子。当质量保证协议生效时，要在收入得到确认的期间内建立一个负债性质的账户，并将与其对抵的数额借记诸如“预计质量保证费用”之类的费用账户。而后，当按照质量保证协议进行维修或货物更换时，就借记这个负债账户，贷记诸如“原材料”之类的资产负债表账户。

如待履行的合同义务，则属于法律负债而不属于会计负债。买卖双方签订的购销合同，在双方都未开始履行合同前，会计上是不确认未履行合同义务的，也就是说，会计上不确认“负债”；但合同一旦签订，买卖双方就产生了履约的法定义务，即产生法律意义上的“负债”。对买方来说需要按约定支付货款，而对卖方来说必须如期交付货物。

知识拓展 11-1　　**预计负债与或有事项**

企业在经营活动中有时会面临诉讼、仲裁、债务担保、产品质量保证、重组等具有较大不确定性的经济事项。这些不确定事项对企业的财务状况和经营成果可能会产生较大的影响。我国会计准则将过去的交易或者事项形成的，其结果须由某些未来事项的发生或不发生才能决定的不确定事项称为或有事项。根据这些不确定事项发生对企业财务状况和经营成果影响的结果不同，将可能产生经济利益流入企业的或有事项称为或有资产；将可能产生经济利益流出企业的或有事项称为或有负债。

国际主流或有事项的会计处理方法是不确认或有事项，但当或有事项产生的结果可能导致经济利益流出企业的情况中，满足负债确认条件时，应当即确认为

“预计负债”。

预计负债属于负债的范畴，一般符合负债的确认条件而应予确认。预计负债的确认须同时满足下列三个条件：（1）该义务是企业承担的现时义务；（2）履行该义务很可能导致经济利益流出企业；（3）该义务的金额能够可靠地计量。预计负债的计量主要涉及两个问题：一是最佳估计数的确定；二是预期可获得补偿的处理。最佳估计数的确定，应当按照履行相关现时义务所需支出的最佳估计数进行初始计量。对于预期可获得的补偿在基本确定能够收到时应当确认为一项资产，而不能作为预计负债金额的扣减。

二、负债的确认与计量

总的来说，公司筹集债务资本的工具主要有银行借款、发行企业债券或资本租赁等自觉性融资方式。同时，企业在正常的生产经营过程中还会产生大量的自发性资金来源，如应付账款、预收账款、应付职工薪酬、应交税费等。

依据《企业会计准则第30号——财务报表列报》，我国资产负债表中要求企业列报的负债按负债的流动性划分为流动负债和非流动负债。流动负债是指偿还期在一年或超过一年的一个营业周期内的债务，主要包括短期借款、交易性金融负债、应付票据、应付账款、预收账款、应付职工薪酬、应交税费、应付利息、应付股利、其他应付款等。而非流动负债（也称长期负债）是指偿还期在一年或超过一年的一个营业周期以上的债务，主要包括长期借款、应付债券、长期应付款、专项应付款、预计负债、递延所得税负债等。这样要求的目的是便于信息使用者分析企业的财务状况和偿债能力。通过了解企业的流动资产和流动负债的相对比例，可以大致反映企业的短期偿债能力；同时，通过对可用于支付的流动资产与近期需支付的流动负债的比例，可以了解企业的清算能力，也有利于相关信息使用者通过对报表的对比分析，正确评价企业的财务状况，进而对企业的偿债能力做出合理判断。

（一）负债的确认

将一项现时义务确认为负债，需要符合负债的定义，还应当同时满足以下两个条件：

1. 与该义务有关的经济利益很可能流出企业

从负债的定义来看，负债预期会导致经济利益流出企业，但是履行义务所需流出的经济利益带有不确定性，尤其是与推定义务相关的经济利益通常需要依赖于大量的估计。因此，负债的确认应当与对经济利益流出的不确定程度的判断结合起来。如果有确凿证据表明，与现时义务有关的经济利益很可能流出企业，就应当将其作为负债予以确认；反之，如果企业承担了现时义务，但是导致经济利益流出企业的可能性已不复存在，就不符合负债的确认条件，不应将其作为负债予以确认。

2. 未来流出的经济利益的金额能够可靠地计量

负债的确认在考虑经济利益流出企业的同时，对于未来流出的经济利益的金额应当能够可靠计量。对于与法定义务有关的经济利益流出金额，通常可以根据合同或者法律规定的金额予以确定，考虑到经济利益流出的金额通常在未来期间，有时未来期间较长，有关金额的计量需要考虑货币时间价值等因素的影响。对于与推定义务有关的经济利益流出金额，企业应当根据履行相关义务所需支出的最佳估计数进行估计，并综合考虑有关货币时间价值、风险等因素的影响。

（二）负债的计量

对不同的负债加以分类，是对负债进行计量的基础。负债的偿付期限、金额和偿付方式往往在其发生或成立时已由合同、契约或债券发行条例所规定，具备法律上的约束力。理论上，负债的计量应考虑货币的时间价值，即按其对应的现值记账。在实务操作上，由于流动负债涉及期限较短，往往不考虑时间价值，按照其到期值或面值进行计量。各项流动负债应当按实际发生金额记账，负债已经发生而金额需要预计确定的，应当合理估计，待实际数额确定后，再进行调整。具体地讲，金额确定的流动负债按其成立时的实际发生价值计价；金额视经营成果而定的流动负债，应将其与有关事项联系起来考虑，按未来应偿付的估计金额计价，待实际数额确定后再作调整；非货币性项目的流动负债，如将来要以特定的实物资产或劳务支付的预收项目等，应按预定或双方认可的金额计价，而不考虑企业以后提供实物资产或服务的相关价格是否发生变化。而非流动负债需要考虑时间价值。长期借款以实际取得的货币资产或其他资产与其使用期间形成的利息之和计价；应付债券以未来偿还金额的现值加上累计偿付利息现值之和计价；长期应付款中的应付引进设备款以引进设备的价款和利息的外币金额折合为记账本位币计价，融资租入固定资产以设备价款、手续费、运输费、途中保险费等之和计价。

三、负债的会计处理

（一）银行借款

1. 短期借款

短期借款，是指企业为了补充流动资金的不足而向银行或其他金融机构借入的，期限在一年或一个营业周期以内的，用于维持企业正常生产经营的各种借款。国际上通行的短期借款一般须以企业财产作抵押，最为常见的方式是票据贴现。我国除票据贴现方式以外，还可根据企业经营需要，在法规与银行管理制度允许范围内，按一定程序获得短期银行借款，如制造业企业生产周转借款、临时借款、结算借款、卖方信贷等，商品流通企业商品周转借款、专项储备借款、预购定金借款等。企业借入的短期借款，无论用于哪一方面，只要借入了这笔资金，就构成了一项负债。

企业应当设置“短期借款”账户，核算企业从银行实际取得和归还短期借款的经济业务。企业取得一项短期借款时，借记“银行存款”等账户，贷记“短期借款”账户。

企业对于取得短期借款的利息，通常应当按照合同规定于每个季度末根据借款本金和合同利率确定的金额支付。根据权责发生制的要求，企业还应当在每个月末计提借款利息，将应付未付的利息确认为一项流动负债，计入应付利息，同时确认当期损益。

企业应于短期借款到期日偿还短期借款的本金以及尚未支付的利息，借记“短期借款”、“应付利息”、“财务费用”等账户，贷记“银行存款”账户。

【例 11-1】新希望公司 2014 年 1 月 1 日从银行取得短期借款 100 000 元。借款合同规定，借款利率为 6%，期限为 1 年，到期日为 2014 年 12 月 31 日。假定甲公司每个月末计提利息，每个季度末支付利息。新希望公司对于该项短期借款的有关账务处理如下：

（1）2014 年 1 月 1 日，实际取得短期借款时：

借：银行存款　　100 000

　贷：短期借款　　100 000

（2）每月末计提借款利息时：

应付利息 = 100 000×6% ÷12 = 500（元）

借：财务费用　　500

　贷：应付利息　　500

（3）每季度末付息时：

借：应付利息　　1 500

　贷：银行存款　　1 500

（4）2014 年 12 月 31 日，负债到期归还本金时：

借：短期借款　　100 000

　贷：银行存款　　100 000

2. 长期借款

长期借款是指企业向银行或其他金融机构借入的、偿还期限超过一年的各种借款。企业取得长期借款，必须按照规定的程序进行，一般要经过申请、审批、签订合同和划拨款项等四个步骤。长期借款应按合同规定支付利息。长期借款合同按付息方式主要分为分期付息到期还本、分期偿还本息和到期一次还本付息三种。

为了核算长期借款的取得、计息和归还情况，企业应设置“长期借款”账户。该账户属于负债类账户，贷方登记取得的长期借款本金及利息（这里的利息是指分期计算、一次还本付息的长期借款利息）；借方登记归还的本金及利息；期末余额在贷方，反映尚未归还的借款本金及利息。该账户应按借款的种类或用途设置明细账户，进行明细分类核算。

长期借款的利息费用，应根据权责发生制的要求按期预提。对长期借款用于所购建的长期工程项目完工之前发生的利息，在符合资本化条件的前提下，应予以资本化计入所购建的资产的成本，借记“在建工程”等账户；在工程完工达到预定可使用状态之后产生的利息支出应停止借款利息资本化，而予以费用化直接计入当期损益，借记“财务费用”等账户。

企业取得长期借款时，应借记“银行存款”账户，贷记“长期借款”账户；计算到期一次还本付息的利息时，应借记“在建工程”、“财务费用”等账户，贷记“长期借款”账户；计算分期付息到期还本的利息，应贷记“应付利息”账户；偿还借款、支付利息时应借记“长期借款”账户，贷记“银行存款”账户。

【例 11-2】新希望公司为改扩建工厂，于 2013 年 10 月 1 日从建设银行取得期限为 3 年的人民币借款 200 000 元，并当即将全部资金投入厂房改扩建工程。该借款年利率 8%，合同规定到期一次还本付息，假设按单利计息。改扩建工程于 2013 年 12 月 31 日完工并交付使用。相关账务处理如下：

（1）2013 年 10 月 1 日取得借款时：

借：银行存款　　200 000

　贷：长期借款——建设银行（本金）　　200 000

（2）2013 年年末，计算应由该工程负担的借款利息 4 000 元（200 000×8%÷4）时：

借：在建工程——厂房改扩建工程　　4 000

　贷：长期借款——建设银行（应计利息）　　4 000

（3）2014 年年末、2015 年年末，计提借款利息 16 000 元（200 000×8%）时：

借：财务费用　　16 000

　贷：长期借款——建设银行（应计利息）　　16 000

（4）2016 年 9 月 30 日，负债到期还本付息时：

借：财务费用　　12 000

　　长期借款——建设银行（本金）　　200 000

　　　　　　——建设银行（应计利息）　　36 000

　贷：银行存款　　248 000

知识拓展 11-2　　**借款费用**

借款费用是企业因借入资金所付出的代价，它包括按照实际利率法计算确定的利息费用（包括折价或者溢价的摊销和相关辅助费用）和因外币借款所发生的汇兑差额等。

借款费用的确认是指将每期发生的借款费用资本化（计入相关资产的成本）还是费用化（计入当期损益）。依据《企业会计准则第 17 号——借款费用》，借款费用确认的基本原则是：企业发生的借款费用，可直接归属于符合资本化条件的资产购建或者生产的，应当予以资本化，计入相关资产成本；其他借款费用，应当在发生时根据其发生额确认为费用，计入当期损益。

符合资本化条件的资产是指需要经过相当长时间的购建或者生产活动才能达到预定可使用或者可销售状态的固定资产、投资性房地产和存货等资产。企业只有对发生在资本化期间内的有关借款费用，才允许资本化。借款费用资本化期间，是指从借款费用开始资本化时点到停止资本化时点的期间，但不包括借款费用暂停资本化的期间。

同时满足以下三个条件的借款费用允许资本化，即资产支出已经发生、借款费用已经发生、为使资产达到预定可使用或者可销售状态所必要的购建或者生产活动已经开始。这三个条件中，只要有一个条件不满足，相关借款费用就不能资本化。购建或者生产符合资本化条件的资产达到预定可使用或者可销售状态时，借款费用应当停止资本化。

借款利息资本化金额的确定：

（1）为购建或者生产符合资本化条件的资产而借入专门借款的，应当以专门借款当期实际发生的利息费用，减去将尚未动用的借款资金存入银行取得的利息收入或进行暂时性投资取得的投资收益后的金额，确定专门借款应予资本化的利息金额。

（2）为购建或者生产符合资本化条件的资产而占用了一般借款的，企业应当根据累计资产支出超过专门借款部分的资产支出加权平均数乘以所占用一般借款的资本化率，计算确定一般借款应予资本化的利息金额。资本化率应当根据一般借款加权平均利率计算确定。

（3）每一会计期间的利息资本化金额，不应当超过当期相关借款实际发生的利息金额。

（二）企业债券

债券，是筹资单位为筹集资金而依照法定程序发行，约定在一定日期还本付息的有价证券。按照发行主体，债券包括政府债券、金融债券和企业债券，在这里主要探讨的是一般企业债券。

企业发行债券必须经国家有关部门批准，委托银行或其他金融机构代理发行。发行债券筹集的资金可用于购建固定资产，也可用于补充流动资金。企业发行的债券期限通常超过一年，因此构成了一项长期负债。

1. 企业债券概述

（1）企业债券的分类

企业发行的债券根据不同标准大致有如下分类：

按还本方式分类：①一次还本债券，是指本金于到期日一次偿还的债券；②分期还本债券，是指本金分期偿还的债券。

按付息方式分类：①到期一次还本付息债券，是指本金和利息于到期日一次偿还的债券；②分期付息债券，是指分期偿还利息的债券。

按特殊偿还方式分类：①可转换债券，是指债券发行一定期间后，持有人可以按一定价格转换成企业股票的债券；②可赎回债券，是指债券发行企业有权在债券到期日以前，按特定的价格提前赎回的债券。

（2）债券的构成要素

债券的票面一般要载明下列要素：

①债券面值，即票面价值，包括两项内容：一是币种；二是金额，即企业在还款日应偿还的本金额。

②票面利率，又称名义利率，是指债券上载明的利息率。它表示债券发行人承诺根据这个利率来支付利息。

③债券还本期限，是指债券发行人偿还本金的时间。

此外，债券的票面上还有还本付息方式、发行日期和序号、发行单位印鉴，以及能否转让等项目。

（3）企业债券的发行

企业债券的发行方式有三种：平价发行、溢价发行、折价发行。

债券的发行价格有别于债券面值，两者可能一致，也可能不一致。债券的发行价格，在很大程度上由其票面利率来决定。在其他条件不变的情况下，票面利率越高，债券的发行价格也就越高。如果确定了一个较低的票面利率，债权人一般不愿意认购，发行人只能按低于面值的价格发行。如果确定了一个较高的票面利率，就会吸引更多的债权人购买，在供不应求的情况下，发行人可将债券按高出面值的价格出售。这里的“较低”或“较高”的票面利率是相对于金融市场上其他投资机会的平均收益率而言的。其他投资机会的平均收益率，即为市场利率，是债权人进行决策时使用的重要参照指标。由此可见，企业债券的发行价格与票面利率和市场利率有直接的关系。

从理论上讲，债券的实际发行价格是根据货币时间价值的理论，将债券到期应付面值和各期应付的利息，按市场利率折算的复利现值之和。其一般计算公式如下：

债券的发行价格=债券面值的现值+各期利息的现值

债券面值的现值=债券面值×到期偿还本金的复利现值系数

各期利息的现值=每期债券利息额×分期付息年金现值系数

每期债券利息额=票面价值×每一付息期的票面利率

【例 11-3】新希望公司为扩大企业规模新建厂房，于 2015 年 1 月 1 日发行一批两年期债券，总面值为 100 万元，年利率为 8%，每年付息一次，到期一次还本。厂房于 2015 年 12 月 31 日竣工交付使用。假设发行时市场利率分别为 6%、8% 和 10%，计算不同市场利率水平下的债券价格（见表 11-1）。

表 11-1　**不同市场利率水平下的债券发行价格**　单位：万元

市场利率	债券面值的现值	各期利息的现值	债券的发行价格
6%	100×0.890=89	100×8%×1.8334=14.6672	103.6672
8%	100×0.8573=85.73	100×8%×1.7833=14.27	100
10%	100×0.8264=82.64	100×8%×1.7355=13.884	96.524

2. 企业债券发行的处理

发行债券的企业，应设置“应付债券”账户，反映和监督债券的发行、归还和付息情况。该账户贷方登记应付债券的本金和应计利息，借方登记偿还债券本金和支付利息的金额，余额在贷方，表示尚未偿还的债券本金和利息。该账户应分设“面值”、“利息调整”和“应计利息”等项目核算。

企业发行债券无论是按面值还是溢价或折价，均应按债券面值记入“应付债券——××债券（面值）”账户。

（1）债券平价发行

平价发行，也称等额发行或面额发行，当企业按面值发行债券时，债券价格与债券面值一致，可按债券面值金额借记“银行存款”等账户，贷记“应付债券——××债券（面值）”账户。

【例 11-4】承【例 11-3】，新希望公司为扩大企业规模，于 2015 年 1 月 1 日发行一批两年期债券，总面值 100 万元，年利率为 8%，每年付息一次，到期一次还本。该公司发行债券时，市场利率为 8%，与票面利率相同。则新希望公司平价发行债券，收到款项并存入银行。其账务处理如下：

借：银行存款	1 000 000	
贷：应付债券——两年期债券（面值）		1 000 000

（2）债券溢价发行

债券溢价发行意味着企业将要以高于市场利率的实际利率支付利息，所以溢价的实质是发行企业为以后各期多付利息而预先得到的补偿。当企业溢价发行债券时，债券价格高于债券面值金额。按实际收到的款项，借记“银行存款”等账户；按债券的面值金额，贷记“应付债券——××债券（面值）”账户；按实际收到的款项与票面金额的差额，贷记“应付债券——××债券（利息调整）”账户。

【例 11-5】承【例 11-3】，新希望公司于 2015 年 1 月 1 日发行一批两年期债券，总面值 100 万元，年利率为 8%，每年付息一次，到期一次还本。该公司发行债券时，市场利率为 6%，则公司按 103.6672 万元的溢价发行债券，收到款项并存入银行。其账务处理如下：

借：银行存款	1 036 672	
贷：应付债券——两年期债券（面值）		1 000 000
——两年期债券（利息调整）		36 672

（3）债券折价发行

债券折价发行意味着企业将要以低于市场利率的实际利率支付利息，所以折价的实质是发行企业为以后各期少付利息而预先给投资者的补偿。当企业折价发行债券时，债券价格低于债券面值金额。按实际收到的款项，借记“银行存款”等账户；按债券的面值金额，贷记“应付债券——××债券（面值）”账户；按实际收到的款项与票面金额的差额，借记“应付债券——××债券（利息调整）”账户。

【例 11-6】承【例 11-3】，新希望公司于 2015 年 1 月 1 日发行一批两年期债券，总面值为 100 万元，年利率为 8%，每年付息一次，到期一次还本。该公司发行债券时，市场利率为 10%，则公司按 96.524 万元的折价发行债券，收到款项并存入银行。其账务处理如下

借：银行存款　965 240

　应付债券——两年期债券（利息调整）　34 760

　贷：应付债券——两年期债券（面值）　1 000 000

3. 企业债券计息处理

利息费用是指债务人因使用借入资金而必须负担的费用。如果债券平价发行，各期的利息额就等于票面额与票面利率的乘积。如果债券是溢价或折价发行，在计算和确认各期利息时，还应对产生的溢价和折价进行利息调整。在确认利息时，债券的溢价金额应分期抵销按票面利率支付的利息费用，即债券的溢价部分应逐期从利息费用中扣除；债券的折价金额应补充到按票面利率支付的利息费用中去，即债券的折价部分应逐期转化为利息费用。这种用债券溢价或折价逐期调整债券利息费用的方法称为利息调整的摊销。利息调整应在债券存续期内采用实际利率法进行摊销。

当期利息费用=债券该期期初账面价值×实际利率

应付利息=债券的面值×票面利率

溢价摊销额=应付利息-当期利息费用

折价摊销额=当期利息费用-应付利息

企业按期计提的债券利息费用，应按《企业会计准则第 17 号——借款费用》规定，计入财务费用或有关资产的成本，即借记“财务费用”或“在建工程”等账户；同时，按面值和票面利率计算的应付利息，贷记“应付债券——××债券（应计利息）”（一次还本付息的债券利息）账户或“应付利息”（分期付息到期还本的债券利息）账户。

（1）平价发行债券的利息处理

【例 11-7】以【例 11-4】所列资料为例，在平价发行债券的情况下，每年应计利息费用均为 80 000 元（1000 000×8%）。其账务处理如下：

①2015 年年末计息时：

借：在建工程——厂房建造工程　80 000

　贷：应付利息　80 000

②2016 年年末计息时：

借：财务费用　80 000

　贷：应付利息　80 000

③各年以银行存款支付债券利息时：

借：应付利息　80 000

　贷：银行存款　80 000

（2）溢价发行债券的利息处理

【例 11-8】以【例 11-5】所列资料为例，在溢价发行债券的情况下，采用实际利率法摊销债券溢价，应编制“利息费用与摊余成本计算表”（债券溢价利息调整），见表 11-2。

表 11-2　　**利息费用与摊余成本计算表**　　单位：元

日期	应付利息 ①=1 000 000×8%	利息费用 ②=上期④×6%	利息调整摊销 ③=①-②	摊余成本 ④=上期④-③
2015 年 1 月 1 日				1 036 672
2015 年 12 月 31 日	80 000	62 200	17 800	1 018 872
2016 年 12 月 31 日	80 000	61 128*	18 872	1 000 000
总额	160 000	123 328	36 672	-

*尾数调整。

根据表 11-2 所列资料，新希望公司有关账务处理如下：

①2015 年年末计息时：

借：在建工程——厂房建造工程　　62 200
　　应付债券——两年期债券（利息调整）　　17 800
　贷：应付利息　　80 000

②2016 年年末计息时：

借：财务费用　　61 128
　　应付债券——两年期债券（利息调整）　　18 872
　贷：应付利息　　80 000

③各年以银行存款支付债券利息时：

借：应付利息　　80 000
　贷：银行存款　　80 000

（3）折价发行债券的利息处理

【例 11-9】以【例 11-6】所列资料为例，在折价发行债券的情况下，采用实际利率法摊销债券折价，应编制“利息费用一览表”（债券折价利息调整），见表 11-3。

表 11-3　　**利息费用与摊余成本计算表**　　单位：元

日期	应付利息 ①=1 000 000×8%	利息费用 ②=上期④×10%	利息调整摊销 ③=②-①	摊余成本 ④=上期④+③
2015 年 1 月 1 日				965 240
2015 年 12 月 31 日	80 000	96 524	16 524	981 764
2016 年 12 月 31 日	80 000	98 236*	18 236	1 000 000
总额	160 000	194 760	34 760	—

*尾数调整。

根据表 11-3 所列资料，新希望公司有关账务处理如下：

①2015 年年末计息时：

借：在建工程——厂房建造工程　　96 524

　贷：应付利息　　80 000

　　　应付债券——两年期债券（利息调整）　　16 524

②2016 年年末计息时：

借：财务费用　　98 236

　贷：应付利息　　80 000

　　　应付债券——两年期债券（利息调整）　　18 236

③各年以银行存款支付债券利息时：

借：应付利息　　80 000

　贷：银行存款　　80 000

4. 企业债券到期的处理

债券到期时，发行企业应根据发行债券时规定的还本期限与方式，偿还债券持有人的本金。溢价、折价发行的债券，由于溢价、折价在债券的整个存续期内已经摊销完毕，到期时只需偿还债券的本金和未付的利息。对于分期付息到期还本的债券，可按票面价值借记“应付债券——××债券（面值）”账户，贷记“银行存款”账户。对于到期一次还本付息的债券，到期时除偿还债券本金外还需要偿付利息。由于其每期应付利息已记入“应付债券——××债券（应计利息）”账户的贷方，故偿付本息时应借记“应付债券——××债券（面值）”和“应付债券——××债券（应计利息）”账户，贷记“银行存款”账户。

【例 11-10】承【例 11-3】，债券到期偿还本金时，新希望公司有关账务处理如下：

借：应付债券——两年期债券（面值）　　1 000 000

　贷：银行存款　　1 000 000

（三）资本租赁

租赁有广义和狭义之分。狭义的租赁又称为现代租赁，是指以融资为主要目的，以设备等资产为主要对象，各方均应履行租约中约定义务的租赁。广义的租赁则泛指一切财产使用权的有偿转让活动。它不仅包括现代租赁，还包括为满足短期、临时需要，以不动产为对象，不立契约的财产使用权的转让活动。会计中所讨论的租赁主要指狭义的资本租赁，也称融资租赁。

资本租赁实质上是一种契约关系，在这种契约关系中，一般涉及三个当事人：出租人、承租人和供货人。其中，出租人根据承租人的要求购入设备出租给承租人，在租赁期间，出租人拥有该设备的所有权，并定期收取租金，只是所收取的租金中既包含购买设备的本金，还包含为承租人购买设备支付的资金所应收取的利息；承租人拥有租赁资产的使用权并定期向出租人支付租金；供货人则根据承租人的特定要求购买或制造设备并将设备提供给出租人。

知识拓展 11-3　　**资本租赁业**

租赁业的雏形最早产生于农业，拥有大量土地、房屋、农具的农场主（地主）将其所拥有的财产通过口头或书面协议的形式租给农民使用，而农民则在一定时期内以某种形式向地主交纳租金。随着社会经济的迅速发展和商品经济的产生，在商品从生产环节到流通领域的发展过程当中，需要有运输工具。此时的运输工具尚欠发达，主要是船只，由此产生了以船只租赁为主的租赁业。到了 19 世纪，由于以产业资本为主体的经济体制的确定，促进了租赁业的进一步发展，使得租赁业得到了实质性的改变。这时的租赁业的主要形式是制造商将自己生产的机器设备租给用户。现代租赁业是从第二次世界大战后开始的，其主要特征是设备租赁，最大特点是金融资本与工业资本在信贷环节的相互融通，使得租赁业变成一种融通资金的行为。

在国际资本市场上，资本租赁已成为仅次于银行信贷的第二大融资方式，目前全球近 1/3 的投资通过这一方式完成。西方发达国家约 25% 的固定资产来自租赁。美国各大航空公司中拥有或租赁飞机的情况如下：美国航空公司目前拥有约 1 200 架飞机，其中 70% 左右为自己所拥有，另 30% 左右则属于经营租赁；Delta 公司拥有约 800 架飞机，38% 属于经营租赁；UAL 公司拥有 550 余架飞机，其中 55% 是通过租赁的方式取得的；Northwest 公司拥有约 500 架飞机，其中 38% 是通过租赁的方式取得的；Southeast 公司拥有约 350 架飞机，其中 26% 是通过租赁的方式取得的。我国的融资租赁始于 20 世纪 80 年代初，经过 30 多年的发展，这一融资新渠道给一时资金短缺但又急需购置相关物资设备的企业带来了新的生机，在电器设备、机械加工设备、通信设备及航空飞机等方面的作用尤其明显。

1. 资本租赁的确认

目前我国会计准则与国际大多数国家一样将租赁区分为经营租赁和融资租赁（资本租赁），本教材仅从融资角度讨论资本租赁的会计问题。

依据我国《企业会计准则第 21 号——租赁》规定，一项租赁业务符合下列一项或数项标准的，应当认定为融资租赁：（1）在租赁期届满时，租赁资产的所有权转移给承租人。（2）承租人有购买租赁资产的选择权，所订立的购买价款预计将远低于行使选择权时租赁资产的公允价值，因而在租赁开始日就可以合理确定承租人将会行使这种选择权。（3）即使资产的所有权不转移，但租赁期占租赁资产使用寿命的大部分。（4）承租人在租赁开始日的最低租赁付款额现值，几乎相当于租赁开始日租赁资产公允价值；出租人在租赁开始日的最低租赁收款额现值，几乎相当于租赁开始日租赁资产公允价值。（5）租赁资产性质特殊，如果不作较大改造，只有承租人才能使用。

2. 资本租赁的计量

融资租入资产实际上是一种融资行为，它与企业举借长期负债购入资产无甚差别，只不过是资金、资产均由出租人提供，融资和商品交易同时进行。既然企业通过借款购入的资产在会计上同时作为资产和长期负债处理，融资租入资产就应同时确认租赁资产和相应的长期负债。如果将融资租赁费用直接计入各期损益，会计上就无法反映企业资产、负债的实际情况，就会影响会计信息质量。

依据我国《企业会计准则第21号——租赁》规定，在租赁期开始日，承租人应当将租赁开始日租赁资产公允价值与最低租赁付款额现值两者中较低者作为租入资产的入账价值，将最低租赁付款额作为长期应付款的入账价值，其差额作为未确认融资费用。

资本租赁的租金要使出租方在租赁期内能够收回以下两项资金：（1）资产的成本；（2）利息以及附着在该资产上的出租方资本的利润。对资本租赁的资产计提折旧的方法与公司自有资产计提折旧方法相同，支付给出租人租金时，会计处理方法是：一部分租金用于减少负债，其余的计入当期利息费用。

知识拓展11-4　**与资本租赁会计处理相关的几个概念**

（1）租赁期：是指租赁合同规定的不可撤销的租赁期间。承租人有权选择继续租赁该资产，而且在租赁开始日就可以合理确定承租人将会行使这种选择权，如果租赁合同规定承租人享有优惠购置权，则租赁期最长不得超过自租赁开始日起至优惠购置权行使之日止的期间。

（2）担保余值：就承租人而言，担保余值是指由承租人或与其有关的第三方担保的开始日租赁资产原账面价值；就出租人而言，担保余值是指就承租人而言的担保余值加上独立于承租人和出租人、但在财务上有能力担保的第三方担保的资产余值。其中，资产余值是指在租赁开始日估计的租赁期届满时租赁资产的公允价值。

（3）未担保余值：是指租赁资产余值中扣除就出租人而言的担保余值以后的资产余值。

（4）最低租赁付款额：支付或可能被要求支付的各种款项（不包括或有租金和履约成本），加上由承租人或与其有关的第三方担保的资产余值。

我国会计准则中的最低租赁付款额是从承租人角度规定的一个概念，其中“最低”一词是相对于或有租金、履约成本等而言的。最低租赁付款额是在租赁开始日就可确定的、承租人将必须向出租人支付的最小金额，或者说是承租人在租赁开始日对出租人的最小负债。租赁合同规定的内容不同，最低租赁付款额的构成内容也不相同。如果租赁合同没有规定优惠购买选择权，则承租人在租赁期内应支付或可能被要求支付的各种款项包括：①租赁期内承租人每期支付的租金。②租赁期届满时，由承租人或与其有关的第三方担保的资产余值。③租赁期届满时，承租人未能续租或展期而造成的任何应由承租人支付的款项。如果租赁合同规定有优惠购买选择权，则承租人在租赁期内应支付或可能被要求支付的各种款项包括：①自租赁开始日起至优惠购买选择权行使之日止即整个租赁期内承租人每期支付的租金。②承租人行使优惠购买选择权而支付的任何款项。

（5）履约成本：是指租赁期内承租人为租赁资产所支付的各种使用费用，诸如保险费、维修费、服务费、人员培训费等。

（6）或有租金：是指金额不固定、以时间长短以外的其他因素为依据计算的租金。在实际发生时确认为当期费用。

3. 资本租赁的会计处理

依据租赁准则，承租人融资租入资产时，在租赁期开始日，按租赁资产公允价值与最低租赁付款额现值两者中较低者借记“固定资产”账户，按最低租赁付款额贷记“长期应付款”账户，按两者差额借记“未确认融资费用”账户。在合同约定的每个支付租金期，按支付的租金借记“长期应付款”账户，贷记“银行存款”账户，同时按实际利率法将未确认融资费用分摊计入资产成本或财务费用，借记“在建工程”或“财务费用”账户，贷记“未确认融资费用”账户。现举例说明资本租赁的一般会计处理。

【例 11-11】假设 2010 年 12 月 1 日，北方公司与中华公司签订了一份租赁合同。合同主要条款如下：

（1）租赁标的物：塑钢机。

（2）起租日：2011 年 1 月 1 日。

（3）租赁期：2011 年 1 月 1 日至 2013 年 12 月 31 日，共 36 个月。

（4）租金支付：自租赁开始日每隔 6 个月于月末支付租金 150 000 元。

（5）该机器的保险、维护等费用均由北方公司负担，估计每年约 10 000 元。

（6）该机器在 2011 年 1 月 1 日的公允价值为 700 000 元。

（7）租赁合同规定的半年期利率为 7%。

（8）该机器的估计使用年限为 8 年，已使用 3 年，期满无残值。承租人采用平均年限法计提折旧。

（9）租赁期届满时，北方公司享有优惠购买该机器的选择权，购买价为 100 元，估计该日租赁资产的公允价值为 80 000 元。

（11）2011 年和 2012 年两年，北方公司每年按该机器所生产的产品——塑钢窗户的年销售收入的 5% 向中华公司支付经营分享收入，假设 2011 年和 2012 年的年销售收入均为 100 000 元。

北方公司会计处理如下：

第一步，判断租赁类型。

本例存在优惠购买选择权，优惠购买价 100 元远低于行使选择权日租赁资产的公允价值 80 000 元（$100 \div 80\,000 \times 100\% = 0.125\% < 5\%$），因此在 2011 年 1 月 1 日就可合理确定北方公司将会行使这种选择权，所以这项租赁应当认定为融资租赁。

第二步，计算租赁开始日最低租赁付款额的现值，确定租赁资产入账价值。

最低租赁付款额 = 150 000×6+100 = 900 100（元）

最低租赁付款额现值 = 150 000×4.767+100×0.666 = 715 116.6（元）>700 000 元

根据准则规定，租赁资产的入账价值应为其公允价值：700 000 元。

第三步，计算未确认融资费用。

未确认融资费用 = 900 100−700 000 = 200 100（元）

第四步，北方公司相关的会计处理如下：

（1）2011 年 1 月 1 日租入资产时：

借：固定资产——融资租入资产　　700 000
　　未确认融资费用　　200 100
　贷：长期应付款—— 中华公司　　900 100

（2）2011 年 6 月 30 日至 2013 年 12 月 31 日每期支付租金时：

①支付租金：

借：长期应付款—— 中华公司　　150 000
　贷：银行存款　　150 000

②未确认融资费用分摊：

首先，计算确定融资费用分摊率：

$$150\,000\times[1-(1+R)^{-6}]/R+100(1+R)^{-6}=700\,000$$

可在多次测试基础上，用插值法计算得到利率 R=7.7%。

即未确认融资费用分摊率为：7.7%。

其次，在租赁期内采用实际利率法分摊未确认融资费用（见表 11-4）。

表 11-4　**利息费用与摊余成本计算表**　单位：元

日期	租金 ①	利息费用 ②=上期④×7.7%	应付本金减少额 ③=①−②	应付本金余额 ④=上期④−③
2011 年 1 月 1 日				700 000
2011 年 6 月 30 日	150 000	53 900	96 100	603 900
2011 年 12 月 31 日	150 000	46 500.3	103 499.7	500 400.3
2012 年 6 月 30 日	150 000	38 530.82	111 469.18	388 931.12
2012 年 12 月 31 日	150 000	29 947.70	120 052.3	268 878.82
2013 年 6 月 30 日	150 000	20 703.67	129 296.33	139 582.49
2013 年 12 月 31 日	150 000	10 517.51*	139 482.49	100
2013 年 12 月 31 日	100	—	100	—
总额	900 100	200 100	700 000	—

*尾数调整。

在每次支付租金的同时分摊未确认融资费用，处理如下：

2011 年 6 月 30 日：

借：财务费用　　53 900

　贷：未确认融资费用　　53 900

2011 年 12 月 31 日：

借：财务费用　　46 500.3

　贷：未确认融资费用　　46 500.3

2012 年 6 月 30 日：

借：财务费用　　38 530.82

　贷：未确认融资费用　　38 530.82

2012 年 12 月 31 日：

借：财务费用　　29 947.70

　贷：未确认融资费用　　29 947.70

2013 年 6 月 30 日：

借：财务费用　　20 703.67

　贷：未确认融资费用　　20 703.67

2013 年 12 月 31 日：

借：财务费用　　10 517.51

　贷：未确认融资费用　　10 517.51

(3) 2011 年 1 月 1 日至 2013 年 12 月 31 日租赁期内每月计提折旧时：

借：制造费用　　11 666.67

　贷：累计折旧　　11 666.67

(4) 每年支付该设备发生的保险费、维护费时：

借：管理费用　　10 000

　贷：银行存款　　10 000

(5) 2011 年、2012 年支付或有租金时：

借：销售费用　　5 000

　贷：银行存款　　5 000

(6) 租赁期届满时：

2013 年 12 月 31 日支付优惠购置款时：

借：长期应付款——中华公司　　100

　贷：银行存款　　100

同时，

借：固定资产——塑钢机　　700 000

　贷：固定资产——融资租入固定资产　　700 000

（四）其他负债

1. 应付账款

应付账款，是指企业在生产经营活动中因购买材料、商品或接受劳务等而发生的债务。其中包括在不设置“预付账款”账户的情况下购货方按合同或有关规定预付给供货单位的定金及其他预付款。应付账款是在结算过程中由于购进货物或接受劳务等业务发生的时间与付款时间不一致而形成的，属于最常见的流动负债之一。

应付账款最主要的会计问题是账款的入账时间及其金额的确定。从理论上说，应付账款入账时间应以与购买货物所有权有关的风险和报酬已经转移或劳务已经接受为标志。但会计实务上通常在货物验收以后才按发票价格登记入账。在物资已到而发票账单未到的情况下，由于负债已经成立，也应作为一项负债反映。为在资产负债表中客观反映企业所拥有的资产和承担的债务，在实际工作中应于月份终了时将所购物资和应付债务估计入账，待下月初再用红字冲回。

应付账款一般按应付金额入账，或者加上由供货单位代垫的运杂费登记入账，而不按到期应付金额的现值入账。这是因为应付账款结算期较短，一般为 30 ~ 60 天，没有计算利息的事项，其会计处理只涉及应付账款的发生与归还。企业在购货时如果享有现金折扣优惠，应付账款入账金额的确定按发票上记载的应付金额的总值（即不扣除折扣）记账。获得的现金折扣，冲减财务费用。

2. 应付票据

应付票据是在经济往来活动中由于采用商业汇票结算方式而发生的，由出票人签发、承兑人承兑的票据。商业汇票按承兑人的不同分为银行承兑汇票和商业承兑汇票。按照《支付结算办法》规定，在银行开立存款账户的法人以及其他组织之间，具有真实的交易关系或债权债务关系，均可使用商业汇票。通常，票据的偿付金额和付款日都相当明确。根据有关规定，商业汇票的承兑期限最长不超过 6 个月。

为了反映因签发票据而承担的负债及其归还情况，企业应该设置“应付票据”账户。该账户属于负债类账户，贷方登记企业开出的承兑汇票金额，借方登记实际支付票据的金额，期末余额在贷方，表示尚未归还的票据金额。

应付票据分为带息票据和不带息票据两种。不带息票据是指在票据到期日按照票据票面金额偿还的债务；带息票据是指按照票据上载明的利率，在票据票面金额上加计利息偿还的债务。

不带息票据经过承兑以后，企业应按票据的面值借记“在途物资”、“应交税费——应交增值税”等账户，贷记“应付票据”账户；票据到期支付款项时，按支付的票据面值借记“应付票据”账户，贷记“银行存款”账户。如果应付商业承兑汇票到期，企业无力支付款项，应按票据面值借记“应付票据”账户，贷记“应付账款”账户。如果企业签发票据经过银行承兑，在企业到期无力支付的情况下，承兑银行一方面向持票人无条件付款，另一方面将出票人欠付的汇票金额转作逾期贷款处理，应借记“应付票据”账户，贷记“短期借款”账户。

■ 链接【例6-1】

【例11-12】正大化工公司2014年1月15日从新希望公司购进材料80吨，货已收到，新希望公司开具的增值税专用发票上注明的商品价款为640 000元，增值税销项税额为108 800元。当日正大化工公司签发并由其开户行承兑的带息银行承兑汇票一张支付货款。该票据的期限为3个月，利率为8%。则正大化工公司相关的处理如下：

（1）1月15日购进商品时：

借：原材料	640 000	
应交税费——应交增值税（进项税额）	108 800	
贷：应付票据——银行承兑票据		748 800

（2）4月15日票据到期付款时：

借：应付票据——银行承兑票据	748 800	
财务费用*	14 976	
贷：银行存款		763 776

如果4月15日票据到期正大化工公司无力付款时：

借：应付票据——银行承兑票据	748 800	
财务费用	14 976	
贷：短期借款		763 776

若该票据为商业承兑汇票，票据到期正大化工公司无力付款时：

借：应付票据——银行承兑票据	748 800	
财务费用	14 976	
贷：应付账款——新希望公司		763 776

*如该票据跨年，资产负债表日应于当年将该年应计利息费用计入当期损益。

3. 应付职工薪酬

（1）职工薪酬的内容

职工薪酬是指企业为获得职工提供的服务而给予各种形式的报酬以及其他相关支出。其范围包括职工在职期间和离职后，企业提供给职工的所有货币性和非货币性薪酬，能够量化给职工本人和提供给职工集体享有的福利，提供给职工本人、配偶、子女或其他赡养人的福利，以商业保险形式提供给职工的保险待遇等。

职工的范围包括与企业订立劳动合同的所有人员（含全职、兼职和临时工）、企业正式任命的人员（如董事会、监事会成员等）、虽未订立劳动合同或企业未正式任命但在企业的计划和控制下提供类似服务的人员。

具体来说，职工薪酬主要包括如下内容：

①职工工资。工资是企业使用职工的知识、技能、时间和精力而给予职工的一种补偿（报酬）。应付职工工资是应付职工薪酬的重要组成部分。通常，工资总额包括计时工资、计件工资、奖金、津贴和补贴、加班加点工资和特殊情况下支付的工资等。职工工资应该根据每月计算出的每位职工实得工资额和当月发生的工资总额，于规定的日期付给职工。

②职工福利。职工福利是指企业为职工提供的福利。企业雇用员工，理应承担为员工提供必要福利待遇的责任，这项责任在尚未履行或尚未全部履行时，就形成了一项应付职工的负债。职工福利费主要用于职工医疗卫生费用和职工困难补助，如为补助职工食堂、生活困难职工等从成本费用中提取的金额。

③社会保险费。社会保险费是指企业按照国家规定的基准和比例计算，向社会保险经办机构缴纳的医疗保险金、养老保险金、失业保险金、工伤保险金和生育保险金。其中养老保险金包括基本养老保险费、补充养老保险费和商业养老保险费。企业按照国家规定的基准和比例计算，向社会保险经办机构缴纳的为基本养老保险费；根据《企业会计准则第10号——企业年金基金》等相关规定，向企业年金基金账户管理人等缴纳的养老保险费为补充养老保险费；以商业保险形式提供给职工的各种保险待遇为商业养老保险费。

④住房公积金。住房公积金是指企业按照国家《住房公积金管理条例》规定的基准和比例计算，向住房公积金管理机构缴存的金额。

⑤工会经费和职工教育经费。工会经费和职工教育经费是指企业为了改善职工文化生活、提高职工业务素质、用于开展工会活动和职工教育及职业技能培训，根据国家规定的基准和比例，从成本费用中提取的金额。

⑥非货币性福利。非货币性福利是指企业以自产产品或外购商品发放给职工作为福利，将自己拥有的资产无偿提供给职工使用，为职工无偿提供医疗保健服务等。

⑦辞退福利。辞退福利是指企业由于分离办社会、实施主辅业分离、辅业改制、分流安置富余人员、实施重组或改组计划、职工不能胜任等原因，在职工劳动合同到期之前解除与职工的劳动关系或者为鼓励职工自愿接受裁减而提出给予补偿的建议的计划中给予职工的经济补偿。

⑧股份支付。股份支付是指企业为获取职工和其他方提供服务而授予权益工具或者承担以权益工具为基础确定的负债的交易。股份支付分为以权益结算的股份支付和以现金结算的股份支付。以权益结算的股份支付，是指企业为获取服务以股份或其他权益工具作为对价进行结算的交易；以现金结算的股份支付，是指企业为获取服务承担以股份或其他权益工具为基础计算确定的交付现金或其他资产义务的交易。

（2）职工薪酬的确认和计量

职工薪酬作为企业生产经营活动的一项必要支出，应在实际发生时根据职工提供服务的受益对象的不同，分别形成企业的成本费用或计入有关资产的成本：应由生产产品、提供劳务负担的职工薪酬，计入产品成本或劳务成本，借记“生产成本”、“管理费用”等账户，贷记“应付职工薪酬”账户；应由在建工程、无形资产负担的职工薪酬，计入建造固定资产或无形资产成本；其他的职工薪酬计入当期损益。

为了反映和监督职工薪酬的发生和分配的情况，企业需要设置“应付职工薪酬”账户。该账户属于负债类账户，用来核算企业应付给职工各种薪酬总额的计算与实际支出情况。其贷方登记本月计算的应付职工薪酬总额，包括各种工资、奖金、津贴和福利费等，借方登记本月实际支付的职工薪酬数。月末贷方余额，表示应付未付的职工薪酬。“应付职工薪酬”账户可以按照“员工工资”、“职工福利”、“社会保险费”、“住房公积金”等明细项目进行处理。

（3）货币性薪酬处理

企业应付给职工的工资总额，不论是否在当月支付，都应通过“应付职工薪酬”账户核算。职工工资处理包括工资费用分配和工资费用结算两部分。应付给职工的工资总额，作为一项生产经营活动的耗费，应该在月份终了时，根据权责发生制和配比的要求，按照每月职工实际耗用于各项生产经营活动的劳动量进行工资分配，计入有关的成本、费用。工资分配应按照职工的工作岗位进行。从事生产经营的职工，其工资应构成企业的生产经营成本；专设销售机构的职工工资，作为一项销售费用；行政管理人员的工资计入管理费用；基建人员的工资计入在建工程成本。企业实际支付工资时，按应付工资总额，借记“应付职工薪酬”账户，按实发工资总额，贷记“银行存款”账户，企业代扣代缴各种扣款，贷记“应交税费”、“其他应收款”或“其他应付款”等账户。

【例 11-13】Y 公司 2013 年 11 月份的职工薪酬明细见表 11-5。

表 11-5　**工资费用分配表**　单位：元

应借账户	工资总额	医疗保险费	养老保险费	住房公积金	工会经费	职工教育经费	合计
一车间							
甲产品	156 080	15 608	31 216	30 106	3 121.6	3 902	240 033.6
乙产品	152 920	15 292	30 584	29 564	3 058.4	3 823	235 241.4
管理人员	15 000	1 500	3 000	2 850	300	375	23 025
厂部人员	43 100	4 310	8 620	7 920	862	1 077.5	65 889.5
合计	367 100	36 710	73 420	70 440	7 342	9 177.5	564 189.5

（1）Y 公司结转工资费用时：

借：生产成本——甲产品　　240 033.6

　　　　　　——乙产品　　235 241.4

　　制造费用　　23 025

　　管理费用　　65 889.5

贷：应付职工薪酬——员工工资　　367 100

——医疗保险费　　36 710

——养老保险费　　73 420

——住房公积金　　70 440

——工会经费　　7 342

——职工教育经费　　9 177.5

(2) Y公司工资结算汇总表见表11-6。

表11-6　　**工资结算汇总表**　　单位：元

应借账户	岗位工资	奖金	加班工资	津贴、补贴	应付工资总额	代扣款项				实发工资
						社会保险费	住房公积金	工会会费	小计	
一车间										
甲产品	81 600	67 280	1 650	5 550	156 080	45 159	30 106	408	75 673	80 407
乙产品	74 860	71 400	1 560	5 100	152 920	44 346	29 564	374.3	74 284.3	78 635.7
管理人员	8 250	6 000		750	15 000	4 275	2 850	41.25	7 166.25	7 833.75
厂部人员	24 800	14 800		3 500	43 100	11 880	7 920	124	19 924	23 176
合计	189 510	159 480	3 210	14 900	367 100	105 660	70 440	947.55	177 047.55	190 052.45

发放工资时：

借：应付职工薪酬——员工工资　　367 100

贷：银行存款　　190 052.45

其他应付款——社会保险费　　105 660

——住房公积金　　70 440

——工会经费　　947.55

实际缴纳社会保险费时：

借：应付职工薪酬——社会保险费　　110 130

其他应付款——社会保险费　　105 660

贷：银行存款　　215 790

实际缴纳住房公积金时：

借：应付职工薪酬——住房公积金　　70 440

其他应付款——住房公积金　　70 440

贷：银行存款　　140 880

(4) 非货币性薪酬处理

企业向职工提供的非货币性职工薪酬，应当分别以下情况处理：

①以自产产品或外购商品发放给职工作为福利。企业将自产的产品作为非货币

性福利放给职工时，应当按照该产品的公允价值和相关税费进行计量，并在产品发出时确认销售收入，同时结转产品成本。企业将外购商品作为非货币性福利发放给职工时，应当按照该商品的公允价值和相关税费进行计量，计入相关资产成本或当期损益。

【例 11-14】乙公司为一家手表生产企业，共有职工 200 名。2014 年 2 月，公司以其生产的成本为 100 元/只的手表和外购的不含税价格为 200 元/台的电暖气作为春节福利发放给公司每名职工。该手表的售价为每只 200 元，乙公司适用的增值税税率为 17%，已开具了增值税专用发票；乙公司以银行存款支付了购买电暖气的价款和增值税进项税额，已取得增值税专用发票，适用的增值税税率为 17%。假定 200 名职工中 170 名为直接参加生产的职工，30 名为总部管理人员。

手表的售价总额 = 200×170+200×30 = 34 000+6 000 = 40 000（元）

手表的增值税销项税额 = 170×200×17% +30×200×17% = 5 780+1 020 = 6 800（元）

公司决定发放手表时，应做如下账务处理：

借：生产成本	39 780	
管理费用	7 020	
贷：应付职工薪酬——非货币性福利		46 800
借：应付职工薪酬——非货币性福利	46 800	
贷：主营业务收入		40 000
应交税费——应交增值税（销项税额）		6 800

实际发放手表时，应做如下账务处理：

借：主营业务成本	20 000	
贷：库存商品		20 000

公司决定发放电暖气时，应做如下账务处理：

借：生产成本	39 780	
管理费用	7 020	
贷：应付职工薪酬——非货币性福利		46 800

购进电暖气并发放时：

借：应付职工薪酬——非货币性福利	46 800	
贷：银行存款		46 800

②将拥有的住房或租赁的住房等固定资产无偿提供给职工作为非货币性福利。企业将拥有的住房等固定资产无偿提供给职工作为非货币性福利时，应当按照企业对该固定资产每期计提的折旧来计量应付职工薪酬，同时根据职工提供服务的受益对象计入相关资产成本或当期损益。企业将租赁的住房等固定资产无偿提供给职工作为非货币性福利时，应当按照企业每期支付的租金来计量应付职工薪酬，同时根据职工提供服务的受益对象计入相关的成本或当期损益。

【例 11-15】丙公司为总部各部门经理级别以上职工提供汽车免费使用，同时为副总裁以上高级管理人员每人租赁一套住房。该公司总部共有部门经理以上职工50名，每人提供一辆桑塔纳汽车免费使用，假定每辆桑塔纳汽车每月计提折旧1 000元；该公司共有副总裁以上高级管理人员10名，公司为其每人租赁一套月租金为8 000元的公寓。该公司每月应做如下账务处理：

借：管理费用	130 000	
贷：应付职工薪酬——非货币性福利		130 000
借：应付职工薪酬——非货币性福利	130 000	
贷：累计折旧		50 000
其他应付款		80 000

4. 应交税费

(1) 应交税费的内容

依据我国目前开征的22个税收实体法，按计税依据不同，企业依法缴纳的税费主要涉及以下内容：①流转税类：增值税、消费税、营业税、关税等。②所得税类：企业所得税和代扣代缴的个人所得税。③资源税类：资源税、城镇土地使用税等。④财产行为税类：房产税、车船税、印花税、契税、烟叶税等。⑤特定目的税类：城市维护建设税、教育费附加、土地增值税、耕地占用税（一次性征收）、车辆购置税（一次性征收）等。

企业应交的各项税费根据税法等相关法规规定一般应当定期缴纳，因而在尚未缴纳之前形成企业的一项现时义务，应当确认为一项流动负债。其中，增值税、消费税和按流转税额一定比例计征的城市维护建设税和教育费附加以及企业所得税是一般企业最常见的应交税费核算内容，本教材重点介绍增值税、消费税、城市维护建设税和教育费附加以及房地产开发企业常见的土地增值税等。关于企业所得税我们已在上一章讨论过。

(2) 增值税

增值税是就货物和应税劳务的增值部分征收的一种税。增值税是流转税中的主要税种。在中华人民共和国境内销售货物或提供应税劳务以及进口货物的单位和个人，为增值税的纳税义务人。按其经营规模及会计核算健全与否，可以将纳税人分为一般纳税人和小规模纳税人。

小规模纳税人是指年销售额在规定标准以下，并且会计核算不健全，不能按规定报送有关税务资料的增值税纳税人。除此之外，经主管税务机关认定则为一般纳税人。

①一般纳税人

一般纳税人在中华人民共和国境内销售货物、进口货物或提供加工修理修配劳务的增值额适用的基本税率为17%、低税率为13%。

一般纳税人在中华人民共和国境内提供其他劳务的增值额适用的基本税率为11%和6%。

一般纳税人增值税的计算实行税款抵扣制度，即企业购入货物或接受劳务支付的增值税（即进项税额），可以从销售货物或提供劳务按规定收取的增值税（即销项税额）中抵扣。

具体做法是：以货物或劳务的销售额为计税依据，按照税法规定的税率计算出货物或劳务应负担的销项税额，同时扣除企业为生产货物或提供劳务外购原材料、燃料、低值易耗品等物资在以前购买环节已支付的进项税额，抵扣后的余额即为实际应交纳的增值税，用公式表示为：

应交增值税额=当期销项税额-当期进项税额

②小规模纳税人

小规模纳税人的增值税征收率一般为3%。小规模纳税人销售货物或提供应税劳务，实行简易办法计算应纳税额，其公式为：

应交增值税额=不含税销售额×征收率

③应交增值税的会计处理

在“应交税费”账户下设置“应交增值税”明细账户进行核算。企业购进货物或接受应税劳务支付的进项税额，以及实际已缴纳的增值税额，应记入该账户的借方；销售货物或提供应税劳务所收取的销项税额等，应记入该账户的贷方。期末如为借方余额，反映企业尚未抵扣的增值税；如为贷方余额，则反映企业应交的增值税。

“应交税费——应交增值税”账户分别设置“进项税额”、“已交税金”、“销项税额”、“进项税额转出”等专栏。

【例11-16】假设2014年1月新希望公司购进材料物资可以抵扣的进项税额计81 600元，销售商品的销项税额计136 000元，购进材料发生非常损失进项税额转出3 400元，则增值税相关处理如下（增值税以外的账户发生额省略，详见本书第六、七章相关内容）：

购进材料物资时：

借：原材料/周转材料等

　　应交税费——应交增值税（进项税额）　　81 600

　贷：银行存款/应付票据/应付账款等

销售商品时：

借：银行存款/应收票据/应收账款等

　贷：应交税费——应交增值税（销项税额）　　13 6000

　　营业收入

由于管理不善等原因造成材料物资盘亏，转出进项税额时：

借：管理费用等

　贷：应交税费——应交增值税（销项税额转出）　　3 400

　　待处理财产损溢

实际缴纳当月应交增值税时：

当期应交增值税额=136 000+3 400-81 600=57 800（元）

借：应交税费——应交增值税（已交税金）　　57 800

　贷：银行存款　　57 800

（3）消费税

消费税，是国家为了正确引导消费方向，对在中华人民共和国境内生产、委托加工和进口应税消费品的单位和个人，就其销售额或销售数量在特定环节征收的一种税。

我国实行的是选择性的特种消费税，目前征收消费税的商品主要包括以下五大类：

①过度消费会对人类健康、社会秩序和生态环境造成危害的特殊消费品，包括烟、酒及酒精、鞭炮与烟火、木质一次性筷子、实木地板等。

②奢侈品、非生活必需品，包括贵重首饰及珠宝宝石、化妆品、高尔夫球及球具、高档手表、游艇等。

③高能耗消费品，包括小汽车、摩托车等。

④使用和消耗不可再生和替代的稀缺资源的消费品，包括汽油、柴油等各种成品油。

⑤具有特定财政意义的消费品，比如汽车轮胎等。

依据消费税法，消费税的计税依据是应税消费品的销售额或销售数量。消费税应纳税额的计算方法有三种：从价定率计征法、从量定额计征法以及从价定率和从量定额复合计征法。

①从价定率计征法

实行从价定率计征法的消费税以销售额为计税依据，乘以适用的比例税率来计算应交消费税的金额。其中，销售额不包括向购货方收取的增值税。目前，我国的消费税税率在5%至56%之间不等。其具体计算公式为：

应纳消费税额=销售额×比率税率

②从量定额计征法

实行从量定额计征法的消费税以应税消费品销售数量为计税依据，乘以适用的定额税率来计算应交消费税的金额。其计算公式为：

应纳消费税额=销售数量×定额税率

③复合计征法

实行复合计征法的消费税，既规定了比例税率，又规定了定额税率，其应纳税额实行从价定率和从量定额相结合的复合计征方法。复合计征法目前只适用于卷烟和白酒应交消费税的计算。其具体计算公式为：

应纳消费税额=销售额×比率税率+销售数量×定额税率

应交消费税的一般会计处理如下：消费税为价内税，企业将生产的应税消费品对外销售时，应按照税法规定计算应交消费税的金额，将其确认为一项负债，并直接计入当期损益，借记“营业税金及附加”账户，贷记“应交税费——应交消费税”账户。

【例 11-17】甲公司为增值税一般纳税人。2013 年 4 月，甲公司销售白酒 100 吨，对外销售单价为 6 500 元/吨，单位成本为 2 500 元/吨。产品已经发出，款项尚未收到。

应交增值税销项税额 = 6 500×100×17% = 110 500（元）

应纳消费税额 = 6 500×100×20% +100×2 000×0.5 = 230 000（元）

甲公司相关税费的账务处理如下：

确认销售收入时：

借：应收账款	760 500	
贷：营业收入		650 000
应交税费——应交增值税（销项税额）		110 500

同时，结转产品成本：

借：营业成本	250 000	
贷：库存商品——白酒		250 000

确认应交消费税时：

借：营业税金及附加	230 000	
贷：应交税费——应交消费税		230 000

实际缴纳消费税时：

借：应交税费——应交消费税	230 000	
贷：银行存款		230 000

（4）城市维护建设税和教育费附加

城市维护建设税（常简称城建税）是以纳税人实际缴纳的流转税额为计税依据征收的一种税。教育费附加是地方教育经费的一项来源，由教育部门统筹安排，专门用于改善中小学教学设施和办学条件。

城市维护建设税和教育费附加的计税依据是纳税人实际缴纳的增值税、消费税、营业税税额。以增值税、消费税、营业税税额为计税依据，仅指增值税、消费税、营业税的征税，不包括税务机关对纳税人加收的滞纳金和罚款等非税款项。城市维护建设税税率按纳税人所在地，分别规定为：市区 7%、县城和镇 5%、乡村 1%。教育费附加一般计征率为当月实际应交的流转税额的 3%。

应交城市维护建设税 = 当月实际应交的流转税额×适用税率

应交教育费附加 = 当月实际应交的流转税额×适用税率

应交城市维护建设税和教育费附加的一般会计处理如下：企业依据税法规定计算当月应交城市维护建设税和教育费附加的金额，将其确认为一项负债，并直接计入当期损益，借记“营业税金及附加”账户，贷记“应交税费——应交城市维护建设税”、“应交税费——应交教育费附加”账户。

【例 11-18】承【例 11-17】，假设 2013 年 4 月甲公司应缴纳增值税额 80 000 元，消费税额 230 000 元，则甲公司 2013 年 4 月应交城市维护建设税和教育费附加为：

应交城市维护建设税 =（80 000+230 000）×7% =21 700（元）

应交教育费附加 =（80 000+230 000）×3% =9 300（元）

甲公司确认应交城市维护建设税和教育费附加时：

借：营业税金及附加	31 000	
贷：应交税费——应交城市维护建设税		21 700
——应交教育费附加		9 300

实际缴纳应交城市维护建设税和教育费附加时：

借：应交税费——应交城市维护建设税	21 700	
——应交教育费附加	9 300	
贷：银行存款		31 000

（5）土地增值税

土地增值税是对纳税人转让房地产所取得的土地增值额征收的一种税。依据土地增值税税法，在中华人民共和国境内，凡是有偿转让国有土地使用权、地上建筑物及附着物（简称转让房地产）产权，并且取得收入的单位和个人，为土地增值税的纳税义务人。

土地增值税的纳税范围是：转让国有土地使用权；地上的建筑物及附着物连同国有土地使用权一并转让。“转让”是指以出售或其他方式进行的有偿转让，不包括以继承、赠与方式进行的无偿转让。出租房地产行为、受托代建工程，由于产权没有转移，不属于纳税范围。

土地增值税纳税范围的具体界定：

以出售方式转让国有土地使用权、地上建筑物及附着物，又分以下三种情况：

①出售国有土地使用权是指土地使用者通过出让方式，向政府缴纳了土地出让金，有偿受让土地使用权后，仅对土地进行通水、通电、通路和平整地面等土地开发，不进行房产开发，然后直接将空地出售。

②取得国有土地使用权后进行房屋开发建造，然后出售，即通常所说的房地产开发。

③存量房地产的买卖，是指已经建成并已投入使用的房地产，其房屋产权和土地使用权一并转让给其他单位和个人。

以上三种情况，均应计算缴纳土地增值税。

土地增值税实行的是四级超率累进税率，即以纳税对象的增值率为累进依据，按超率累进方式计算应纳税额的税率。土地增值税的税率是 30%、40%、50%、60%，具体见表 11-7。

表 11-7　　**土地增值税税率表**

级次	增值额占扣除项目金额比例	税率（%）	速算扣除率（%）
1	50%（含）以下	30	0
2	50%以上～100%（含）	40	5
3	100%以上～200%（含）	50	15
4	200%（含）以下	60	35

土地增值税是以纳税人转让房地产所取得的增值额为计税依据，它是纳税人转让房地产所取得的收入减去规定扣除项目金额后的余额。土地增值税实行超率累进税率。其基本计算公式如下：

土地增值额＝转让房地产的总收入－扣除项目金额

应纳税额＝土地增值额×适用税率

由于土地增值税是采用超率累进税率计算的，只有先计算出增值率（即增值额占扣除项目金额的比例）后，才能确定适用税率，并计算应纳税额。其计算公式如下：

增值率＝增值额÷扣除项目金额×100%

应纳土地增值税额 ＝ $\sum$（每级距的土地增值额 × 适用税率）

这种方法要分段计算、汇总合计，比较繁琐，因此，在实际工作中，一般采用速算扣除法计算。

根据表 11-7 的速算扣除率，其计算公式如下：

应纳土地增值税额＝土地增值额×适用税率 － 扣除项目金额×速算扣除率

应交土地增值税的一般会计处理如下：企业按照税法规定计算应交土地增值税的金额，应确认为一项负债，并直接计入当期损益，借记“营业税金及附加”账户，贷记“应交税费——应交土地增值税”账户。

知识拓展 11-5　　**消费税税目税率（见表 11-8）**

表 11-8　　**消费者税目税率表**

税　目	税　率
一、烟	
1. 卷烟	
工业	
（1）甲类卷烟	56% 加 0.003 元/支（生产环节）
（2）乙类卷烟	36% 加 0.003 元/支（生产环节）
商业批发	5%（批发环节）
2. 雪茄烟	36%（生产环节）
3. 烟丝	30%（生产环节）
二、酒及酒精	
1. 白酒	20% 加 0.5 元/500 克（或 500 毫升）
2. 黄酒	240 元/吨

续表

税　目	税　率
3. 啤酒	
(1) 甲类啤酒	250元/吨
(2) 乙类啤酒	220元/吨
4. 其他酒	10%
5. 酒精	5%
三、化妆品	30%
四、贵重首饰及珠宝玉石	
1. 金银首饰、铂金首饰和钻石及钻石饰品	5%
2. 其他贵重首饰和珠宝玉石	10%
五、鞭炮、焰火	15%
六、成品油	
1. 汽油	
(1) 无铅汽油	1.0元/升
(2) 含铅汽油	1.4元/升
2. 柴油	0.8元/升
3. 航空煤油	0.8元/升
4. 石脑油	1.0元/升
5. 溶剂油	1.0元/升
6. 润滑油	1.0元/升
7. 燃料油	0.8元/升
七、汽车轮胎	3%
八、摩托车	
1. 气缸容量（排气量，下同）在250毫升（含250毫升）以下的	3%
2. 气缸容量在250毫升以上的	10%
九、小汽车	
1. 乘用车	
(1) 气缸容量（排气量，下同）在1.0升（含1.0升）以下的	1%
(2) 气缸容量在1.0升以上至1.5升（含1.5升）的	3%
(3) 气缸容量在1.5升以上至2.0升（含2.0升）的	5%
(4) 气缸容量在2.0升以上至2.5升（含2.5升）的	9%
(5) 气缸容量在2.5升以上至3.0升（含3.0升）的	12%
(6) 气缸容量在3.0升以上至4.0升（含4.0升）的	25%
(7) 气缸容量在4.0升以上的	40%
2. 中轻型商用客车	5%
十、高尔夫球及球具	10%
十一、高档手表	20%
十二、游艇	10%
十三、木制一次性筷子	5%
十四、实木地板	5%

卷烟实行复合计征计税方法：先从量计征，每标准箱（50000支）应交消费税额150元；再从价定率。

粮食白酒、薯类白酒实行复合计征计税方法：从量计征单位税额为，每斤或每500毫升0.5元。

（6）房产税、城镇土地使用税、车船税和印花税

房产税是指以房产为征税对象，按照房产的评估值征收的一种税。房产税按年计算、分期缴纳。

房产税以房产的计税余值或租金收入为计税依据，采用比例税率。按房产余值计征的，税率为 1.2%；按租金收入计征的，税率为 12%。房产税的基本计算公式是：

应纳房产税＝房产评估值×适用税率

在实务中，一般房产的计税方法是：

①按房产原值一次减除 10%～30% 后的余值计算。

应纳房产税＝房产账面原值×（1－一次性减除率）×1.2%

②按租金收入计算。

应纳房产税＝年租金收入×12%

城镇土地使用税是对城市、县城、建制镇和工矿区范围内使用土地的单位和个人，按实际占用土地面积征收的一种地方税。城镇土地使用税以纳税人实际使用的土地面积为依据，依照规定的税额，按年计算，分期缴纳。各省、自治区和直辖市人民政府可根据市政建设情况和经济繁荣程度在规定税额幅度内，确定所辖地区的适用税额幅度。城镇土地使用税每平方米年税额如下：大城市 1.5 元至 30 元；中等城市 1.2 元至 24 元；小城市 0.9 元至 18 元；县城、建制镇、工矿区 0.6 元至 12 元。城镇土地使用税的应纳税额计算公式如下：

应纳土地使用税额＝应税土地的实际使用面积×适用单位税额

车船税是指在中华人民共和国境内拥有和使用车辆、船舶（简称车船）依法缴纳的一种财产税。“车辆、船舶”是指依法应当在车船登记管理部门登记的机动车辆和船舶。车船税采用从量定额计税，计税依据是车船的排气量、整备质量、核定载客人数、净吨位、千瓦、艇身长度，以车船登记管理部门核发的车船登记证书或者行驶证所载数据为准，乘用车依排气量从小到大递增税额，其中，客车按照核定载客人数 20 人以下和 20 人（含）以上两档划分递增税额；机动船舶按其净吨位递增税额；拖船按照发动机功率每千瓦折合净吨位 0.67 吨计算征收车船税。车船税按年申报，分月计算，一次性缴纳。纳税人在购车缴纳交强险的同时，由保险机构代收代缴。

印花税是对经济活动和经济交往中书立、领受凭证行为征收的一种税。它属于行为税。因其采用在凭证上粘贴印花税票的方法征税，故名印花税。凡是在我国境内书立、领受税法列举凭证的单位和个人，都是印花税的纳税人。根据书立、领受应税凭证的不同，纳税人可分别称为立合同人、立账簿人、立据人和领受人。对合同、书据等由两方或两方以上当事人共同书立的凭证，其当事人各方都是纳税人，各自就所持凭证的金额纳税。对政府部门发给的权利许可证照，领受人为纳税人，对某些应税凭证由当事人的代理人代为书立，则代理人有代为纳税的义务。凡是在

中华人民共和国境内书立、领受和在中国境外书立，但在中国境内具有法律效力、受中国法律保护的下列凭证，均属于印花税纳税范围：购销、加工承揽、建设工程勘察设计、建筑安装工程承包、财产租赁、货物运输、仓储保管、借款、财产保险、技术等合同或者具有合同性质的凭证；产权转让书据，包括财产所有权、版权、商标专用权、专利权、专有技术使用权等转移书据；营业账簿，包括单位和个人从事生产经营活动所设立的各种账册、专利许可证照，包括房屋产权证、工商营业执照、商标注册证、专利证、土地使用证及经财政部确定征收的其他凭证。

印花税采用比例税率和定额税率两种税率。

①比例税率。印花税的比例税率共有四个档次，即 1‰、0. 5‰、0. 3‰、0. 05‰。按比例税率征税的有各类经济合同及合同性质的凭证、记载有金额的账簿、产权转移书据等。这些凭证一般都记有金额。按比例纳税，金额多的多缴纳，金额少的少缴纳，既能保证财政收入，又能体现合理负担的征税原则。

②定额税率。印花税的定额税率是按件定额贴花，每件 5 元。它主要适用于其他账簿、权利许可证照等。因为这些凭证不属于资金账或没有记载金额，规定按件定额纳税，可以方便纳税和简化征管。

应交房产税、城镇土地使用税、车船税和印花税的一般会计处理如下：企业按照税法规定计算应交房产税、城镇土地使用税、车船税和印花税的金额，应确认为一项负债，并直接计入当期损益，借记“管理费用”账户，贷记“应交税费——应交房产税”、“应交税费——应交城镇土地使用税”、“应交税费——应交车船税”、“应交税费——应交印花税”账户（如果直接贴花缴纳，可不通过“应交税费”账户核算）。

第二节　所有者权益

所有者权益是指企业投资者对企业净资产的所有权，包括企业投资者对企业的投入资本以及形成的资本公积、盈余公积和未分配利润等。在资产负债表上，作为所有者权益列示的金额，是指全部资产扣除全部负债后的余额。所有者权益也可用企业所有者的投入资本，加上企业自开办以来所积累的未分配收益来计算。股份有限公司的所有者权益又称为股东权益。

一、所有者权益的性质

我国 2006 年《企业会计准则——基本准则》第二十六条规定：“所有者权益是指企业资产扣除负债后由所有者享有的剩余权益。公司的所有者权益又称为股东权益。”第二十七条规定：“所有者权益的来源包括所有者投入的资本、直接计入所有者权益的利得和损失、留存收益等。”

所有者权益实质上是所有者在某个企业所享有的一种财产权利（简称产权），包括所有者对投入资产的所有权、使用权、处置权和收益分配权。但是，所有者权益只是一种剩余权益。只有负债的要求权得到清偿后，所有者权益才能够被清偿。

其具有以下特征：

第一，所有者权益是一种权利，但这种权利来自于投资者投入的可供企业长期使用的资源。任何企业的设立，都需要有一定的由所有者投入的资本金。根据多数国家公司法的规定，投入的资本在企业终止经营前不得抽回，因此，所有者投入的资本构成了企业长期性（在持续经营假设的前提下，甚至可以假定资本金具有永久性）的资本来源。

第二，所有者权益具有长期特性。投资者投入的资本，通常是不能抽回的，而是供企业长期使用的。所有者权益作为剩余权益，并不存在确切的、约定的偿付期限。

第三，从所有者权益构成要素看，所有者权益包括所有者投入的资本、企业的资产增值及净利润。所有者投入的资本既是企业实收资本的唯一来源，也是企业资本公积（溢价或超面值投入的资本）的最主要来源。作为企业的终极所有者，所有者还是企业资产增值的当然受益者。至于企业的经营利润，根据风险和报酬对应原则，这是所有者承担全部经营风险和投资风险的一种回报。

第四，所有者权益计量的间接性。所有者权益在数量上，除了投资者投入资本时能够直接计量外，在企业存续期内任一时点，都不是直接计量的，而是通过计量资产和负债来间接计量。

第五，所有者权益的核算与企业组织形式有密切的关系。所有者权益是一个涵盖了任何企业组织形式的净资产的广义概念，具体到某一特定形式的企业组织，所有者权益便以不同形式出现。在独资企业和合伙企业，所有者权益以“业主资本”的形式出现；在有限责任公司，所有者权益表现为“实收资本”；而在股份有限公司，所有者权益则主要以“投入资本”（股本、资本公积）和“留存收益”（盈余公积、未分配利润）的形式出现。股份有限公司和有限责任公司的会计处理与独资企业和合伙企业的最主要差异体现在所有者权益方面。

二、所有者权益的内容

（一）企业组织形式简介

企业是以盈利为目的的经济组织，在我国，企业具有不同的所有制性质，如国有企业、集体所有制企业、私营企业等。但企业所有制性质对所有者权益会计核算影响不大，而影响较大的是企业的组织形式。所有者权益会计，要解决不同企业的所有者对企业应承担的风险及其享有的利益等问题。对企业的组织形式，国际通行的做法是按企业资产经营的法律责任，把企业划分为三种组织形式，即独资企业、合伙企业和公司制企业。

1. 独资企业

独资企业也称私人独资企业。它是企业的最简单、最原始的组织形式。独资企业的全部资产归出资者一人所有，企业的经营也由出资者个人承担，因此，企业的所有权与经营权是统一的。独资企业不具有法人资格，企业的所有者对企业的债务负有无限的清偿责任。这种类型的企业，一般规模比较小，资金来源有限，适用于生产条件和生产过程比较简单、财产经营规模比较小的生产经营活动，具有较大的局限性。

2. 合伙企业

合伙企业是指两个以上的合伙人按照协议共同出资，共同承担企业经营风险，并且对企业债务承担连带责任的企业。其最大的特点是，合伙人对债务承担无限连带责任。一旦发生债务，债权人可以向任何一个合伙人请求清偿全部债务。企业的事务通常由合伙人共同决定，然后再委托一个或部分合伙人去执行。合伙企业由于吸收了其他私人的投资，为扩大企业生产经营规模提供了一定的条件，因而是一种比私人独资企业先进的企业组织形式，但是，合伙企业也有很大的局限性，主要是权力分散、决策缓慢、筹资比较困难，并且由于合伙企业不具有法人资格，合伙人对企业的债务要负有限责任，风险也比较大。

3. 公司制企业

公司是指依据一定的法律程序申请登记设立，并以盈利为目的的具有法人资格的经济组织。它有自己独立的财产，独立地承担经济责任，同时享有相应的民事权利。公司具有法人资格，这是区别于非法人企业（如独资企业和合伙企业）的一个重要标志。法人是具有民事权利能力和民事行为能力，依法独立享有民事权利和承担民事义务的组织。因此，它必须具有独立的法人财产，自主经营、自负盈亏。公司是随着资本主义制度的发展，伴随着资本集中的过程而兴起的。这种企业组织形式比较适合规模较大的生产经营企业。公司按照不同的标准可以分为不同的类型，我国《公司法》将公司制企业分为有限责任公司和股份有限公司。我国《公司法》规定："公司是指依照本法在中国境内设立的有限责任公司和股份有限公司。"

（1）有限责任公司

它是由一定数量的股东共同出资组成，股东仅就自己的出资额对公司的债务承担有限责任的公司。有限责任公司的股东不限于自然人，也可以是法人和政府。但其股东的数量既有最低下限，也有最高上限。我国《公司法》规定，有限责任公司由50人以下的股东投资设立。特殊情况下，也可设立一人有限责任公司和国有独资公司。有限责任公司对公司的资本不分为等额股份，不对外公开募集股份，不能发行股票。股东以其出资比例，享受公司权利，承担公司义务。公司股份的转让有严格的限制，如需转让，应在其他股东同意的条件下方可进行。

（2）股份有限公司

它是由一定人数出资设立，全部资本由等额股份构成，并通过发行股票筹集资本的公司制企业。股份有限公司的股东人数不能少于法律规定人数，大多数国家规定不能少于7人。我国《公司法》规定，设立股份有限公司，应当有2人以上200人以下为发起人，其中须有半数以上的发起人在中国境内有住所。有限责任公司与股份有限公司的重要区别就是：股份有限公司的资本总额平分为金额相等的股份，并通过公开发行股票向社会筹集资金。同时，公司的股份可以自由转让，股票可以在社会上通过公开交易进行转让，但不能退股。股份有限公司彻底实现了所有权与经营权的分离。因此，股份有限公司具有筹资便利、风险分散、资本具有充分的流动性等优点。由于股份有限公司资本雄厚、实力强大，所以在发达国家整个国民经济中占统治地位。

不同的企业组织形式，对资产和负债的会计处理并无重大影响，但涉及所有者权益方面的会计处理却大不一样。公司组织已是当今世界上最为广泛采用的企业组织形式。

（二）公司制企业的所有者权益内容

所有者权益虽然在不同的企业组织形式中的表现不尽相同，但从构成内容来看，我国的会计准则中规定："所有者权益的来源包括所有者投入的资本、直接计入所有者权益的利得和损失、留存收益等。"留存收益由盈余公积和未分配利润组成，而利得和损失是资本公积的组成部分，因此，可按所有者权益的形成来源，分为投入资本、资本公积和留存收益。

1. 投入资本

投入资本是指投资者实际投入企业经营活动的财产物资和货币资金，即实收资本，是企业所有者权益构成的主体，是企业注册成立的基本条件之一，也是企业正常运行所必需的资金和承担各项责任的财力保证，包括国家、法人、个人及外商等对企业的各种投资。在会计上，有限责任公司将投入资本称作实收资本，股份有限公司将投入资本称作股本。

2. 资本公积

资本公积主要包括资本溢价或股本溢价，以及直接计入所有者权益的利得和损失。资本公积的性质属于投入资本范畴，不是由企业的经营利润转化而来的。但它又不同于实收资本，它可以来源于投资者的额外投入，也可以来源于企业非日常经营的利得。

3. 盈余公积

盈余公积是指企业按规定从净利润中提取的积累资金，包括法定盈余公积和任意盈余公积。法定盈余公积和任意盈余公积的区别就在于其各自计提的依据不同。前者以国家的法律或行政规章为依据提取；后者则由企业自行决定提取。

（1）法定盈余公积

法定盈余公积是指企业按规定从净利润中提取的积累资金。法定，意味着提取时由国家法规强制规定。企业必须提取法定盈余公积，目的是确保企业不断积累资本，固本培元，自我壮大实力。我国《公司法》规定，公司制企业的法定盈余公积是按照税后利润的10%提取，法定盈余公积累计额已达注册资本的50%时可以不再提取。

(2) 任意盈余公积

任意盈余公积是指公司出于实际需要或采取审慎经营策略，从税后利润中提取的一部分留存利润。任意是出于自愿，而非外力强制，但也非随心所欲。如果公司有优先股，必须在支付了优先股股利之后，才可提取任意盈余公积。由于任意盈余公积是企业自愿拨定的留存利益，其数额也视实际情况而定。

企业提取任意盈余公积的原因是多样的，如可能需要偿还一笔长期负债，也可能是为了控制本期股利的分派不至于过高等。可见，任意盈余公积一经拨定就不能再供本期发放股利之用，所以提取任意盈余公积本身，就是压低当年股利的一种手段，是企业管理层对发放股利施加的限制。

4. 未分配利润

未分配利润是指企业留待以后年度进行分配的结存利润，也是企业股东权益的组成部分。相对于股东权益的其他部分来说，企业对于未分配利润的使用分配有较大的自主权。从数量来说，未分配利润是期初未分配利润加上本期实现的税后利润，减去提取的各种盈余公积和分出利润后的余额。未分配利润有两层含义：一是留待以后年度处理的利润；二是未指定特定用途的利润。

三、所有者权益的处理

(一) 投入资本

1. 一般企业投入资本

这里所说的一般企业，是指除股份有限公司以外的企业，如国有企业、有限责任公司和外商投资企业等。投资者投入资本的形式可以有多种，如投资者可以用现金投资，可以用实物资产投资，也可以用无形资产投资。

企业收到投资者以现金投入的资本时，应当以实际收到的或存入企业开户银行的金额作为实收资本入账，借记“银行存款”账户，贷记“实收资本”账户。对于实际收到或者存入企业开户银行的金额超过投资者在企业注册资本中所占份额的部分，应当计入资本公积。

【例 11-19】新希望公司由范蠡和他的妹妹、哥哥分别以货币资金投资 200 000 元、100 000 元和 100 000 元兴建。新希望公司收到投资时，做如下处理：

借：银行存款	400 000	
贷：实收资本——范蠡		200 000
——范妹		100 000
——范哥		100 000

企业收到投资者以非现金资产投入的资本时，应按投资各方确认的价值作为实收资本入账，在办理完有关产权转移手续后，借记“固定资产”、“原材料”、“库存商品”、“无形资产”等账户，贷记“实收资本”账户。对于投资各方确认的资产价值超过其在注册资本中所占份额的部分，应当计入资本公积。现举例说明如下：

【例 11-20】新希望公司经营两年后，范蠡的同学西施也非常看好公司的前景，希望加入，最后经过协商，西施以一台设备价值 80000 元和一项专利价值 50000 元投资，获取公司 20% 股权，资本额为 100 000 元，其余为资本溢价。新希望公司收到投资时，做如下处理：

借：固定资产——设备　　80 000
　　无形资产——专利权　　50 000
　贷：实收资本——西施　　100 000
　　　资本公积——资本溢价　　30 000

2. 股份有限公司投入资本

股份有限公司与一般企业相比，其显著特点在于将企业资本划分为等额股份，并通过发行股票的方式来筹集资本。股份有限公司股票发行的会计核算主要通过“股本”账户进行，仅核算公司发行股票的面值或设定价值部分。在“股本”账户下，按股票种类及股东名称设置明细账。股票的发行价格受发行时资本市场的需求和投资人对公司获利能力的估计的影响，公司发行股票的价格往往与股票的面值不一致。按照我国《公司法》的规定，同次发行的股票，每股的发行条件和价格应当相同，任何单位或者个人所认购的股份，每股应当支付相同价格。股票的发行价格，可以等于票面金额，也可以超过票面金额，但不得低于票面金额。因此，我国目前仅允许股票溢价、平价发行，不能折价发行。

在发行时，记入“股本”账户的金额必须按照股票的票面金额入账。超过部分作为股票溢价，记入“资本公积——股本溢价”账户。

【例 11-21】甲公司发行每股面值为 1 元的普通股 1 000 万股，每股面值 1 元。

（1）假定均平价发行（未考虑手续费），则收到股款时的账务处理如下：

借：银行存款　　10 000 000
　贷：股本——普通股　　10 000 000

（2）假定溢价发行（未考虑手续费），若上述普通股每股按 1.2 元的价格发行，则收到股款时的账务处理如下：

借：银行存款　　12 000 000
　贷：股本——普通股　　10 000 000
　　　资本公积——股本溢价　　2 000 000

除了所有者投入形成实收资本或股本外，企业将资本公积转为实收资本或股本，以及将盈余公积转为实收资本或股本、股份有限公司发放股票股利、可转换公司债券持有人行使转换权利等，会使实收资本或股本增加；企业由于资本过剩或发生重大亏损，会使实收资本或股本减少。

（二）资本公积

资本公积是企业收到的投资者超出其在企业注册资本（或股本）中所占份额的投资，以及直接计入所有者权益的利得和损失。除前述投入资本中包括的资本溢价或股本溢价产生的资本公积外，其他业务也会产生资本公积，如直接计入所有者权益的利得和损失：采用权益法核算的长期股权投资、以权益结算的股份支付、存货或自用的房地产核算方法的转换、可供出售金融资产公允价值的变动等所涉及的其他资本公积项目。企业应设置“资本公积”账户，并分别按“资本（或股本）溢价”和“其他资本公积”设置两个明细账户。

企业“资本公积——资本溢价”可以用来转增资本。转增资本时，借记“资本公积——资本溢价”，贷记“实收资本”或“股本”。

（三）留存收益

留存收益是股东权益的一个重要项目，是企业历年剩余的净收益累积而成的资本。虽然留存收益与投资者投入的资本属性一致，即均为股东权益，但与投入资本不同的是，投入资本是由所有者从外部投入公司的，它构成了公司股东权益的基本部分，而留存收益不是由投资者从外部投入的，而是依靠公司经营所得的盈利累积而成的。

留存收益既然是股东权益，股东便有权决定如何使用，按照公司章程或其他有关规定，公司可将留存收益在股东间进行分配，作为公司股东的投资所得；也可以为了某些特殊用途和目的，而将其中一部分留在公司不予分配。可见，留存收益会因经营获取收益而增加，又因分给投资者而减少。留存收益的反面为亏损，公司经营如果入不敷出，就意味着亏损。发生经营亏损将减少留存收益。

对留存收益有较大影响的是股利分配。公司将会因分派股利而大幅度减少留存收益。因此，公司必须有足够的留存收益才能分配股利。但这并不意味着，只要有足够多的留存收益便进行股利分配。公司往往会因特别目的或法令规定而限制留存收益，在我国实务中，为了约束企业过量分配，有关法规均规定企业必须留有一定积累，如提取盈余公积，以利于企业持续经营、维护债权人利益。留存收益可分为两部分：盈余公积与未分配利润。

1. 盈余公积

为了反映盈余公积的形成及使用情况，企业应设置“盈余公积”账户，并按其种类设置明细账，分别进行明细核算。企业提取盈余公积时，借记“利润分配”账户，贷记“盈余公积”（法定盈余公积、任意盈余公积）账户。企业用提取的盈余公积转增资本，应当按照批准的转增资本的数额，借记“盈余公积”账户，贷记“实收资本”或“股本”账户。企业将盈余公积转增股本时，应当按照转增股本前的股本结构比例，将盈余公积转增股本的数额记入“股本”账户下各股东的明细账，相应增加各股东对企业的股本投资。

盈余公积可以用来转增资本或弥补已过弥补期限的经营亏损。我国《公司法》规定盈余公积可以用来转增资本，但转增资本后盈余公积不得低于注册资本的25%。盈余公积用来转增资本时，借记“盈余公积”账户，贷记“实收资本”或“股本”账户。盈余公积用来弥补亏损时，借记“盈余公积”账户，贷记“利润分配——盈余公积补亏”账户。

2. 未分配利润

企业未分配利润的核算是通过“利润分配——未分配利润”账户进行的，具体来说是通过“利润分配”账户之下的“未分配利润”明细账户进行核算的。企业在生产经营过程中取得的收入和发生的费用，最终通过“本年利润”账户进行归集，计算出当年盈利或亏损，然后转入“利润分配——未分配利润”账户进行分配，结存于“利润分配——未分配利润”账户的贷方余额，则为未分配利润；如为借方余额，则为未弥补亏损。年度终了，再将“利润分配”账户下的其他明细账户（如提取法定盈余公积、提取任意盈余公积、应付现金股利或利润、转作股本的股利、盈余公积补亏等）的余额，转入“未分配利润”明细账户。结转后，“未分配利润”明细账户的贷方余额，就是未分配利润的数额；如出现借方余额，则表示未弥补亏损的数额。

【例 11-22】新希望公司 2014 年实现净利润 200 000 元。公司董事会拟对当年实现的净利润进行分配。董事会制定的利润分配方案为：按净利润的 10% 计提法定盈余公积，按净利润的 15% 计提任意盈余公积，按剩余净利润的 30% 向投资者分配利润。

新希望公司根据董事会提出的利润分配方案，进行账务处理如下：

借：利润分配——提取法定盈余公积	20 000	
——提取任意盈余公积	30 000	
——应付利润	45 000	
贷：盈余公积——法定盈余公积		20 000
——任意盈余公积		30 000
应付利润——范蠡		22 500
——范妹		11 250
——范哥		11 250

实际以现金发放红利时：

借：应付利润——范蠡	22 500	
——范妹	11 250	
——范哥	11 250	
贷：银行存款		45 000

年度终了，将利润分配明细项目结转至未分配利润时：

借：利润分配——未分配利润	95 000	
贷：利润分配——提取法定盈余公积		20 000
——提取任意盈余公积		30 000
——应付利润		45 000

公司制企业的股东享有分配股利权。股利是指公司制企业依据公司章程规定发

放给股东的投资报酬，其实质是公司财富中属于股东收益盈余的一部分。一个公司制企业只有经营获利具有留存收益余额时才可分派股利。《公司法》规定，税后利润提取了法定盈余公积之后，余下部分应先发放优先股股利，然后依董事会决定提取任意盈余公积，再余下的部分可向普通股股东分派普通股股利。在未付清优先股股利之前，公司不得发放普通股股利。

股利分派的有关日期包括：（1）宣告日。宣告日是指董事会宣告分派股利的日期，它表明向股东支付股利的义务在这一天成立，也是公司在会计上应登记有关股利负债的日期。（2）股权登记日。股权登记日是指公司宣告股利后所定下的在该日截止过户登记的日期，也称为停止过户日，其意义是，只有在该日公司股东名册所记载的股东有权享有股利，而在该日以后取得股票的股东，则无权获取股利。因此，这一日又可称为除息日。在该日以后取得的股票由于不能享受股利，称为除息股；反之，在该日之前取得的股票由于可以分配股利，故称为含息股。（3）分派日。分派日也称付息日，是指实际支付股利的日期。通常是在股权登记截止后的若干天开始支付股利。

股利支付的形式主要有：（1）现金股利，是指以现金方式分配给股东的股利。通常情况下，公司在决定是否分配现金股利时，应考虑以下因素：是否有足够的现金；是否有董事会的决定。派发现金股利，一方面会减少留存收益，另一方面会减少现金。派发股利后，会减少股东权益总额。由于现金股利一经宣布，就成为公司对股东的偿付责任，因此，要及时在“应付股利”账户上反映。（2）财产股利，是指以现金资产以外的资产形式向股东派发的股利。最为常见的财产股利是以其持有的有价证券代替现金发给股东。公司虽有留存收益，但无现金可供分配股利，这时可以发放财产股利。这种财产股利在进行会计处理时，应以股利宣告日的公允市价作为入账基准，而不能以实际支付日为基准。这样确定的理由是因为用作股利分配的资产，在宣告之日起便已有了指定用途，公司不能因其市价的上下波动而获益或受损。

【例 11-23】甲公司 2014 年度经股东大会审议，将其自产的产品向股东派发财产股利。股利宣告日的产品售价为 1 000 万元，成本为 600 万元。

（1）宣告派发股利时：

借：利润分配——应付财产股利	11 700 000	
贷：应付股利		11 700 000

（2）实际派发财产股利时：

借：应付股利	11 700 000	
贷：营业收入		10 000 000
应交税费——应交增值税（销项税额）		1 700 000

同时，结转成本：

借：营业成本	6 000 000	
贷：库存商品		6 000 000

第三节　负债与所有者权益之比告诉我们什么

一、负债与所有者权益的区别

负债和所有者权益同属“权益”，分别反映债权人和投资人对投入资本的求偿权，但二者又有区别，主要表现在以下几个方面：

第一，性质不同。负债是债权人对企业资产的求偿权，是债权人的权益，债权人与企业只有债权债务关系，到期可以收回本息；而所有者权益则是企业所有者对企业净资产的求偿权，包括所有者对企业投入的资本以及其对投入资本的运作所产生的盈余的要求权，没有明确的偿还期限。

第二，偿还责任不同。企业的负债要求企业按规定的时间和利率支付利息，到期偿还本金；而所有者权益在企业经营期内无须偿还，国有企业按照国家规定分配收益，股份制企业按照董事会的决定支付股利，其他企业按照企业最高层管理机构的决定分配利润。

第三，享受的权利不同。债权人通常只享有收回本金和按事先约定的利息率收回利息的权利，既没有参与企业经营管理的权利，也没有参与企业收益分配的权利；而企业的所有者通常既具有参与企业管理的权利，也具有参与收益分配的权利。企业的所有者不仅享有法定的自己管理企业的权利，而且还享有委托他人管理企业的权利。

第四，计量特性不同。负债通常可以单独直接地进行计量，而所有者权益除了投资者投资时以外，一般不能直接计量，而是通过资产和负债的计量来间接计量。

第五，风险和收益的大小不同。负债由于具有明确的偿还期限和约定的收益率，一旦到期就可以收回本金与相应的利息，因而风险较小，收益也小；而所有者投入的资本，一般情况下都不能抽回，因而承担的风险较大，相应地也就有可能获得较高的收益，当然，也有可能要承担更大的损失。

二、资本构成分析

负债与所有者权益是企业的两大资本来源。一般在财务管理中，常将长期负债与所有者权益之比称为企业的资本结构，将全部负债与所有者权益之比称为企业的财务结构。企业的财务主管偏爱在一定范围内运用的财务杠杆和与债务资本相联系的扣税利息，但他们也关注超过这个范围所要承受的风险。尽管他们喜欢权益资本的低风险，但也认识到权益资本天生就比债务资本昂贵。因此，财务管理人员希望在资本结构中有尽可能多的债务资本，但负债权益比（负债资本/权益资本）又不能过高，以免使投资者感到不安。

负债与所有者权益之比，反映企业所有者权益对债权人权益的保障程度。该比率越低，表明企业所有者权益对债权人权益的保障程度越高，财务风险越小，同时，也反映企业理财政策较为保守，未能有效利用财务杠杆，但利用债务进行再融资能力相对较强；反之，该比率越高，表明企业所有者权益对债权人权益的保障程度越低，财务风险越大，同时，也反映企业理财政策比较激进，在企业资本收益率高于资金成本率的情况下，可以获得较好的财务杠杆收益。

知识拓展11-6　　**财务杠杆与财务风险**

在物理学中，杠杆是用于增加力的一种器具。当企业利用负债融资方式取得资本时，即企业负债经营情况下，不论利润多少，债务利息是不变的。于是，当企业经营获取的息税前利润增大时，每一元息税前利润所负担的利息就会相应地减少，从而给投资者收益带来更大幅度的提高。这种债务对投资者收益的影响称作财务杠杆。

财务风险一般是指举债经营给公司收益带来的不确定性。如果公司的经营收入到期不足以偿付利息和本金，就会使公司陷入财务危机，甚至导致公司破产。财务风险是指全部资本中，由债务资本比率的变化带来的风险，它是财务杠杆作用的结果。当债务资本比率较高时，投资者将负担较多的债务成本，并经受较多的财务杠杆作用所引起的收益变动的冲击，从而加大财务风险；反之，当债务资本比率较低时，财务风险就小。

本章小结

负债和所有者权益是企业资本的两大来源。

负债是指企业过去的交易或者事项形成的、预期会导致经济利益流出企业的现时义务。负债的特征是：①负债是由已经发生的经济业务引起的企业现时的经济义务；②负债是在将来某个时日履行的强制性责任；③负债要通过企业资产的流出或劳务的提供来清偿；④负债金额能够用货币计量或估计。负债按其偿还期限的长短分为流动负债和非流动负债，负债按形成原因分为对贷款人的负债、对供应商的负债、对客户的负债、对职工的负债、对税务部门的负债、对所有者的负债。

企业承担的既符合负债的定义又同时满足以下两个条件的现时义务应确认为负债：(1) 与该义务有关的经济利益很可能流出企业；(2) 未来流出的经济利益的金额能够可靠地计量。流动负债的计量一般不考虑时间价值，而非流动负债的计量一般应考虑时间价值。

短期借款是指企业向银行或其他金融机构借入的期限在一年以下的各种借款。企业取得一项短期借款时，借记“银行存款”等账户，贷记“短期借款”账户。归还借款时，做相反处理。根据权责发生制的要求，企业还应当在每个月末计提短期借款利息，将应付未付的利息确认为一项流动负债，计入应付利息，同时确认当期损益。

长期借款是指企业向银行或其他金融机构借入的，偿还期限超过一年的各种借款。长期借款的利息费用，应按期预提，对用于所购建的长期工程项目完工之前发生的利息，在符合资本化条件的前提下，应予以资本化记入“在建工程”等账户；

在工程完工达到预定可使用状态之后产生的利息支出应停止借款利息资本化，而予以费用化记入“财务费用”等账户。计算分期付息到期还本的利息，贷记“应付利息”账户；到期一次还本付息的利息，贷记“长期借款——应付利息”账户。

债券是筹资单位为筹集资金而依照法定程序发行，约定在一定日期还本付息的有价证券。企业债券的发行方式有平价发行、溢价发行和折价发行三种。企业债券的发行价格与票面利率和市场利率有直接的关系。当市场利率低于债券票面利率时，债券溢价发行；当市场利率高于债券票面利率时，债券折价发行。利息调整的摊销是对债券发行时产生的溢价或折价在逐期确认利息费用时进行的调整。利息调整的摊销应采用实际利率法，即实际利率乘以每期期初债券的账面价值（也称摊余成本），求得该期的利息费用。利息费用与实际支付利息的差额，即为溢价或折价的利息调整额。债券到期时，发行企业应根据发行债券时规定的还本期限与方式，偿还债券持有人的本金。由于溢价、折价在债券的整个存续期内已经摊销完毕，到期时只需偿还债券的本金和未付的利息。

资本租赁是一种集融资与融物为一体的融资行为。依据我国《企业会计准则第21号——租赁》规定，在租赁期开始日，承租人应当将租赁开始日租赁资产公允价值与最低租赁付款额现值两者中较低者作为租入资产的入账价值，借记“固定资产”账户，按最低租赁付款额贷记“长期应付款”账户，两者差额借记“未确认融资费用”账户。在合同约定的每个支付租金期，按支付的租金借记“长期应付款”账户，贷记“银行存款”账户，同时按实际利率法将未确认融资费用分摊计入资产成本或财务费用，借记“在建工程”或“财务费用”账户，贷记“未确认融资费用”账户。

应付账款是指因购买材料、商品或接受劳务供应等业务而发生的债务。应付账款一般按发票账单等凭证上记载的应付金额入账，而不是按应付金额的现值入账，一般是等货物验收入库后才根据发票价格登记应付账款。月末发票账单等凭证未到，应收账款应估计入账，下月初再用红字冲回。对于现金折扣，购货方可选择的会计处理方法有总价法和净价法两种。在我国，企业会计准则要求采用总价法。在总价法下，按在折扣期内享受的折扣，贷记“财务费用”账户。

应付票据是在经济往来活动中由于采用商业汇票结算方式而发生的，由出票人签发、承兑人承兑的票据。应付票据分为带息票据和不带息票据两种。不带息票据是指在票据到期日，按照票据票面金额偿还的债务；带息票据是指按照票据上载明的利率，在票据票面金额上加计利息偿还的债务。

职工薪酬是指企业为获得职工提供的服务而给予各种形式的报酬以及其他相关支出。职工薪酬主要包括：职工工资、职工福利、社会保险费、住房公积金、工会经费和职工教育经费、非货币性福利、辞退福利和股份支付等。为了反映和监督职工薪酬的发生和分配的情况，企业需要设置“应付职工薪酬”账户；并按“工资”、“职工福利”、“社会保险费”、“住房公积金”等进行明细核算。职工薪酬作为企业生产经营活动的一项必要支出，应在实际发生时根据职工提供服务的受益对象的不同，分别形成企业的成本费用或计入有关资产的成本。应由生产产品、提供劳务负担的职工薪酬，计入产品成本或劳务成本应由在建工程、无形资产负担的职工薪酬，计入建造固定资产或无形资产成本；其他的职工薪酬，计入当期损益。

按计税依据不同，应交税费主要包括以下内容：①流转税类：增值税、消费税、营业税、关税等。②所得税类：企业所得税和代扣代缴的个人所得税。③资源税类：资源税、城镇土地使用税等。④财产行为税类：房产税、车船税、印花税、契税、烟叶税等。⑤特定目的税类：城市维护建设税、教育费附加、土地增值税、耕地占用税（一次性征收）、车辆购置税（一次性征收）等。

所有者权益是指企业投资者对企业净资产的所有权，包括企业投资者对企业投入的资本以及形成的资本公积、盈余公积和未分配利润等。股份有限公司的所有者权益又称为股东权益。其来源包括所有者投入的资本、直接计入所有者权益的利得和损失、留存收益等。

投入资本是企业的所有者向企业投入的无须偿还，可长期使用的资本。按照企业的组织形式，投入资本可以分为独资企业投入资本、合伙企业投入资本、有限责任公司投入资本、股份有限公司投入资本等。投资者既可以以货币性资产出资，也可以以非货币性资产出资，如以货币、实物、无形资产和其他资产等方式出资。股票是股份有限公司筹集资本时签发给股东以证明其投资的一种书面产权凭证。股票按其股东权利内容的差别，可以分为普通股和优先股。股份有限公司的股本是通过发行股票来筹集的。企业增加资本的途径主要有三条：一是资本公积转增资本；二是盈余公积转增资本；三是所有者投入资本。

资本公积主要包括资本（或股本）溢价、直接计入所有者权益的利得和损失、其他资本公积等。

留存收益是指企业在历年生产经营活动中取得净利润的留存额。在我国，留存收益主要包括盈余公积和未分配利润两部分。盈余公积是指企业按规定从净利润中提取的积累资金。未分配利润是企业留待以后年度进行分配的结存利润，也是企业所有者权益的组成部分。

股利是股份有限公司在一定时期内以各种方式分派给股东的累积留存利润的一部分。公司在根据公司章程向股东发放股利前，须经过董事会审议和股东大会批准。比较常见的股利形式有现金股利、财产股利等，但现金股利最常见。

所有者权益和负债虽同属权益，但企业的负债要求企业按规定的时间和利率支付利息，到期偿还本金，而所有者权益则与企业共存亡，在企业经营期内无须偿还。

思考与练习

■ 思考题

1. 什么是负债？负债具有哪些特征？

2. 如何理解负债的性质？

3. 负债确认应具备哪些条件？

4. 依据我国企业会计准则，负债如何分类？各具体包括哪些主要项目？

5. 企业筹措长期资金时，举借长期债务与发行股票相比有何利弊？

6. 短期借款与长期借款在核算上有什么区别？

7. 应付债券溢价、折价的产生原因及性质是什么？会计上如何核算？

8. 应付账款与应付票据都是企业的负债，二者有何异同？

9. 什么是职工薪酬？其主要包括哪些内容？

10. 依据我国税法，企业按计税依据不同，应缴纳的税费主要有哪些？

11. 一般纳税人与小规模纳税人在增值税核算上有何不同？

12. 什么是所有者权益？其具有哪些特征？

13. 简述公司制企业所有者权益的主要内容。

14. 什么是留存收益？其包含的内容有哪些？

15. 负债与所有者权益有何不同？

■ 练习题

一、单项选择题

1. 核算短期借款利息不涉及的会计账户是(　　)。

A. 应付利息　　B. 财务费用　　C. 银行存款　　D. 短期借款

2. 某企业发行分期付息、到期一次还本的债券，按其票面利率计算确定的应付未付利息，应该记入“(　　)”账户。

A. 应付债券——应计利息　　B. 应付利息

C. 应付债券——利息调整　　D. 应付债券——面值

3. 下列各项中，应通过“其他应付款”账户核算的是(　　)。

A. 应付现金股利　　B. 应交教育费附加

C. 应付租入包装物租金　　D. 应付管理人员工资

4. 委托加工的应税消费品收回后直接出售的，由受托方代收代缴的消费税，委托方应借记的会计账户是(　　)。

A. 在途材料　　B. 委托加工物资

C. 应交税费——应交消费税　　D. 营业税金及附加

5. 小规模纳税人购入原材料取得的增值税专用发票上注明货款 20 000 元，增值税 3 400 元，在购入材料的过程中另支付运杂费 600 元，则该企业原材料的入账价值为(　　)元。

A. 20 000　　B. 20 600　　C. 23 400　　D. 24 000

6. A 公司为建造办公楼领用外购原材料 10 000 元，原材料购入时支付的增值税为 1 700 元；因火灾毁损原材料一批，其实际成本为 20 000 元，经确认损失材料的增值税为 3 400 元。A 公司应记入“应交税费——应交增值税（进项税额转出)”账户的金额为(　　)元。

A. 680　　B. 1 020　　C. 1 700　　D. 5 100

7. 甲公司为增值税一般纳税人，适用的增值税税率为17%。2013年1月甲公司董事会决定将本公司生产的500件产品作为福利发放给公司管理人员。该批产品的成本为每件1.2万元，市场销售价格为每件2万元（不含增值税）。不考虑其他相关税费，甲公司在2013年因该项业务应计入管理费用的金额为（　　）万元。

A. 600　　B. 770　　C. 1 000　　D. 1 170

8. 某公司经批准于2013年1月1日发行债券10 000张，每张面值100元，票面利率8%，期限5年，每年末付息一次，发行债券当时的市场利率为6.1%，债券发行价格为108万元。债券溢价、折价采用实际利率法摊销。根据上述资料完成如下问题的解答：

（1）2013年12月31日应付债券的账面余额为（　　）万元。

A. 106.59　　B. 103.5　　C. 105.09　　D. 108

（2）2013年应付债券的实际利息费用额为（　　）万元。

A. 6.59　　B. 6.31　　C. 8　　D. 6.5

9. 下列事项中，不会直接影响所有者权益总额的有(　　)。

A. 用盈余公积弥补亏损

B. 将成本模式后续计量的投资性房地产转为公允价值模式核算，公允价值小于账面价值

C. 用资本公积转增资本

D. 可供出售金融资产公允价值上升

二、多项选择题

1. 下列各项中，应纳入职工薪酬核算的有(　　)。

A. 工会经费　　B. 职工养老保险费　　C. 职工住房公积金

D. 辞退职工经济补偿　　E. 非货币性福利

2. 企业在筹建期间平价发行债券，按期计提利息时，可能涉及的会计账户有(　　)。

A. 财务费用　　B. 在建工程　　C. 应付债券

D. 管理费用　　E. 开办费

3. 下列经济业务需要计算增值税销项税额的有(　　)。

A. 将自产产品用于集体福利　　B. 以自产产品对外投资

C. 将自产产品对外捐赠　　D. 原材料由于管理不善被盗

E. 以自产产品发放股利

4. 下列各项中，属于企业应付职工薪酬核算的有(　　)。

A. 职工教育经费　　B. 企业医务人员的工资　　C. 职工工资

D. 职工福利　　E. 社会保险费

5. 下列各项中，应作为职工薪酬计入相关资产成本或当期损益的有(　　)。

A. 为职工支付的补充养老保险

B. 因解除职工劳动合同支付的补偿款

C. 为职工进行健康检查而支付的体检费

D. 因向管理人员提供住房而支付的租金

E. 按照工资总额一定比例计提的职工教育经费

6. 甲公司决定为部门经理每人租赁住房一套供个人免费使用，同时提供轿车一辆供个人免费使用，所有外租住房的月租金为 1.5 万元，所有轿车的月折旧额为 1 万元，则甲公司的账务处理正确的有(　　)。

A. 借：管理费用	10 000	
贷：应付职工薪酬		10 000
B. 借：应付职工薪酬	10 000	
贷：累计折旧		10 000
C. 借：管理费用	15 000	
贷：应付职工薪酬		15 000
D. 借：应付职工薪酬	15 000	
贷：银行存款		15 000
E. 借：管理费用	25 000	
贷：累计折旧		25 000

7. 企业购进货物发生的下列相关税金中，应计入货物取得成本的有(　　)。

A. 一般纳税企业购进设备支付的增值税

B. 收购未税矿产品代缴的资源税

C. 进口商品支付的关税

D. 小规模纳税企业购进材料支付的增值税

E. 签订购销合同缴纳的印花税

8. 下列项目中，应通过“资本公积”账户核算的是(　　)。

A. 发行股票的溢价收入

B. 企业将债务转为资本的，股份的公允价值总额与股本的差额

C. 以现金结算的股份支付

D. 权益法长期股权投资在被投资方除净损益以外其他所有者权益变动时的相应调整

E. 已确认减值损失的可供出售权益工具在随后的会计期间公允价值上升

9. 下列资本公积中，在资产处置时转入当期损益的是(　　)。

A. 自有房产转为公允价值模式的投资性房地产产生增值时形成的资本公积

B. 长期股权投资因被投资方可供出售金融资产增值或贬值对应调整的资本公积

C. 可供出售金融资产公允价值变动形成的资本公积

D. 持有至到期投资转为可供出售金融资产时因增值产生的资本公积

E. 权益结算的股份支付中产生的资本公积

三、业务题

1. 甲公司2013年5月12日向A公司购入材料一批，价款为10 000元，材料已验收入库，款项尚未支付，付款条件为“2/10，N/30”。假设不考虑增值税。

要求：以总价法做出相关的会计分录。

2. 乙公司为增值税一般纳税人，2013年7月发生以下经济业务：

(1) 2日，购入原材料一批，增值税专用发票上注明货款80 000元，增值税额13 600元；材料已验收入库，货款以一张2个月期限的商业承兑汇票支付。

(2) 6日，购入不需要安装设备一台，价款及运输保险等费用合计200 000元，增值税专用发票上注明的增值税额34 000元，款项尚未支付。

(3) 10日，销售产品一批，价款300 000元，按规定应收取增值税额51 000元，提货单和增值税专用发票已交给买方，款项尚未收到。

(4) 12日，购入基建工程所用物资一批，价款及运输保险等费用合计150 000元，增值税专用发票上注明的增值税额25 500元，物资已验收入库，款项尚未支付。

(5) 16日，为外单位代加工电脑桌500个，每个收取加工费120元，适用的增值税税率17%，加工完成，款项已收到并存入银行。

(6) 17日，该企业因火灾毁损库存商品一批，其实际成本为50 000元，经确认损失外购材料的增值税8 500元。

(7) 19日，建造厂房领用生产用原材料60 000元，原材料购入时支付的增值税为10 200元。

(8) 22日，企业将自己生产的产品用于自行建造职工俱乐部。该批产品的成本为70 000元，计税价格为110 000元。增值税税率为17%。

(9) 30日，以银行存款交纳本月增值税70 000元。

(10) 7月，应付工资总额872 000元，工资费用分配汇总表中列示的产品生产人员工资为540 000元，车间管理人员工资为140 000元，企业行政管理人员工资为118 000元，销售人员工资为74 000元。

(11) 7月，企业根据历史经验数据和实际情况，提取职工福利费136 080元，其中，应计入基本生产车间生产成本的金额为89 600元，应计入制造费用的金额为19 600元，应计入管理费用的金额为26 880元。

(12) 7月3日根据“工资结算汇总表”结算上月应付职工工资总额872 000元；代扣职工房租60 000元，企业代垫职工家属医药费5 000元，代扣职工个人所得税共计 8 000 元，实发工资 799 000 元。

要求：根据上述经济业务做出有关的会计处理。

3. 丙公司于 2014 年 1 月 1 日发行公司债券，面值为 100 000 元，期限为 3 年，票面利率为 10%，每年付息一次，到期一次还本。假设发行时市场利率为 8% 时，则发行价格为 106 000 元；假设发行时市场利率为 10% 时，则发行价格为 100 000 元；假设发行时市场利率为 12% 时，则发行价格为 95 000 元（为了题目计算简便，发行价格非精确计算）。

要求：分别做出丙公司各种情况债券发行时、年末计息时到到期赎回时的相关会计处理。

案例分析

案例 11-1　　马丁公司[①]

马丁公司是一家成立不久的特殊消费品制造商，到 2013 年，它的财务报表还未接受过审计。但它平时的所得税申报表却是请克林和巴罗斯会计师事务所编制的。由于公司准备借入一笔款项，而贷款人需要公司提供经审计的财务报表。马丁公司决定聘请克林和巴罗斯会计师事务所对其 2013 年度财务报表进行审计。

该事务所委派华沙女士在巴罗斯先生的指导下，进行签订业务约定的前期准备工作。马丁公司的财务副总裁编制了初步的财务报表（见表 11-9 和表 11-10）。在检查财务报表的基础信息时，华沙女士发现下面的事实，她将之反映给巴罗斯先生。

（1）2013 年，一批女员工对公司提起诉讼，声称公司同工不同酬，她们和男员工做同样的工作，而报酬却被不公平地压低了，并要求公司赔偿 250 000 美元。类似的诉讼也大量发生在其他公司，但判决有很大差异。马丁公司的法律顾问认为公司胜诉的可能性很大，但同时指出由于以往同类诉讼的胜负比率各半，所以很难准确预测结果。但不管怎样，2013 年都不可能做出判决。财务报表上没有对这种可能的损失进行披露。

（2）公司还面临着第二个未决诉讼。该诉讼涉及一名被公司产品伤害的消费者，消费者要求公司赔偿 500 000 美元损失。经过与该消费者的律师协商，马丁公司的法律顾问认为这个诉讼可能会以赔偿给消费者 50 000 美元而解决，但他对此并无十足把握。而如果诉讼通过审判终结，公司也可能会胜诉。马丁公司没有投保产品质量险，因而报告了 50 000 美元预计负债，相对应的借方记入“留存收益”账户。

---

① 资料来源：罗伯特 · N. 安索尼，詹姆斯 · S. 里斯，朱利 · H. 赫特斯坦 . 会计学［M］.9 版 . 骆珣，等，译 . 北京：北京大学出版社，2000：232.

（3）2013 年 1 月初，公司发行了利率为 5% 的 100 000 美元债券给它的一个股东，得到 80 000 美元现金，折价 20 000 美元是由于 5% 的利率低于当时的市场利率。股东认为，与将 80 000 美元按现行市场利率投资相比，购买公司债券能够节约个人所得税。公司在资产负债表上将 20 000 美元折价作为资产"长期待摊费用"的一部分，将 100 000 美元记为非流动负债。谈及这种处理时，公司的财务副总裁说："我知道我们公司对这种交易的处理与其他公司不同，而且我们已经实际确认了 100 000 美元的负债，把折价反映在哪儿又有什么关系呢？"

（4）2013 年，20 000 美元的债券折价减少了 784 美元，华沙女士计算出 784 美元是正确的摊销额。但这 784 美元在利润表上却列为营业外支出。

（5）与 100 000 美元债券的发行相联系，公司发生的律师费用为 500 美元，这项成本是作为营业外支出反映在利润表上的，关于这样做的理由，财务副总裁说："对我们来说，发行债券并不是一件经常发生的业务，不能算是常规经营业务。"

（6）2013 年 1 月 2 日公司租赁了一辆价值 35 000 美元的林肯城市轿车，为公司的各种办公业务服务。租约规定，公司在 3 年中每年年末支付租金 13 581 美元，3 年后，该轿车的所有权归马丁公司，公司希望该车能一直用到 2017 年年末。2013 年的 13 581 美元租金在利润表中记为经营费用。

尽管巴罗斯先生认识到上述的某些交易可能影响了所得税费用，但他决定在没有考虑好对这些交易的正确会计处理方法以前，暂不考虑它们对所得税的潜在影响。

表 11-9 **利润表**

编制单位：马丁公司　　2013 年度　　单位：美元

营业收入	1 658 130
减：营业成本	1 071 690
毛利	586 440
减：经营费用	329 100
营业利润	257 340
减：营业外收支净额	9 360
税前利润	247 980
减：所得税费用	99 300
净利润	148 680

表 11-10　　　　资产负债表

编制单位：马丁公司　　　　2013 年 12 月 31 日　　　　单位：美元

资产	金额	负债和所有者权益	金额
流动资产：		流动负债	421 770
现金和短期投资	107 026	非流动负债	228 704
应收账款总额	262 904	预计负债	50 000
减：坏账准备	5 250	负债合计	700 474
应收账款净额	257 654	所有者权益：	
存货	376 006	普通股（10 万股）	100 000
预付账款	10 814	资本公积	82 500
流动资产合计	751 500	留存收益	432 302
固定资产	310 996	所有者权益合计	614 802
减：累计折旧	139 830		
固定资产净值	171 166		
商誉	101 084		
无形资产	124 648		
长期待摊费用	166 878		
非流动资产合计	563 776		
资产总计	1 315 276	负债和所有者权益总计	1 315 276

案例分析与讨论：

1. 你认为案例中所涉及交易的会计处理是否恰当？如果不恰当，那么 2013 年度利润表和资产负债表将会发生哪些变化？

2. 假设第（3）项中的债券存续期为 15 年，对为持有该债券支付 80 000 美元的投资者来说，收益率为多少？第（4）项中提到的 784 美元债券折价摊销是否确实是第一年正确的摊销额（假定每年 5 000 美元利息是在年末一次支付的）？

3. 如果确认第（6）项中的租赁为资本租赁，那么，其实际利率为多少？

案例 11-2　　　　正方软件股份有限公司[①]

假设你是一家上市公司的首席执行官，由于市场竞争机制及企业经营管理不当等多方面的原因，公司目前遇到了严重的财务困难，现在需要一大笔新的银行借款才能周转。今天是 2013 年 11 月 18 日。你已经和几家银行进行了谈判，但是他们都要求你出示日期为 2013 年 12 月 31 日的财务报表，当然这些报表都是需要经过

① 资料来源：刘永泽．会计学概论［M］．大连：东北财经大学出版社，2007：178.

注册会计师审计的。为此，今天你召集了本公司聘请的华天会计师事务所的两名注册会计师与你共商良策，讨论如何摆脱目前的这种困境，达到如愿筹资的目的。下面是你同注册会计师的一些讨论：

（1）公司原来打算在12月以3 000万元收购宏图软件公司，但宏图软件公司的所有者对这次收购不是很着急。如果把这次收购推迟到明年1月，公司在年底就会有很多的现金，这会使公司财务报表所体现的偿债能力看起来更强一点。

（2）到年底公司的应付账款为1 800万元，如果请主管会计在资产负债表中将它改为900万元，估计没有人知道它们之间的区别。然后可以把剩下的900万元改为股东权益，这样会使公司的财务状况看上去比较良好。

（3）公司大客户珠江软件公司要求在90天内付清500万元应付账款。如果公司签发一张半年期的应付票据，并答应支付年利率12%的利息，该公司会允许推迟偿还债务。

（4）公司当初以200万元购买的土地现在的价格至少为600万元，如果在资产负债表中将其显示为600万元，这样就会使总资产和所有者权益各增加400万元。

案例分析与讨论：

1. 判断正方软件股份有限公司采取上面的有关对策会带来什么影响；

2. 你是否最终会采纳以上与注册会计师共同讨论的对策？请说明理由。

案例11-3　　　　大宇资本结构的神话①

韩国第二大企业集团大宇集团于1999年11月1日向新闻界正式宣布，该集团董事长金宇中以及14名下属公司的总经理决定辞职，以表示“对大宇的债务危机负责，并为推行结构调整创造条件”。韩国媒体认为，这意味着“大宇集团解体进程已经完成”，“大宇集团已经消失”。

大宇集团于1967年开始奠基建厂，其创办人金宇中当时是一名纺织品推销员。经过30年的发展，通过政府的政策支持、银行的信贷支持和在海内外的大力购并，大宇集团成为直逼韩国最大企业——现代集团的庞大商业帝国：1998年年底，总资产高达640亿美元，营业额占韩国GDP的5%；业务涉及贸易、汽车、电子、通用设备、重型机械、化纤、造船等众多行业；国内所属企业曾多达41家，海外公司数量创下过600家的纪录，鼎盛时期，海外雇员多达几十万人，“大宇”成为国际知名品牌。大宇集团是“章鱼足式”扩张模式的积极推行者，金宇中认为企业规模越大，就越能立于不败之地，即所谓的“大马不死”。据报道，1993年金宇中提出“世界化经营”战略时，大宇集团在海外的企业只有15家，而到1998年年底已增至600多家，“等于每3天增加一个企业”。还有更让韩国人自豪的是：在韩国陷入金融危机的1997年，大宇集团不仅没有被危机困住，反而在国内的集

① 资料来源：徐光华，等．现代企业财务管理［M］．北京：清华大学出版社，2007：290.

团排名中由第4位上升到第2位，金宇中本人也被美国《幸福》杂志评为亚洲风云人物。

1997年年底韩国发生金融危机后，其他企业集团都开始收缩，但大宇集团仍然我行我素，结果债务越背越重。尤其是1998年年初韩国政府提出“五大企业集团进行自律结构调整”方针后，其他集团把结构调整的重点放在改善财务结构方面，努力减轻债务负担。金宇中却认为，只要提高开工率、增加销售额和出口就能躲过这场危机。因此，大宇集团继续大量发行债券，进行“借贷式经营”。1998年大宇集团发行的公司债券达7万亿韩元（约合58.33亿美元）。1998年第四季度，大宇集团的债务危机已初露端倪，在各方援助下才避过债务灾难。此后，在严峻的债务压力下，大梦方醒的大宇集团虽做出了种种努力，但为时已晚。1999年7月中旬，大宇集团向韩国政府发出求救信号；7月27日，大宇集团因“延迟重组”被韩国4家债权银行接管；8月11日，大宇集团在压力下屈服，割价出售两家财务出现问题的公司；8月16日，大宇集团与债权人达成协议，在1999年年底前，将出售盈利最佳的大宇证券公司以及大宇电器、大宇造船、大宇建筑公司等，大宇集团的汽车项目资产免遭处理。“8月16日协议”的达成，表明大宇集团已处于破产清算前夕，遭遇“存”或“亡”的险境。由于在此后的几个月中，经营依然不善，资产负债率仍然居高不下，大宇集团最终不得不走向本文开头所述的那一幕。

大宇集团为什么会倒下？在其轰然坍塌的背后，存在的问题固然是多方面的，但不可否认有财务杠杆的消极作用在作怪。大宇集团在政府政策和银行信贷的支持下走上了一条“举债经营”之路，试图通过大规模举债，达到大规模扩张的目的，最后实现“市场占有率至上”的目标。1997年亚洲金融危机爆发后，大宇集团已经显现出经营上的困难，其销售额和利润均不能达到预期，而与此同时，债权金融机构又开始收回短期贷款，政府也无力再给它更多支持。1998年年初韩国政府提出“五大企业集团进行自律结构调整”方针后，大宇集团却依然继续大量发行债券，进行“借贷式经营”。正是由于经营不善，加上资金周转困难，韩国政府于7月26日下令债权银行接手对大宇集团进行结构调整，以加快这个负债累累的集团的解散速度。由此可见，大宇集团的举债经营所产生的财务杠杆效应是消极的，不仅难以提高企业的盈利能力，反而因巨大的偿付压力使企业陷于难以自拔的财务困境。从根本上说，大宇集团的解散，是其财务杠杆消极作用影响的结果。

案例分析与讨论：

1. 试对财务杠杆进行界定，并对“财务杠杆效应是一把‘双刃剑’这句话进行评述。

2. 取得财务杠杆利益的前提条件是什么？

3. 我国资本市场上大批ST、*ST上市公司以及大批靠国家政策和信贷支持发展起来而又债务累累的国有企业，从“大宇资本结构的神话”中应吸取哪些教训？

第十二章　会计循环与会计核算组织形式

【导入案例】

史密斯2013年6月以其个人存款35 000元，在某大学附近开办了一家专为大学生寻找宿舍的公司，她为其命名为“校园宿舍寻找者”，她是该公司的唯一所有者和经营者。7月是她开始营业的第一个月，在该月共发生了下列业务：

（1）7月1日，史密斯在大学附近租赁一间办公室，租金每月400元，房租按月支付。

（2）7月1日，史密斯赊购一套价值350元的办公用具和一台价值2 000元的电脑。办公用具预计使用2年，电脑预计使用5年。

（3）7月5日，史密斯迎来第一批顾客，为顾客寻找公寓，收取现金1 900元。

（4）7月15日，史密斯度假花费个人资金2 000元。

（5）7月25日，史密斯支付办公室使用的水电费100元。

（6）7月28日，史密斯迎来第二批顾客，服务收入2 280元，款项尚未收到。

（7）7月29日，史密斯提款2 000元为自己发放月工资。

（8）7月31日，按税法规定，“校园宿舍寻找者”应依法缴纳流转税费209元。

你还记得这个案例吗？这是我们在刚刚接触会计知识时反复讨论过的一个案例。今天我们再次见到这位老朋友时，对会计师提供的以三大报表为核心的财务信息是否已不再感觉神秘和遥不可及？

思考：

1. 还记得你当时是如何编出“校园宿舍寻找者”的利润表和资产负债表的吗？如果“校园宿舍寻找者”每天发生的业务是以上业务的几倍、几十倍、上百倍，你的方法还能及时编出报表吗？

2. 审计师们又是如何能够对会计师提供的信息质量发表鉴证意见的呢？

【学习目标】

在本章中，你将学到：

（1）会计师们是如何编制出报表的。

（2）什么是会计循环？什么是会计凭证？什么是会计账簿？

（3）会计凭证、会计账簿和会计报表之间的关系。

（4）会计凭证、会计账簿和会计报表有机结合的方式。

正如我们在第五章中提到的，任何一个营利性组织，不论其业务性质如何、规模大小，其取得的资金都不会是闲置不动的，随着其经营活动的开展，资金就会发生双向变动，会计师对会计主体发生的经济业务（经营活动引起资金变化的交易或事项）引起的会计要素（包括反映资产、负债、所有者权益三个财务状况要素和收入、费用、利润三个经营状况要素）变化，遵循公认的会计准则进行会计确认、计量，运用设置账户、复式记账等专门方法和特定程序，对资金变化过程及结果进行记录，并适时以财务报表的形式提供财务信息。

在本书的第六章至第十一章我们已从理解报表的角度，给大家概括地介绍了会计师是如何使用帕乔利密码对企业日常经营活动引起的资金变化过程遵循公认的会计标准进行会计确认、计量的，这一章我们将简要向大家介绍会计师对于大量繁杂的数据是如何进行有序处理并适时向信息使用者提供信息的。

第一节　会计循环：会计凭证、会计账簿与财务报表

一、会计循环的概念

会计循环是会计信息产生的步骤，也可以说是会计信息生成的基本过程。会计师的工作是从企业设立时就要建立一套系统，将对从债权人和投资人手中取得的资金及其变化过程进行全面记录并适时报告。也可以说，会计循环就是这套系统。这套系统既可以帮助会计师们有序地适时处理资金变化、报告结果，也可以留下清晰的资金变化轨迹，为保证财务信息真实可靠留下足够依据，也为审计师们对会计师提供的信息质量发表鉴证意见提供足够的追溯证据。

从会计工作的角度来说，会计循环是由会计凭证、会计账簿和会计报表构成的一个会计信息生成系统。会计师对企业发生的每笔经济业务，从编制会计分录开始，经过过账、结账、试算平衡，再到根据账簿资料编制财务会计报告文件止，并且在每个会计期间周而复始、连续不断重复这样一个过程，因而称之为会计循环，或更为准确地称之为会计工作循环。企业为了取得真实可靠的会计信息数据，必须对日常所发生的各种经济业务，通过依次完成的一系列基本步骤，并借助于这些步骤把数量繁多的日常经济业务归类整理和综合汇总，最终通过财务报表的形式向有关方面反映企业的财务状况和经营成果。

二、会计凭证

（一）经济业务

会计循环的第一步是遵循公认的会计标准对企业发生的各种交易或事项进行分析并加以确认与计量。

在实际的经济环境中，企业发生的各种交易或事项都有证明业务发生或执行的证明文件。例如，买材料有购进发票、用材料有出库单（领料单）、发工资有工资结算表和工资费用分配表、业务员出差时有证明其实际花费的车票、船票或机票、住宿发票等。在会计实务中，习惯于将这些企业日常经营活动发生的能够引起企业资金发生变化的交易或事项统称为经济业务，或称会计事项。

虽然企业是一个经济上的独立个体，但其生存与发展的过程中不可避免地要与企业内、外部的部门、单位或个人之间发生各种各样的交往活动。因此，可以将经济业务按照是否涉及企业本身以外的单位或个人分为对外经济业务和对内经济业务。

对外经济业务也称为交易，即“企业与外部主体（其他单位或个人）之间的价值交换行为”。交易可能是一种每个主体既接受价值也牺牲价值的互换行为，如购买商品、销售货物、提供劳务等，也可能是企业单方面权益的变动或向其他主体转移本企业的资产的行为，如接受投资、对外投资、上缴税款等。对内经济业务也称为事项，即“企业主体内部有关部门之间发生的价值转移行为”，如企业在生产经营过程中为了生产产品领用原材料、使用和磨损机器设备、产成品完工入库等。以制造业为例，其主要经济业务过程如图12-1所示。

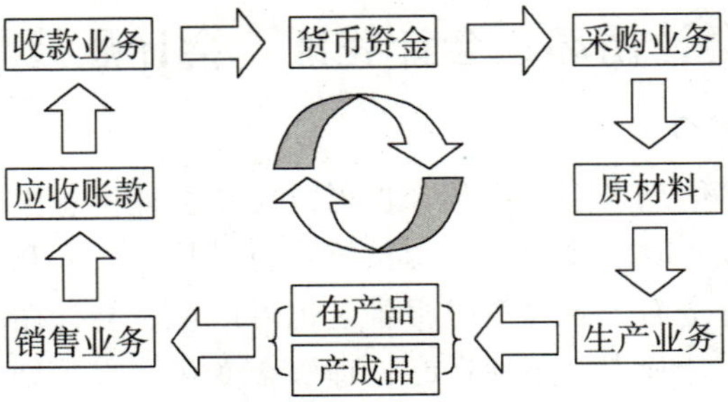

图12-1 制造业企业主要经济业务过程示意图

企业单位在日常经营过程中，会发生各种各样的经济活动，但并不是所有的经济活动都能进行会计处理。其原因就在于计量的复杂性，一些不能计量或不能可靠计量的经济活动就不能进行会计处理，如达成的未来合作的意向、企业人事关系的变动等。在会计上，只把能引起会计要素增减变化进而可以确认与计量的经济活动称为经济业务或会计事项。

（二）会计凭证

在会计信息生成过程中，为了保证会计信息的可靠性和可稽核性，如实地反映各种经济业务对企业会计诸要素的影响情况，经过会计确认而进入复式记账系统的各项经济业务所涉及的每一个原始数据都必须有根有据。这就要求企业对外或对内发生的每一项经济业务，都应该在其发生时由经办人员运用这些书面文件详细地记录每一项经济业务所涉及的具体内容、数量和金额，同时，为了对书面文件所反映的有关内容的合法性、合理性和真实性负责，还需要经办人员在这些书面文件上签字盖章。这些书面文件就是会计凭证。

所谓会计凭证，就是用来记录经济业务，明确经济责任，并作为登记账簿依据的书面证明文件。会计凭证是重要的会计资料。

由于各个单位的经济业务是复杂多样的，因此所使用的会计凭证种类繁多，其用途、性质、填制的程序乃至格式等都因经济业务的需要不同而具有多样性，因此按照不同的标志可以对会计凭证进行不同的分类。会计凭证按填制的程序和用途不同可以分为原始凭证和记账凭证两大类。

1. 原始凭证

（1）原始凭证的概念

所谓原始凭证，是指在经济业务发生时由有关单位人员填制的，用以证明经济业务的执行或完成情况的证明文件。

一般而言，在企业经营过程中，凡是能够证明某项经济业务已经发生或完成情况的书面单据就可以作为原始凭证，如有关的发票、收据、银行结算凭证、收料单、发料单等；凡是不能证明该项经济业务已经发生或完成情况的书面文件就不能作为原始凭证，如生产计划、购销合同、银行对账单、材料请购单等。

（2）原始凭证的种类

原始凭证按其取得的来源不同，可以分为自制原始凭证和外来原始凭证。

①自制原始凭证是指由本单位内部经办业务的部门或人员，在办理某项经济业务时自行填制的凭证。自制原始凭证按其填制的手续和完成情况的不同，可以分为一次凭证、累计凭证、汇总原始凭证、记账编制凭证四种。其中，一次凭证是指只反映一项经济业务，或同时反映若干项同类性质的经济业务、其填制手续是一次完成的凭证，如“收料单”（如图 12-2 所示）、“借款单”（如图 12-3 所示）、“销售发票记账联”（如图 12-4 所示）。累计凭证是指在一定时期内连续记载若干项同类性质的经济业务、其填制手续是随着经济业务发生而分次（多次）完成的凭证，如“限额领料单”（如图 12-5 所示）。

通力源公司　　收料单

供货单位：宝源钢铁公司

发票编号：2456　　2010 年 3 月 15 日　　编号：0203

材料类别	材料编码	名称规格	计量单位	数量		金额（元）			
				应收	实收	单价	总价	运杂费	合计
钢材	3715	螺纹钢	千克	10 000	10 000	18.00	180 000	5 000	185 000
备注：						合计			185 000

仓库保管员：张锁柱　　检验员：孙亮光　　收料人：刘纳新

图 12-2　收料单基本样式

通力源公司　　借款单

2010 年 3 月 16 日　　差字第 28 号

借款人姓名	李阎国	所在单位或部门		供应科	
出差地点	北京	出差事由		采购	
往返时间	10 天	借款金额	¥6 000.00	预计还款日期	3 月 26 日
人民币（大写）	陆仟元整				

审批：张建民　　出纳：李莉华　　借款单位负责人：周泽华　　借款人：李阎国

图 12-3　借款单基本样式

光源市增值税专用发票

记账联

全国统一发票监制章 国家税务局监制

1300061520 　　　　　　　　　　　　　　　　　No. 01117050

校验码：28602960303873892476 　　　　　　开票日期：2008 年 01 月 27 日

购货单位	名　　称：重庆瑞祥金属制品有限公司 纳税人识别号：140108888888808 地 址 、电 话：0311-88456123 开户行及账号：光源市工商银行华西支行 3100111666111				密码区	>50+/4-62750831/049<1 加密版本：01 99302352+00>＊4248/+8< 11300061520 372027+43＊3/>732<7-02 01117050 4-5/89-3/55＊+1-21>77	
货物或应税劳务名称	规格型号	单位	数量	单价	金额	税率	税额
车床	1A680	台	15	84 000	1 260 000	17%	214 200
合计					1 260 000		214 200
价税合计（大写）	⊗壹佰肆拾柒万肆仟贰佰元整						（小写）¥1 474 200
销货单位	名　　称：光源市通力源公司 纳税人识别号：110101280636967 地 址 、电 话：天桥路 96 号 5887711 开户行及账号：工商银行大华支行 2032809202183				备注		

第三联：记账联 销货方作销售的记账凭证

收款人：李永　　复核：林雨　　开票人：张娜　　销货单位：（章）

图 12-4　销售发票记账联基本样式

限额领料单

领料单位：四车间 　　　　　　　　　　　　　　　编　号：451

用　途：丙产品 　　　　　2010 年 3 月 　　　　　发料仓库：5

材料类别	材料编码	材料名称及规格	计量单位	单　价	领用限额	实际领用 数量	实际领用 金额（元）
黑色金属	6538	ø25mm 圆钢	千克	30	6 000	5 900	177 000
供应部门负责人：张锁银			生产计划部门负责人：张计划				

领料日期	请领 数量	请领 领料单位负责人	实发 数量	实发 发料人	实发 领料人	限额结余	退库 数量	退库 退料单编号
5	1 200	张晓明	1 200	刘锦丽	赵永亮	4 800		
10	1 200	张晓明	1 200	刘锦丽	赵永亮	3 600		
15	1 200	张晓明	1 200	刘锦丽	赵永亮	2 400		
20	1 200	张晓明	1 200	刘锦丽	赵永亮	1 200		
26	1 200	张晓明	1 200	刘锦丽	赵永亮	0		
31							100	（略）
	6 000	合　计	6 000					

图 12-5　限额领料单基本样式

②外来原始凭证是指在同外单位发生经济业务往来时，从外单位取得的凭证。外来原始凭证一般均属于一次凭证。例如，从供应单位取得的增值税专用发票（如图12-6所示）、普通发票（如图12-7所示）等。

天津市增值税专用发票

发票联　　　　NO：**5647320**

开票日期：2007年7月8日

购货单位	名称	和谐通信有限公司	纳税人登记号	001202252001356
	地址、电话	津春城路20号；23458888	开户银行及账号	农行红旗路708—046—1598

货物或应税劳务名称	规格型号	计量单位	数量	单价	金额								税率	金额					
					十	万	千	百	十	元	角	分		千	百	十	元	角	分
乙材料		盒	30	100			3	0	0	0	0	0	17%		5	1	0	0	0
合计						¥	3	0	0	0	0	0	17%	¥	5	1	0	0	0
价税合计	（大写）叁仟伍佰壹拾元整												¥3 510.00						

第　联

销货单位	名称	绿原公司	纳税人登记号	104259587374126
	地址、电话	马场道45号：20252618	开户银行及账号	天津建设银行851—762

销货单位（章）　　收款人：××　　复核：×××　　开票人：××

图12-6　增值税专用发票基本样式

光源市工商企业统一发货票

发票联

全国统一发票监制章 光源市（10） 地方税务局监制

购货单位：通力源公司　　2010年6月26日　　NO：1268955678

货号	品名规格	单位	数量	单价	金额									
					千	百	十	万	千	百	十	元	角	分
	设计费								8	8	6	0	0	0
合计：人民币（大写）捌仟捌佰陆拾元整								¥	8	8	6	0	0	0

光源市光华美术公司 280602002230895 发票专用章

开票单位：　　　　开票人：刘红梅

图12-7　普通发票基本样式

（3）原始凭证的填制（或取得）要求

各种原始凭证所反映的基本内容是进行会计信息加工处理过程中所涉及的最基本的原始资料，所以填制或取得原始凭证这个环节的工作正确与否是至关重要的。

为了保证整个会计信息系统所产生的相关资料的真实性、正确性和及时性，必须按要求填制或取得原始凭证。由于原始凭证的具体内容、格式不同，产生的渠道也不同，因此其填制或取得的具体要求也有一定的区别，但从总体要求来看，按照《中华人民共和国会计法》和《会计基础工作规范》的规定，应做到：原始凭证反映的具体内容要真实可靠；原始凭证所反映的内容要完整、项目要齐全、手续要完备；原始凭证的书写要简洁、清楚，大小写要符合会计基础工作规范的要求；原始凭证要及时填制并按照规定的程序进行传递。

（4）原始凭证的审核要求

《中华人民共和国会计法》第十四条规定：会计机构、会计人员必须按照国家统一的会计制度的规定对原始凭证进行审核，对不真实、不合法的原始凭证有权不予接受，并向单位负责人报告；对记载不准确、不完整的原始凭证予以退回，并要求按照国家统一的会计制度的规定更正、补充。

2. 记账凭证

由于原始凭证种类繁多，格式不一，所记录的内容也比较零散，还不能直接依据其登记账簿，所以，必须将其转化为会计账簿所能接受的专门语言，即根据接收到的载有经济业务数据的原始凭证编制记账凭证，以便据以直接登记有关的会计账簿。

（1）记账凭证的概念

所谓记账凭证，就是会计分录的载体，是会计师根据审核无误的原始凭证（经济业务载体）编制的用来履行记账手续的会计分录凭证。它是登记账簿的直接依据。

原始凭证和记账凭证之间存在着密切的联系。原始凭证是记账凭证的基础，附在记账凭证后面作为记账凭证的附件；记账凭证是根据原始凭证编制的，是对原始凭证内容的概括和说明。记账凭证与原始凭证的本质区别就在于记账凭证上载有会计分录。记账凭证是根据审核无误的原始凭证编制的，各种记账凭证可以根据每一张原始凭证单独编制，也可以根据若干张原始凭证汇总编制。

（2）记账凭证的种类

记账凭证按其反映的经济业务内容的不同，可以分为专用记账凭证和通用记账凭证。

专用记账凭证是专门用来记录某一特定种类经济业务的记账凭证，按其所记录的经济业务是否与货币资金收付有关又可以进一步分为收款凭证、付款凭证和转账凭证三种。收款凭证是用来反映货币资金增加的经济业务而编制的记账凭证，也就是记录库存现金和银行存款等收款业务的凭证。付款凭证是用来反映货币资金减少的经济业务而编制的记账凭证，也就是记录库存现金和银行存款付款业务的凭证。收付款凭证既是登记库存现金、银行存款日记账和有关明细账的依据，也是出纳员办理收付款项的依据。转账凭证是用来反映不涉及货币资金增减变动的经济业务

（即转账业务）而编制的记账凭证，也就是记录与库存现金、银行存款的收付款业务没有关系的转账业务的凭证。

通用记账凭证是采用一种通用格式记录各种经济业务的记账凭证。通用记账凭证既可以反映收付款业务，也可以反映转账业务，是实务中最常见的一种记账凭证格式，如图 12-8 所示。

记账凭证

2009 年 12 月 12 日　　　　记字第 2 号

摘要	总账科目	明细科目	记账	借方金额								贷方金额								
				十	万	千	百	十	元	角	分	十	万	千	百	十	元	角	分	
购料	原材料	B 材料			2	0	0	0	0	0	0									附件3张
	银行存款												1	7	0	0	0	0	0	
	应付账款	国发公司												3	0	0	0	0	0	
合计				¥	2	0	0	0	0	0	0	¥	2	0	0	0	0	0	0	

主管：　　　　记账：　　　　审核：　　　　制单：

图 12-8　通用记账凭证基本样式

（3）记账凭证的审核

记账凭证的审核是保证账簿记录真实、准确的前提和基础。因此，除了填制人员应当认真负责、加强自审外，会计部门还应建立相互复核或专人审核的制度。审核的主要内容包括以下三个方面：

①记账凭证是否附有原始凭证，记账凭证与所附原始凭证在经济内容和金额上是否一致。

②应借、应贷的账户名称和金额是否正确，账户对应关系是否清楚，核算内容是否符合会计制度规定。

③记账凭证中的有关项目是否填列齐全，有关人员是否都已签名或盖章。

审核中发现记账凭证填制有差错的，应查明原因并及时采用专门方法进行更正。

三、会计账簿

企业单位在经营过程中要发生各种各样的经济业务。对于这些经济业务，首先要由原始凭证做出最初的反映，然后由会计人员按照会计信息系统的要求，采用复式记账方法编制记账凭证。由于会计凭证的数量繁多，比较分散，而且每张会计凭证只能记录单笔经济业务，提供的也只是个别的数据，不便于直接通过会计凭证取得综合的会计信息，也不便于日后查阅，因此，为了对经济业务进行连续、系统、全面的核算，从分散的数据中提取系统、有用的会计信息，就必须采用登记会计账簿的方法，把分散在会计凭证上的零散的资料加以集中和分类整理，在账簿这个重要的载体上加以综合，从而为企业的经营管理提供系统的会计信息资料。

（一）会计账簿的概念与种类

1. 会计账簿的概念

填制、审核会计凭证只是会计工作的第一步，尽管会计凭证在记录经济业务方面很详细、具体，但却分散。为了连续、系统、综合地反映企业单位的经济活动，就需要把会计凭证中的具体资料分门别类地加以整理、归类，为此必须设置会计账簿。

所谓会计账簿，是由具有专门格式而又联结在一起的若干账页所组成的，按照会计账户开设账户，用来序时地、分类地记录和反映经济业务的簿籍。会计账簿是会计信息的主要载体之一。

2. 会计账簿的种类

（1）会计账簿按其用途不同可以分为序时账簿、分类账簿和备查账簿

序时账簿也称日记账，是按照经济业务发生时间的先后顺序逐日、逐笔登记的账簿。目前，在实际工作中应用比较广泛的日记账主要有“库存现金日记账”和“银行存款日记账”等。

分类账簿是指对全部经济业务按照总分类账户和明细分类账户进行分类登记的账簿。分类账簿按其反映经济业务详细程度的不同，又可以分为总分类账簿（即按照总分类账户分类登记的账簿）和明细分类账簿（即按照明细分类账户分类登记的账簿）。

备查账簿也称辅助账簿，是指对某些在序时账和分类账中未能记载或记载不全的事项进行补充登记的账簿。备查账簿只是对其他账簿记录的一种补充，与其他账簿之间不存在严密的依存和勾稽关系，例如“租入固定资产备查簿”、“应付票据备查簿”、“受托代销商品备查簿”等。备查账簿的填写方式比较灵活，涉及的信息也不会对企业财务报表产生影响，

（2）会计账簿按其外表形式的不同可以分为订本式账簿、活页式账簿和卡片式账簿

订本式账簿是指在启用之前就已把顺序编号的账页装订成册的账簿。对于那些比较重要的内容一般采用订本式账簿。序时账簿、联合账簿、总分类账簿等应采用订本式账簿。

活页式账簿是指在启用时账页不固定装订成册而将零散的账页放置在活页夹内，随时可以取放的账簿。活页式账簿克服了订本式账簿的缺点。明细分类账簿可根据需要采用活页式账簿。

卡片式账簿是指由许多具有一定格式的硬制卡片组成，存放在卡片箱内，根据需要随时取放的账簿。卡片式账簿主要用于不经常变动的内容的登记，如“固定资产明细账”等。

在实际工作中，订本式账簿、活页式账簿的账簿分类方式主要存在于手工记账方式下。

（二）会计账簿的格式与登记方法

会计账簿从构造上看，一般由三大部分组成：封面——标明账簿的名称；扉页——列示目录表和账簿使用登记表；账页——列示会计账户、记账日期、记账依据、内容摘要以及金额等。不同的会计账簿由于反映的经济业务内容和详细程度不同，因此，其账页格式也有一定的区别。

1. 序时账簿

序时账簿主要是指特种日记账。企业通常设置的特种日记账主要有库存现金日记账和银行存款日记账。

库存现金（银行存款）日记账的常用格式是三栏式，通常设置“收入、付出、结余”或“借方、贷方、余额”三个主要栏目，用来登记库存现金（银行存款）的增减变动及其结果。三栏式库存现金（银行存款）日记账是由现金出纳员根据库存现金（银行存款）收付款业务所编制的记账凭证按发生时间的先后顺序逐日、逐笔登记。库存现金日记账（三栏式）的账页格式及登记方法如图 12-9 所示。

库存现金日记账　　第　页

200×年		凭证		摘　要	对方科目	借方	贷方	余额
月	日	字	号					
1	1	现收	1	郭利现金投资	实收资本	100 000		
	1	现付	1	现金存入银行	银行存款		100 000	
	2	银付	2	提取现金备用	银行存款	25 000		
	11	现收	3	预收租书卡现金	预收账款	8 7000		
	26	现付	5	支付雇员工资	应付职工薪酬		6 000	
				本月合计		133 700	106 000	27 700

图 12-9　库存现金日记账账页基本样式

2. 总分类账

总分类账是按照一级会计账户分类开设并登记全部经济业务的账簿。总分类账的格式主要采用金额三栏式。总分类账的登记依据和方法主要取决于所采用的会计核算组织程序。它可以直接根据记账凭证逐笔登记，也可以把记账凭证进行汇总，编制成账户汇总表等，根据汇总的记账凭证定期登记。总分类账账页的格式和登记方法如图 12-10 所示。

总　　账

会计科目库存商品　　　　　　　　　　　　　　　　　　　　　　　　　　　第1页

200×年		凭证		摘　　要	借方	贷方	借或贷	余额
月	日	字	号					
1	10	转	1	赊购文具用品	90 000		借	90 000
1	30	转	2	结转销售成本		41 000	借	49 000

图 12-10　总分类账账页的基本样式

不管哪种格式的总分类账，每月都应将本月已完成的经济业务全部登记入账，并于月末结出总账中各总分类账户的本期发生额和期末余额，与其他有关账簿核对相符之后，作为编制会计报表的主要依据。

3. 明细分类账

根据管理上的要求和各种明细分类账所记录经济业务的特点，明细分类账的格式主要有金额三栏式、数量金额式和多栏式三种。

三栏式明细分类账的格式和三栏式总分类账的格式相同，即账页设有借方金额栏、贷方金额栏和余额金额栏三个主要栏目。这种格式的明细账适用于只要求提供货币信息而不需要提供非货币信息（实物量指标等）的账户。金额三栏式明细账一般适用于债权债务类明细账，如应付账款、应收账款、预付账款、预收账款、持有至到期投资、长期股权投资、实收资本等明细账的登记。

数量金额式明细账要求在账页上对借方、贷方、余额栏下分别设置数量栏、单价栏和金额栏，以便同时提供货币信息和实物量信息。这一类的明细账适用于既要进行金额核算又要进行实物量核算的财产物资类明细账，如原材料、库存商品等明细账。

多栏式明细分类账是根据经济业务的特点和经营管理的需要，在一张账页内按有关明细账户或项目分设若干专栏的账簿。其按照登记经济业务内容的不同又可以分为三种："借方多栏式"明细账，如"材料采购明细账"、"生产成本明细账"、"制造费用明细账"等；"贷方多栏式"明细账，如"主营业务收入明细账"等；"借方、贷方多栏式"明细账，如"应交增值税明细账"等。

4. 总分类账与明细分类账的平行登记

分类账簿是一个账本，而一个账户则占据着分类账簿中的一页或几页。企业通常设立一本总分类账簿，简称总账。根据各账户的特点和管理的需要，有时要对某些账户所代表的会计项目进行再分类，以提供足够详细的会计信息，这就需要明细账。

总分类账户与所属明细分类账户同时存在于账户体系中。明细账户是对总分类账户的具体化和补充说明，总分类账户则统驭和控制着明细账户。当企业发生了与该账户相关的经济业务时，需要同时在总分类账户及其所属的明细分类账户中进行平行登记。平行登记的主要内容包括：

第一，同内容。凡在总分类账户下设有明细分类账户的，对于每一项经济业务，一方面要记入有关总分类账户，另一方面要记入各总分类账户所属的明细分类账户。

第二，同方向。在某一总分类账户及其所属的明细分类账户中登记经济业务时，记账方向必须相同。即在总分类账户中记入借方，在其所属的明细分类账户中也应记入借方；在总分类账户中记入贷方，在其所属的明细分类账户中也应记入贷方。

第三，同金额。记入某一总分类账户的金额必须与记入其所属的一个或几个明细分类账户的发生额合计数相等。

例如A企业赊销给B公司一批商品，货款10 000元，则A企业需要在"应收账款"总分类账和"应收账款——B公司"明细账中同时记录10 000元的增加额。在任一时刻，应收账款各明细账余额之和应与该总账余额相等。

（三）错账的更正

会计人员在记账过程中难免会发生各种各样的错误，一般是通过编制试算平衡表来检查错误的存在情况。可能引起试算平衡表不平衡的错误一般包括编表过程的错误、编制记账凭证的错误、登记账簿的错误等。对于记账凭证本身的错误（账簿记录没有错误或没有登记账簿），不需要做具体的更正，只需要将错误的凭证撕掉然后再编一个正确的凭证即可；如果记账凭证没有错误但账簿记录有错误或记账凭证和账簿同时错误，则需要采用专门的方法进行更正。

如果账簿记录发生错误，不得任意使用刮擦、挖补、涂改等方法去更改字迹，而应该根据错误的具体情况，采用正确的方法予以更正。按照《会计基础工作规范》的要求，更正错账的方法一般有三种，即划线更正法、红字更正法、补充登记法。

1. 划线更正法

在结账前，如果发现账簿记录有错误，而记账凭证没有错误，即纯属账簿记录中的文字或数字的笔误，可用划线更正法予以更正。

更正的方法是：先将账页上错误的文字或数字划一条红线，以表示予以注销；然后，将正确的文字或数字用蓝字写在被注销的文字或数字的上方，并由记账人员在更正处盖章。应当注意的是，更正时，必须将错误数字全部划销，而不能只划销、更正其中个别错误的数码，并应保持原有字迹仍可辨认，以备查考。此方法主要用于手工记账方法下。

2. 红字更正法

红字更正法适用于以下两种错误的更正：

（1）根据记账凭证所记录的内容登记账簿以后，发现记账凭证的应借、应贷会计账户或记账方向有错误，但金额正确，应采用红字更正法。更正的具体办法是：先用红字填制一张与错误记账凭证内容完全相同的记账凭证，并据以红字登记入账，冲销原有错误的账簿记录；然后，再用蓝字填制一张正确的记账凭证，据以用蓝字或黑字登记入账。

【例 12-1】某公司的管理人员张三出差预借差旅费3 000元，付给现金。根据这项经济业务编制的会计分录应为借记“其他应收款”账户，贷记“库存现金”账户，但会计人员在填制记账凭证时，误将“其他应收款”记为“应收账款”并已登记入账。这属于记账凭证中的会计账户错误，应采用红字更正法进行更正。更正时，先用红字填制一张会计分录与原错误记账凭证相同的记账凭证，并据以用红字登记入账，冲销原有错误的账簿记录：

借：应收账款　　3 000

　贷：库存现金　　3 000

然后，再用蓝字填制一张正确的记账凭证并据以登记入账：

借：其他应收款——张三　　3 000

　贷：库存现金　　3 000

（2）根据记账凭证所记录的内容记账以后，发现记账凭证中应借、应贷的会计账户、记账方向正确，只是金额发生错误，而且所记金额大于应记的正确金额，对于这种错误应采用红字更正法予以更正。更正的具体办法是将多记的金额用红字填制一张与原错误凭证中账户、借贷方向相同的记账凭证，其金额是错误金额与正确金额两者的差额，登记入账。

【例 12-2】某公司用银行存款7 500元缴纳上个月欠交的城市维护建设税。会计人员在编制会计分录时，误将7 500元记为75 000元并已登记有关账簿。这个错误属于记账凭证中的金额错误，而且错误的金额大于正确的金额，应采用红字更正法进行更正。更正的具体办法是用红字编制一张与原错误凭证中账户、方向相同的记账凭证，其金额为67 500元（75 000-7 500），据以用红字登记入账，以冲销多记的金额：

借：应交税费——应交城市维护建设税　　67 500

　贷：银行存款　　67 500

3. 补充登记法

记账以后，如果发现记账凭证和账簿的所记金额小于应记金额，而应借、应贷的会计账户并无错误时，那么应采用补充登记的方法予以更正。更正的具体办法是：按少记的金额用蓝字填制一张应借账户、应贷会计账户与原错误记账凭证相同的记账凭证，并据以登记入账，以补充少记的金额。

【例 12-3】某公司用银行存款28 000元偿还应付账款。会计人员在编制会计分录时，误将28 000元记为2 800元，即编制的会计分录为：

借：应付账款　　2 800

贷：银行存款 2 800

这属于记账凭证中的金额少记的错误，即错误金额小于正确的金额，应采用补充登记的方法予以更正。具体更正办法是用蓝字编制一张与原错误凭证应借账户、应贷账户、记账方向相同的记账凭证，其金额为25 200（28 000-2 800）元，据以蓝字登记入账即可：

借：应付账款 25 200

贷：银行存款 25 200

采用红字更正法和补充登记法更正错账时，都要在凭证的摘要栏注明原错误凭证号数、日期和错误原因，便于日后核对。

（四）对账与结账

为了总结某一会计期间的经营活动情况，考核经营成果，便于准确编制会计报表，必须定期进行对账和结账工作。

1. 对账

会计作为一个信息系统，在处理日常发生的各种各样的经济业务时，遵循的是复式记账的基本原理。按照复式记账的要求，在数量关系上，必然会形成一套以会计账簿为中心，账簿与会计凭证、实物以及会计报表之间的相互控制、稽核和自动平衡的保护性机制，为了保证这个机制的正常运行，保证账证相符、账账相符、账实相符，就有必要对各种账簿记录的内容进行核对，即进行账簿的对账工作。

所谓对账，简单地说就是在将本期发生的经济业务登记入账之后，对账簿记录所进行的核对工作。对账工作一般是在会计期末进行的，如果遇到特殊情况，如有关人员办理调动时或发生非常事件后，应随时进行对账。

对账的内容，一般包括以下几个方面：

（1）账证核对，做到账证相符

账证核对就是将各种账簿（包括总分类账、明细分类账以及库存现金和银行存款日记账）记录与有关的会计凭证（包括记账凭证及其所附的原始凭证）进行核对，做到账证相符。账证核对的工作一般可以采用抽查法进行。

（2）账账核对，做到账账相符

账账核对是在账证核对相符的基础上，对各种账簿记录的内容所进行的核对工作，做到账账相符。账账核对的具体内容包括：

总分类账中各账户的本期借、贷方发生额合计数，期末借、贷方余额合计数，应当分别核对相符，以检查总分类账户的登记是否正确。其核对方法是编制总分类账户发生额及余额试算表进行核对。

库存现金日记账、银行存款日记账的本期借方、贷方发生额合计数以及期末余额合计数，分别与总账中的库存现金账户、银行存款账户的记录核对相符，以检查日记账的登记是否正确。

总分类账户本期借、贷双方发生额及余额与所属明细分类账户本期借、贷方发生额合计数及余额合计数核对相符，以检查总分类账户和所属的明细分类账户登记是否正确。其核对方法一般是编制总分类账户与所属的明细分类账户发生额及余额对照表进行核对。

会计部门登记的各种财产物资明细分类账的结存数，与财产物资保管或使用部门的有关保管账的结存数核对相符，以检查双方登记是否正确。

(3) 账实核对，做到账实相符

账实核对是在账账核对的基础上，将各种账簿记录余额与各项财产物资、库存现金、银行存款及各种往来款项的实存数核对，做到账实相符。其具体内容包括：库存现金日记账的余额与现金实际库存数核对相符；银行存款日记账的发生额及余额与银行对账单核对相符；财产物资明细账的结存数分别与各财产物资的实存数核对相符；各种债权、债务的账面记录应定期与有关债务、债权单位或个人核对相符。

2. 账项调整

会计师在进行交易或事项处理时，大部分都是依据经济业务发生时取得的原始凭证进行的，但有一些事项也会对信息产生影响，却没有显而易见的凭证证明它们存在。这些事项的影响需要在会计期末时，通过直接编制记账凭证的方法予以记录。

3. 结账

按照《会计工作基础规范》的要求，为了正确反映一定时期内的经营成果和期末的财务状况，以便为编制会计报表提供真实、可靠的数据资料，各企业单位必须按照规定定期结账。

所谓结账，是指在将本期内所发生的经济业务全部登记入账的基础上，按照规定的方法对该期内的账簿记录进行小结，结算出本期发生额合计和期末余额，并将其余额结转下期或者转入新账的过程。

结账工作主要包括以下几个步骤及具体内容：

(1) 结账前，必须将本期发生的全部经济业务登记入账，所以，在结账时，就要首先查明这些经济业务是否已全部登记入账。

(2) 在本期经济业务全面入账的基础上，按照权责发生制原则的要求，将收入和费用归属于各个相应的会计期间，即编制调整分录；确认已实现但尚未收到的应收收益等，再据以登记入账。关于这一部分内容，已在上一个问题中作了阐述。

(3) 编制结账分录。对于各种收入、费用类账户的余额，应在有关账户之间进行结转，从而结束各有关收入和费用类账户。也就是将这些反映损益的收入和费用类账户（如“主营业务收入”、“主营业务成本”、“营业税金及附加”、“管理费用”、“财务费用”、“销售费用”等损益类账户）的余额转入“本年利润”账户，以便在这些损益类账簿上重新记录下一个会计期间的业务。正所谓“成绩只能代表过去”，上一个会计期间的成果不能带到下一个会计期间。每一个会计期间开始时，经营成果的计算都是从零开始的。结账分录包括两部分：一部分是结转收入的，即借记有关的“收入类”账户，贷记“本年利润”账户；另一部分是结转费用的，即借记“本年利润”账户，贷记有关的“费用类”账户。结账分录也需要登记到相应的账簿中去。

（4）计算各账户的本期发生额合计和期末余额（本环节只存在于手工记账方法下）。按照《会计工作基础规范》的要求，结账时，应当结出各个账户的期末余额。需要结出当月发生额的，应当在摘要栏内注明“本月合计”字样，并在下面通栏划单红线；需要结出本年累计发生额的，应当在摘要栏内注明“本年累计”字样，全年累计发生额下面应当通栏划双红线。本年各实账户的年末余额转入下年，应在摘要栏注明“结转下年”以及“上年结转”字样。

（五）试算平衡

为了保证会计报表提供会计信息的正确性，在编制会计报表之前需要进行试算平衡。在借贷记账法下，要求每项经济业务均按照借贷方金额相等的会计分录登记入账，因此，在会计期末，将全部会计分录中的金额分别记入相关账户之后，就必然存在全部账户的借方发生额等于贷方发生额这样一种平衡关系。同样，全部账户借方余额也必然与贷方余额相等。也就是说，在借贷记账法下，试算平衡包括发生额平衡和余额平衡两种方式。关于这部分内容已在第五章详细介绍过。

四、财务报表

会计期末，会计师在账证、账账、账实相符的基础上，根据账簿资料余额或发生额编制财务报表。

财务报表是企业正式对外揭示或表述财务信息的总结性书面文件。依据企业会计准则，企业编制的财务报表至少应当包括“四表一注”，即资产负债表、利润表、现金流量表、所有者权益（或股东权益，下同）变动表以及附注。在市场经济中，由于所有权与经营权分离，企业必须面向市场进行筹资、投资和经营活动，这在客观上要求企业向市场披露信息以便帮助现在的和潜在的投资者、债权人和其他信息使用者对投资、信贷等做出正确的决策，并提供国家进行必要的宏观调控时所需要的基本数据。在企业对外披露的财务信息中，有些是通过财务报表提供的，另一些则是通过其他财务报告提供的。一般地，财务报表是财务报告的核心，企业对外提供的主要财务信息都应纳入财务报表。

（一）财务报表提供信息的主要内容

（1）提供企业的经济资源、这些资源上的权利以及引起资源和资源权利变动的各种交易、事项的信息。

（2）提供企业在报告期内的经营绩效，即企业经营活动（包括投资活动和理财活动）中引起的资产、负债和所有者权益的变动及其结果的信息。

（3）提供企业现金流动的信息。因为一个企业过去、现在和未来的现金流动（尤其是净现金流动）是现代企业在经济上有无活力、在财务上有无弹性、在未来发展上有无后劲的重要标志，所以，就财务报告的外部使用者来说，他们特别关注企业的到期利息与本金能否用现金偿还，应付股利能否用现金分派以及表明影响企业变现能力或偿债能力的其他信息。

(4) 反映企业管理层（董事长、经理等）向资源提供者报告，如何利用受托经营的资源进行资源的保值、增值活动并履行法律与合同规定的其他义务等有关受托责任的信息。

(二) 财务报表的主要分类

财务报表可以按照不同的标准进行分类。

1. 按报表所反映的内容分类

按所反映内容的不同，财务报表分为：反映财务状况的报表，主要包括资产负债表和所有者权益变动表等；反映经营成果的报表，主要指利润表；反映现金流量变化的报表，主要指现金流量表。

2. 按财务报表编报期间分类

按编报期间的不同，财务报表可以分为中期财务报表和年度财务报表。中期财务报表是以短于一个完整会计年度的报告期间为基础编制的财务报表，包括月报、季报和半年报等。中期财务报表至少应当包括资产负债表、利润表、现金流量表和附注，其中，中期资产负债表、利润表和现金流量表应当是完整报表，其格式和内容应当与年度财务报表相一致。与年度财务报表相比，中期财务报表中的附注披露可适当简略。

3. 按财务报表编报主体分类

按编报主体的不同，财务报表可以分为个别财务报表和合并财务报表。个别财务报表是由企业在自身会计核算基础上对账簿记录进行加工而编制的财务报表，它主要用以反映企业自身的财务状况、经营成果和现金流量情况。合并财务报表是以母公司和子公司组成的企业集团为会计主体，根据母公司和所属子公司的财务报表，由母公司编制的综合反映企业集团财务状况、经营成果及现金流量的财务报表。

(三) 资产负债表

1. 资产负债表概述

资产负债表是反映企业在某一特定日期的财务状况的会计报表。是根据相关账簿资料余额编制的一张静态财务报表，反映企业截至资产负债表日资产、负债、所有者权益存量信息的一张财务报表。

资产负债表的作用包括：第一，可以提供某一日期的资产总额及其结构，表明企业拥有或控制的资源及其分布情况，使用者可以一目了然地从资产负债表上了解企业在某一特定日期所拥有的资产总量及其结构；第二，可以提供某一日期的负债总额及其结构，表明企业未来需要用多少资产或劳务清偿债务以及清偿时间；第三，可以反映所有者所拥有的权益，据以判断资本保值、增值的情况以及对负债的保障程度。

资产负债表正表的列报格式一般有两种：报告式资产负债表和账户式资产负债表。报告式资产负债表是上下结构，上半部列示资产，下半部列示负债和所有者权益。具体排列形式又有两种：一是按“资产=负债+所有者权益”的原理排列；二是按“资产-负债=所有者权益”的原理排列。账户式资产负债表是左右结构，左边列示资产，右边列示负债和所有者权益。根据我国《企业会计准则第30号——财务报表列报》准则的规定，资产负债表采用账户式的格式（见表2-1）。账户式资产负债表中的资产各项目的合计等于负债和所有者权益各项目的合计，即资产负债表左方和右方平衡。因此，通过账户式资产负债表，可以了解资产、负债、所有者权益之间的内在关系，即“资产=负债+所有者权益”。

根据财务报表列报准则规定，企业需要提供比较资产负债表，以便报表使用者通过比较不同时点资产负债表的数据，掌握企业财务状况的变动情况及发展趋势。所以，资产负债表还就各项目再分为“年初余额”和“期末余额”两栏分别填列。

2. 一般企业资产负债表填列方法

（1）资产负债表“期末余额”栏的填列方法

本表“期末余额”栏一般应根据资产、负债和所有者权益类账户的期末余额填列。

①根据总账账户的期末余额直接填列或加计填列。

“交易性金融资产”、“工程物资”、“固定资产清理”、“递延所得税资产”、“短期借款”、“交易性金融负债”、“应付票据”、“应付职工薪酬”、“应交税费”、“应付利息”、“应付股利”、“其他应付款”、“专项应付款”、“预计负债”、“递延所得税负债”、“实收资本（或股本）”、“资本公积”、“盈余公积”等项目，应根据有关总账账户的余额填列。

有些项目则需根据几个总账账户的余额计算填列：“货币资金”项目，应根据“库存现金”、“银行存款”、“其他货币资金”三个总账账户余额的合计数填列；“其他非流动资产”、“其他流动资产”项目，应根据有关账户的期末余额分析填列。

②根据明细账户的余额计算填列。

“开发支出”项目，应根据“研发支出”账户中所属的“资本化支出”明细账户期末余额填列；“应付账款”项目，应根据“应付账款”和“预付账款”账户所属各明细账户的期末贷方余额合计数填列；“一年内到期的非流动资产”、“一年内到期的非流动负债”项目，应根据有关非流动资产或负债项目的明细账户余额分析填列；“长期借款”、“应付债券”项目，应分别根据“长期借款”、“应付债券”账户的明细账户余额分析填列；“未分配利润”项目，应根据“本年利润”、“利润分配”账户的明细账户余额计算填列。

③根据总账账户和明细账户的余额分析计算填列。

"长期借款"项目，需根据"长期借款"总账账户余额扣除"长期借款"账户所属的明细账户中将在资产负债表日起一年内到期且企业不能自主地将清偿义务展期的长期借款后的金额计算填列；"长期待摊费用"项目，应根据"长期待摊费用"账户的期末余额减去将于一年内（含一年）摊销的数额后的金额填列；"其他非流动负债"项目，应根据有关账户的期末余额减去将于一年内（含一年）到期偿还数后的金额填列。

④根据有关账户余额减去其备抵账户余额后的净额填列。

"可供出售金融资产"、"持有至到期投资"、"长期股权投资"、"在建工程"、"商誉"项目，应根据相关账户的期末余额填列，已计提减值准备的，还应扣减相应的减值准备；"固定资产"、"无形资产"、"投资性房地产"、"生产性生物资产"、"油气资产"项目，应根据相关账户的期末余额扣减相关的累计折旧（或摊销、折耗）填列，已计提减值准备的，还应扣减相应的减值准备，采用公允价值计量的上述资产，应根据相关账户的期末余额填列；"长期应收款"项目，应根据"长期应收款"账户的期末余额，减去相应的"未实现融资收益"账户和"坏账准备"账户所属相关明细账户期末余额后的金额填列；"长期应付款"项目，应根据"长期应付款"账户的期末余额，减去相应的"未确认融资费用"账户期末余额后的金额填列。

⑤综合运用上述填列方法分析填列。

"应收票据"、"应收利息"、"应收股利"、"其他应收款"项目，应根据相关账户的期末余额，减去"坏账准备"账户中有关坏账准备期末余额后的金额填列；"应收账款"项目，应根据"应收账款"和"预收账款"账户所属各明细账户的期末借方余额合计数，减去"坏账准备"账户中有关应收账款计提的坏账准备期末余额后的金额填列；"预付款项"项目，应根据"预付账款"和"应付账款"账户所属各明细账户的期末借方余额合计数，减去"坏账准备"账户中有关预付款项计提的坏账准备期末余额后的金额填列；"存货"项目，应根据"材料采购"、"原材料"、"发出商品"、"库存商品"、"周转材料"、"委托加工物资"、"生产成本"、"受托代销商品"等账户的期末余额合计，减去"受托代销商品款"、"存货跌价准备"账户期末余额后的金额填列，材料采用计划成本核算以及库存商品采用计划成本核算或售价核算的企业，还应按加或减材料成本差异、商品进销差价后的金额填列。

（2）资产负债表"年初余额"栏的填列方法

资产负债表"年初余额"栏通常根据上年末有关项目的期末余额填列，且与上年末资产负债表"期末余额"栏相一致。企业在首次执行新准则当年的"年初余额"栏及相关项目进行调整；以后期间，如果企业发生了会计政策变更、前期差错更正，应当对"年初余额"栏中的有关项目进行相应调整。此外，如果企业上年度资产负债表规定的项目名称和内容与本年度不一致，应当对上年年末资产负债表相关项目的名称和数字按照本年度的规定进行调整，填入“年初余额”栏。

资产负债表反映的期初、期末数据，通过计算可以生成反映企业财务状况的重要指标，这些指标对于了解掌握企业的发展状况具有重要意义，有助于报表使用者做出相关决策。比如，利用流动资产合计和流动负债合计可以计算生成流动比率，利用速动资产与流动负债合计可以计算生成速动比率，利用资产总额和负债总额可以计算生成资产负债率，利用负债总额与所有者权益总额可以计算生成产权比率等，反映企业短期和长期偿债能力。再如，资产负债表的期末、期初数据变动可以反映企业财务状况的变动趋势，利用期初、期末固定资产总额可以计算分析企业固定资产投资的扩张程度；利用期初、期末所有者权益总额可以计算分析资本保值增值率等。

（四）利润表

利润表是反映企业在一定会计期间的经营成果的财务报表，是根据相关账簿资料发生额填列的一张动态财务报表，反映企业报告期间取得收入、发生费用，即利润形成过程的一张财务报表。

利润表的列报必须充分反映企业经营业绩的主要来源和构成，有助于使用者判断净利润的质量及其风险，有助于使用者预测净利润的持续性，从而做出正确的决策。通过利润表，可以了解企业一定会计期间收入的实现情况，如实现的营业收入有多少，实现的投资收益有多少，实现的营业外收入有多少等；可以了解一定会计期间的费用耗费情况，如耗费的营业成本有多少，营业税金及附加有多少，销售费用、管理费用、财务费用各有多少，营业外收支各有多少等；可以了解企业生产经营活动的成果，即净利润的实现情况，据以判断资本保值、增值等情况。

利润表正表的格式一般有两种：单步式利润表和多步式利润表。单步式利润表是将当期所有的收入列在一起，然后将所有的费用列在一起，两者相减得出当期净损益。多步式利润表是通过对当期的收入、费用、支出项目按性质加以归类，按利润形成的主要环节列示一些中间性利润指标，分步计算当期净损益。依据我国《企业会计准则第 30 号——财务报表列报》准则规定，企业应当采用多步式列报利润表（见表 10-2）。

将不同性质的收入和费用进行对比，从而可以得出一些中间性的利润数据，便于使用者理解企业经营成果的不同来源。企业可以分如下三个步骤编制利润表：第一步，以营业收入为基础，减去营业成本、营业税金及附加、销售费用、管理费用、财务费用、资产减值损失，加上公允价值变动收益（减去公允价值变动损失）和投资收益（减去投资损失），计算出营业利润；第二步，以营业利润为基础，加上营业外收入，减去营业外支出，计算出利润总额；第三步，以利润总额为基础，减去所得税费用，计算出净利润（或净亏损）。普通股或潜在普通股已公开交易的企业，以及正处于公开发行普通股或潜在普通股过程中的企业，还应当在利润表中列示每股收益信息。

根据财务报表列报准则的规定，企业需要提供比较利润表，以使报表使用者通过比较不同期间利润的实现情况，判断企业经营成果的未来发展趋势。所以，利润表还就各项目再分为“本期金额”和“上期金额”两栏分别填列。

（五）现金流量表

1. 现金流量表概述

现金流量表，是反映企业一定会计期间现金和现金等价物流入和流出情况的报表（见表4-1）。编制现金流量表的主要目的是为财务报表使用者提供企业一定会计期间内现金和现金等价物流入和流出的信息，以便财务报表使用者了解和评价企业获取现金及现金等价物的能力，并据以预测企业未来现金流量。现金流量表的作用主要体现在以下几个方面：一是有助于评价企业支付能力、偿债能力和周转能力；二是有助于预测企业未来现金流量；三是有助于分析企业收益质量及影响现金净流量的因素，掌握企业经营活动、投资活动和筹资活动的现金流量，可以从现金流量的角度了解净利润的质量，为分析和判断企业的财务前景提供信息。

现金流量表以现金及现金等价物为基础编制，划分为经营活动、投资活动和筹资活动产生的现金流量，按照收付实现制原则编制，将权责发生制下的盈利信息调整为收付实现制下的现金流量信息。

2. 现金流量表的编制

编制现金流量表时，列报经营活动现金流量的方法有两种：一是直接法；二是间接法。这两种方法通常也称为编制现金流量表的方法。

所谓直接法，是指按现金收入和现金支出的主要类别直接反映企业经营活动产生的现金流量，如销售商品、提供劳务收到的现金，购买商品、接受劳务支付的现金等就是按现金收入和支出的类别直接反映的。在直接法下，一般是以利润表中的营业收入为起算点，调节与经营活动有关的项目的增减变动，然后计算出经营活动产生的现金流量。

所谓间接法，是指以净利润为起算点，调整不涉及现金的收入、费用、营业外收支等有关项目，剔除投资活动、筹资活动对现金流量的影响，据此计算出经营活动产生的现金流量。由于净利润是按照权责发生制原则确定的，且包括了与投资活动和筹资活动相关的收益和费用，将净利润调节为经营活动现金流量，实际上就是将按权责发生制原则确定的净利润调整为现金净流入，并剔除投资活动和筹资活动对现金流量的影响。

采用直接法编报的现金流量表，便于分析企业经营活动产生的现金流量的来源和用途，预测企业现金流量的未来前景；采用间接法编报的现金流量表，便于将净利润与经营活动产生的现金流量净额进行比较，了解净利润与经营活动产生的现金流量差异的原因，从现金流量的角度分析净利润的质量。所以，现金流量表准则规定企业应当采用直接法编报现金流量表，同时要求在附注中披露将净利润调节为经营活动的现金流量。

在具体编制现金流量表时，可以采用工作底稿法或T形账户法，也可以根据有关账户记录分析填列。

(1) 工作底稿法

采用工作底稿法编制现金流量表，是以工作底稿为手段，以资产负债表和利润表数据为基础，对每一项目进行分析并编制调整分录，从而编制现金流量表。工作底稿法的程序是：

第一步，将资产负债表的期初数和期末数过入工作底稿的期初数栏和期末数栏。

第二步，对当期业务进行分析并编制调整分录。编制调整分录时，要以利润表项目为基础，从“营业收入”开始，结合资产负债表项目逐一进行分析。在调整分录中，有关现金及现金等价物的事项，并不直接借记或贷记现金，而是分别记入“经营活动产生的现金流量”、“投资活动产生的现金流量”、“筹资活动产生的现金流量”有关项目。借记表示现金流入，贷记表示现金流出。

第三步，将调整分录过入工作底稿中的相应部分。

第四步，核对调整分录，借方、贷方合计数均已经相等，资产负债表项目期初数加减调整分录中的借贷金额以后，也等于期末数。

第五步，根据工作底稿中的现金流量表项目部分编制正式的现金流量表。

(2) T形账户法

采用T形账户法编制现金流量表，是以T形账户为手段，以资产负债表和利润表数据为基础，对每一项目进行分析并编制调整分录，从而编制现金流量表。T形账户法的程序是：

第一步，为所有的非现金项目（包括资产负债表项目和利润表项目）分别开设T形账户，并将各自的期末期初变动数过入各相关账户。如果项目的期末数大于期初数，则将差额过入和项目余额相同的方向；反之，过入相反的方向。

第二步，开设一个大的“现金及现金等价物”T形账户，两边均分为经营活动、投资活动和筹资活动三个部分，左边记现金流入，右边记现金流出。与其他账户一样，过入期末期初变动数。

第三步，以利润表项目为基础，结合资产负债表分析每一个非现金项目的增减变动，并据此编制调整分录。

第四步，将调整分录过入各T形账户，并进行核对，该账户借贷相抵后的余额与原先过入的期末期初变动数应当一致。

第五步，根据大的“现金及现金等价物”T形账户编制正式的现金流量表。

(六) 所有者权益变动表

所有者权益变动表是指反映构成所有者权益各组成部分当期增减变动情况的一张动态财务状况表。所有者权益变动表应当全面反映一定时期所有者权益变动的情况，不仅包括所有者权益总量的增减变动，还包括所有者权益增减变动的重要结构性信息，特别是要反映直接计入所有者权益的利得和损失，以便报表使用者准确理解所有者权益增减变动的根源。所有者权益变动表还能够在一定程度上体现企业的综合收益。所谓综合收益，是指企业在某一时期与所有者权益之外的其他方面进行交易或发生其他事项所引起的净资产（即所有者权益的数额表现）的变动。综合收益的构成包括两部分：净利润和直接计入所有者权益的利得和损失。其中，净利润是企业已实现并已确认的收益；直接计入所有者权益的利得和损失则是企业未实现但根据会计准则的规定已确认的收益，如可供出售金融资产的公允价值的变动等。在所有者权益变动表中，分别反映净利润和计入所有者权益的利得和损失，也就体现了综合收益的构成。

依据我国企业会计准则规定，所有者权益变动表（见表12-1）中至少应当单独列示如下信息：净利润；直接计入所有者权益的利得和损失；会计政策变更和差错更正的累计影响金额；所有者投入和减少资本；按照规定提取的盈余公积；实收资本（或股本）、资本公积、盈余公积、未分配利润的期初和期末余额及其调节情况。

所有者权益变动表“本年金额”栏内各项数字一般应根据“实收资本（或股本）”、“资本公积”、“库存股”、“盈余公积”、“利润分配”、“以前年度损益调整”账户的发生额分析填列。

表12-1　　**所有者权益变动表**　　会企04表

编制单位：　　____年度　　单位：元

项目	本年金额						上年金额					
	实收资本（或股东）	资本公积	减：库存股	盈余公积	未分配利润	所有者权益合计	实收资本（或股东）	资本公积	减：库存股	盈余公积	未分配利润	所有者权益合计
一、上年年末余额												
加：会计政策变更												
前期差错更正												
二、本年年初余额												
三、本年增减变动金额（减少以“-”号填列）												
（一）净利润												
（二）直接计入所有者权益的利得和损失												
1. 可供出售金融资产公允价值变动净额												
2. 权益法下被投资单位其他所有者权益变动的影响												
3. 与计入所有者权益项目相关的所得税影响												

续表

项目	本年金额						上年金额					
	实收资本（或股东）	资本公积	减：库存股	盈余公积	未分配利润	所有者权益合计	实收资本（或股东）	资本公积	减：库存股	盈余公积	未分配利润	所有者权益合计
4. 其他												
上述（一）和（二）小计												
（三）所有者投入和减少资本												
1. 所有者投入资本												
2. 股份支付计入所有者权益的金额												
3. 其他												
（四）利润分配												
1. 提取盈余公积												
2. 对所有者（或股东）的分配												
3. 其他												
（五）所有者权益内部结转												
1. 资本公积转增资本（或股本）												
2. 盈余公积转增资本（或股东）												
3. 盈余公积弥补亏损												
4. 其他												
四、本年年末余额												

第二节　记账凭证核算组织形式

一、会计核算组织形式概述

会计核算组织程序也称账务处理程序，或会计核算形式，它是指在会计循环中，会计主体采用的会计凭证、会计账簿、会计报表的种类和格式与记账程序有机结合的方法和步骤。

会计循环是指一个会计主体在一定的会计期间内，从经济业务发生取得或填制会计凭证起，到登记账簿、编制会计报表止的一系列处理程序。它是按照划分的会计期间，周而复始进行的会计核算工作的内容。会计循环过程中的内容可概括为：（1）根据原始凭证填制记账凭证，按照复式记账法为经济业务编制会计分录；（2）根据编制的记账凭证登记有关账户，包括日记账、明细分类账和总分类账；（3）根据分类账户的记录，编制结账（调整）前试算表；（4）按照权责发生制和信息质量的要求，编制调整分录并予以过账；（5）编制结账分录并登记入账，结清损益类账户和利润账户；（6）根据全部账户数据资料，编制结账后试算表；（7）根据账户的数据资料，编制会计报表等。

以上七个环节全面地反映了一个会计主体在一定会计期间内的会计核算工作的全部内容，构成了一个完整的会计循环。其中前三个环节属于会计主体日常的会计核算工作内容；后四个环节属于会计主体在会计期末的会计核算工作内容。会计循环的过程如图 12-11 所示。

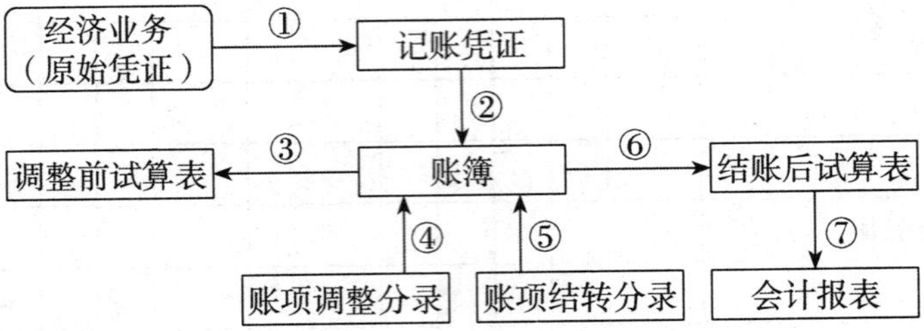

图 12-11　会计循环示意图

记账程序是指企业在会计循环中，利用不同种类和格式的会计凭证、会计账簿和会计报表对发生的经济业务进行记录和反映的具体做法。

会计凭证、会计账簿和会计报表是会计用以记录和储存会计信息的重要载体。在实务中所使用的会计凭证（特别是其中的记账凭证）、会计账簿和会计报表种类繁多，格式也各不相同。一个特定的会计主体应当根据选定的业务处理程序和方法，选择一定种类和格式的会计凭证（特别是其中的记账凭证）、会计账簿和会计报表。这就决定了不同的会计主体所采用的会计凭证、会计账簿和会计报表的种类及格式也有所不同。因而，对其所发生的经济业务如何进行具体处理，特别是如何在有关的总分类账户中进行登记，有着不同的做法。也就是说，即使是对于同样内容的经济业务进行账务处理，由于所采用的会计凭证、会计账簿和会计报表的种类与格式不同，采用不同记账程序的会计主体也有着截然不同的方法，也就会形成在做法上各不相同的记账程序。这个程序在不同的会计主体中是采用不同的组织方法来完成的。

在实际工作中，根据登记总分类账依据不同，常用的会计核算组织程序主要有：记账凭证核算组织程序、科目汇总表核算组织程序和汇总记账凭证核算组织程序等。其中记账凭证核算组织程序是最基本、最典型的会计核算组织程序，也是应用最广泛的一种会计核算组织形式。科目汇总表核算组织程序在一些手工记账的小企业尚有少量使用。

二、记账凭证核算组织程序

（一）记账凭证核算组织程序的基本内容

记账凭证核算组织程序是指根据经济业务发生以后所填制的各种记账凭证直接逐笔地登记总分类账，并定期编制会计报表的一种账务处理程序。记账凭证核算组织程序是一种最基本的核算组织程序，其他核算组织程序都是在此基础上发展演变而形成的。

（二）记账凭证核算组织程序下记账凭证、会计账簿和会计报表的种类与格式

在记账凭证核算组织程序下，采用的记账凭证、会计账簿和会计报表种类很多，其格式也各异。

在记账凭证核算组织程序下，记账凭证既可以采用专用记账凭证，也可以采用通用记账凭证。会计账簿一般应设置日记账、总分类账和明细分类账，库存现金日记账和银行存款日记账常采用收入、支出、结余金额三栏式；各总分类账均采用借、贷、余金额三栏式；而明细分类账可根据核算需要，采用借、贷、余金额三栏式、数量金额式或多栏式。

会计报表主要有资产负债表、利润表和现金流量表等。报表的种类不同，格式也不尽相同。目前我国企业会计准则财务报表格式对于会计报表的种类和格式有统一规定，详见相关内容。

（三）记账凭证核算组织程序下账务处理的基本步骤

在记账凭证核算组织程序下，对经济业务进行账务处理程序大体要经过以下六个步骤：

（1）经济业务发生以后，根据有关的原始凭证或原始凭证汇总表填制记账凭证；

（2）根据库存现金、银行存款收付业务金额逐笔登记库存现金日记账和银行存款日记账；

（3）根据记账凭证并参考原始凭证或原始凭证汇总表，逐笔登记各种明细分类账；

（4）根据各种记账凭证逐笔登记总分类账；

（5）月末，将日记账、明细分类账的余额与总分类账中相应账户的余额进行核对；

（6）月末，根据总分类账和明细分类账的资料编制会计报表。

记账凭证核算组织程序的账务处理步骤如图 12-12 所示。

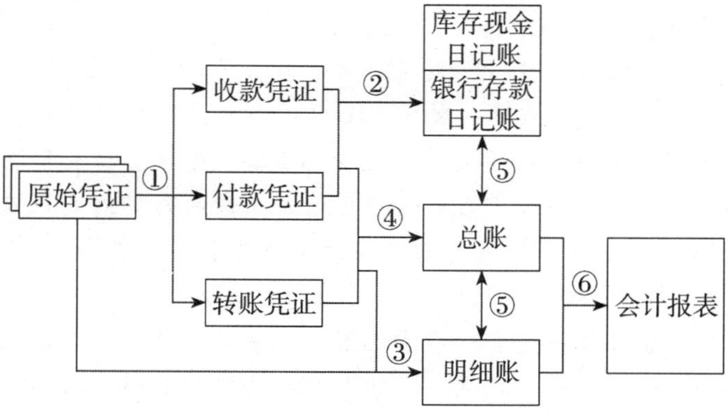

图 12-12　记账凭证核算组织程序的账务处理步骤

本章小结

会计循环是日常会计工作按照会计期间区分的周而复始的工作，一般包括确认与计量经济业务、填制审核原始凭证、编制记账凭证、登记会计账簿、对账和结账以及编制会计报表等步骤内容。会计循环以原始的会计记录开始，以正式的财务报表结束。这些工作始于会计期初，终于会计期末。

会计凭证是指用来记录经济业务、明确经济责任，并作为登记账簿依据的书面文件。会计凭证按照填制的程序和用途不同可以分为原始凭证和记账凭证。原始凭证是在经济业务发生时填制或取得的，用以证明经济业务的发生或完成情况，并作为记账原始依据的会计凭证，包括自制原始凭证和外来原始凭证；记账凭证是由会计人员根据审核无误的原始凭证编制的会计分录凭证，包括专用记账凭证和通用记账凭证等。

会计账簿是由具有专门格式、互有联系的账页所组成的，用来记录和反映经济业务的会计簿籍。设置账户并在账簿中进行登记，有利于全面、系统地记录和反映企业生产经营活动情况，为有关方面提供所需要的会计信息。会计账簿按其用途不同可以分为序时账簿、分类账簿和备查账簿。会计账簿要按照规则进行登记；在登账过程中如果发生了错误，要采用专门的方法进行更正。更正错账的方法包括划线更正法、红字更正法和补充登记法。会计账簿登记完毕，在会计期末需要进行对账和结账。对账是指对会计账簿记录进行的核对，包括账证核对、账账核对和账实核对。结账是指在将本期内所发生的经济业务全部登记入账的基础上，按照规定的方法对该期内的账簿记录进行小结，结算出本期发生额合计和期末余额，并将其余额结转下期或者转入新账的过程。会计账簿登记结束，并经过对账和结账之后，在会计期末就可以根据账簿记录资料编制财务报表，以便向有关方面提供所需要的会计信息，从而完成一个完整的会计循环内容。

财务报表是企业正式对外揭示或表述财务信息的总结性书面文件。依据企业会计准则，企业编制的财务报表至少应当包括“四表一注”，即资产负债表、利润表、现金流量表、所有者权益（或股东权益）变动表以及附注。

资产负债表是反映企业在某一特定日期的财务状况的会计报表。是根据相关账簿资料余额编制的一张静态财务报表，反映企业截至资产负债表日资产、负债、所有者权益存量信息的一张财务报表。资产负债表正表的列报格式一般有两种：报告式资产负债表和账户式资产负债表。列报方法主要是根据账簿资料余额分析计算填列。

利润表是反映企业在一定会计期间的经营成果的财务报表，是根据相关账簿资料发生额填列的一张动态财务报表，反映企业报告期间取得收入、发生费用，即利润形成过程的一张财务报表。利润表正表的格式一般有两种：单步式利润表和多步式利润表。利润表列报方法一般根据损益项目发生额直接填列。

现金流量表是反映企业一定会计期间现金和现金等价物流入和流出的报表。现金流量表以现金及现金等价物为基础编制，划分为经营活动、投资活动和筹资活动产生的现金流量，按照收付实现制原则编制，将权责发生制下的盈利信息调整为收付实现制下的现金流量信息。编制现金流量表时，列报经营活动现金流量的方法有两种：一是直接法；二是间接法。在具体编制现金流量表时，可以采用工作底稿法或T形账户法，也可以根据有关账户记录分析填列。

所有者权益变动表是指反映构成所有者权益各组成部分当期增减变动情况的一张动态财务状况表。所有者权益变动表应当全面反映一定时期所有者权益变动的情况，不仅包括所有者权益总量的增减变动，还包括所有者权益增减变动的重要结构性信息，特别是要反映直接计入所有者权益的利得和损失，以便报表使用者准确理解所有者权益增减变动的根源。依据我国企业会计准则的规定，所有者权益变动表中至少应当单独列示如下信息：净利润；直接计入所有者权益的利得和损失；会计政策变更和差错更正的累计影响金额；所有者投入和减少资本；按照规定提取的盈余公积；实收资本（或股本）、资本公积、盈余公积、未分配利润的期初和期末余额及其调节情况。所有者权益变动表"本年金额"栏内各项数字一般应根据"实收资本（或股本）"、"资本公积"、"库存股"、"盈余公积"、"利润分配"、"以前年度损益调整"账户的发生额分析填列。

会计核算组织程序也称账务处理程序，或会计核算形式，它是指在会计循环中，会计主体采用的会计凭证、会计账簿、会计报表的种类和格式与记账程序有机结合的方法和步骤。在实际工作中，根据登记总分类账依据不同，常用的会计核算组织程序主要有：记账凭证核算组织程序、科目汇总表核算组织程序和汇总记账凭证核算组织程序等。其中记账凭证核算组织程序是最基本、最典型的会计核算组织程序，也是应用最广泛的一种会计核算组织形式。

记账凭证核算组织程序是指根据经济业务发生以后所填制的各种记账凭证直接逐笔地登记总分类账，并定期编制会计报表的一种账务处理程序。

附　会计循环实例综合实训

一、实训资料

1. 基本情况

（1）公司名称：和谐通信有限公司。

（2）企业地址：天津春城路20号；电话：23458888；邮码：300384。

（3）纳税人登记号：001204252001356。

（4）开户银行：农行天津市分行红旗路分理处；账号：708-046-1598。

（5）企业性质：国有企业、一般纳税人。

（6）经营范围：手机生产与销售；主要产品：55型手机与66型手机。

（7）所用主要材料：甲材料、乙材料、丙材料、丁材料。

（8）会计记账：采用借贷记账法。

（9）法定代表人：徐树。

（10）会计主管：赵甲；总账会计：钱双；出纳员：孙玉；明细账会计：李丁。

（11）会计核算形式：记账凭证核算形式。

2. 账务期初资料

（1）和谐通信有限公司2013年12月1日各总分类账户余额一览表（三栏式账页）见附表1。

附表1　　**各总分类账户余额一览表**　　单位：元

账户名称	借方余额	账户名称	贷方余额	账户名称（损益类）	余额
库存现金	1 200	累计折旧	120 000	营业收入	—
银行存款	799 105	短期借款	25 000		—
交易性金融资产	60 000	应付账款	130 000	投资收益	—
应收票据	—	应付职工薪酬	—	营业外收入	—
应收账款	35 100	应付股利	—	营业成本	—
其他应收款	900	应交税费	23 825.50	营业税金及附加	—
在途物资	—	其他应付款	—	其他业务成本	—
原材料	164 000	应付利息	1 100	销售费用	—
周转材料	500	长期借款	150 000	管理费用	—
库存商品	210 000	实收资本	1 020 900	财务费用	—
预付账款	1 345	资本公积	—	营业外支出	—
固定资产	1 000 000	盈余公积	403 524.50	所得税费用	—
无形资产	100 000	本年利润	500 000		
待处理财产损溢	2 200				
制造费用	—				
合计	2 374 350	合计	2 374 350	合计	—

（2）和谐通信有限公司 2013 年 12 月 1 日有关明细分类账户资料一览表（三栏式账页）见附表 2。

附表 2　　**有关明细分类账户资料一览表（1）**　　单位：元

总账账户	明细账账户	期初余额	总账账户	明细账账户	期初余额
交易性金融资产	债券投资	60 000	应交税费	应交增值税	8 050
应收票据		—		应交城市维护建设税	563.5
应收账款	大唐公司	5 100		应交所得税	14 890
	东方公司	11 000		应交教育费附加	322
	大都公司	17 200	应付股利	通信总公司	—
	九河公司	1 800		顺达公司	—
其他应收款	林建	900	应付利息	天津农业银行	1 100
其他应付款	华都房产公司	1 345			
无形资产	专利权	100 000	长期借款	天津建设银行	150 000
待处理财产损溢	甲材料	2 200	短期借款	天津农业银行	25 000
投资收益	—		应付账款	绿原公司	15 000
营业税金及附加	—			金羊城公司	23 000
营业外收入	—			赤免公司	25 000
营业外支出	—			德龙公司	7 000
所得税费用	—			青锋公司	13 000
应付职工薪酬	员工工资	—		九顶公司	4 000
	职工福利	—		超值公司	33 000
利润分配	提取盈余公积	—		海天公司	10 000
	未分配利润	—	实收资本	通信总公司	820 000
本年利润		500 000		顺达公司	200 900
			盈余公积	法定盈余公积	403 524.50

（3）和谐通信有限公司 2013 年 12 月 1 日有关明细分类账户资料一览表（数量金额式账页）见附表 3。

附表3　　**有关明细分类账户资料一览表（2）**　　金额单位：元

总账	明细账	数量	单价	余额	总账	明细账	数量	单价	余额
在途物资	甲材料	—	—	—	库存商品	55型手机	200部	500	100 000
	乙材料	—	—	—		66型手机	110部	1 000	110 000
	丙材料	—	—	—	营业收入	55型手机	—	—	—
	丁材料	—	—	—		66型手机	—	—	—
原材料	甲材料	80千克	50	4 000	营业成本	55型手机	—	—	—
	乙材料	300盒	100	30 000		66型手机	—	—	—
	丙材料	100吨	500	50 000					
	丁材料	40吨	2 000	80 000					
周转材料	包装盒	100个	5	500					

（4）和谐通信有限公司2013年12月1日有关明细分类账户资料一览表（多栏式账页）见附表4。

附表4　　**有关明细分类账户资料一览表（3）**

总账	期初余额	明细账格式
制造费用	—	多栏式账页
销售费用	—	多栏式账页
管理费用	—	多栏式账页
财务费用	—	多栏式账页

（5）和谐通信有限公司2013年12月1日有关明细分类账户资料一览表见附表5。

附表5　　**有关明细分类账户资料一览表（5）**　　单位：元

总账	明细账	期初余额	总账	明细账	期初余额
固定资产	生产车间厂房	250 000.00	累计折旧	生产车间厂房	40 000.00
	生产车间机器设备	230 000.00		生产车间机器设备	30 000.00
	专设销售机构房屋	200 000.00		专设销售机构房屋	25 000.00
	专设销售机构其他	170 000.00		专设销售机构其他	15 000.00
	管理用固定资产	150 000.00		管理用固定资产	10 000.00

（6）和谐通信有限公司2013年12月1日有关明细分类账户资料一览表见附表6。

附表 6　　**有关明细分类账户资料一览表（6）**

总账	期初余额	明细账格式
应交税费——应交增值税	—	应交增值税专用账页

3. 2013 年 12 月和谐通信有限公司发生的经济业务

（1）12 月 2 日，收到通信总公司投入的资本金 150 000 元，款项已划入企业银行账户。

（2）12 月 3 日，从工商银行借入长期借款 110 000 元，款项已划入企业银行账户。

（3）12 月 5 日，收到顺达公司投入的生产车间设备一台，经评估确认价值为 45 000 元，可直接投入使用。

（4）12 月 8 日，向金羊城公司购入甲材料 40 千克，单价 50 元/千克，货款 2 000元，增值税税率 17%。用电汇方式支付货款，支付银行结算手续费 24. 4 元。

（5）12 月 8 日，向绿原公司购入乙材料 30 盒，单价 100 元/盒，货款3 000元，增值税税率 17%，用转账支票付讫。

（6）12 月 8 日，销售给大唐公司产品一批，其中销售 55 型手机 5 部，单价 1 000元/部，销售货款计 5 000 元；66 型手机 2 部，单价 3 500 元/部，销售货款计 7 000 元，增值税税率 17%，全部款项已收妥入账。

（7）12 月 10 日，向赤免公司购入丙材料一批 10 吨，单价 420 元/吨，货款 4 200元，增值税税率 17%，另加付运费 300 元，采用转账支票结算方式。

（8）12 月 10 日，向德龙公司购入丙材料一批 15 吨，单价 400 元/吨，货款 6 000元；购入丁材料 4 吨，单价 2 000 元/吨，货款 8 000 元，增值税税率 17%。购买材料的货款尚未支付。

（9）12 月 10 日，公司开出转账支票，支付给德龙公司承运丙材料和丁材料的运输费用 1 900 元（运输费用按照丙材料和丁材料的重量进行分配）。

（10）12 月 10 日，公司开出现金支票 35 415 元，支付职工工资，并根据工资结算汇总表结算有关代扣款项（见附表 7）。

（11）12 月 17 日，公司购买办公用品 520 元，以转账支票支付。

（12）12 月 18 日，以转账支票支付开西广告公司广告费 50 000 元，款项已从银行划出。

（13）12 月 22 日，向银行申请办理汇票，以 7 000 元支付前欠青锋公司的购料款，支付银行结算手续费 71 元。该项业务发生后，取得的原始凭证为“银行汇票委托书存根联”、“手续费收据”、“邮电费收据”。

（14）12 月 24 日，上月一笔应付九顶公司的账款 4 000 元，因经核实对方机构撤销确实无法支付，批准转入企业“营业外收入”。该项经济业务发生后，取得的原始凭证为“和谐通信有限公司董事会的授权批准书”。

附表 7 **工资结算汇总表** 单位：元

部门		应付工资				代扣款项			实发工资
		基本	奖金	津贴	合计	社保	公积金	合计	
生产车间	55 型手机生产人员	7 500	1 900	2 650	12 050	1 100	1 953	3 053	8 997
	66 型手机生产人员	8 500	2 200	3 100	13 800	1 260	1 590	2 850	10 950
	管理人员	4 500	1 050	1 220	6 770	605	1 977	2 582	4 188
专设销售机构人员		4 600	490	1 600	6 690	680	900	1 580	5 110
厂部管理人员		5 000	1 170	1 500	7 670	750	750	1 500	6 170
合计		30 100	6 810	10 070	46 980	4 395	7 170	11 565	35 415

制表：王红 记账：李丁

（15）12 月 25 日，公司收到银行转来的电费付款通知，12 月电费 4 000 元，按车间和管理部门用电量分配，生产车间和管理部门分别承担电费 2 500 元和 1 500元。

（16）12 月 25 日，公司收到银行转来的付款通知，支付公司 12 月电话费 3 560元。

（17）12 月 26 日，公司业务员林建参加展销会回来，报销差旅费 800 元，退回现金 100 元。

（18）12 月 28 日，公司采用电汇结算方式，以银行存款支付前欠德龙公司购料款 25 000 元，支付银行结算手续费 51 元。

（19）12 月 28 日，公司销售给东方有限公司 66 型手机 53 部，单价 3 000 元，货款 159 000 元，增值税税率 17%，收到 2 个月期限商业汇票一张。

（20）12 月 29 日，向金羊城公司购入甲材料一批 200 千克，单价 50 元/千克，计 10 000 元；乙材料一批 60 盒，单价 100 元/盒，计 6 000 元，增值税税率 17%。货款由银行电汇，邮电费 50 元，手续费 1 元。

（21）12 月 31 日，以转账支票付给平安运输公司承运甲材料 200 千克、乙材料 60 盒的运输费用 1 600 元（运输费用按照甲材料和乙材料的价值进行分配）。

（22）12 月 31 日，公司以银行存款向住房公积金管理中心支付住房公积金（同城委托收款结算）。

（23）12 月 31 日，销售给大都公司 55 型手机 65 部，单价 1 000 元/部；66 型手机 12 部，单价 3 100 元/部，增值税税率 17%，货款尚未收到。

（24）12 月 31 日，公司下月开始租用仓库，在租约中双方约定年租金 36 000 元，租赁费用半年预付一次。以银行存款 18 000 元预付明年上半年的仓库租金，开出转账支票一张。

（25）12月31日，公司出售不需用的包装盒100个，取得现金578.69元，并已送交银行。

（26）12月31日，公司向希望工程捐款800元。

（27）12月31日，公司职工狄江报销医药费700元，以库存现金支付。

（28）12月31日，公司将上月由于自然灾害造成的待处理甲材料损失2 200元批准列入企业营业外支出。

（29）12月31日，公司的供应部门报来12月份采购清单，12月份采购的甲材料、乙材料、丙材料和丁材料已经全部办妥验收入库手续，并均已入库。该项经济业务发生后，取得的原始凭证为“材料物资入库单”。

（30）12月31日，仓库转来12月份发出用于生产55型手机、66型手机以及管理方面的各类材料的领料清单（发出材料按月末一次加权平均法计价），见附表8。

附表8　　**领料清单**　　金额单位：元

项目	甲材料		乙材料		丙材料		丁材料		合计
	数量	金额	数量	金额	数量	金额	数量	金额	
55型手机耗用	120		90		18				
66型手机耗用	80		150		7				
车间一般耗用	38		60						
厂部一般耗用	–						4		
合计	238		300		25		4		

（31）12月31日，结转公司12月份工资费用（见附表9）。

附表9　　**工资费用分配表**　　单位：元

应借账户		工资总额	社保费	住房公积金	员工福利费	工会经费	职工教育经费	合计
生产成本	55型手机	12 050	1 100	1 953	1 687	241	301.25	17 332.25
	66型手机	13 800	1 260	1 590	1 932	276	345	19 203
制造费用	生产车间	6 770	617.1	1 977	947.8	135.4	169.25	10 616.55
销售费用		6 690	680	900	936.6	133.8	167.25	9 507.65
管理费用		7 670	750	750	1 073.8	153.4	191.75	10 588.95
合计		46 980	4 407.1	7 170	6 577.2	939.6	1 174.5	67 248.4

（32）12月31日，公司按照规定的折旧率计提固定资产折旧（见附表10）。

附表 10 **固定资产折旧计算表** 金额单位：元

应借账户			固定资产原值	月折旧率	折旧额	合计
制造费用	生产车间	房屋建筑物	250 000	0.5%	1 250	3 320
		机器设备	230 000	0.9%	2 070	
销售费用	销售机构	房屋建筑物	200 000	0.6%	1 200	3 070
		其他	170 000	1.1%	1 870	
管理费用	厂部	管理用	150 000	0.8%	1 200	1 200
合计			1 000 000	—	7 590	7 590

（33）12 月 31 日，公司汇总 12 月份制造费用总额并进行分配（制造费用按生产工人工资比例在 55 型手机与 66 型手机之间进行分配），见附表 11。

附表 11 **制造费用分配表** 单位：元

应借账户		生产工人工资（分配率：）	应分配金额
总账账户	明细账户		
生产成本	55 型手机		
	66 型手机		
合计			

（34）12 月 31 日，公司结转 12 月份完工产品成本（产品成本计算表见附表 12），12 月份投产的 55 型手机和 66 型手机已经全部完工入库（入库单见附表 13）。

附表 12 **产品成本计算表**

55 型手机完工125 部

66 型手机完工70 部

年 月 日

单位：元

产品种类 / 成本项目	55 型手机	66 型手机	合计
直接材料			
直接人工			
制造费用			
总成本			
单位成本			

制表： 记账：

附表 13

入　库　单

第 82 号

发货单位：　　　　年　月　日

货号	品名	单位	数量	单价	金额	备注

负责人：　　　　　　　　收货经手人：

（35）12 月 31 日，公司结转 12 月已销售产品的制造成本（采用先进先出法）。

（36）12 月 31 日，结转出售包装盒的实际成本。

（37）12 月 31 日，公司摊销应由 12 月负担的房屋租赁费用 1 345 元。

（38）12 月 31 日，公司提取应由 12 月负担的银行借款利息（见附表 14）。

附表 14

应付利息计算表

单位：元

借款类别	借款本金	月利率	本月应计利息
短期借款（农行）	25 000	3.1%	
长期借款（建行）	150 000	2.8%	
长期借款（工行）	110 000	2.2%	

（39）12 月 31 日，结转 12 月应交未交增值税并计提 12 月应交城市维护建设税、教育费附加（税率分别为应交增值税额的 7% 和 3%）。

（40）12 月 31 日，结转 12 月取得的各项收入。

（41）12 月 31 日，结转 12 月付出的各项支出。

（42）12 月 31 日，计提并结转和谐通信有限公司 2013 年应纳所得税额（假设应纳税所得额等于税前会计利润），所得税税率为 25%，并将所得税费用结转至“本年利润”账户。

（43）将和谐公司 2013 年度实现的净利润结转至“利润分配——未分配利润”账户。

（44）12 月 31 日，按税后净利润的 10% 计提法定盈余公积后，将剩余利润的 40% 向投资者按持股比例进行分配利润，利润分配表见附表 15。

附表 15

利润分配表

单位：元

项目	金额
1. 未分配利润	
2. 应付利润（40%）	
（1）通信总公司	
（2）顺达公司	

（45）12月31日，将“利润分配”其他明细账户余额结转至“利润分配——未分配利润”账户。

二、实训要求

（1）根据资料2所给资料，用T形账户开设总账账户与所属明细账户，并登入期初余额。

（2）根据资料3所给资料，编制会计分录，并登入T形总账及相关明细账户。

（3）结算所有总账账户及所属明细账户期末余额，并试算平衡。

（4）根据账户资料余额编制和谐通信有限公司2013年度资产负债表和利润表（见附表16和附表17）。

附表16　　**资产负债表**　　会企01表

编制单位：和谐通信有限公司　　2013年12月31日　　单位：元

资产	行次	期末余额	年初余额	负债和所有者权益（或股东权益）	行次	期末余额	年初余额
流动资产：			略	流动负债：			略
货币资金				短期借款			
交易性金融资产				应付票据			
应收票据				应付账款			
应收账款				预收款项			
预付款项				应付职工薪酬			
应收利息				应交税费			
其他应收款				应付利息			
存货				其他应付款			
一年内到期的非流动资产				应付股利			
其他流动资产				一年内到期的非流动负债			
流动资产合计				流动负债合计			
非流动资产：				非流动负债：			
可供出售金融资产				长期借款			
持有至到期投资				应付债券			
长期应收款				长期应付款			
长期股权投资				专项应付款			
投资性房地产				预计负债			
固定资产				递延所得税负债			
在建工程				其他非流动负债			
工程物资				非流动负债合计			
固定资产清理				负债合计			
无形资产				所有者权益（或股东权益）：			
商誉				实收资本（或股本）			
长期待摊费用				资本公积			
递延所得税资产				盈余公积			
其他非流动资产				未分配利润			
非流动资产合计				所有者权益（或股东权益）合计			
资产总计				负债和所有者权益（或股东权益）总计			

附表 17

利润表

会企 02 表

编制单位：和谐通信有限公司　　2 013 年 12 月　　单位：元

项目	本月金额	本年金额
一、营业收入		
减：营业成本		
营业税金及附加		
销售费用		
管理费用		
财务费用		
资产减值损失		
加：公允价值变动收益（损失以“-”号填列）		
投资收益（损失以“-”号填列）		
其中：对联营企业和合营企业的投资收益		
二、营业利润（亏损以“-”号填列）		
加：营业外收入		
减：营业外支出		
其中：非流动资产处置损失		
三、利润总额（亏损总额以“-”号填列）		
减：所得税费用		
四、净利润（净亏损以“-”号填列）		
加：年初未分配利润		
五、可供分配利润		
减：提取盈余公积		
应付利润		
六、年末未分配利润		

主要参考文献

［1］财政部．企业会计准则［M］．北京：经济科学出版社，2006.

［2］财政部．企业会计准则——应用指南［M］．北京：中国财政经济出版社，2006.

［3］财政部会计司．企业会计准则讲解 2010［M］．北京：人民出版社，2010.

［4］财政部．企业基础工作规范［M］．北京：经济科学出版社，1996.

［5］刘东明，张雁．企业会计学：管理者视角［M］.3 版．北京：中国人民大学出版社，2010.

［6］王淑萍．财务报告分析［M］．北京：清华大学出版社，2007.

［7］陈国辉，迟旭升．基础会计［M］.3 版．大连：东北财经大学出版社，2012.

［8］刘永祥，刘婉立．会计学［M］．北京：清华大学出版社，2009.

［9］赵天燕．会计学［M］．北京：高等教育出版社，2010.

［10］利奥波德·A. 伯恩斯坦，约翰·J. 维欧德．财务报表分析［M］．北京：北京大学出版社，2001.

［11］张新民，王秀丽．财务报表分析［M］．北京：高等教育出版社，2011.

［12］刘永泽，陈立军．中级财务会计［M］．大连：东北财经大学出版社，2012.

［13］王君彩．会计学［M］．北京：高等教育出版社，2008.

［14］郭道扬．会计发展史纲［M］．北京：中国广播电视大学出版社，1984.

［15］刘永泽．会计学概论［M］．大连：东北财经大学出版社，2007.

［16］安慧，谢阳春．财务分析［M］．北京：经济科学出版社，2009.

［17］盖地．税务会计与纳税筹划［M］.10 版．大连：东北财经大学出版社，2014.

［18］李占国．基础会计［M］.2 版．北京：高等教育出版社，2010.